岳文库 · 文学史系列

蒲松龄研究丛稿

邹宗良 著

山东大学出版社

图书在版编目(CIP)数据

蒲松龄研究丛稿/邹宗良著.—济南:山东大学出版社,2011.12
(望岳文库)
ISBN 978-7-5607-4515-2

Ⅰ.①蒲…
Ⅱ.①邹…
Ⅲ.①蒲松龄(1640～1715)—人物研究
②蒲松龄(1640～1715)—文学研究
Ⅳ.①K825.6
②I206.2

中国版本图书馆 CIP 数据核字(2011)第 229989 号

山东大学出版社出版发行
(山东省济南市山大南路 27 号 邮政编码:250100)
山 东 省 新 华 书 店 经 销
济南景升印业有限公司印刷
850×1168 毫米 1/32 14.25 印张 356 千字
2011 年 12 月第 1 版 2011 年 12 月第 1 次印刷
定价:28.00 元

目　录

第二辑

第三辑

序 一

宗良曾从我学习，毕业留校为同事。他是淄博市人，其家所在地方旧属淄川县，与饮誉世界的文学家蒲松龄为同乡。淄川人一向以蒲松龄为荣耀，宗良从做学生时起便关心与蒲松龄有关的文献，耐心研读其作品，应该也是出于这种乡人情结。他曾以谙熟当地方言俗语和风土民情的优势，校勘、注释了全部聊斋俚曲，方言俗语的定字、注音、训释比较恰当、准确，保持其地方风味。这本《蒲松龄研究丛稿》，编入的是他三十年来陆续撰写的考论文章。

宗良这本文集有三个部分：一是关于蒲松龄家世生平的一些问题的考辨；二是对蒲松龄的几种著作版本的考察；三是对《醒世姻缘传》及《醒梦骈言》为蒲松龄作之说的辩驳。第一、三两类大都是具体地、针对性地纠正近年研究中出现的不实之说，第二类属于文献研究，个中也有考辨的成分。可以说，宗良这许多年来，除了整理出了一部《聊斋俚曲集》，大部分时间是用在对蒲松龄的家世生平和著作中一些具体问题的考辨上了。

宗良为人极平实，温文尔雅，做事极认真、细心，一副书生气。他勤于做考辨文章，并非好辩，而是认为做学问应当求实求真，从而他所做的考辨都是以考为主，辨有所据，以弄清实际情况，实事求是为目的。譬如，上个世纪 80 年代初，有研究者误解了蒲松龄

《陈淑卿小像题辞》一文，认为陈淑卿是蒲松龄在战乱中相逢而非礼成婚的“如夫人”。宗良玩味此文所叙与蒲松龄生平行事无相合处，便率先提出质疑，从而引起多位研究者的注意，作进一步研讨。他也从《淄川县志》、《乡园忆旧录》等文献揭出多条有关材料，证实《题辞》是蒲松龄应同邑友人王敏入之请而作，文中叙述的是王敏入与陈淑卿“因乱成婚”而不为家长所容的一场悲剧。蒲松龄的这篇词富情深的四六文便得到了正确的诠释。再如，上世纪末，有研究者由一本无署名而实为《笠翁词集》的旧抄本，扉页钤有文作“蒲松龄印”的印章，附会出蒲松龄在江苏宝应县做幕时，曾为幕主孙蕙举办妻子的寿宴，去扬州邀来大剧作家兼大小说家李渔带戏班演出。这件颇动人听闻的“文坛佳话”，曾让多位研究者信以为真，载入各自所作的李渔年谱、传记中。宗良自然也感兴趣，遂查阅了有关文献，考虑了李渔当时的行踪，做宝应知县的孙蕙的实际情况，蒲松龄去扬州一诗的内蕴，发现所谓的蒲松龄与李渔的一次交往，是不曾有过的附会之说。宗良作考辨之文，依据确凿的文献，作多个方面的考察，就实际情况作合情合理的辨析，判断没有留下或可商榷的余意，此后不会有人信从那种不实之说了。

这里我想再说一下《醒世姻缘传》的作者问题。胡适考证这部小说的作者是蒲松龄，半个多世纪以来，有研究者提出过质疑，也提出过另外的几种说法，至今还是一个疑案，但信从胡适“蒲松龄作”说并进行补证者仍然有之。宗良作考辨之文就是为此而发。促使他作相关考辨的另一种因素，是他曾经校注过《醒世姻缘传》，熟悉小说的内容，关注并考察过其中叙及的时事、人事，判定小说作者是明末清初人，熟悉晚明朝野的一些事情，小说成书的下限不晚于清顺治年间。明清易代时，蒲松龄还是不谙世事的儿童，不具有作此小说的生活阅历和经验。他在考辨中，还注意到小说中写到北京的一些街道、官署、寺庙，名称、方位都不差，判定作者是到过北京的，没到过北京者，如何能写得出来？蒲松龄一生没有去过北京，也不会是这部小说的作者。《醒世姻缘传》的作者问题考证到这样的地步，就应当抛开蒲松龄说，另辟蹊径。

我曾作过一部《蒲松龄著述事迹新考》，是本着知人论世的原则，为研究《聊斋志异》做准备工作，主要考察的是与蒲松龄关系深切，特别是与《聊斋志异》的创作、流传有关系的人事，以及《聊斋志异》的几种早期抄本，没有考察到的人事和蒲松龄其他著作的情况自然还有许多。宗良这本书收入的他最早的《对〈蒲松龄和陈淑〉一文的几点质疑》、《蒲松龄的〈鹤轩笔札〉手稿及其佚篇》、《蒲松龄的崂山之行》三篇，我在有关部分参考和引用了他的意见；嗣后所作的《蒲松龄与淄西沈氏》、《蒲松龄与王甡交游补考》、《蒲松龄与赵金人》等，则是对我和他人有关考察的补考，丰富了对蒲松龄交往人物的了解。宗良对蒲松龄几种诗集抄本的考察，最先写出的《由〈聊斋偶存草〉所见聊斋诗的整理诸问题》，也是对我所做的那篇考察《聊斋偶存草》的文字的补充并有所订正。嗣后对另外几种《聊斋诗集》抄本的考察，仍然偏重于若干诗作的系年问题，更正现在通行的路大荒整理《聊斋诗集》中系年有误者。宗良在过去的二三十年间，十分耐心、细心地做了这么多具体、琐细的研讨，可以说是对聊斋诗文的重新编年，对重新撰作一部更为翔实、精审的蒲松龄年谱，都是大有裨益的工作。宗良于此饶有积累，是能够做好这几项工作的，这也是我的一个希望。

袁世硕

2011 年 5 月 5 日

序二

本师邹宗良先生集多年研究蒲松龄文字结为《蒲松龄研究丛稿》，将付梓人，以序言相属。感念教诲，未敢推辞。谨记见闻，权以为报。

宗良老师，山东淄川人，与蒲松龄同乡同里，而酷爱蒲学，垂三十载。当"文革"结束，高考再举，1978 年先生考取山东大学中文系。四年苦学，以优异成绩毕业并留校执教。时泽逊才上大学二年级，获聆先生讲课，为古典文学之明清两朝。其后，因学习专业稍有不同，见面寒暄之外，很少向老师请教。2005 年《山东文献集成》开始编纂影印，泽逊幸与其事，以网罗山左先贤遗著稿本、钞本及刻本之稀见者为职志，蒲松龄著述自在搜求之列。因同人见闻所限，选择底本每感力不从心。时间促迫，亦复难于从容。第一辑五十册出版后，学界多有关注，盖以稀见文献居多也。谛审各书，实不无可议。《聊斋轩鹤笔札》一卷，收蒲松龄所拟信札三十六通，山东博物馆藏钞本，其来源真伪尚有疑虑。及以复印本呈邹师，师展阅一过，即云："此集从《鹤轩笔札》抄出，系蒲松龄为孙蕙门客时代拟之书札，原稿留孙氏，现藏青岛市博物馆。"邹师同时指出，有少量书札来自他处，亦为蒲氏所作。又《蒲松龄文集》十二册，山东省博物馆藏，该馆定为稿本，大抵为后人编集之钞本。内容丰富，甚为可贵。唯蒲集传世各本往往不免掺杂伪作。此集“吉启”类有《为觉斯与翟艾甫续婚妻妹启》一篇，因明清间以“觉斯”为字号者有数位，其中王铎字觉斯，尤负盛名。王铎早于蒲松龄，则此篇不能无疑惑也。一日校园遇邹师，即请教：“蒲松龄周围有名觉斯者否？”“蒲松龄有两族侄，曰蒲觉斯、蒲鍌斯，《蒲氏世谱》有载。”邹师脱口而出。惊喜之余，即请邹师来编纂处检阅《文集》。师略一翻看，即云：“没错，确为代族侄蒲觉斯而作。”向来疑虑，涣然冰释。感佩之余，即以两书复印本郑重相送。邹师精心结撰《蒲松龄年谱》、《蒲松龄全集校注》，都数百万言，于史事考证、方言诠解，无不钩沉索隐，胜意纷披。长编初就，杀青在即。此二书钞本，或不无小补也。

泽逊与邹师虽为师生之谊，而每感心灵相通。犹忆数年前，忽逢邹师，始悟久不相见，而师有沧桑之感矣。叩之，则曰：“内人过世，狼狈不堪。”请问生活，则曰：“日注蒲诗，聊以遣怀。”师之忠厚笃实，世所交誉，及其落拓，亦世所同惜也。所幸困而愈勉，自强不息，深得留仙风神。伏读师文，无任遐想之慨矣。

杜泽逊

辛卯仲夏滕州弟子杜泽逊拜序于清济堂

第一辑

蒲槃生平考辨

——兼与蒲先慧先生商榷

关于蒲松龄之父蒲槃的生平，多年以前曾有研究者对其主持为诸子“析箸”和其卒年问题作过探讨，其他方面的研究尚不多见。近年来，蒲先慧先生先后发表《蒲槃生平考略》、《蒲磐（槃）为子析箸初探》二文①，对蒲槃生平中的一些问题作了新的探索。先慧先生是蒲松龄的十二世孙，其关注、研究族中先贤事迹的心情深为笔者所理解，但其大作中对蒲槃生平事迹所作的勾勒，多有脱离文献记载的推测之辞自也不必讳言。文史考证的目的是为了搞清历史的真相，要靠确凿证据来说明问题，胡适之先生曾经把文史考证称为“根据证据的探讨”，其重点强调的就是“证据”二字。对于那些因证据缺乏而一时不能证明的问题，历来的学人都主张采取“存疑”的方式处理，以待新材料的发现和后人作进一步的研究，笔者认为这体现了一种审慎科学的治学态度。蒲槃生平的研究是蒲松龄家世生平研究的一个重要组成部分，面对研究中存在的一些不

---

① 蒲先慧：《蒲槃生平考略》，载《淄博师专学报》2008 年第 1 期；《蒲磐为子析箸初探：分家亏了老三松龄之析》，载《淄博师专学报》2009 年第 3 期。《蒲磐为子析箸初探：分家亏了老三松龄之析》题中的“蒲磐”应为“蒲槃”，此或为排印之误。

够审慎的说法，研究者有责任依据相关史料厘清事实，还历史以本来面目。今不揣简陋，对蒲槃的生年、卒年和其主持诸子"析箸"的时间问题进行考辨，兼向蒲先慧先生请教。

一、蒲槃生年考辨

蒲先慧先生在《蒲槃生平考略》一文中对蒲槃生年所作的考察，举出的是路大荒先生《蒲松龄年谱》所载顺治三年刊立的《重修七圣庙碑》中"父子列名"的证据。此碑现保存于蒲松龄纪念馆前院院内，上列蒲槃、蒲兆专父子二人之名。蒲先慧先生说："依是年兆专之举（笔者按，即"父子列名"于《重修七圣庙碑》之事），当在二十岁以上，且娶妻有了家室，有独立的经济收入。即以二十一岁（1646 年）论之，上推，兆专当生于 1626 年，而敏吾公四十余年苦无子，到生兆专时，当为四十四岁光景（即明天启六年，1626 年）。以此上推，敏吾公当生于 1583 年，即明万历十一年。"

先慧先生对于蒲槃生于明万历十一年癸未的结论，来自于顺治三年其子蒲兆专二十一岁、兆专出生时蒲槃四十四岁两个方面的推论。笔者以为，这两个方面的推论都存在可商榷之处。

蒲兆专的年龄与生年问题是先慧先生蒲槃生于明万历十一年说的基础。父子列名于同一块《重修七圣庙碑》上，是不是三百多年前的情况必如今日立碑刊名之风俗，蒲兆专的年龄"当在二十岁以上，且娶妻有了家室，有独立的经济收入"？恐怕还不能轻易地下这样的结论。清人汪中说："古之名物制度不与今同也……故古之事不可尽知也。"[①]笔者据相关史料考知的情况也并非如此。

考察蒲兆专的年龄与生年其实并非没有文献资料可依。蒲松

---

① （清）汪中：《述学·释三九中》，转引自郭康松《清代考据学研究》，崇文书局 2001 年版，第 129 页。

龄手稿《蒲氏族谱》之蒲槃小传云：

长公早丧。四十馀苦无子，得金钱辄散去。值岁凶，里中贫者辄按日给之食，全活颇众。后累举四男。①

蒲箬《清故显考、岁进士、候选儒学训导柳泉公行述》的记载与此小传大致相同。这里特别值得注意的是“岁凶”一事与蒲兆专生年的关系。按蒲松龄本人的记述，其父蒲槃凶年散赈与“累举四男”存在时间上的先后，即蒲槃凶年散赈在先，其子兆专等的出生在后；但据笔者考察，蒲槃“累举四男”与其凶年散赈则为同时事，甚且可以说兆专、柏龄两个儿子的出生要略早于其凶年散赈的时间。

《蒲氏族谱》蒲槃小传所说的“岁凶”一事究竟发生在何年？蒲先慧先生说兆专生于明天启六年丙寅（1626年），但淄川此年前后并无灾情发生，更没有出现“岁凶”的年景。据《济南府志》和《淄川县志》，蒲槃“四男”中的前三个儿子兆专、柏龄、松龄出生前后的灾情如下：

崇祯十年丁丑（1637年），淄川秋生蝗蝻成灾；

崇祯十一年戊寅（1638年），淄川夏旱；

崇祯十三年庚辰（1640年），淄川大饥，人相食。

笔者以为，《蒲氏族谱》的蒲槃小传所说的“岁凶”不是指一般的灾荒年景，而是指崇祯十三年的奇荒而言的。《聊斋志异·刘姓》云：“崇祯十三年，岁大凶，人相食。”又云，有欲鬻妇于邑中马姓者，马言：“今日妇口，止直百许耳。”②一个妇女仅值钱百十文，当年的凶荒可知。正因为是遭遇奇荒，人命危浅，朝不虑夕，甚至出

① ［日］藤田祐贤、八木章好：《蒲松龄手钞蒲氏族谱·聊斋草》，汲古书院1991年影印本，第68页。

② （清）蒲松龄著，任笃行辑校：《全校会注集评聊斋志异》，齐鲁书社2000年版，第1312、1313页。

现了人吃人的世间惨相，才会有蒲槃“里中贫者辄按日给之食”的“全活”救命之举。

据《济南府志》，崇祯十三年的奇荒是由于这年五月的大旱，而此时蒲松龄已经出生。《蒲氏族谱》之蒲槃小传出自松龄之手，撰成于康熙二十七年戊辰（1688 年）。实际情况当是蒲槃在长子兆箕夭亡之后，至四十岁左右尚无次子，而其后来的几个儿子出生时，正值灾荒相继的年景。蒲松龄对这一段家史得于耳闻而印象颇深，故有“长公早丧，四十馀苦无子”之说。

如此看来，崇祯十三年的“岁凶”和兆专的出生其实是相距不远的两件事。以崇祯十三年的“岁凶”作为一个时间坐标，可知兆专之生虽不在此年之后，但也在此年之前不远。明代天启年间仅天启元年辛酉（1621 年）淄川有旱蝗之灾，天启二年壬戌（1622 年）有地震灾情，此后直至崇祯九年丙子（1636 年）并无成灾记录，故兆专之生不可能是在天启六年丙寅（1626 年）。据笔者对蒲槃生年的推考，崇祯十三年其当四十四五岁（说见下文），而其子兆专生于崇祯十三年之前，故不会迟至蒲槃四十四岁时。

松龄之父蒲槃究竟生于何年？在蒲先慧先生此文之前，笔者曾在《蒲松龄与赵金人》①一文中作过简考。与蒲先慧先生推考的结论不同，笔者认为蒲槃应生于明万历二十四年丙申（1596 年）前后。

蒲槃，字敏吾。路大荒先生所撰《蒲松龄年谱》，曾在“谱前”与“顺治七年”下称引过李尧臣《蒲处士传》（一作《蒲敏吾传》），台湾张景樵先生撰《蒲松龄年谱》曾于“顺治四年”下引录此传，题作《蒲处士敏吾传》。但此传除路、张两位先生外，其他研究者均未得见。李尧臣所作的《蒲处士敏吾传》至今未见全文披露，不知其尚在人间否？

① 邹宗良：《蒲松龄与赵金人》，载《蒲松龄研究》2007 年第 1 期。

笔者以为李尧臣的《蒲处士敏吾传》并未提及蒲槃的具体年龄，不然的话，路、张所撰的两种《蒲松龄年谱》定会对其年岁有所交代。除《蒲处士敏吾传》之外，笔者还曾在《三续淄川县志》卷十《三续隐逸》检得蒲槃小传一篇，今录其文于下：

> 蒲槃，字敏吾。器识超远，淹贯经史，行善于乡，不求仕进。明季大乱，蒲氏村当邑东孔道，与弟柷擘画守村，条理井井。且曰："人孰不畏死？非重赏，孰敢与贼战者！不能战，焉能守？"乃出钱百贯，会众村南枣树下，悬贯满树，曰："杀一贼者予若干。"由是壮者争出战，淄邑城守，倚以为援。顺治丁亥，屡与谢贼抗，城陷而蒲氏村卒完。时槃已五十馀。乱平，出赀助修城垣数十丈。施村东地为关帝庙膳田，周贫恤困。教三子，皆入泮。其季松龄，尤以文名海内。[①]

据笔者考察，这是目前所知见的文献资料中唯一一篇言及蒲槃年龄的文字。那么这篇小传的记载是否真实可靠？这确实是一个要审慎考察的问题。

有清一代的《淄川县志》，是在康熙二十六年张嵋修、唐梦赉纂本的基础上经过三次递修而成的。《三续淄川县志》的《凡例》有云："大兴王公续志，于各门概书曰'续某'；静海张公续志，于各门概书曰'重续'；某今兹编续张公之后，因概书曰'三续'云。"[②]所谓"大兴王公"，指的是乾隆六年任淄川知县的直隶大兴人王康，他督修的《淄川县志》于乾隆八年(1743年)刊刻；"静海张公"指乾隆三十八年任淄川知县的直隶静海人张鸣铎，其督修的县志于乾隆四十一年(1776年)付梓；至清宣统三年(1911年)，邑人王敬铸又"三续"《淄川县志》，这部在清代灭亡的当年续修的县志于民国九年(1920年)石印出版。王敬铸在《三续淄川县志》的《自序》中介绍

---

① 方作霖修，王敬铸纂：《三续淄川县志》，1920年石印本。

② 方作霖修，王敬铸纂：《三续淄川县志》，1920年石印本。

"三续"的缘起说：

> ……兹于光绪三十年，光州王子宾明府来莅淄任，未匝月即奉宪檄提取《乡土志》。县中旧无此书，明府乃札谕四乡首士，各开□其本路风土人情、前贤故事，造册送县，而委余代为撰次，凡两阅月始克竣事。因思《乡土志》者，即县志之基础也……倘不及今纂辑，恐后此机会难再逢矣。因不揣固陋，旁搜前人之著述，近摭故老之流传，以及余半生所耳闻目睹，凡山川、人物、土产、器用，前志所未载者，悉取而备录之。寒暑屡易，甫得成编。[①]

王敬铸所纂修的《淄川乡土志》共两卷，其钞本今存山东省博物馆。王敬铸是清咸丰八年(1858年)戊午科的举人，更是一位热心的蒲松龄著作的搜集、整理者，后来路大荒先生整理《蒲松龄集》，就曾经收藏并使用过王敬铸辑《聊斋遗文》钞本十二卷。王敬铸在《三续淄川县志》的《凡例》中谈到了其续修内容的资料来源："是编取材，以蒲东谷先生《淄乘备采》(笔者按，应作《修志备采》)为首；次则王雪峤先生《乡园忆旧》及《雪峤日记》、冯秋桥(笔者按，"秋"应作"萩")先生《般阳诗萃》及韩氏《邑乘》。其未备者，则以《济南府志》补之。"[②]蒲东谷即蒲松龄的长孙蒲立德，东谷是他的号。既然王敬铸明言他在"三续"《淄川县志》的时候以蒲立德的《修志备采》作为主要依据，那么《三续淄川县志》中的蒲槃小传取材于蒲立德的《修志备采》自是无可怀疑的。因此，这篇叙蒲槃之事甚详的小传虽然晚至宣统三年写成，却可靠可信，此事也应该是无可怀疑的。

《三续淄川县志》的蒲槃小传云其在顺治四年丁亥"已五十馀"，约之，蒲槃当时五十一二岁或五十二三岁，如果超过五十岁太

① 方作霖修，王敬铸纂：《三续淄川县志》，1920年石印本。

② 方作霖修，王敬铸纂：《三续淄川县志》，1920年石印本。

多,就不会说“五十馀”了。

由清顺治四年丁亥(1647年)向前逆推,则蒲槃当生于明万历二十四年丙申(1596年)前后。

按蒲先慧先生的推论,则蒲槃至顺治四年就不是“五十馀”,而是六十五岁,这与《三续淄川县志》蒲槃小传所记载的蒲槃年龄相去甚远。上文我们已经作过考察,这篇蒲槃小传的可靠性应该是无可怀疑的。笔者以为,对蒲槃生年的考察还是应以文献为据,定其生于明万历二十四年丙申(1596年)前后较为接近历史事实。

二、蒲槃卒年考辨

关于蒲槃的卒年,先后有顺治八年、康熙四年、康熙八年诸说,蒲先慧先生在《蒲槃生平考略》一文中则主张康熙三年说。下面依据相关史料,对蒲槃的卒年问题进行考辨。

蒲槃卒于顺治八年辛卯(1651年)的说法首见于路大荒先生撰《蒲松龄年谱》。路先生此说的依据是他所购藏的一份《蒲立德与车亮采诉讼供单》,中云:“曾祖槃敏吾公卒于顺治八年,以故庙内顺治三年碑,父子列名。”[①]但正如王枝忠先生所说,蒲槃卒于顺治八年的说法与《述刘氏行实》、《淄川蒲氏世谱》等记载的其“躬自教子”、主持诸子“析箸”之事皆不合[②],且路大荒先生的《蒲松龄年谱》也仅将此事“姑志于”顺治八年,未以《蒲立德与车亮采诉讼供单》的记载为确,所以蒲槃卒于顺治八年之说未能得到研究者的认同。

王枝忠先生在辨析蒲槃卒于顺治八年说的基础上提出了康熙

---

① 路大荒:《蒲松龄年谱》,齐鲁书社1980年版,第7页。

② 参见王枝忠《关于蒲松龄生平经历的几点考订》,载《蒲松龄研究集刊》第四辑,齐鲁书社1984年版,第205～222页。

四年乙巳(1665年)说,认为蒲槃可能卒于康熙三年他为诸子主持“析箸”之后不久。笔者以为,虽然从道理上说不无此种可能,但康熙四年说的根本缺陷是并无文献资料加以证明,因而难成定论。

蒲先慧先生提出的蒲槃卒于康熙三年甲辰(1664年)说,是把“析箸”一事由王枝忠先生认定的康熙三年移到了康熙二年而得出的。但笔者认为,定蒲松龄兄弟“析箸”为康熙二年远不如康熙三年更加合情合理(见本文第三节考辨)。

蒲槃卒于康熙三年说与康熙四年说都属推论,于文献无征。不仅如此,笔者在这里要举出几条反证,以说明蒲槃之卒不可能是在康熙三年或康熙四年:其一,康熙三年的春天,蒲松龄曾应友人李尧臣之邀,与甥友赵金人一同到其醒轩课读,这有《聊斋文集》中的《〈醒轩日课〉序》为证。《〈醒轩日课〉序》云:

> 李子希梅,与余有范张之雅。甲辰春,邀我共笔砚,余携书而就之。朝分明窗,夜分灯火,期相与以有成……时赵甥晋石在,假馆同居,谓余曰:“请订一籍,日诵一文焉书之,阅一经焉书之,作一艺、仿一帖焉书之,每晨兴而为之标日焉。庶使一日无功,则愧,则警,则汗涔涔下焉。”余曰:“善!”遂集十数业,借晋石籍而授之。①

其在醒轩“诵文”、“阅经”、“作艺”、“仿帖”诸事,盖为参加乡试之准备。如果蒲槃卒于此年的正月初五日,时在小祥期间,则李尧臣不可能邀约蒲松龄至其醒轩“共笔砚”,蒲松龄也不可能前往就读。其二,康熙三年秋,蒲松龄与李尧臣赴济南参加了本年的岁试,归里之后,又与张笃庆、李尧臣、顾然(当如)等社集赋诗,张笃庆《昆仑山房集》甲辰有《希梅、留仙自明湖归,与顾当如社集同赋》诗可证。如果蒲槃卒于本年,蒲松龄又如何能外出应试并与友人社集赋诗?其三,康熙四年,蒲松龄曾多次参与郢中社社友雅集,

① (清)蒲松龄著,盛伟编校:《蒲松龄全集》,学林出版社1998年版,第1034页。

并与李尧臣，张笃庆、锡庆、履庆昆仲月夜泛舟西溪，张笃庆《昆仑山房集》乙巳有《与同社诸子论诗》、《秋日新霁，小集郢中社山楼》、《同留仙、希梅及锡、履两弟月夜泛舟西溪，分韵得洲字》诸诗。同样的道理，如果蒲槃卒于此年，蒲松龄参与郢中社的社集活动诸事便不会发生。

与诸说不同的是马瑞芳先生在《蒲松龄评传》中首次提出的蒲槃卒于康熙八年说。[①] 马先生是笔者的业师之一，其《蒲松龄评传》属草时与笔者讨论此事，笔者曾向马先生申述此说的种种理由。笔者以为蒲槃卒于康熙八年说是符合历史事实的，今申说其理由如下：其一，蒲槃主持了康熙三年诸子的"析箸"，其卒应在康熙三年之后。其二，蒲槃不会卒于康熙四年，理由已见上述。其三，松龄长孙蒲立德生于康熙二十二年，于康熙三十年前后始通文墨，其对于康熙初年曾祖蒲槃之卒事，本即得之于耳闻；《蒲立德与车亮采诉讼供单》云"曾祖槃敏吾公卒于顺治八年"，应是少年时期自其父、祖处闻其曾祖卒于"××八年"，而于"八年"这样一个时间概念印象颇深故也。按古人记错年号，而于干支、年份所记不误之事所在多有。如袁藩《敦好堂集》卷首，有毕际有《编次袁孝廉〈敦好堂集〉题词》一篇，其中有句云："忆余妹倩王子下，与松篱皆生于崇祯丁卯，小余四岁。"[②]按崇祯一朝无丁卯年，此"崇祯丁卯"即"天启丁卯"之误。推之，蒲槃至康熙八年已逾古稀，《蒲立德与车亮采诉讼供单》云其卒于"顺治八年"，虽然把康熙的年号错记为顺治，但这个"八年"的说法却事出有因，绝不会是随口而出，无中生有的。综上所言，《蒲立德与车亮采诉讼供单》中的"顺治八年"，盖当为"康熙八年"之误。说蒲槃卒于康熙八年较康熙三年、康熙四年说多出了一份"××八年"的文献依据，因此要比顺治八年、康熙

---

① 马瑞芳：《蒲松龄评传》，人民文学出版社 1986 年版，第 44 页。

② （清）袁藩：《敦好堂集》，清钞本，山东省图书馆藏。

三年、康熙四年诸说更加接近历史事实。

由本文对蒲槃生年所作的考辨，可知蒲槃康熙八年已逾古稀，卒时年七十四岁左右。

三、蒲槃主持诸子“析箸”在康熙三年辨

蒲槃于何年主持诸子“析箸”一事，关系到对蒲槃的卒年、对蒲松龄初馆执教的时间等许多重要问题的认定，故有必要对蒲先慧先生提出的康熙二年说进行辨析。

先慧先生在《蒲槃生平考略》中认定蒲槃主持诸子“析箸”在康熙二年癸卯（1663 年），在《蒲磐（槃）为子析箸初探》文中又详述了“析箸”的具体细节，但他的依据只是“据说”，是蒲氏族中流传的口头传说。我们知道，任何口头传说都具有不确定性，在流传的过程中不可避免地会发生故事的变形和情节细节的增减，因而不能成为信史的依据，更何况在经过了三百余年之后，口口相传的说法又如何能准确到蒲松龄兄弟分家是在哪一年这样的家庭琐事？清人做考据，提出过一条重要的论证原则叫做“无征不信”。考察历史事实要以文献资料为依据，只有在文献资料的基础上分析考察得出的结论，才是客观的、可靠的，这是文史考证的基本常识。先慧先生提出的蒲槃主持诸子“析箸”在康熙二年的说法，尽管对“析箸”一事作了详尽的细化描述，但因为找不到任何文献资料的支持，所以是难以使人信从的。

蒲槃主持诸子“析箸”之事发生在何年？在近三十年前，王枝忠先生就作过详细考证，其《关于蒲松龄生平经历的几点考订》一文专列了“关于父死和析箸”一节。① 枝忠先生定蒲槃主持诸子

① 参见王枝忠《关于蒲松龄生平经历的几点考订》，载《蒲松龄研究集刊》第四辑，齐鲁书社 1984 年版，第 205～222 页。

“析箸”事在康熙三年的秋冬，所举出的理由如下：其一，蒲松龄的《述刘氏行实》记载，分家时蒲松龄的子女只有长子蒲箬已生。因蒲箬生于康熙元年，松龄长女约生于康熙四、五年间，故“析箸”的具体时间应在康熙元年到康熙五年之间。其二，分家的当年值“岁歉”，即正逢灾年。据《淄川县志》，当时成灾的年份分别为康熙三年和康熙四年。结合其他资料，王枝忠先生将“析箸”的时间定于康熙三年。

笔者同意王枝忠先生提出的蒲槃主持诸子“析箸”在康熙三年秋冬时节的说法，并为其补充两条证据：其一，蒲松龄的长子蒲箬此年三岁，即周岁两岁，与《述刘氏行实》中“时仅生大男箬，携子伏鼪鼯之径，闻跫然者而喜焉”的记载相符。其二，《述刘氏行实》记载松龄一家三口分家时分粮食的情形说：“时岁歉，荞五斗，粟三斗。”其分家所分到的“荞”(荞麦是救荒作物，也是霜前作物)、“粟”诸物，也都是成熟的秋粮。故分家的时间不会早于这年的秋天。

反观蒲先慧先生的“析箸”在康熙二年之说，虽然康熙二年也在康元至康五这个大的时间跨度之内，但松龄的长子蒲箬生于康熙元年的八月三十日，至康熙二年秋天恰在“始学步”的年龄，似乎还没有“伏鼪鼯之径，闻跫然者而喜焉”的那份从容；更值得注意的是这一年淄川县没有灾情发生，这与蒲松龄“时岁歉”的记载所存在的矛盾实在是无法弥合的。所以笔者认为，如果举不出过硬的证据，那么蒲槃于康熙三年主持诸子“析箸”的结论是难以推翻的。

(写于 2010 年 2 月，发表于《蒲松龄研究》2010 年第 2 期)

蒲松龄生平二考

——初馆执教与康熙十一年是否设馆于西铺毕家

与其他古代作家相比,《聊斋志异》的作者蒲松龄的生活经历明显地具有自己的独特之处:他从青年时代即开始了舌耕笔耘的坐馆生涯,直到垂暮之年始作一结束。甚至可以这样说,设馆执教是蒲松龄一生赖以维持生计的职业。

在视科举为正途的封建社会里,蒲松龄为什么能不顾友朋的一再规劝,倾自己大半生的心血执著地撰作《聊斋志异》?这除了与作者“雅爱搜神”、“喜人谈鬼”的创作个性有关之外,更与作者长期处于那种“子夜荧荧,灯昏欲蕊;萧斋瑟瑟,案冷疑冰”的馆斋生涯中有直接的关系。正是这样一种“荒斋梦断闻砧杵,百感心伤首重搔”[①]的落拓生活和由此而发的人生感叹,才使得作者在漫长的岁月中焚膏继晷,坚持不辍,“集腋为裘,妄续幽冥之录;浮白载笔,谨成孤愤之书”。

考察蒲松龄设馆执教的生活经历,对于了解蒲氏其人,并进而探讨其创作道路都是十分必要的工作。但毋庸讳言,新中国成立

① (清)蒲松龄著,路大荒整理:《蒲松龄集》,上海古籍出版社 1986 年版,第 487 页。

以来，对蒲松龄生平经历的探讨一直是蒲学研究中一个较为薄弱的环节。近年来，情况有了较大的改变，袁世硕、劳洪、王枝忠诸先生都注意从蒲松龄的交游关系中考索其生活经历，收获令人欣喜。本文拟就蒲松龄生平研究中两个争议较大的问题——初馆执教与设馆西铺毕家的情况作一些新的探考。

一、蒲松龄初馆考

首先提出蒲松龄“初馆”问题的是路大荒先生撰作的《蒲柳泉先生年谱》，首载于上海世界书局1936年出版的《聊斋全集》卷首。路先生在《蒲柳泉先生年谱·康熙十一年壬子(1672)》中有如下记载：

初馆同邑名人西铺毕际有家。

显然，这被路先生认为是蒲松龄设馆执教生涯之上限。

二十多年之后，国培之先生对这一问题重作考订，提出了“蒲松龄‘初馆’西铺毕家不是康熙十一年，而是康熙十九年或二十年”[①]的说法。粉碎“四人帮”之后，劳洪先生复撰文推测蒲松龄在康熙十一年之前，“想必都是在自己家中设馆”的。[②] 1985年9月，在山东淄博召开的第二次全国蒲松龄学术讨论会上，王枝忠先生在提交会议的论文《蒲松龄杂考》中，论证了康熙初年蒲松龄与父兄“析箸”之后，随即开始了设馆执教生涯的问题。[③] 结合其他材料，我对蒲松龄初馆的情况作了进一步的探考，认为王枝忠先生把蒲松龄最初设馆的时间定在康熙初年是符合事实的。不仅如此，

① 国培之：《〈蒲柳泉先生年谱〉的几点辨正》，载《文史哲》1962年第4期。

② 参见劳洪《〈蒲柳泉先生年谱〉辨疑》，载《文学遗产》1980年第1期。

③ 参见王枝忠《蒲松龄杂考》，载《蒲松龄论集》，文化艺术出版社1990年版，第41～51页。

如从蒲松龄的交游关系细加考察，其初馆的具体情况也是不难推知的。

这里，牵涉到蒲松龄一个鲜为人知的友人——王永印及其家族。王永印，字八垓，蒲松龄的同邑友人。与蒲松龄执教三十年的西铺毕家地位大致相当，王永印也出身于明末清初淄川有名的缙绅之家。依据淄川邑乘，我对这个家族的人物关系作了如下勾勒：

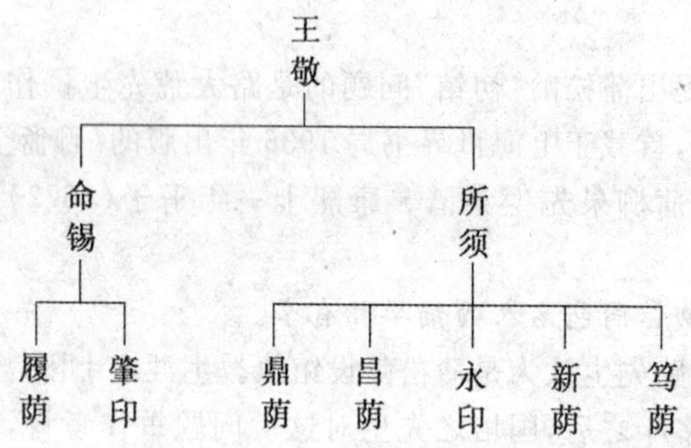

这个家族中，与蒲松龄发生直接关系的是王所须一支。所须字斡宇，明万历癸卯（万历三十一年，1603 年）举人，授南皮知县，后升应州知州，卒于任所。子鼎荫，字六符，清顺治丙戌（顺治三年，1646 年）进士，官北直东安等县知县；昌荫，一名昌印，字七襄，明崇祯丁丑（十年，1637 年）进士，入清起户部主事，擢福建道监察御史，巡按山西，提督北直学政，《聊斋志异·鬼哭》篇曾载其事①；

① （清）蒲松龄著，张友鹤辑校：《聊斋志异会校会注会评本》卷一《鬼哭》："谢迁之变，宦第皆为贼窟。王学使七襄之宅，盗聚尤众……公入城，扛尸涤血而居，往往白昼见鬼，夜则床下磷飞，墙角鬼哭……公闻，仗剑而入，大言曰：'汝不识我王学院耶？'但闻百声嗤嗤，笑之以鼻。"按，《鬼哭》所记，为清顺治四年（1647 年）高苑起义农民谢迁入据淄川遭清兵镇压事。据清法式善《清秘述闻》卷九记载，王昌荫提督北直学政自顺治七年（1650 年）始，故《鬼哭》言王昌荫自称"学院"，盖为误传或松龄记误。《鬼哭》亦为松龄后来追记而成者。

永印，字八垓，贡生；新荫，顺治戊子（顺治五年，1648 年）、己丑（顺治六年，1649 年）联捷武科，任怀来卫守备；笃荫，字十洲，贡生。此外，同是清朝贡生的王履荫（字一凫）、肇印（字亚侯），与所须诸子同一排行，当是叔伯兄弟。

在王所须诸子中，与蒲松龄交往最密切的是按行排八的王永印。王永印的名字凡十见于《蒲松龄集》。[①] 其中《寄王八垓》诗，有“香山酒客延高龄，七十颜色如儿婴”；“念我少君廿余岁，衰如病鹤空支撑”；“我性疏狂君磊落，相逢不觉肝胆倾”诸句，可知蒲松龄与王永印为相差二十余岁的忘年之交，而且是肝胆相倾的挚友。笔者曾在国家图书馆检得其所藏《聊斋诗集》钞本二册，此钞本虽未编年，但与《蒲松龄集》中的编年诗作对勘并考以蒲氏生平，知其基本是按写作时间的先后过录的（诗集的情况将另文考索）。在国图藏《聊斋诗集》钞本中，《寄王八垓》诗排在《斋中》[②]之后，《再到济南，喜箬儿入泮》诸诗之前。检路大荒先生著《蒲松龄年谱》，康熙二十七年（1688 年）下有“是年长男箬补博士弟子员”[③]的记载，因推知《寄王八垓》诗作于康熙二十七年。这年蒲松龄四十九岁。由诗中所叙王永印“七十颜色如儿婴”及蒲松龄少其“廿余岁”的情况，可以确知二人年龄相差二十一岁左右。《蒲松龄集·聊斋文集》卷三有《为八垓王公八十大寿序》一文，中有“王公八垓，夙世仙

① 《蒲松龄集》中，与王永印有关者为以下十篇：《为八垓王公八十大寿序》，见《聊斋文集》卷三；《代王八垓与程县公》，见《聊斋文集》卷五；《为王八垓与长山曲启》，见《聊斋文集》卷七；《为人要则》，见《聊斋文集》卷十；《王八垓过访》，见《聊斋诗集》卷二；《妾薄命，赋赠王八垓》、《为王八垓赠于申兰》、《寄王八垓》、《八垓烹羊见招，阻雪不果，戏作烹羊歌》、《王八垓烹羊见招，忽雪，因忆去年阻约，作烹羊歌》，俱见《聊斋诗集》续录。

② 国图藏《聊斋诗集》钞本中的《斋中》一诗，为《蒲松龄集》本《聊斋诗集》所收《荒园小构落成，有丛柏当门，颜曰绿屏斋》诗第十一首之另题，《蒲松龄集》本系于康熙二十七年戊辰（1688 年）。

③ 路大荒：《蒲松龄年谱》，齐鲁书社 1980 年版，第 39 页。

人，志趋豪上，昔与余垂髫相戏，每见其肝胆廓落，辄已倾倒”数语，说自已未冠之年即与王永印“相戏”，可知在顺治十四、十五年(1657～1658 年)左右，也即蒲松龄以县、府、道三试第一补博士弟子员前后，已经与王永印订交。推想在蒲松龄以童子试案首名噪乡里的时候，得到年长二十余岁的王永印的赞誉当是极有可能的。而依此序，直到王永印八十岁的时候，两人依然交好如前。

下面要说明的是，在蒲松龄与王永印之间，除忘年之友外，还曾存在过一段时间的馆东与西席的关系。

首先，细考《蒲松龄集·聊斋诗集》中记叙蒲王二人交往的诗作，我们可以获得这样的印象：蒲松龄有一段时间曾在王家住过，与王永印过从甚密。《聊斋诗集》卷二《王八垓过访》诗云：

玉案无缘寄所思，一朝握手喜翻悲。
尊开风雨挑灯夜，人似池塘入梦时。
不合世撄流俗怒，无他肠恃故人知。
别来岁月曾多少？话到生平事每遗。

《聊斋诗集》系此诗于康熙十七年戊午(1678 年)。称王永印“故人”，可知二人交谊有年。然诗中的“别来岁月”，则不应以月日之别视之。《聊斋诗集》的“续录”部分为未编年的蒲氏诗作，从其中所收的《为王八垓赠于申兰》、《妾薄命，赋赠王八垓》、《八垓烹羊见招，阻雪不果，戏作烹羊歌》、《王八垓烹羊见招，忽雪，因忆去年阻约，作烹羊歌》诸诗，可知二人同在一邑，常有往来的情况。上举《寄王八垓》诗中，并云“十日不一见颜色，坐看梁月心怦怦”，更可见二人之间的交往不惟不疏，而且十分频繁。明乎此，则上举诗中的“别来岁月”自当别有所指。由诗中所说的“话到生平事每遗”，可以想见在康熙十七年之前，两人的交往中已有了许许多多可共相忆的往事；由于这些往事已经积年，所以每每提到总有不少的遗忘，但也益增亲切之感。因此，这里的“别来岁月”不是指与上次相晤已有几月几日，而是说离两人朝夕相处的岁月已大有年了。

那么，两人是在一种什么情况下朝夕相处的呢？且看《聊斋文集》卷十的《为人要则》。文前有小序曰：

> 王八垓兄有感于世情之薄，命十二题，属余为文，以教子弟，亦见其忧患之心也，遂率撰之。

序中的重点为笔者所加。对《为人要则》一文，我认为极有按蒲氏当时所处的客观环境认真考察的必要。《为人要则》分正心、立身、劝善、徙义、急难、救过、重信、轻利、纳益、远损、释怨、戒戏，凡十二题，由题旨可见王永印命题属文的郑重之意；其文长达三千余字，在整部《聊斋文集》中也是少见的长制。十二题皆先释题旨，复为劝饬，写作态度十分严肃，决非一般的应酬文字可与并比。结合文前的小序考察，蒲松龄之所以精心撰结这样一篇形类制艺的文字，当是因为他此时正担负着教授王家子弟的职责。也只有蒲松龄正处在王家塾师的地位上，王永印才会并不见外地命题属作这种以训诫子弟为目的的文字。试想，如果两人之间仅仅是朋友关系，王永印的命题属文之举岂不显得有乖情理，而蒲松龄撰文的认真态度不也有些兼嫌过分吗？

我还想举上文提到的《妾薄命，赋赠王八垓》一诗：

> 妾薄命，薄命如秋叶。十五来朱门，绿发交眉睫。惊云怖雨承主恩，燕姊酸眸生怒嗔。此身之重不能斤，望人颜色为笑嚬。噫吁嘻！苦复苦，向谁语？四哭男，两哭女。讨一孤根，彼苍不许。顾影相怜，唯我与女。魇梦伤魂，涕下如雨。自从远卖东海滨，弟妹爷娘无一人。一人千里从主君，廿年还是妾一身。不及风中絮，犹得化生碧水侣青蘋。阿翁来，笑相接；夜无人，唯窗月。啼君怀，语喋喋：老翁今年六十余，倘有不虞焉置妾？

这是一首以戏赠的形式出现，但内容却十分严肃的诗作。该诗不仅写了王永印的侍妾二十年来子女俱殇、望人笑颦的悲苦生活，其十五岁被千里远卖的悲惨经历，而且明言王永印之妻对于侍妾怀有妒恨之情。能够如此缅述王永印的家庭细事,也只有在对这个家庭的生活情状十分熟悉的情况下才是可能的。我以为,这也可以作为蒲松龄曾在王家生活过一段时间的佐证。

此外,我们还可以从蒲松龄设馆执教的最初时间上探考这个王氏家族与蒲松龄之间存在的馆东与西席的关系。

在蒲松龄及其子嗣的著述中,涉及其最初设馆的资料有三种:

其一,长子蒲箬的《清故显考、岁进士、候选儒学训导柳泉公行述》:

十九岁弁冕童科,大为文宗施愚山先生之称赏。然自析箸,薄产不足自给,故岁岁游学,无暇治举子业。[①]

其二,蒲松龄《述刘氏行实》:

乃析箸,授田二十亩。时岁歉,荞五斗,粟三斗。杂器具,皆弃朽败,争完好,而刘氏默若痴。兄弟皆得夏屋,爨舍闲房皆具;松龄独异:居惟农场老屋三间,旷无四壁,小树丛丛,蓬蒿满之。松龄岁岁游学……时仅生大男箬,(刘氏)携之,伏鼪鼯之径,闻跫然者而喜焉。[②]

其三,蒲箬等《祭父文》:

若夫家计萧条,五十年以舌耕度日,凡所交游,皆知我父之至诚不欺,胸无城府;而东西师生三十年生死不二,至托诸梦魂间者,则又无过于刺史毕先生家。[③]

---

① (清)蒲松龄著,路大荒整理:《蒲松龄集》,上海古籍出版社 1986 年版,第 1817 页。

② (清)蒲松龄著,路大荒整理:《蒲松龄集》,上海古籍出版社 1986 年版,第 250 页。

③ (清)蒲松龄著,路大荒整理:《蒲松龄集》,上海古籍出版社 1986 年版,第 1822 页。

上举材料中“游学”的意思，已经王枝忠先生考实即为教馆。[①]而《柳泉公行述》与《述刘氏行实》，则俱言蒲松龄开始设馆执教的时间在其与父兄“析箸”之后。关于《祭父文》所说的“五十年以舌耕度日”，我们从蒲松龄撤帐归家的康熙四十九年庚寅(1710 年)[②]逆推，到康熙初年正有近五十年的时间，也可证蒲松龄其时已在教馆。《祭父文》的“五十年”舌耕之说本是与在毕家执教三十年并提的，故其非为实指可知。综合上述，蒲松龄最初设馆执教的时间，应是如《柳泉公行述》和《述刘氏行实》所云，是在其与父兄“析箸”之初。

关于蒲松龄与父兄“析箸”的具体时间，王枝忠先生定于康熙三年的秋冬[③]，我以为是可信的。因为据《淄川县志》，不仅从顺治十三年蝗灾之后至是始成灾荒，与蒲松龄“时岁歉”的记载相合；其长子蒲箬至是三岁，即两周岁，与“伏𨇤𨇾之径，闻跫然者而喜焉”之状相符；即其分家所分到的“荞”、“粟”诸物，也都是成熟的秋粮。

依上所言，蒲松龄开始执教的时间，最早当在康熙三年的秋冬，而不会再早了。

下面接着谈蒲松龄与王永印的关系。收录于《聊斋文集》卷五的《代王八垓与程县公》一文，是蒲松龄因里甲当差等事代王永印写给淄川知县的一封书札。此札的后半部分是这样写的：

老父母只知肉糜之可餍饱，不知蝼蝈之为公私也……既

---

① 王枝忠《蒲松龄杂考》云：《述刘氏行实》前言“松龄岁岁游学”，后又以“松龄年七十，遂归老不复他游”相为呼应。因“他游”确实是指在外教馆，故“游学”亦应作如是观。又，《柳泉公行述》云“故岁岁游学，无暇治举子业”，因知“游学”非为“治举子业”事，而是在外设馆教学。

② (清)蒲箬等《祭父文》云：“我父奔波劳瘁，七十岁始不趁食四方。虽有儿辈，将焉用耶！至庚寅归来。”庚寅为康熙四十九年，蒲松龄七十一岁时。

③ 参见王枝忠《关于蒲松龄生平经历的几点考订》，载《蒲松龄研究集刊》第四辑，齐鲁书社 1984 年版，第 205～222 页。

不肯推孙、王之例，使之移重就轻，何遂以朝三暮四相愚也？过里之举，生既不得蒙恩，并甲之旨，生亦不能从命，惟仍守故辙，按甲当差。其能当者，当之；不能者，其谴责之惟命，赦宥之惟命，并与生无与也。此非一家之私议，愿老父母平气听之！①

这封书札不仅全无当时官场上恭维称颂的谀辞套语，而且愤激之情溢于言表。这首先是因为王永印出身于缙绅之家，敢于违抗知县不利于自己的并甲之命，但同时却也说明了这样一个问题：蒲松龄既然可以不顾一个父母官的情面，代人写出这样的愤激言辞，这时其与王永印的关系已非泛泛。查乾隆《淄川县志》，清代顺治、康熙年间程姓知县只程观颐一人。《淄川县志》卷四《官师志·知县》记载：

程观颐，字我生。山海卫人。进士。（康熙）三年任，五年劾去。

依此可知《代王八垓与程县公》一文作于康熙三年到康熙五年之间。从时间上说，这正是蒲松龄与父兄"析箸"之后，刚刚开始他的设馆执教生涯的时候。蒲松龄于此时代王永印写这样一封书札，与上文提到的应王永印之命作《为人要则》以教王氏子弟的情况，绝非偶然的巧合。刚刚开始独立生活，开始了设馆生涯的蒲松龄，只有执教于王永印的家中，才有可能替他应酬这类文字上的往来事务，而且也只有如此，蒲松龄才会不顾一位知县的情面，将自己置于与王永印息息相关的地位上。综上所言，我以为王永印与蒲松龄之间存在过一段时间的馆东与西席的关系，蒲松龄最初设馆是在王永印的家中，应该说是较为凿然的事实。

在《聊斋文集》卷三所收的《〈醒轩日课〉序》中，蒲松龄记载了

① （清）蒲松龄著，路大荒整理：《蒲松龄集》，上海古籍出版社 1986 年版，第 133 页。

他于康熙三年春天应挚友李尧臣之邀赴其醒轩课读的情况。[①] 而由《聊斋志异·爱奴》篇及其附则所载的延师情况,我们还可以得知在蒲松龄生活的时代,延请塾师的通例一般以一年为期,而受聘则多在岁杪,迟则在新岁之初。从蒲松龄当时的生活状况考察,其课读于李尧臣的醒轩在康熙三年的春天,与其父兄"析箸"又在这年的秋冬,故此年当无外出设馆的道理。实际情况当是蒲松龄从康熙四年起设馆于友人王永印家中。而康熙四年,也即蒲松龄步入设馆执教生涯之上限。[②]

关于蒲松龄在王家教授的弟子,《为人要则》小序云"属余为文,以教子弟",可见是包括了王永印的兄弟和子侄辈在内的。据《淄川县志》记载,王所须诸子中,次于王永印的有字十洲的王笃荫和推为行九的王新荫。而王新荫在顺治五、六年即联捷武科,可见其年岁较长,不会就读于蒲松龄的绛帐之下。但王笃荫在王永印兄弟行中排名最后,又是清朝的贡生,有可能是蒲松龄教过的学

① 参见(清)蒲松龄著、路大荒整理《蒲松龄集》,上海古籍出版社 1986 年版,第 14 页。蒲松龄赴醒轩课读事,又见路大荒《蒲松龄年谱》,齐鲁书社 1980 年版,第 14 页。

② 《山东省志·诸子名家志·蒲松龄志》(山东人民出版社 2003 年版),在记载蒲松龄南游之前的生平经历时说:"分家后,虽有刘氏的勤俭持家,然因功名未就,蒲松龄已无法再安心在李希梅家借读,大约从康熙六年(1667)始,便走上了他的塾师生涯……康熙六年春,蒲松龄开始到离家 50 余里的城西王村(今属周村区)设馆教书。"这里把蒲松龄在李尧臣(字希梅)的醒轩借读的时间视为康熙三年到康熙五年。笔者原也持此看法,但后来发现蒲松龄的《代王八垓与程县公》一文作于康熙三年到康熙五年之间,此可证其时作者已在王村王永印家设馆执教。又,《蒲松龄志》定蒲松龄于康熙六年在王村设馆,依据的当是笔者撰写此文时尚未得见的聊斋小曲《新婚宴曲》文后的《特志事略》:"康熙六年,仲春之月,适在王村,课蒙为业。"(见马振方辑校《聊斋遗文七种》,北京大学出版社 1998 年版,第 234 页;盛伟辑校《蒲松龄全集》,学林出版社 1998 年版,第 2426 页)余意蒲松龄康熙六年仍继续在王村王永印家执教,但去王村执教则不始于康熙六年。《新婚宴曲》后附的《特志事略》的记载,可为本文的考证提供一条新的佐证。

生。按我们前面对蒲、王二人年龄的推考，康熙四年蒲松龄二十六岁，王永印则已四十七八岁。《聊斋文集》卷七收有一篇《为王八垓与长山曲启》的婚启，中云“弟，髀肉暗消于野马，鬓毛垂尽于飞蓬”，与《代王八垓与程县公》中所言应役当差之事正合，可知此时王永印诸子中，有的正处在媒通“文定”的年龄。以蒲松龄与妻子刘氏订婚在其“十余岁”时推之[①]，这位与长山曲氏换帖结好的王永印之子正当就学的年龄。

在王永印兄弟行中，王鼎荫、昌荫、新荫都仕宦在外，家中除王永印外，只有一个年幼的王笃荫。由此推知，这个官宦之家的家事正是由居家的王永印执掌的。所以在蒲松龄的学生中，当还有王永印的侄辈在内。

二、西铺设馆考

蒲松龄设馆于同邑西铺毕家的具体时间，先后经多人考证，已可确知是在康熙十八年(1679 年)。[②] 多数学者都认为蒲松龄到西铺毕家设馆只有一次，但近来又有两次设馆毕家之说。路大荒先生的后人路士湘在《〈蒲松龄年谱〉的补充意见》一文中，重新解释了路撰《蒲松龄年谱》中康熙十一年“初馆同邑名人西铺毕际有家”的问题。其略云：

> 蒲松龄何时初馆于毕家，此问题较为重大……路大荒先生调查来自毕际有先生对蒲氏有关记载。蒲氏去毕家年代，

---

① (清)蒲松龄《述刘氏行实》：“松龄父处士公敏吾……嫡生男三，庶生男一……松龄其第三子，十余岁未聘。闻刘公次女待字，媒通之。或訾以贫。刘公曰：‘闻其为忍辱仙人，又教儿读，不以贫辍业，贻谋必无蹉跌。虽贫何病?’遂文定焉。”

② 参见袁世硕《蒲松龄在西铺毕家》，载《蒲松龄研究集刊》第四辑，齐鲁书社1984 年版，第 187～204 页；王枝忠《关于蒲松龄生平经历的几点考订》，载《蒲松龄研究集刊》第四辑，齐鲁书社 1984 年版，第 205～222 页。

从毕氏底本抄来的材料(可恨此文稿在十年浩劫中被毁了),他初次去毕家是康熙十一年壬子(1672),先生三十三岁。《聊斋先生年谱初稿》原始材料记录:"相传二次去毕家",没有找到根据,只可作参考,因此用"初馆"这个字眼。①

王枝忠先生认为,蒲松龄"大概从康熙十一年起确曾在西铺毕家教过一段书,时间至多一两年,随后就到其他地方坐馆,其中以在丰泉乡王家为较长;最后,从康熙十八年起才长期固定在毕际有家当西宾"②。而其初次到西铺执教并非在毕际有家,而是在毕际有的弟弟毕际孚家中。

为了说明以上结论,王枝忠列举了以下证据:

(1)康熙十一年,蒲松龄写有《奂山道中》、《和毕盛钜石隐园杂咏》诗。奂山在淄川县西十五里,为蒲家庄到西铺的必经之处;盛钜为毕际有之子,《和毕盛钜石隐园杂咏》之作,当亦只有到西铺之后方能见到毕氏诗作而有相和的可能。

(2)《聊斋诗集》卷四庚寅有《答毕振叔》诗。首八句为:

君方弱冠时,我如僧挂锡。
謦欬时相闻,余明分邻壁。
握手倾肺肠,挑灯亘遥昔。
缪备师事行,实同袜线折。

毕振叔,名盛钰,际有弟毕际孚之子。据《毕氏世谱》载毕盛钰小传云:"弱冠游庠,连三第一;乡试十有六次,竟不一第。康熙己卯(1699)副榜;雍正癸卯(1723)恩贡;年七十三,选莘县训导,未履任而卒。"推毕盛钰当在雍正二年(1724年)去世,按虚岁七十三计,

---

① 路士湘:《〈蒲松龄年谱〉的补充意见》,载《文学遗产》增刊十五辑,中华书局1983年版。

② 王枝忠:《关于蒲松龄生平经历的几点考订》,载《蒲松龄研究集刊》第四辑,齐鲁书社1984年版,第205~222页。

则生于清顺治九年(1652 年),二十岁为康熙十年,而《答毕振叔》云其"弱冠"为约言,故正与蒲松龄康熙十一年起到西铺教馆事恰合。

诚如路士湘先生所云,蒲松龄是否两次馆于西铺毕家一事,在蒲氏生平中关系"较为重大",故实有一辨之必要。

首先,据路士湘文章所提供的情况,路撰《蒲松龄年谱》于康熙十一年下用"初馆"一词,是因为以"从毕氏底本抄来的材料(可恨此文稿在十年浩劫中被毁了)","毕际有先生对蒲氏有关记载"为据;但同一篇文章又云"《聊斋先生年谱初稿》原始材料记录:'相传二次去毕家',没有找到根据,只可作参考",则与上言相抵牾。今检 1936 年上海世界书局版《聊斋全集》与 1962 年中华书局版《蒲松龄集》所附的路编《蒲柳泉先生年谱》,"初馆"条下俱只列王洪谋《柳泉居士行略》为证,而无路文所说的"从毕氏底本抄来的材料"或"毕际有先生对蒲氏有关记载"。对这一情况,我们只能这样理解:毕际有关于蒲氏的材料即使曾经存传,当也不能确证蒲松龄在康熙十一年"初馆"毕家一事。因为上举二书的出版俱在"文革"浩劫之前,《蒲松龄集》所附的《蒲柳泉先生年谱》还经过了路大荒先生 1955 年和 1957 年的两次修订和增补。[①] 如果确有"从毕氏底本抄来的材料"可证蒲松龄"初次去毕家是康熙十一年壬子",想路大荒先生在修订和增补此《年谱》时是决不会弃置不用的。况且,今路撰《蒲松龄年谱》康熙十一年"初馆"毕家条下,仅引据王洪谋《柳泉居士行略》中如下一段文字:

遂从给谏孙公树百于八宝,因得与成进士康保、王会状式

① 李士钊《编辑后记》:"路大荒先生撰述的《蒲松龄年谱》(原名《蒲柳泉先生年谱》)初稿于 1931 年,定稿于 1935 年。第一次正式发表于 1936 年上海世界书局出版的《聊斋全集》。1955 年和 1957 年又进行过两次修订和增补,再度发表于他所编辑、1962 年上海中华书局出版的《蒲松龄集》。"(文载路大荒《蒲松龄年谱》,齐鲁书社 1980 年版,第 188～189 页)

丹兄弟、陈太常冰壑游。登北固，涉大江，游广陵，泛邵伯而归。所作有《南游草》一卷，大抵在行旅登眺，与夫寄远送别，往复酬答之间，而欢愉惨悴之志意，犹未形诸篇章也。自是以后，屡设帐缙绅先生家，日夜攻苦，冀得一第。①

这一段文字，所说明的仅仅是蒲松龄南游及归里之后“屡设帐缙绅先生家”的情况，并不能直接证明蒲氏此年曾馆于或“初馆”于西铺毕家。

下面，对王枝忠先生的有关论据略述一己之见。

首先，谈一下毕际孚之子毕盛钰的生卒年问题。

王枝忠先生据淄川《毕氏世谱》毕盛钰小传，推毕盛钰卒于清雍正二年(1724年)，年七十三，因断其生于顺治九年(1652年)，至康熙十年(1671年)正二十岁。但我们在淄川《毕氏世谱》之外，又见到一种《毕氏南村家谱》，所叙内容较《毕氏世谱》更为详尽，则知王枝忠先生的推论是存在差误的。《毕氏南村家谱》凡一卷，为毕盛钰胞弟盛鉴所修。此谱承友人蒲泽先生见示，蒲先生并向山东省图书馆提供了他本人所钞的钞本。《毕氏南村家谱》之毕盛钰小传云：

盛钰，字振叔。康熙乙卯副榜，雍正癸卯岁贡。后十一年选莘县训导，正卧疾。次年乙卯，屡催赴任，而二竖入膏肓，遂不得食天仓一粟。享年七十三岁。

淄川《毕氏世谱》小传云盛钰为“康熙己卯副榜”，可证《毕氏南村家谱》中“乙卯副榜”乃“己卯副榜”之误写；但《毕氏南村家谱》对毕盛钰卒年的记载则凿然无疑。据此毕盛钰小传可知，盛钰乃卒于雍正十三年乙卯(1735年)，年七十三，故其生年应为康熙二年癸卯(1663年)，康熙二十一年壬戌(1682年)为其弱冠之年，时在蒲松龄于康熙十八年己未(1679年)设馆于西铺毕家之后。

① 转引自路大荒《蒲松龄年谱》，齐鲁书社1980年版，第22页。

其次，关于蒲松龄的《奂山道中》与《和毕盛钜石隐园杂咏》诗。

《奂山道中》一诗首见于钞本诗集《聊斋偶存草》，为其第四十三题。兹录于下：

暮雨寒山路欲穷，河梁渺渺见飞鸿。
锦鞭雾湿秋原黑，银汉星疏野烧红。
骚客由来惜往日，才人何必怨东风。
园陵零露皆芳草，冥漠谁知造化工。

据袁世硕、马瑞芳、郝浚先生《对〈聊斋偶存草〉的考察》一文中对《奂山道中》前后诗作写作时间的考订①，结合诗中所写的景色时序，可以推知此诗作于康熙十一年的秋天。1963 年 10 月，《蒲松龄集》第二次印刷时，路大荒先生据《聊斋偶存草》把这首诗补入了《聊斋诗集》。因为《聊斋诗集》卷三甲戌年有《奂山道上书所见》一诗，路先生遂将《奂山道中》一诗置于其前，系于康熙三十三年甲戌，这显然是误置了。②

在《聊斋偶存草》中，《奂山道中》之后为《寄孙安宜》七律三首，即《蒲松龄集》本《聊斋诗集》卷一壬子年《寄孙树百》诗之另题。诗中有“君疲马牛身犹病，我因遭逢数亦悭”，“途穷只觉风波险，亲老唯忧富贵迟”诸句，孙蕙（字树百）接到作者所寄诗后有答函云：

异乡落寞，满拟好友蜚翀，少添意兴，不意芜棫失灵，致误

---

① 袁世硕、马瑞芳、郝浚《对〈聊斋偶存草〉的考察》：“第三十八题《过东郭故斋》中云：‘桃花春水涨红蕖。’此诗后，紧接着是《卧友人斋中》、《留别》、《斋中》、《独坐有怀螽斯侄》四首诗，也写到春天景色，可见均为康熙十一年春之作。第六十四题《示王毅公》首云：‘月明更已阑，莺啼春已老。’此诗后紧接《抱病怀宗玉侄》，末云：‘大风归去落槐花。’可见又换了一个年头，当为康熙十二年春末夏初之作。”（文载《蒲松龄研究集刊》第一辑，齐鲁书社 1980 年版，第 229～248 页）今将《聊斋偶存草》中《示王毅公》诗前题《又》字的两处略去不计题，至《奂山道中》恰为第四十三题。《奂山道中》之前为《中秋微雨，宿李希梅斋中》，再前即《独坐有怀螽斯侄》诗。

② 参见（清）蒲松龄著，路大荒整理《蒲松龄集》，中华书局 1963 年版，第 555～556 页。

云翼。文章憎命,不其然乎?抱歉抱歉!来什怜及牛马,传语加餐,足纫至爱。……吾兄为亲老忧富贵迟,总使非迟,亦无奈亲日老也。唯期砥砺进修,祈宽过一报春晖,于愿足矣。[①]

由蒲松龄与孙蕙酬答的诗文可知,蒲松龄参加了康熙十一年秋在省城济南举行的山东乡试,但铩羽而归,意兴黯然。奂山,在淄川城西十五里处,为淄川西行经西铺、王村、明水等地至济南的必经之处。结合《奂山道中》一诗的诗意考察,与《寄孙安宜》为先后之作的《奂山道中》一诗不是蒲松龄因在西铺设馆行经此地而作,而是作者在济南参加乡试后返归故里的途中之作是可以肯定的。

王枝忠先生认为,蒲松龄只有到西铺之后才有可能见到毕盛钜的《石隐园杂咏》诗,从而和之。但笔者以为,蒲、毕二人同在一邑,两人的亲友之间存在着各种各样的交往关系,即使在没有直接交往的情况下,见诗而和的可能性也是存在的。如据本文所作的考察,蒲松龄从康熙四年起曾在同邑友人王永印家中设馆执教,而据《毕氏南村家谱》,毕盛钜的母亲即王永印的嫡亲姊妹,毕盛钜与王永印二人本来就是甥舅关系[②];蒲松龄的挚友张笃庆,顺治十八年辛丑作有《送毕载积先生升任南通州》诗,康熙三年甲辰又有《秋夜宴集载积先生宅,时蒋左箴、顾当如皆将远游》诗,俱见其《昆仑山房集》,可知毕际有父子与张笃庆交往不疏;而蒲松龄的《聊斋诗集》卷四有题为《久不晤子帅,三月十七日相过,流连日暮,分手曰:别矣,五月四日可再晤耳。至念九日,讣音忽至,而窀穸之期,适是所订再晤之辰。悲哉奇矣》的诗作两首,系于康熙四十一年壬午

---

① 转引自路大荒《蒲松龄年谱》,齐鲁书社 1980 年版,第 22～23 页。

② (清)毕盛鉴《毕氏南村家谱》毕际有小传云:"配王氏,邑举人、应州知州王公所须女,赠孺人;王氏,新城安远将军王公象丰女,封孺人,享年九十一岁。三子:盛镃、盛钜、盛后……俱封孺人出。"

(1702 年)。由诗中的"夙订金兰好,论交四十年"之句,可知蒲松龄与毕子帅订交于康熙初年。据《毕氏世谱》,毕子帅名盛统,乃毕自严弟自寅之孙,与毕盛钜为从叔兄弟。蒲松龄与毕盛统交好数十年,也有早年曾至西铺村并游览毕氏石隐园的可能。

合以上所言,笔者以为蒲松龄在康熙十一年并无"初馆"西铺毕家之事,只有将其去西铺村设馆的时间定在康熙十八年才与历史事实相符。

关于蒲松龄在西铺村设馆的情况,本文还要说明的是,蒲松龄设馆的馆东不仅仅是毕际有、毕盛钜父子,而且还有毕际有的胞弟毕际孚。

上文提到蒲松龄的《答毕振叔》诗,曾谈及在毕盛钰弱冠之年,松龄有"缪备师事行"事。从时间上推断,毕盛钰弱冠为康熙二十一年,而蒲松龄早在三年前已到西铺村设馆,故其众多的毕氏学子中包括毕盛钰其人,应该是完全可能的。

不仅如此,蒲松龄还曾明确地宣称毕际孚也是他在西铺设馆的馆东,他曾经教过毕际孚的诸子读书。《聊斋文集》卷五收有一篇《征毕信涉逸老园诗启》,其中有这样一段作者的夫子自道:

> 松,谬厕杂宾,叨陪二仲。系马先生之柳,脱屣长者之门。除折角巾于雨余,速命作黍;加曲柄笠于颠顶,便共游山。人登碧落之堂,遥遥睹暗桃明李;身入西山之宴,步步见缭白萦青。①

《启》中的"杂宾"指在毕家执教的西宾,其意甚显。"二仲"典出《初学记》,本指汉代的隐士羊仲、裘仲,这里指自己的馆东毕际有、毕际孚兄弟二人。"暗桃明李"、"缭白萦青"云云,分明指的是自己所教的已入泮和未入泮的学生。毕际孚原名际兑,字信涉,《毕氏世

---

① 参见(清)蒲松龄著,路大荒整理《蒲松龄集》,上海古籍出版社 1986 年版,第 182 页。

谱》小传说他“晚年以田园授诸子，潜于东庄名曰安乐窝。日与老农园叟量雨较晴，不理外事。时而策杖徘徊于阿石泉，漱流枕石，往往终日。自号‘拙隐’，作《逸老园记》”。我们在《聊斋文集》卷二检到了这篇《逸老园记》，题下有小注曰“代毕信涉”，可见此记实出于蒲松龄之手。据王士禛《明经毕君墓志铭》，毕际孚卒于康熙三十八年，享年六十八岁。[①]《毕氏世谱》小传云其作《逸老园记》时已届晚年，以其时毕际孚六十岁计，当在康熙三十年左右。《征毕信涉逸老园诗启》与《逸老园记》当是同时之作。

据《毕氏世谱》与《毕氏南村家谱》，毕际孚共十子，其中毕盛钰为其第五子。按年龄排，盛钰之下有盛鉴、盛钛、盛锧、盛锃、盛钿五人，他们皆当为蒲松龄所教的弟子。《毕氏南村家谱》云盛钛“性原愚，读书十年，未能暗诵一篇”，可见这是一个在蒲松龄门下就学时间较长的门生。

毕际孚诸子中，盛钰之上有盛钧（字衡伯）、盛镐（字京伯）、盛铨（字秉仲）、盛钥（字莱仲）四人，除毕盛镐为附监外，皆为邑庠生。其中盛铨中年亡故，蒲松龄曾为其撰写《墓志铭》。[②] 此《墓志铭》不见于传世的《聊斋文集》，日后如有发现盛铨之墓并作考古发掘的机会，当可补充此篇聊斋佚文。《聊斋诗集》卷二有《古镜行，赠毕衡伯》、《三月十九日同邱行素乔梓、毕莱仲兄弟登豹山看桃花》，卷四有《重阳毕莱仲邀集石隐园》诸诗，俱以字称盛钧、盛钥诸人，当是蒲松龄来西铺执教时，毕盛钰诸兄都已经进学了。

在为毕际孚撰作的《明经毕君墓志铭》中，王士禛说过这样一句话：“为诸子延师，必经师名士，故诸子多以文章行谊著闻于时。”当是特有所指的。康熙十八年《聊斋志异》初编成帙之后，淄川著

① （清）王士禛：《带经堂集》卷八十八，清刻本。

② 淄川《毕氏世谱》载毕盛铨小传：“公……志高意广，希获一售，因痁作不得入闱……年仅四十七岁而卒，可惜也。同邑蒲公柳泉先生为撰《墓志铭》。”

名文人高珩、唐梦赉都曾为之作序，此后任淄川知县的汪如龙、张嵋、周统、时惟豫、赵锡仁等，都与蒲松龄数有往来。特别是在康熙三十二年，还曾发生过时任山东按察使的喻成龙欲以千金购《聊斋志异》书稿，饬令当时的淄川知县周统“尽礼敦请”，驰驿遣吏，伴送蒲松龄至济南臬台官署，喻成龙“仪礼有加，馆之幕中者数日”，松龄为题《梅花书屋图》而还的事①，在王士禛为毕际孚撰写《墓志铭》的康熙三十九年②，蒲松龄早已成为遐迩闻名的“经师名士”了。新城王家本与淄川西铺毕氏联络有亲，毕盛钜的生母王氏即王士禛的从姑母。王士禛既十分熟悉毕氏家事，十几年前又在西铺村结识了身为毕家西席的蒲松龄，并为之评点了诗文作品和《聊斋志异》，两人一直有书信往来。③ 因此，在为作为蒲松龄馆东之一的毕际孚撰写《墓志铭》时，王士禛对这位在毕家住了二十余年的西宾一作褒扬，亦自是情理中事。以蒲松龄与毕家关系之密切，这里的褒扬之意也是非蒲松龄莫属的。

（写于1986年10月，发表于《蒲松龄研究》1989年第三辑，有修订，并恢复《蒲松龄生平二考——初馆执教与康熙十一年是否设馆于西铺毕家》原题）

---

① 参见袁世硕《蒲松龄与朱缃》，载《蒲松龄研究集刊》第三辑，齐鲁书社1982年版，第211～228页；路大荒《蒲松龄年谱》，齐鲁书社1980年版，第42～43页。

② （清）王士禛《明经毕君墓志铭》：“诸子遵治命，以（康熙）三十九年四月二十一日祔葬于黄埠之赐阡。”故此《墓志铭》之作期，必在康熙三十九年四月二十一日之前。

③ 参见袁世硕《蒲松龄与王士祯》，载《文史哲》1980年第6期。

蒲松龄的崂山之行

在蒲松龄的《聊斋志异》中,《劳山道士》、《成仙》等篇都写到崂山。《香玉》一篇,写得情意缠绵,脍炙人口,更是《聊斋志异》里的佳制名篇。《香玉》篇下笔即直书:"劳山下清宫,耐冬高二丈,大数十围,牡丹高丈余,花时璀璨似锦。"极似一亲历者的所见所闻。时至今日,在崂山下清宫的三官庙内,仍然生长着一株主干粗有数围的红花耐冬(即山茶花)。耐冬相传为明代道人手植,距今已有四百余年。据传,它就是当年柳泉先生笔下之物——耐冬绛雪。在崂山下清宫,还一直流传着蒲松龄曾在南配房的一间西耳房中住过,并在这里写下了《香玉》、《劳山道士》和《崂山观海市作歌》等作品的传说。但是,蒲松龄究竟有没有去过崂山,作者在《聊斋志异》中并没有为我们留下记载。

在路大荒先生编订整理的《蒲松龄集》中,与蒲松龄的崂山之行有关的,仅有《聊斋诗集》卷一中的一首七言古诗,即传说中提到过的《崂山观海市作歌》:

山外水光连天碧,烟涛万顷玻璃色。
直将长袖扪三台,马策欲挝天门开。
方爱澄波静秋练,乍睹孤城悬天半:
埤堄横亘最分明,缥瓦鱼鳞参差见。

万家树色隐精庐，丛枝黑点巢老乌。
高门洞辟斜阳照，晴光历历非模糊。
褴属一道往来者，出或乘车入或马。
扉阖忽留一线天，千人骚动谯楼下。
转眼城郭化山丘，猎马百骑皆兜牟。
小坠腾骧逐两鹿，如闻鸣镝声飕飕。
——飙然风动尘埃起，境界全空幻亦止。
人世眼底尽空花，见少怪多匆须尔。
君不见，当年七贵赫如云，炙手热焰何腾熏！

从诗题看，作者是到过崂山的，并在那里见到了海市。诗中更是详尽地描述了崂山海市由出到隐的整个过程。作者写道，他不仅清楚地望见了海中凸起的孤城，而且看到了城墙上的女墙，城楼上鱼鳞般排列着的琉璃瓦，在绿树丛中隐现的人家和斜阳复照中洞辟的城门。“丛枝黑点巢老乌”——作者并且看到了那筑在万树枝头的乌鸦的巢穴。这样具体入微的细节描写，足可见出蒲松龄独具匠心的艺术观察和描摹生活的深厚功力。可以看出，这样真实具体的描写是作者对崂山海市作过细致观察的结果。如果没有生活中身临其境的强烈感受，是不可能描绘得这样真切可感、细致入微的。

在路编《蒲松龄集》中，这首诗和其他的六十首，是被“姑附于”癸丑年(康熙十二年，1673 年)之下的。究其原因，这六十一首诗是据一个前有清嘉庆年间的山东提学使张鹏展序的《聊斋诗集》五卷本过录的。路大荒先生在编订《蒲松龄集》的时候，因为这个“张序五卷本第一卷……未注年代，兹考之亦未得其究竟，因亦不能移

于他处,姑附于此”[1]。关于这个钞本的来源,卷首的张鹏展序是这样说的:

> 壬申(1812 年)余征《续山左诗钞》,于其嗣孙庭橘获先生诗集五卷、诗余一卷。细玩终日,因境写情,体裁不一;每于苍劲刻峭中,时见浑朴,与《志异》笔墨蹊径略殊。然其幽思峻骨,耿耿不自释者,一往而深,不可遏抑,故所谓不容已于言者欤?夫以先生之才,老于诸生,磊落之气,寓之于诗,固其宜矣……“雅雨堂”前录十九首,兹录十三首于补抄。因缀言全集,归其嗣孙,以志珍重云。

张鹏展这段序文,至少向我们说明了这样几个问题:(1)这个五卷本的《聊斋诗集》传自蒲氏嗣孙蒲庭橘,是张鹏展为编纂《国朝山左续诗钞》征诗而索获的。(2)卢见曾(号雅雨)在此前已经从《聊斋诗集》中选录十九首编入《国朝山左诗钞》,这次张鹏展得到《聊斋诗集》钞本,又从中选录十三首诗,编进了《国朝山左续诗钞》。(3)张鹏展阅此《聊斋诗集》钞本一过,作此序言,将《诗集》和序言一同交还了蒲庭橘。庭橘是蒲松龄的五世孙,从其所撰的《聊斋文集志》[2],可以见出他对自己这位名播海内的先人存传的遗著的珍视之情。1956 年夏天,路大荒先生“自淄川借到王怡之先生旧抄《聊斋诗集》五卷、附《诗余》一卷,首有嘉庆癸酉张鹏展序”[3],即此本。这个五卷本的《聊斋诗集》既然是从蒲家传出的,《崂山观海市作歌》一诗亦可断定为蒲氏作品无疑。但蒲松龄游崂山观海市究

---

① 《聊斋诗集》卷一癸丑年《又寄孙树百,兼贻鲁坛》题下之小注[见(清)蒲松龄著、路大荒整理《蒲松龄集》,中华书局 1962 年版,第 495 页]。按,此处“姑附”的诗作共四十一题六十一首,路大荒先生误计为五十八首。

② (清)蒲松龄著,路大荒整理:《蒲松龄集》,中华书局 1962 年版,第 430～431 页。

③ 路大荒:《整理蒲松龄诗文杂著俚曲的经过》,载《蒲松龄年谱》,齐鲁书社 1980 年版,第 129 页。

竟在哪一年？当时的具体情况如何？近来，我们从蒲松龄有关交游人物的诗文中，索获了几则有价值的资料。

蒲松龄的"郢中好友"张笃庆的父亲张绂（字孔绣），在康熙二十六年（1687年）曾和同邑缙绅唐梦赉、毕际有等人一起从事《淄川县志》的纂修工作。一次，他们在编志之余作黄昏出游的时候，见到了蒲松龄在《聊斋志异·山市》中描述过的淄川八景之一的焕山山市。张绂则由眼前的焕山山市想到了他在崂山见到的海市奇观。他在《焕山山市记》里写道：

按海市见于蓬莱，夫人而知之矣……念海市以登郡为称首。初，未闻更有他处也。向者，壬子初夏，偕同人游二劳山遇雨，假宿青石涧，凌晨晴霁，过翻辕岭，矫首南望，倏见城郭楼台，旌旗人马，变幻顷刻，咸叱为异观焉。问之土人，曰："此沧洲岛现海市耳。"屈指计之，已逾数十年所矣。[①]

关于这次的崂山海市，《聊斋志异》初成书时即为之作序的豹岩樵史唐梦赉，在他的《志壑堂文集》中有更为详尽的记载：

壬子之夏，游劳山，见海市。时同行者八人。初宿修真观，历上清、下清庵，登八仙墩。水尽山穷，连天一碧。再宿青玉涧，观日出。回至翻辕岭，微雨初晴，东望海际，一城在白云中，堞数十仞，炮台敌楼，历历可数。俄见一人青衣出，路南行，后一人肩挑雨具从之，向西望若凝眸。吾辈者同人方惊疑，云去时未见此城，且迁海以后宁复有存岛乎？询之土人从行者，乃曰："此海市也，是处为沧州岛。"一食顷而睥睨渐低，青山露髻文，移时而城尽山出，恍如梦寐矣。询之胶东人，云劳山原无海市，市在蓬莱，胶人五七十岁者皆云未见也。[②]

显而易见，张绂和唐梦赉记叙的是同一番景色。大概唐梦赉

① （清）张嵋修，唐梦赉纂：《淄川县志》卷七上《艺文志·文》，清刻本。

② （清）唐梦赉：《志壑堂文集》卷十二《杂记》，清刻本。

对自己的这段记载仍感兴犹未尽，在《志壑堂诗集》中又有《劳山看海市诗补赋》及《贺新郎·叠秋水轩唱和韵，忆二劳山观日出时海市见沧洲岛》诗、词各一首。其诗云：

望日天涯碧玉隈，番辕岭下化城开。
五云缥缈芙蓉岛，百雉崔嵬烟火台。
人物安期应共往，市廛徐福旧同来。
丽谯乍卷青峦出，指点诸峰首重回。[①]

把张绂和唐梦赉的相关记载与蒲松龄的《崂山观海市作歌》作一比较，即可清楚地看出他们所记的是同一次经历。张绂所说的“城郭楼台”，与唐梦赉文中的“一城在白云中，堞数十仞，炮台敌楼，历历可数”，诗中的“百雉崔嵬烟火台”，蒲松龄诗中的“乍睹孤城悬天半：埤垸横亘最分明，缥瓦鱼鳞参差见”的情景是完全相同的。由于海市幻境变幻顷刻，倏忽即逝，蒲松龄和唐梦赉都在诗文中记下了自己在瞬息间捕捉到的景象：既有“高门洞辟斜阳照”、“丛枝黑点巢老乌”的特写镜头，又有“俄见一人青衣出，路南行，后一人肩挑雨具从之，向西望若凝眸”的活动画面。至于此崂山海市的出处，唐梦赉云“回至番辕岭，微雨初晴，东望海际，一城在白云中”，张绂则说“凌晨晴霁，过翻辕岭，矫首南望，倏见城郭楼台，旌旗人马，变幻顷刻，咸叱为异观焉”，且在时间上与蒲松龄所云“高门洞辟斜阳照”的情况不甚相合。我们以为，这或是张绂因年代久远而所记略误，但在康熙十一年壬子之夏，他们同在崂山翻辕岭见到海市一事却是毋庸置疑的事实。从唐梦赉《志壑堂文集》的记载中，我们还可以知道，崂山的海市并非寻常可见的景象。“询之胶东人，云劳山原无海市，市在蓬莱，胶人五七十岁者皆云未见也”，可见崂山海市的鲜见。我们由此亦可断言，蒲松龄与唐梦赉、张绂所看到的是同一次海市。

---

① （清）唐梦赉：《志壑堂诗集》卷五《思相斋杂咏》，清刻本。

通过以上的分析,我们可以得出如下结论:蒲松龄去崂山是在康熙十一年(1672 年)的夏天,唐梦赉、张绂都是这次崂山之行的同行者。他们到崂山后,先在修真观止宿,然后游历了崂山上清宫、下清宫和伸入海中的八仙墩,因遇雨而宿在青石涧。在他们返至翻辕岭时,雨后新霁,沧洲岛出现了海市,使他们得以目睹这一天下奇观。事后,他们又各以不同的文字记下了自己的观感。由此我们亦可作出判断,《聊斋诗集》中这首"姑附于"康熙癸丑年下的《崂山观海市作歌》,其实是应当系于康熙十一年壬子之下的。

(写于 1981 年 9 月,发表于《蒲松龄研究集刊》第四辑)

蒲松龄与淄西沈氏

早在二十余年前，袁世硕先生就曾撰文指出，蒲松龄在同邑沈氏之家设馆做过西宾①，这是蒲松龄生平研究中的一个重要发现。近年来，随着一些相关资料的陆续发现，蒲松龄与淄西沈氏诸人的交往和他在沈家执教的情况也因此而逐渐清晰。前不久，经在山东大学访学的刘艳玲联系，我们赴淄博市淄川区岭子镇沈家河村进行了相关调查。此次调查受到原中共沈家河村支部书记沈滋胜先生的热情接待。滋胜先生带我们参观了其先祖沈润修建的"观察第"宅院和沈家河村的地形地貌，介绍了周围的豹山、团山、洞子沟等有关形胜，并将沈氏家族于 2009 年新修的《淄西沈氏族谱》慨然相赠，使我们对淄西沈氏家族的情况有了更多的认识和了解。今依据相关史料，对蒲松龄与淄西沈氏的交往情况作一考察，并以此就教于诸方家。

① 参见袁世硕《蒲松龄早年"岁岁游学"考：蒲松龄与沈天祥、李尧臣、王永印》，载《蒲松龄事迹著述新考》，齐鲁书社 1988 年版，第 26～49 页。

一

沈氏是淄川西部的名门大族。据淄西沈氏旧谱、碑志记载,其始祖称原住公,明代时自青州府寿光县迁居淄邑西部的古城村。2009 年新修《淄西沈氏族谱》时,其族中第十九世孙德胜、德永与二十世孙滋毅曾两次去寿光县走访调查,在当地的地志学专家的帮助下找到了寿光沈氏的支谱。谱中记载,其第七世名璡者"迁居淄川县古城庄",璡生元桂。[①]

清代地理学家叶圭绶在《续山东考古录》中记载,刘宋时青州济南郡有土鼓县,而"刘宋土鼓县故城在(淄川)西南四十里今鼓城村"[②]。此"鼓城村"又沿称"古城村",包括在土鼓县故城遗址上相继建成的沈古城、杨古城、张古城、曹古城、栾古城五个村庄。其中沈古城村由淄西沈氏始祖建村,即其自寿光县迁来淄川后之居处。据实地考察,五古城村在淄川迤西略偏北处,东距淄川近五十华里,今属淄博市周村区王村镇。叶圭绶的相关记载,于方位、距离均小有差误。因淄西沈氏的旧谱记载其家族的发源地即淄川西部的沈古城村,而"元"与"原"同音,"桂"与"住"形近,这位随其父璡自寿光迁居淄川的沈元桂,极有可能便是淄西沈氏的始祖"原住公"。

据沈德勇先生撰写的《族源考略》可知,在今淄博市淄川区境内还居住着其他的沈氏家族。为与居处淄川的其他沈氏支脉相区别,发源于沈古城村的沈氏家族在其新修的族谱前面冠以"淄西"

---

① 《寿光沈氏支谱》,载淄西沈氏第一届通修族谱理事会纂修《淄西沈氏族谱》,淄西沈氏第一届通修族谱理事会 2009 年印行,第 473 页。

② (清)叶圭绶著,王汝涛、唐敏、丁善余点注:《续山东考古录》,山东文艺出版社 1997 年版,第 71 页。

二字。[①] 今依其例，称与蒲松龄发生交往关系的淄川沈氏为“淄西沈氏”。

淄西沈氏以“原住公”为第一世，至第六世有沈儆其人。《淄西沈氏族谱》抄录了未刊的沈氏旧谱草稿中的沈儆小传，称其曾任长芦海润场盐课司大使。[②] 沈儆生于明弘治乙卯(1495 年)三月初一日，卒于明嘉靖丁巳(1557 年)三月二十六日，享年六十三岁。其子有四，名文瀚、应魁、文刚、文献，其第三子文刚由沈古城村迁至南面六里之遥的沈家河村。文刚生时，时生三变，三变生润。淄西沈氏家族中，与蒲松龄存在交往关系的即沈润及其子孙。

沈润，字静澜，其生平仕履此前所知者一直较为简略，今据相关资料作进一步考察补充。首先我们注意到，江庆柏先生编著的《清代人物生卒年表》一书列出了沈润的生年，云其生于明万历四十六年(1618 年)。[③] 在“出处”一栏里，江先生列出了他所依据的文献出处，即《崇祯十六年癸未科进士三代履历》。经查检得知，《崇祯十六年癸未科进士三代履历》一卷，为明崇祯刻本，今存上海图书馆。沈润的继母刘氏、其仲弟沈澄俱殁于顺治十四年(1657 年)，事见邑人高坛所作的《封股辨》。《封股辨》见载于《淄川县志》卷七《艺文志·续文》，其文又云：“茂才病亟时，封公已七袠有奇。”茂才即秀才，指其仲弟沈澄。封公指沈三变，他以其长子沈润贵，受封奉政大夫、浙江宁绍台道、按察使司佥事。“七袠有奇”是七十有零之意，这一年沈三变约七十一岁。推之，他约生于明万历十五年(1587 年)。万历四十六年沈润出生时，其父沈三变年约三十二岁。

---

① 参见沈德勇《族源考略》，淄西沈氏第一届通修族谱理事会纂修《淄西沈氏族谱》，淄西沈氏第一届通修族谱理事会 2009 年印行，第 24 页。

② 参见《人物传记·沈儆》，淄西沈氏第一届通修族谱理事会纂修《淄西沈氏族谱》，淄西沈氏第一届通修族谱理事会 2009 年印行，第 489 页。

③ 参见江庆柏《清代人物生卒年表》，人民文学出版社 2005 年版，第 357 页。

沈润于明崇祯十五年(1642 年)壬午科参加山东乡试中式,次年捷南宫,考为崇祯十六年(1643 年)癸未科第三甲第三百零八名进士,事见《崇祯十六年癸未科进士题名录》、《淄川县志》卷五《选举志》。他与居处相近的南坡村的唐梦赉、巩家坞的丘璐被乡里称为"五里三进士"。县志称沈润曾"授潞安府推官",而府级的推官一职,于康熙六年被裁去。由于兵燹和编纂体例方面的原因,我们在雍正《山西通志》中没有查到山西各府推官一职及就任者的记载,沈润任潞安府推官当在崇祯末年,其中进士之后。

入清以后,沈润任职于礼部,先后任主事、员外郎、郎中。顺治三年(1646 年),沈润曾以礼部主事身份出任河南乡试副考官。此事《淄川县志》卷五《选举志·进士》记载为"典试河南正主考",然据《清世祖实录》卷二十六"顺治三年丙戌……六月……乙未(二十日),命……吏部主事步文政、礼部主事沈润为河南考试官",清法式善《清秘述闻》卷一《顺治三年丙戌科乡试》"河南考官:吏部主事步文政字□□,陕西乾州人,癸未进士;礼部主事沈润字□□,山东淄川人,癸未进士"[①],知任正考官的步文政与沈润为癸未科同年(步为第三甲第一百七十三名),《淄川县志》的记载小有差误。据《清世祖实录》卷三十九的相关记载,知沈润于顺治五年(1648 年)六月癸卯(初十日),由礼部郎中升任浙江按察使司佥事,管分守宁绍台道、布政使司参议事。沈润的癸未同年,邑人高珩时在京师任职,因作有《送沈静澜观察越东》诗,见高珩《栖云阁诗》卷十三。

《明清史料己编》第二本中收有一件刑部题本,提到了沈润在守道任上参与审查的一个案件:绍兴府山阴县人茹光鼎,曾任南明鲁王政权都督,至顺治六年十二月自首投诚,又私刻"督抚军门标下招抚山海都督府茹关防"一颗,四处诓骗。后"蒙本抚院访出光鼎妄为事迹,牌行分守道沈参议,转行本县,密拏究解"。此事经县

① (清)法式善等:《清秘述闻三种》,中华书局 1982 年版,第 7 页。

审后,又"蒙分守道、参议沈润审看得:茹光鼎系伪鲁藩之都督也。当其悔过投诚,凡有地方之责者,谁不欲汲引奖劝,广我皇仁,开其自新之路?是以出示招徕,初未尝委授光鼎以职衔也。不意伊心存有诡诈,乘机假冒,仍称伪衔,私刻关防,耀炫于都里之间。已经抚院访拿,发县究拟,会审责惩,行追私刻关防。讫今准移查,随发山阴县照移文内事理细加鞫讯。据光鼎供称,委系无知妄作。都督系前伪职,实无衙门所委。关防系己私刻等语。招解前来。则鼎之无官冒有官,并私刻关防之罪,依律拟戍,百喙奚辞。将光鼎并伪木关防一颗,移解到司"[①]。

顺治九年,沈润曾入都觐见,并于三月间便道归里,邀张笃庆之父张绂作江浙之游。张笃庆《厚斋自著年谱·顺治九年壬辰》记载:"时同邑静澜沈先生为浙东监司,入觐回任,招吾父南游,因同至四明,而山阴、会稽间亦多游迹。"[②]张绂此行,当是应邀前往沈润的宁绍台道署中做幕宾的,但因其母病重,遂于本年十月返归淄川故里。

据雍正《浙江通志》卷一百二十一《职官十一》记载,与沈润瓜代任分守宁绍台道者为山东曹州人朱虚,顺治十三年履任。《清世祖实录》卷九十六载:"顺治十二年乙未十二月……甲子(十四日),补……广西道监察御史朱虚为浙江布政使司参议、分守宁绍台道。"是知沈润约在顺治十三年春朱虚抵达任所之后卸任。高坛《封股辨》云:"丁酉(顺治十四年,1657)春,刘太宜人得老疾,观察在越署中闻之,不胜惊骇,挥泪修书,以遗茂才曰:'云水千乡,不能一瞻慈帏。虽曰简书可畏乎,而不孝之罪则莫可逭矣!……'……

① 台湾"中央研究院"历史语言研究所:《明清史料己编》第二本,中华书局 1987 年影印本,第 101～103 页。

② (清)张笃庆:《厚斋自著年谱》,载刘聿鑫主编《冯惟敏、冯溥、李之芳、田雯、张笃庆、郝懿行、王懿荣年谱》,山东大学出版社 2002 年版,第 152 页。

至夏月刘太宜人终，观察闻讣奔丧，哀毁尽礼，人不知为继母也。”因知沈润卸任后直到顺治十四年夏，才因为其继母之丧回归故里。在沈润任分守宁绍台道期间，先是有南明鲁王监国政权居舟山，继有郑成功、张煌言等人在浙闽沿海的抗清斗争，浙江宁波、绍兴、台州一带战火频仍，且水旱灾害不断，沈润大概是因为钱粮挂欠而留滞浙东，直至其丁继母忧才回到淄川故里的。

沈润宅心仁厚，乐善好施，友于兄弟，事父母以孝闻。《淄川县志》卷六《人物志·续孝友》为其立传，称其“里居厚德载物，与人无竞。凡所有村庄，每春秋节序，遍祀无主孤坟，又于孤坟四面各留空地一尺，至于推己产与诸弟。方仲弟澄抱病，焚香默祷，割肱以进。澄殁无嗣，以次子凝祥为之后，其孝友尤著云”。

就年龄与辈分而论，沈润属蒲松龄的前辈。他们两人之间曾有过交往。《聊斋文集》中有《代沈静老祭翟夫人文》一篇，中云：

> 我生不长，伶仃孤苦；尝于晨夕，屈指细数：亲戚故旧，十不存五；仅有夫人，爰及我母。讵意积譬难赎，皇天不佑，夺我母于曩年，遽舍我而归土……方羡夫人之筹添，叹我母之去急，奈何卧病之未几，遂吉违而凶集。①

据上文所引蒲松龄同邑友人高坛所作的《刲股辩》可知，《代沈静老祭翟夫人文》所叙之家事与沈润正合，这是蒲松龄代沈润而作的一篇祭文。

《聊斋文集》中还有《挽沈文澜》挽联一副。此联路编《蒲松龄集》失收，盛编《蒲松龄全集》据山东省图书馆收藏的蒲松龄手稿《聊斋文集》祭文一册辑录。其联曰：

> 忆生平交游落落，清业守扬子农桑，日看横亘白云，深望牙筹添海屋；

① （清）蒲松龄著，盛伟编校：《蒲松龄全集》，学林出版社 1998 年版，第 1329～1330 页。

念畴昔须鬓鬖鬖，寒毡从濂溪灯火，于今飘零秋蒂，徒留皋比在胶西。①

沈文澜，名浚，《淄川县志》卷五《选举志·贡生》收录其小传："沈浚，字文澜。恩贡。乡饮大宾。任胶州训导，卒于官。"沈浚为沈润的兄弟行，新修《淄西沈氏族谱》失载。按上引《淄川县志》卷六《人物志·续孝友》之沈润小传，有"至于推己产于诸弟，方仲弟澄抱病，焚香默祷，割肱以进"的记载；卷七上《艺文志·续文》所收高坛《封股辨》中，又云："封公尝簌簌泣下，曰：'吾愁仲儿病难起！'"既称沈澄为沈润"仲弟"、沈三变"仲儿"，又云沈润"推己产于诸弟"，则三变在沈澄之下尚有季子可知。从沈润、沈澄、沈浚三人俱取"澜"为字的情况看，沈浚极有可能便是沈润、沈澄之幼弟。蒲松龄在为沈浚撰写的挽联中称自己"畴昔须鬓鬖鬖，寒毡从濂溪灯火"，所叙为在沈家执教时与沈浚论学的情景。蒲松龄在沈家设馆的馆东为沈润的长子天祥（说见下文），其暇时与馆东的幼叔游处，应该说是一件十分自然的事。

二

袁世硕先生在《蒲松龄早年"岁岁游学"考：蒲松龄与沈天祥、李尧臣、王永印》一文中，考得蒲松龄曾进入淄西沈氏的沈润家中执教。袁先生指出，蒲松龄在《与沈德符》一札中有"昔与大兄共灯火时，昆仲有争辩庄宅之词，弟曾为调停于两间，大兄向弟言之甚悉，故弟知之颇详"数语，而"共灯火"常常是做西宾的同义语。为进一步确证此事，今再补充证据如下：

一是沈天祥逝世时蒲松龄为其撰写的挽联。此联路编《蒲松龄集》失收，盛编《蒲松龄全集》据山东省图书馆收藏的蒲松龄手稿

---

① （清）蒲松龄著，盛伟编校：《蒲松龄全集》，学林出版社 1998 年版，第 1359 页。

《聊斋文集》祭文一册予以收录。其联云：

念落拓狂生，惟君见谅，每当夜雨连床，窃共相期：纵弗获并登云霄，老去犹将同杖履；

忆呻吟卧榻，把手相看，尚云他日登堂，还应再晤，竟不图十更明晦，归来遂已变沧桑。①

蒲松龄与沈天祥“夜雨连床”的情景，只有在其进入沈家做西宾的情况下才有可能发生。而且，作者在这里用了“每当”二字，说明二人夜雨连床剧谈竟夜的情景并非偶然一次。蒲、沈二人既是西宾与馆东的关系，又是多年的知心好友，于是在蒲松龄设馆于沈家期间，两个人夜雨连床便成为经常之事。

二是蒲松龄为沈浚撰写的挽联，联语已详本文第一节中。濂溪为宋代理学家周敦颐的居处，后周敦颐取以为号，世称“濂溪先生”。我们在上文推论说，沈浚极有可能是沈润的幼弟，蒲松龄的馆东沈天祥之叔。蒲松龄“寒毡从濂溪灯火”的说法虽然婉转，但语意是十分明确的，那就是自己身为寒士，曾受聘在沈家做过西宾，有过一段和沈浚一起相处共同探讨学问的时光。

蒲松龄是在什么情况下进入沈家执教的？仔细体味本节开头所引《与沈德符》札中的那段话，我们以为从时间上说在沈家执教只能发生在沈润过世之后。如果沈润在世，家事由他做主，沈天祥和他出嗣的弟弟沈凝祥之间就不会兴起庄宅之争；即便是两人因家产而发生争执，也会由其父全权处理定夺，而不至于让西宾身份的友人蒲松龄为其兄弟“调停于两间”。

据张晓峰先生介绍，1981 年淄博市淄川区进行文物普查时，在当时的冶头乡地铺村（今商家镇地铺村）村西普云寺旧址发现了石碑二通：一为署名毕际有撰的《重修普云寺碑记》，另一为乾隆八

① （清）蒲松龄著，盛伟编校：《蒲松龄全集》，学林出版社 1998 年版，第 1401 页。

年所立的《普云寺整修庙宇记》。[①]《重修普云寺碑记》实为蒲松龄撰写的《重修玉溪庵碑记》的改订稿，二文同被盛伟先生收入《蒲松龄全集》本《聊斋文集》。《重修普云寺碑记》有云："淄西递铺庄之兑方，旧有梵刹二区，左右相比，西曰普云寺，东曰玉溪庵。"按，递铺庄即今之地铺村，兑方为八卦方位，即西方。由此碑记可知，普云寺与玉溪庵乃比邻而建。张晓峰先生在1985年考察普云寺旧址后也说："现在地铺村群众把两庙旧址统称为'西庙'，对玉溪庵则又称'姑子庙'，两庙一墙之隔，现两庙庙基依然明显。"值得注意的是碑记中有这样的记载：

> 故观察沈公，施济及于乡邻，菩提由于天性。一日者，驱车别业，睹鹿苑之荒凉；驻马残垣，悲雁堂之禾黍。既恻然而动心，遂慨焉而倡善。募缘疏成，首以谋予兄弟……各出数金，聊资一篑，于是鸠工庀材，择吉兴修。不图观察辞尘，溘焉朝露。又值饥馑洊臻，辍工数载。赖有杜善人春旺克终其事，里中王锡、王钦、殷志学辈不辞厥劳，迨今康熙二十一年始告成功……今兹殿宇垂成，首乎善者焉往？呜呼！阁尚临江，无复建阁之人；桃已结子，不见种桃之客。[②]

"观察"是清代道员的别称。清梁章钜《称谓录》卷二十一于"各道"下作按语曰："我朝始定于藩臬之下设守、巡各道，而观察之称，遂专属于各道矣。"[③]《重修普云寺碑记》是为"表扬善德"而撰写刻立的，碑上之列名者，首位即"诰授奉政大夫、分守浙江宁绍台道、按察司佥事管布政使司右参议事沈润"。《重修普云寺碑记》先云"不图观察辞尘，溘焉朝露"，再云"又值饥馑洊臻，辍工数载"，是

---

① 张晓峰：《〈重修普云寺碑记〉考》，载《蒲松龄研究》1993年第1、2期合刊。

② （清）蒲松龄著，盛伟编校：《蒲松龄全集》，学林出版社1998年版，第1013页。

③ （清）梁章钜著，王释非、许振轩点校：《称谓录》，福建人民出版社2003年版，第381页。

知沈润辞世在饥馑洊臻之前，而“洊臻”即接连而至之意。查《淄川县志》卷三《赋役志·灾祥》：

[康熙]十七年，四月不雨，五月二十六日始雨，复旱。沴气为祲，人多病疫。至六月二十二日乃雨，秋大饥。

十八年，夏旱，秋蚜蚄，大饥。流移载道，凶荒异常。题请出粟赈济，蠲田租十之三，而官户不与焉。

二十年，春夏旱，秋多雨，菽不登。

是知康熙十七、十八年，淄川有连年成灾的记录。这种“饥馑洊臻”的情况一直延续到康熙二十年。康熙二十年的灾情已见上述。蒲松龄于康熙十九年所作的《忧荒》诗云：

天心厌众孽，连岁降奇荒。
嗷嗷携儿女，死徙离故乡。
书生坐株守，百钱易斗糠。
今岁春雨足，二麦幸登场。
……
胡乃豆始华，三旬皆亢旸？
谷苗已焦卷，豆叶萎以黄。
嗟此啼号者，势必归沦亡！[①]

唐梦赉《志壑堂诗集》卷十《己未庚申集》诗前的小序也说：“己未（康熙十八年，1679年）诗愚山所订正，外得三十九首。又庚申南游以前诗九十首，共为一卷。两载荒歉，流离满目。感叹之余，不废啸歌。所谓人言愁我始欲愁也。”见得康熙十九年淄川灾情依然严重，只是报灾未得上台批准，县志未载而已。由以上事实可知，沈润的辞世当在康熙十七年以来的“饥馑洊臻”之前，大约为康熙十五、十六年之事。

细检《聊斋诗集》，我们发现康熙十七年这一年中，蒲松龄与沈

① （清）蒲松龄著，盛伟编校：《蒲松龄全集》，学林出版社1998年版，第1691页。

润长子天祥交往十分密切。《聊斋诗集》中有《同沈燕及饮园中》、《偶与燕及夜话》、《遥听沈燕及夫人摘阮,戏贻四绝》诸诗,第一题路编《蒲松龄集》本《聊斋诗集》系于康熙十七年戊午(1678年),另二题则阑入作期不可考的"续录"部分,盛编《蒲松龄全集》本仍之。其实,后二题诗作的写作年代并非不可考知,笔者在1994年发表的《二卷本〈聊斋诗集〉探考》一文中,即考得《偶与燕及夜话》、《遥听沈燕及夫人摘阮,戏贻四绝》概为康熙十七年诗作。[①] 其作期的相关考证已详旧文,此不赘述。

《同沈燕及饮园中》诗云:

公子名园景物芳,两人把酒话沧桑。
丛丛绿树含生露,面面青山补缺墙。
细柳才眠风唤舞,春花欲嫁鸟催妆。
从来饮少先成醉,又感知音发旧狂。

"生露"的"露"字原作"雾",据二卷本《聊斋诗集》改订。诗写于康熙十七年春日,地点为沈家河村沈家的花园。蒲松龄与沈天祥二人虽不是初交,但在沈氏园中饮酒则应是首次。

同一年写成的《偶与燕及夜话》叙蒲沈二人"夜话"事,其夜话的地点也应在沈家河沈氏家中。蒲松龄家所在的蒲家庄距沈家河逾五十华里,以两人的交游关系论,沈天祥大概轻易不会枉驾相访的,即便去访友也不会在蒲家过夜。但如果蒲松龄此时在沈家设馆执教,正居停于沈氏之家,两人在斋中夜话就是很随意又很自然的事情了。结合上文所举蒲松龄挽沈天祥的联语中有"每当夜雨连床"的语句,可知这次的夜话即是两人诸多夜话中的一次。

更值得注意的是同年写成的《遥听沈燕及夫人摘阮,戏贻四绝》。阮即阮咸,一种拨弦乐器,相传为晋人阮咸创制而得名。摘

① 邹宗良:《二卷本〈聊斋诗集〉探考》,载《蒲松龄研究》1994年第2期。今收入本书。

阮即用手指拨弹阮咸。沈天祥的夫人是在什么境况下拨弹阮咸的?《遥听沈燕及夫人摘阮,戏贻四绝》其二写道:

风流公子福无涯,月府仙人降翠华。
百尺楼头明月夜,双鬟把酒听琵琶。

诗中的琵琶为阮咸的借称。据沈滋胜先生相告,其先祖的"观察第"中旧有砖石结构的五层楼房一座,沈先生的兄长稚年与同伴捉迷藏时曾进入楼内,知其中藏书甚多。此楼于"文革"期间被拆毁,建楼的石料被运去修桥,楼中的藏书也被当作"四旧"而付之一炬。在沈家河走访期间,沈滋胜先生向我们指认了此藏书楼的旧址,就在观察第宅院后院东厢的位置。个中情事其实是十分清楚的,只有蒲松龄本年设馆执教于沈天祥的家中,且其教书的地点与沈家的这座"百尺楼"相距不远,他才能听到沈天祥夫人于明月之夜在楼头弹奏阮咸的声音,并以此为题做诗与沈天祥相戏。

《遥听沈燕及夫人摘阮,戏贻四绝》其三又云:

丽容媚骨映芙蕖,谁识聪明更有馀?
怪道青缃粉指印,闺中才子旧知书。

青缃是书籍函套的颜色,因代指书籍。我们在此试问,蒲松龄是由于何种机缘得以观看沈家的藏书,并且如此熟知沈家的家事,得知会弹奏阮咸的沈天祥夫人本来知书,在书籍上留下的"粉指印"是其手泽的?答案看来只有一个,那就是该年他正设绛帐于沈氏之家,处于沈家西席的位置上。

康熙十七年,蒲松龄还作有《王八垓过访》、《闰月朔日,青云寺访李希梅》诸诗。王八垓名永印,淄川县忠信乡王村人,是蒲松龄多年的友人,在康熙四年及以后的数年之间,蒲松龄曾设馆于其家,事见袁世硕先生和笔者的相关考证。[①] 王永印居处的王村距蒲家庄近六十里之遥,而与蒲松龄设馆执教的沈家河村同属忠信乡,两村相距仅十华里。正因为居处不远,王永印才可能到蒲松龄执教的沈家河村拜访友人。又查郑鹤声先生编《近世中西史日对照表》,康熙十七年闰三月,“闰月朔日”即本年的闰三月初一日。青云寺为淄川县著名的梵刹,与沈家河村仅八里远近,两地同属今岭子镇。我们认为,《王八垓过访》、《闰月朔日,青云寺访李希梅》诸诗同样可以说明这样的事实,即康熙十七年蒲松龄设馆的地点在淄川县西部,距王村、青云寺都不甚远。诸诗所反映的蒲松龄在淄西活动的踪迹,同样可以看做是其本年设馆执教于沈家河村的间接证据。

综上所述,我们以为说蒲松龄于康熙十七年设馆执教于沈家河沈天祥家是符合历史事实的。

三

接下来的问题是,袁世硕先生曾经考得,蒲松龄与沈天祥、凝祥兄弟的交往始于顺治末年。袁先生因此推断,蒲松龄进入沈家设馆执教的时间,大概也在顺治十七年。那么,究竟应该如何看待蒲松龄在顺治末年与沈天祥兄弟的交往之事呢?

我们在上文中分别推考了沈润的生卒年,他生于明万历四十六年(1618年),约卒于清康熙十五年(1676年),享年五十九岁左右。设其长子天祥生于沈润十八岁时,其出生当在明崇祯八年

① 参见袁世硕《蒲松龄早年“岁岁游学”考:蒲松龄与沈天祥、李尧臣、王永印》,载《蒲松龄事迹著述新考》,齐鲁书社1988年版,第26～49页;邹宗良《蒲松龄西铺设馆问题新考》,载《蒲松龄研究》1989年第2辑,今恢复原题《蒲松龄生平二考——初馆执教与康熙十一年是否设馆于西铺毕家》,并收入本书。

(1635 年)。至顺治十七年(1660 年),沈天祥的年龄在二十六岁上下,其弟沈凝祥当也在二十岁以上。清人戴均衡叙当时入学的情况说:“十五而不应试,父兄以为不才;二十而不与于胶庠,乡里得而贱之。”“与于胶庠”即采芹入泮,补博士弟子员。署名毕际有撰的《重修普云寺碑记》立于“大清康熙二十一年三月初四日”,上列沈润父子三人之名,其时沈天祥、沈凝祥的身份均为“增生”,即增广生员。推之,在顺治末年,身为官宦子弟的沈天祥和弟弟沈凝祥都已经进学,成为附学生员应该是没有什么疑问的。

蒲松龄于顺治十五年(1658 年)以县、府、道三试第一补博士弟子员,与沈氏兄弟成为县学的同学。据《清史稿·选举志》、商衍鎏《清代科举考试叙录》记载,清初县学生员的名额,大县只有四十名。又《聊斋文集》中有《又投学宪呈》,是因请求恢复淄川县的科试名额一事写给提学道的,中云:

> 科试旧额,例取五十名。前任朱宗师减去五分之二,俾穷经士子,瞻棘围以怆怀;苦志寒儒,望龙门而短气。自大宗师岁试按临,淄邑试卷,曾谬蒙华衮之荣褒;今大宗师科试录才,应考诸生,皆妄希伯乐之赐顾。叩恳天恩,准复旧额。①

按,“朱宗师”指康熙三十年任山东提学道的朱雯,而这位受蒲松龄代阖学生员恳请的“学宪”、“大宗师”,则为康熙三十三年到任的提学道刘谦吉。《又投学宪呈》作于此届科试之年,即康熙三十四年。此呈文后附传单一纸,为告知阖学生员各出钱五十文以成此事的通知。传单中有这样几句话:“遍告百余士,预存战北之忧;各掷五十文,共买图南之路。”这里所说的“百余士”,也即康熙三十四年淄川县县学生员的人数。县学的生员每三年要参加学道主持的岁试和科试各一次,平日则须参加教官主持的月课和季考,所以这时常见面的数十名乃至百余名县学的生员,彼此应该是很熟悉的。细

① (清)蒲松龄著,盛伟编校:《蒲松龄全集》,学林出版社 1998 年版,第 1253 页。

检《聊斋文集》中与沈家有关的应酬文字，我们以为如代沈天祥作的《为沈燕及请岳祖同订吉期小启》、《为沈燕及复孙公焕启》，代沈凝祥作的《六月为沈德甫[符]与王圣俞启》、《为沈德符与韩丽老启》、《八月廿六日为沈德符订吉小启》等，俱当作于康熙十五年前后沈润过世之后，否则便应由沈润具名并出面应酬诸事。而蒲松龄于顺治十七年写的《代沈德符与王子下樛通政》一札作期与诸文不同，应视为同学之间的代笔之作，以此为据推断蒲松龄于顺治十七年设馆执教于沈氏之家，证据尚嫌不足。

复就蒲松龄的生活情状考察，在顺治十七年前后，他当是尚未开始其"岁岁游学"的人生经历。按，"游学"一词，一见于蒲松龄的《述刘氏行实》。其略云：

> 乃析箸，授田二十亩。时岁歉，荞五斗，粟三斗。杂器具，皆弃朽败，争完好，而刘氏默若痴。兄弟皆得夏屋，爨舍闲房皆具；松龄独异：居惟农场老屋三间，旷无四壁，小树丛丛，蓬蒿满之。松龄岁岁游学。①

再见于其长子蒲箬的《清故显考、岁进士、候选儒学训导柳泉公行述》，其文曰：

> 十九岁弁冕童科，大为文宗施愚山先生之称赏。然自析箸，薄产不足自给，故岁岁游学，无暇治举子业。②

蒲松龄与蒲箬所说的"游学"，已经王枝忠先生考订为在外设馆执教。③ 袁世硕先生也说，蒲松龄"'游学'而'无暇治举子业'，

---

① (清)蒲松龄著，盛伟编校：《蒲松龄全集》，学林出版社 1998 年版，第 1308 页。

② (清)蒲松龄著，盛伟编校：《蒲松龄全集 · 附录》，学林出版社 1998 年版，第 3438 页。

③ 参见王枝忠《蒲松龄杂考》，载《蒲松龄论集》，文化艺术出版社 1990 年版，第 41~51 页。

可见这里所说'游学',并非切磋文事,而是坐馆之意"[①]。

值得注意的是,不管是蒲松龄本人还是其子蒲箬,都把蒲松龄兄弟"析箸"作为其"游学"经历的前提条件和起始时间。蒲松龄兄弟"析箸"事在何年?王枝忠先生早年有文考订其事,定其兄弟"析箸"在康熙三年的秋冬。[②]笔者在《蒲棨生平考辨》一文中曾对蒲先慧先生提出的康熙二年"析箸"说进行考辨,并为王枝忠先生的考订补充了相关证据。[③]

既然蒲松龄兄弟"析箸"之事发生在康熙三年,而他的"游学"即设馆执教生涯又是自"析箸"之后才开始的,那么在相关证据尚嫌不足的情况下,蒲松龄于顺治十七年前后在沈家执教之说就很值得商榷了。

淄西沈氏家族中流传着"小先生,大学生"的说法,说蒲松龄是较他年长的沈天祥、沈凝祥兄弟的塾师。据本文所作的考察,沈氏兄弟进学成为博士弟子员的时间应较蒲松龄为早,故东家与西席之间暇时切磋时艺探讨学问当或有之,但蒲松龄却不可能是早已进学的沈天祥兄弟的先生。

我们以为,蒲松龄在淄西沈家河村设帐的馆东应该是沈润的长子沈天祥,他所教的弟子是沈天祥的儿子。

康熙三十四年,蒲松龄作有《贺沈惠庵》五古一首,其略云:

于公高其门,中容驷马骧。
次公守贻谋,八务皆义方。
槐堂生国瑞,灵敏世无双。

---

① 袁世硕:《蒲松龄早年"岁岁游学"考:蒲松龄与沈天祥、李尧臣、王永印》,载《蒲松龄事迹著述新考》,齐鲁书社 1988 年版,第 26～49 页。

② 参见王枝忠《关于蒲松龄生平经历的几点考订》,载《蒲松龄研究集刊》第四辑,齐鲁书社 1984 年版,第 205～222 页。

③ 参见邹宗良《蒲棨生平考辨——兼与蒲先慧先生商榷》,载《蒲松龄研究》2010 年第 2 期。今收入本书。

……

此是我小友，二郗堪颉颃。
而公何谦谦？谓是我门墙。
邂逅辄拳拳，爱敬恒交相。
流连亲父执，英妙无矜张。
出卷每相示，喜辄肆瞀狂。
阅人亦已多，更无如此郎。
羁丱入场屋，挥毫成巨章。
司衡惊天才，和颜开霁光。
驹齿犹未落，展足空群良。
鹏鹗行振翼，抟击摩青苍。

“于公”二句用西汉于公治狱有阴德，后高大其门，子孙显贵之典，事见《汉书·于定国传》。在《又与燕老启》中蒲松龄曾用此典，称颂沈家为“花竹裴公之第，车马于氏之门”；《为沈德符与韩丽老启》又用此典，谦称其“念高车驷马，忝于氏之清门；且连琐翻书，惭太冲之娇女”。沈润在沈家河村修建的“观察第”，宅门宏敞而壮观，沈滋胜先生的四兄滋壮后来在此处建新房，曾得其基础。蒲松龄屡用此事指称沈家，自是有感而发的。“次公”则指此时在世的沈天祥之弟沈凝祥。蒲松龄在诗中自称是沈惠庵的“父执”，说“此是我小友，二郗堪颉颃。而公何谦谦？谓是我门墙”，可见他并没有教沈惠庵读过书。其同时写成的《贺沈惠庵，代箬儿作》诗称沈惠庵“羊车公子十五龄”，自康熙三十四年逆推，是沈惠庵生于康熙二十年（1681 年），蒲松龄在沈家设馆时其尚未出生。

值得注意的是诗中的“二郗”一语。《世说新语·排调》云：“二郗奉道，二何奉佛。”“二郗”指晋代名人郗愔、郗昙兄弟，蒲松龄于此代称沈惠庵与其兄长。蒲松龄同时写成的《又代门人毕世洎》七律四首其二，曾以“珂里白眉压弟昆，长才英妙最无伦”句称赏沈惠庵，《门人毕子与沈惠庵昆仲泛舟大明湖，骤雨沾衣，践泞而归，戏成二绝》则明言“沈惠庵昆仲”,见得沈惠庵确是有兄长的。蒲松龄在《与沈德符》一札中又云:“三月中,希梅偶临寒舍,言令侄将设席地,请诸亲友为之评其可否,致意先自弟始……且兄犹时念故交,若令侄则并不知有父执,交往之路久绝。”此札据袁世硕先生考订作于康熙三十年,而此时沈惠庵仅为十龄童子,自不能出面“设席地,请诸亲友”来评判其家中的田产之争。沈惠庵的兄长在康熙十七年曾从蒲松龄受教,时当就傅的年龄,至康熙三十年已二十岁上下,可见沈凝祥的这位“令侄”才是其父去世后继续和出嗣的叔叔争产的人。这位不知其名的沈天祥的长子,应该就是蒲松龄在沈家所教的学生。沈惠庵聪明懂事,对蒲松龄执父执之礼,并自称是蒲氏“门墙”,正是从蒲松龄与其兄长的师生关系而论此事的。

四

蒲松龄与沈天祥兄弟自顺治末年就开始了交往,但其关系的进一步发展则出现在蒲松龄到沈家设馆执教以后。沈氏兄弟中,与蒲松龄交往最契的自然是馆东沈天祥。

对沈天祥的为人,蒲松龄在诗文中多有描述。《偶与燕及夜话》的前四句云:

阮家兄弟自慵疏,湖海豪襟未解除。
磊落行藏孤鹜似,烟波踪迹野鸥如。

此处虽以阮咸、阮浑代指沈家兄弟,但诗作主要还是描述沈天祥本人的性情好尚的。《六月初三日闻沈燕及讣音》则称他“义气文章事事佳”,又云“君疏我拙两相知”,可见蒲沈二人在义气、文章方面都堪称知音。上引蒲松龄挽沈天祥联语的上联说:“念落拓狂生,惟君见谅,每当夜雨连床,窃共相期:纵弗获并登云霄,老去犹将同杖履。”是知两个人志趣相投,友情甚笃,他们之间的关系远远超过一般的馆东与西席的关系。

《聊斋诗集》中有蒲松龄哀悼沈天祥的七律二首,题作《六月初三日闻沈燕及讣音》。此题诗作路编《蒲松龄集》本收入未编年的“续录”部分,盛编《蒲松龄全集》本仍之。袁世硕先生曾指出,《六月初三日闻沈燕及讣音》当作于康熙二十八年或者更早。后笔者在《二卷本〈聊斋诗集〉探考》中考得诗为康熙二十四年乙丑之作。《六月初三日闻沈燕及讣音》其一的颔联云:“文园讵为芙蓉病?酒德真从畚锸埋。”意思是说,沈天祥之死不是由于贪恋美色而促寿,却是因为饮酒过度而致病的。据此可知,沈天祥去世的时间为康熙二十四年的六月初,他去世的原因是因过度饮酒而伤害了身体。

蒲松龄在《六月初三日闻沈燕及讣音》诗中追忆沈天祥的生平,说他曾“三度葬金钗”,即先后有三位妻子或侍妾先于他本人离开人世。我们现在知道的是,沈天祥起码有一次续娶发生在蒲松龄在沈家执教时或其后,事见《聊斋文集》中的《为沈燕及请岳祖同订吉期小启》,启云:“三沐卜良辰,吉无过于迩月;双瓢合瑞卺,期犹待于同订。占望后之三朝,早烹社饭;肃陇头之一叶,远辱郇香。”应邀于某月十八日到沈家来商订婚期的是沈天祥未婚妻的祖父,其婚期既然以“迩月”为吉,当在此商定具体日期之后不久。上文说到天祥的幼子沈惠庵生于康熙二十年,他极有可能是这位新续弦的妻子所生的儿子,与沈天祥的长子同父而异母。

沈惠庵康熙三十四年考中秀才时只有十五岁,蒲松龄在《又代门人毕世洎》其二中说他“翩翩绝世佳公子,名满三齐少未婚”。他的兄长较他年长十余岁,在康熙三十年左右已经娶妻。蒲松龄的《与沈德符》一札,在说到友人李尧臣(字希梅)到其家中,言及他教过的这位沈氏弟子将“设席地,请诸亲友”来评判其家中的田产之争后写道:“余止之曰:‘是何必尔。若令婿受他人之欺凌,仆当锐身自任,为亡友扶其孤弱;今矛盾在彼家庭,外人何能赞一词?……’……且兄(笔者按,指受信人沈凝祥)犹时念故交,若令侄则并不知有父执,交往之路久绝。希梅其岳也,宜也;仆何人斯,亦庆此灾而乐彼祸耶?”可知沈天祥的长子娶的是友人李尧臣的女儿，沈天祥与李尧臣为儿女亲家。

《聊斋文集》中有《为沈燕及复孙公焕启》，是蒲松龄为沈天祥之女与孙公焕的孙子缔姻而写的婚启。此孙公焕者何人?《淄川县志》卷五《选举志·举人》云:“孙若群，字公焕。同己卯科。见进士。”同卷《进士》:“孙若群，顺治己亥会试亚元，康熙甲辰严我斯榜殿试。授交城知县，升晋宁知州，卒于官。”按，孙若群的事迹，被清代著名学者江藩载入《国朝宋学渊源记》一书。其文云:

孙若群，淄川人。学赡品端，言动有则，乡里称为小圣人。早岁成进士，谒选京师，任少司寇克溥延之课子，坐不易床，食不兼豆，虽盛暑亦衣冠危坐，如见大宾。司寇知其二子应童子试，时山左学使与司寇交善，将为之地，而不知二子名。屡欲问之，惮其严，终不敢发。若群寡言语，然有问难者，则指画谈议，滔滔不绝。评骘人文，务惬其隐，穷通寿妖，皆能以文决之。康熙癸丑出为交城知县，遣其子归淄就昏。去后，见其近作制艺，叹曰:“吾子其不返矣!”归家数日，竟无故自缢死。治交多异政。秩满，迁四川某州知州，卒于官。①

清钮琇《觚賸续编》、陈康祺《郎潜纪闻三笔》、王培荀《乡园忆旧录》，记载与《国朝宋学渊源记》大同而小异。《觚賸续编》、《乡园忆旧录》云孙若群由山西交城知县升任蜀忠州牧，此处说“迁四川某州知州”，诸说当是出自同一来源，于孙若群仕履的记载均存在差误。按，据雍正《山西通志》卷八十一《职官九》，孙若群出任交城知县在康熙十二年至康熙二十一年。又光绪《云南通志》卷一百二十八《秩官志二之十一》，于云南府晋宁州知州下载:“孙若群，聊城人，进士，[康熙]二十二年任。”《云南通志》虽然错把孙若群的籍贯

① (清)江藩著，钟哲整理:《国朝汉学师承记》(附《国朝经师经义目录》、《国朝宋学渊源记》)，中华书局1983年版，第160页。

记为山东聊城，但与《淄川县志》相印证，其自山西交城知县升任云南府晋宁州知州则是事实。由《为沈燕及复孙公焕启》的文字推之，此札当作于沈润去世之后，孙若群升任晋宁州知州之前。

沈天祥另有一女嫁给了西铺村毕盛锡之孙毕海枋（说见下）。盛锡为毕际有之兄毕际壮的儿子。

在沈家河村的居第之外，沈润、沈天祥父子还在淄川的孝妇河畔建有别墅。上引《重修普云寺碑记》说到沈润首倡重修普云寺，是由于他“一日者，驱车别业，睹鹿苑之荒凉；驻马残垣，悲雁堂之禾黍。既恻然而动心，遂慨焉而倡善”。沈润由沈家河村“驱车别业”而途经地铺村，其别业的方位应在地铺村迤东。蒲松龄代人撰写的《又与燕老启》，是代某姓为自己的孙子和沈天祥的孙女缔姻而写的婚启，中云：“每念珂里云遥，交且难于附骥；即或龙门可到，愿不至于食鱼……何期绿野之墅，新营孝水之滨；遂使白发老翁，滥厕香山之社。”沈天祥地处孝水之滨的“绿野之墅”与其父数年之前曾驱车前往的别业方向、位置无一不同，且既有祖业在彼，沈天祥自不会另辟新舍，故二者所指当为同一处居第。由于淄西沈氏的旧谱未能流传下来，现在已难以获知其别墅在孝妇河畔的确切位置了。

蒲松龄与沈天祥出嗣的弟弟沈凝祥也有过一些往来。顺治十四年，沈润的二弟沈澄病故，沈凝祥被其父立为叔父沈澄之子，其事已见前述。康熙十七年，就在蒲松龄设帐于沈家期间，沈凝祥与其兄天祥就家产问题发生争执，蒲松龄作为沈氏兄弟多年的同学和友人，在其间做了调停的工作。我们认为，蒲松龄本年所作的《闰月朔日，青云寺访李希梅》、《偶与燕及夜话》二诗，当俱与此事有关。李尧臣与沈天祥为儿女亲家，在兄弟争产的背景之下，与蒲松龄同赴青云寺访李尧臣的当还有沈天祥，此举与其家事不无关系。而据国家图书馆藏《聊斋诗集》、二卷本《聊斋诗集》诸钞本的编次，紧排于《闰月朔日，青云寺访李希梅》之后的即《偶与燕及夜话》一诗。此诗的后四句云：

久将错石磨圭玷，尚有良朋致谤书。

沦落已拼人共弃，遭逢无用复踌躇。

错石为治玉之石，玷为玉石上的斑点。事情很可能是这样的，蒲松龄调停的结果是由沈天祥让出一些田产给出嗣之弟，却招致了身为沈天祥长子岳父的李尧臣的不满。沈天祥与蒲松龄的这次夜话，内容既有对李尧臣致沈天祥的书信即“良朋谤书”的看法，又有对沈天祥让产之举的称赏，还有蒲松龄自己委屈心态的说明。结合诗的前四句（已见上引）称颂沈天祥襟怀坦诚磊落，为人洒脱不拘来看，这样的认识是不无理由的。对蒲诗作如上解释或不免深求之嫌，但从陈寅恪先生所倡言的释今典的角度看，这样的认识应该说是说得通的。

沈天祥去世之后，依然心有不甘的沈凝祥与沈天祥之子继续争产，沈家的家庭矛盾再次爆发。由蒲松龄的《与沈德符》一札可知，身为一方岳父的李尧臣在沈家叔侄争产的过程中起了重要作用。谦和中庸的蒲松龄没有附和李尧臣一方的主张，却遭到了争产失败的沈凝祥的误解，招致了沈凝祥对他的辱骂。在说明事实之外，蒲松龄回敬沈凝祥的语言也很是辛辣。

在沈凝祥叔侄的家庭矛盾出现之前，蒲松龄曾代沈凝祥写过数篇应酬文字，但出于性情、为人等方面的原因，蒲松龄和他的交情明显较沈天祥为浅。《寄沈德符》诗当写于沈氏叔侄争产一事结束之后不久。蒲松龄主动寄诗，目的当是为了缓和因误解而引致的与沈凝祥之间的紧张关系。张元《柳泉蒲先生墓表》称蒲松龄“性朴厚，笃交游，重名义”，为“恂恂然长者”，从其涉身沈氏兄弟、叔侄的家庭纠纷所持的立场、态度看，张元的评语并非谬赞。

五

在沈天祥的儿辈中,蒲松龄称他教过的沈氏的长子"并不知有父执,交往之路久绝",这或与李尧臣岳婿二人在沈氏家庭矛盾中表现的态度与蒲松龄不同有关。而沈天祥的次子沈惠庵则对蒲松龄十分尊重,在他入泮之后,蒲松龄为这位"小友"写了贺诗。

沈惠庵其人,名不可知,惠庵当为其字。康熙三十四年(1695年)为科试年,十五岁的沈惠庵随科试诸生赴济南参加童子试,被学道刘谦吉取为博士弟子员,蒲松龄一连写了《贺沈惠庵》、《贺沈惠庵,代箬儿作》、《又代门人毕世洎》三题六首诗作。蒲松龄本人作诗以贺的缘由已见上述,其代门人毕世洎而作贺诗,则是因为西铺毕氏与沈家存在亲戚关系。

路大荒先生整理的《蒲松龄集》本《聊斋诗集》、盛伟先生编校的《蒲松龄全集》本《聊斋诗集》和赵蔚芝先生笺注的《聊斋诗集笺注》,《又代门人毕世洎》的"洎"俱误为"泊"字,当据《毕氏世谱》和《毕氏南村家谱》订正。据诸毕氏族谱,毕世洎字公远,邑廪生,是蒲松龄在西铺毕家执教的少馆东毕盛钜的长子。

据毕盛鉴纂修的《毕氏南村家谱》,毕际有之兄名际壮,有一子盛锡。盛锡生世溶,世溶生海枋。其毕海枋之小传云:

> 海枋,字维周。附监。配沈氏,同邑庠生沈公天祥女;唐氏。三子:岱照、岱炳、岱烱。照、炳,沈出;烱,嫁母出。

毕海枋之原配沈氏,乃沈惠庵的同胞姊妹。由于存在这样的亲戚关系,在获知沈惠庵入泮的消息后,蒲松龄代他的学生毕世洎写了贺诗。由毕氏家族中年长的毕世洎出面贺其采芹,就是一件缘于礼数而易于被人理解的事情了。

不易索解的是蒲松龄的《贺沈惠庵,代箬儿作》一诗。蒲松龄缘何要代其长子蒲箬作诗贺沈惠庵入泮?我们最初曾以为《又与燕老启》是蒲松龄为自己的长孙蒲立德与沈天祥的孙女缔姻而作的婚启，但在考察中发现情事有种种不合。启云："若弟……竹树一庭，犹守匡庐旧业；琴书半榻，空含画省遗香。"尽管作者在启中使用了与淄川蒲氏有关的"竹树一庭"诸语，但"画省"指汉唐时期的尚书省，与沈家缔姻的某氏应为淄川城里或左近的缙绅之家，极有可能是高氏、王氏或孙氏等做过尚书、侍郎的大族人家，《又与燕老启》也应是蒲松龄代人而作的应酬文字。

我们在沈家河一带进行相关调查时，认识了热心于淄川乡邦文献调查搜集和蒲松龄研究的王一千先生。在谈及此事时，一千先生提出了这样的看法，即蒲松龄的长子蒲箬本年或正在沈家河村设馆，教沈惠庵读书。结合蒲箬的生平考察，不能否认有这样一种可能，但因为于文献无征，此说尚只能看作是一种推想。今附记于此，以便于这一问题的进一步研究解决。

（写于 2010 年 6 月，发表于《蒲松龄研究》2010 年第 3 期）

蒲松龄与韩逢庥

在《聊斋文集》中，有这样一段因经常被引用而使人耳熟能详的文字：

> 仕途黑暗，公道不彰，非袖金输璧，不能自达于圣明。真令人愤气填膺，欲望望然哭向南山而去。

这段话出自蒲松龄写给友人的一封书信，信札的标题为《与韩刺史樾依书，寄定州》。那么，韩樾依究竟为何等人？他与蒲松龄有着怎样的交往情事？蒲松龄与韩樾依交往的诗文作品又有着怎样的写作背景？本文聊就这些问题作一探考。

一

韩樾依，名逢庥，一号四勿，樾依是他的字。韩氏一家，自逢庥的父亲韩庭芑始由山东青城县（今淄博高青）移居淄川。在王士禛为韩庭芑撰写的《中奉大夫、整饬天津海防道、山东按察司副使韩公墓志铭》中，对这个家族的来历有如下介绍：

> 公韩氏，讳庭芑，字燕翼。其先枣强人，始祖瑜徙济南之

青城。[①]

逢庥的父亲韩庭芑，于顺治三年(1646 年)举山东乡试第四名，顺治九年(1652 年)中进士，选为内翰林弘文院庶吉士。散馆后授工科给事中，又出为分巡河西道、按察使司佥事，转分守下湖南道、布政使司参议，分巡琼州道兼理学政、按察使司副使，再迁分守金衢道、布政使司参政。康熙初年以裁缺归里，丁母忧。至康熙九年(1670 年)起补江西督粮道、布政使司参政，“癸丑(康熙十二年，1673 年)，以前湖南开荒奏报失实，部议降级，公怡然解组归，得般水西别业候仙园，长松荫庭，飞流激涧，日啸咏其间，无复用世意矣”[②]。

韩庭芑当是因为在淄川购买了别业候仙园而落籍淄川的。候仙园为淄川境内的著名园林，为《聊斋志异》写过序言的内翰林秘书院检讨唐梦赉曾作《候仙园记》一篇，详述候仙园的景致与格局。其略云：

萌水西箕山东麓，是为候仙园。园北旧第弘丽，园南为溪道，开村诸泉由琐石岭东注。溪南为山，东西延亘数里。入园门，高桧扶立，缭迎春花蔓为壁。循桧南行，花林绿天出连翘棚下，一夜合树离立松间。西出候仙轩，崇台四级，短垣绮窗，如处士居。轩北一石如叠云，对峙湖石参立。葡萄老蔓成株，蟠石上松间，短长下缀。轩西径为桧林，虬藤蜿蜒，重云密布，竟日为阴。北一石屹立，仿佛似海上蓬莱割来一片地，但不闻流水淙淙耳。近西杂花外女墙临深涧，为涧为沼，危桥横渡，往往凭借而过犹恐坠也。桥上南望，小亭出园外，桥北青桐扶疏荫水台，台北修竹葱蒨，别起重楼，从他径入。度桥北折，芙蓉亭岿然浓阴中。南起竹台，溪光入座，西立一石，与桧林石

① (清)王士禛：《带经堂集》卷六十八，清刻本。

② (清)王士禛：《带经堂集》卷六十八，清刻本。

伯仲。小山出墙外龙爪槐下，石几列坐，凤凰、长白诸峰朝霞夕霭，扑人衣袖。山下老柳数围，欹倚撼风。石内芙蓉一株，凌空起亭上。西北偏为柏墙，为芍药径，径外牡丹五十余本。是为沼之西北。一门临竹开，拾级入门，高楼对峚。楼西径折为南轩，与芙蓉亭对。楼西甬道转素壁，列楹以十数。穿涧而南，一亭当溪心，临石闸，霍然园外，如鸟开笼，村落峰峦徙倚可数，是桥上所南望小亭也。

亭西为溪水入沼处。遵亭而东，园外为南溪，老树参天，长风披野，垣内为东西渠。渠南古柳盘郁，一平桥偃渠上。甓阶数级，是为薜荔门，乃候仙轩南门也。门内松柯从地起，萝蔓扶云，与轩前三石相周旋。轩东为蔷薇篱，稍北为藏花窟，是为园之东际。南渠水出园而东，汇为广池。[①]

候仙园以前的主人不知为谁人，在韩庭芑之前则是为《聊斋志异》作序的乡前辈高珩。邑人王培荀的《乡园忆旧录》记载说：

候仙园，去吾村（笔者按，即今淄博市淄川区大窎桥村）西北二十余里，引河水环园四周，以闸蓄泄。园方二十余亩，藤架花篱，掩映曲折，凉亭燠室，布置随宜。有牡丹二百余本，他花称是。蓄水既深，有怪潜藏，仆人子浴其中为所害。竭水取视，忽黑风起，滚滚向西北去。高念东先生来游，有句云："野人礼数寒暄减，名士风流几砚香。"后园为先生所得，尝检纸团展示，乃园丁次第报花开单也，怅然有作。富贵人家置园亭，或不得身履，惟于长安担上看花，甚而于纸上看花，可叹！先生不久又转鬻他人。[②]

这里所说的"他人"，便是"怡然解组"而归淄川的韩庭芑。前引唐

① （清）张鸣铎修，张廷宷等纂：《淄川县志》卷二《建置志·园林》，清乾隆四十一年（1776 年）刻本。

② （清）王培荀著，蒲泽校点：《乡园忆旧录》，齐鲁书社 1993 年版，第 188 页。

梦赉的《候仙园记》写道：

> 癸丑（康熙十二年，1673 年）夏，来与汾滨导师、紫霞先生习静者凡再阅月，蹴趺之余，日有游焉。未几，复与存吾、松篱有邑乘之役，遂得次其崖略如此。

同一年，唐梦赉又有《候仙园销夏同毕公载积、袁兄宣四》的诗作。毕际有字载积，号存吾；袁藩字松篱，号宣四；紫霞道人则是当时的候仙园主人高珩之号。《淄川县志》卷七《艺文志·重续文》所收毕际有撰写的《县志旧序》，对这次修纂邑乘的情况有如下记载：

> 迨康熙癸丑之夏，邑奉上檄，索志甚急……时高念东先生方谢疾家居。先生海内通儒，屈国史笔，润色邑乘直发蒙振落耳，乃习静避嚣，不自为之，与唐太史交折简于余相劝勉。邑使者元纁再及门，余不能终辞，乃请以太史董其成，而余与袁孝廉松篱执其役，遂同集于念东先生之候仙园，商榷讨论者十日，受成命而返。

因为韩庭芑是在同一年辞官来到淄川的，极有可能在唐梦赉写成这篇记述候仙园的美文的当年，高珩就把候仙园转让给了打算在此落籍的韩庭芑。

韩庭芑生有二子，长逢庶，岁贡生，为朝城县教谕，早卒；次即逢庥。据邑人张元撰写的《樾依韩公墓表》，韩逢庥卒于乾隆三年（1738 年），年八十四岁，因知他出生于清顺治十二年（1655 年）。韩逢庥是按朝廷的捐纳之例纳资成为贡生的，《樾依韩公墓表》称："公生而倜傥，大参公知其天资卓荦，不可绳以章句，乃援例通籍，出为武康令。"①

据叶梦珠《阅世编》记载：

> （康熙）三、四年间，纳银入监之例尚停。其后以城工、河工相继，旧例始开。既而淮上水灾，流离接踵，又开赈饥之例。

---

① 杨启东修，赵梓湘纂：《青城续修县志》卷六《艺文志》，1935 年铅印本。

比昔例银尤重，庠生二百两有差，俊秀三百两有零，纳者尤未众也。自十三年甲寅以后，军需告急，事例广开，或纳米菽，或纳马草，或纳鸟枪，种种不一……于是一时向风，急公恐后。有司承旨，多方劝谕，礼貌有加，太学生员增至数十万人，而名在藩籍未咨到监者不与焉。成均之盛，从古未有也。[①]

康熙十二年，由于康熙皇帝坚持撤藩，引起吴三桂等的不满，由此爆发了长达九个年头的三藩之乱，大半个中国都处在战火的笼罩之下。因数省告急，军需不继，朝廷大开捐纳事例，韩逢庥当就是在这个时候援例成为贡生，并出任浙江武康县知县的。

韩逢庥虽然不是正途出身，但廉明清正，为官颇有政声。道光《武康县志》卷五《名宦》记载：

韩逢庥，号（笔者按，“号”为“字”之误）樾依，山左人……剔蠹除奸，境内肃然。值岁歉，邑有逋亡，遂遣家人归，挟数千金代垫。又设法赈饥，存活无算。时……告警，公善骑射，匹马争先，擒盗于五龙庵，尽杀乃止。[②]

《淄川县志》卷五《选举志·续循良》，对韩逢庥在武康任上的政绩也有明确记载：

弱冠援例通籍，出为武康令。时三藩搆逆，军兴旁午，公以英年初仕，支拄于兵戈抢攘之会，厘然就理而民安无事。以卓异迁知新宁州。

韩逢庥弱冠之年为康熙十三年，正当朝廷大开事例之时。而据道光《武康县志》卷十二《秩官表》的记载，其出任武康知县则为康熙十六年事。在王士禛撰写的《中奉大夫、整饬天津海防道、山东按察司副使韩公墓志铭》中有这样一段文字：

逢庥令武康，自矢饮前溪一杯水，又少年有干局，积猾巨

---

① （清）叶梦珠著，来新夏点校：《阅世编》，上海古籍出版社1981年版，第28页。

② （清）疏筤修，陈殿阶、吴敬羲纂：《武康县志》，清道光九年（1829年）刻本。

> 盗，为之屏息。公（笔者按，指逢庥之父韩庭芑）入其疆，舣舟村坞，屏去驺从，遇父老妇稚，访令治行。既得实，乃大喜，抵县署，谓曰："吾诚不意孺子为吏能至于是！"[①]

"饮前溪一杯水"，语本《晋书·良吏传·邓攸》："时吴郡阙守，人多欲之，帝以授攸。攸载米之郡，俸禄无所受，唯饮吴水而已。"前溪则为吴地村名，地在浙江，故王士禛用来代指武康。新城王氏与韩家有亲串关系，韩逢庥治武康清廉有政声自为王士禛所熟知。这里，王士禛故意荡开一笔，从侧面对韩逢庥的治绩进行了褒扬。

在武康期间，韩逢庥还与戏剧家洪昇有过交往。康熙十七年（1678 年）自春至夏，洪昇曾与其妻女、弟洪昌一同寓武康，居住于县学之南，与县学教谕郑兰谷及邑中名士诗文唱和。洪昇的《稗畦集》中收有《赠武康令》的诗作，便是他寓武康期间写赠时任知县的淄川人韩逢庥的。[②]

韩逢庥在武康任知县六年，一邑大治，遂于康熙二十三年（1684 年）以计典卓异升任广西新宁州知州。而在此之前，在林泉田园之间优游近十载的其父韩庭芑又重入官场，于康熙二十一年（1682 年）起补山东按察使司副使、天津海防道。一年之后，韩庭芑因病辞官。因韩庭芑病情加重，逢庥遂于康熙二十五年（1686 年）告终养，回到淄川侍父养病。

据王士禛撰写的《中奉大夫、整饬天津海防道、山东按察司副使韩公墓志铭》记载，韩庭芑于康熙二十八年（1689 年）七月卒于淄川家中，年七十一岁。逢庥居家丁父之忧，在家乡一直住到康熙三十七年（1698 年）起补滦州知州。在此期间，蒲松龄的挚友张笃庆曾受韩逢庥之聘，于康熙三十四年（1695 年）、三十五年（1696 年）在韩家设帐，教授韩逢庥的诸子读书。

---

① （清）王士禛：《带经堂集》卷六十八，清刻本。

② 参见章培恒《洪昇年谱》，上海古籍出版社 1979 年版，第 171、175 页。

二

逢庥之父韩庭芑与淄川闻人高珩相友善，两家素有通家之好。在其辞官归淄川后，由于高珩志在山林，不乐于在京城做官，经常请假家居，两人遂在邑中时相往来。在高珩的《栖云阁诗》中，收有《候仙园有感》、《候仙园二绝句》、《候仙园销夏》、《韩燕翼邀饮候仙园》诸诗，其最后一题即作于韩庭芑入居候仙园之后。

康熙十六年，韩逢庥出任浙江武康知县之后，正优游林下的高珩曾因事过武康游。高珩《栖云阁文集》卷十一《李子常为长枝立嗣题辞》叙道："丁巳，予于武康署中即晤子长（常），得悉此事，叹赏不能已已。"李子常当为韩逢庥自家乡聘来的幕宾，丁巳即康熙十六年。又同书卷六《祝莱芜令戎公寿序》："予客岁以纳赋无策，售产吴越。归过武康，邑人道其韩令之贤。即采木造舟一事，为邑人祖泽甚深。"[①]此时李之芳（号邺园）正以兵部尚书衔出任浙江总督，其乡贯武定（今山东滨州）与淄川同属济南府，又与韩逢庥的原籍青城县比邻。高珩此行，估计就是为了给刚刚就任知县的韩逢庥疏通一下关系，请李之芳关照这位乡中后辈。

韩高两家不仅关系密切，往来较多，而且还缔结了姻亲关系。《聊斋文集》卷九《为韩樾依祭高念东先生文》即云："某以锦川之鄙人，附婚姻于公子，日受謦欬之惠，何止广厦之庇。"按，高珩有二子，长之騊，字驥良，号慎旃，顺治十一年（1654年）举人，顺治十八年（1661年）中进士，官贵州平越县知县，遇三藩之乱而遁归故里；次之骙，字仲治，监生，本为其兄高玮之子，由于之騊远宦在外，膝下无人，遂于康熙十一年（1672年）过继为己子。高珩的长子之騊有女五人，次子之骙有女二人，七女中当有一人嫁给了韩逢庥的

① （清）高珩：《栖云阁文集》卷十一，清刻本。

儿子。

由于高珩与韩家存在姻亲关系，而蒲松龄早在顺治年间就曾追随时常乡居的高珩游处，可能在韩逢庥出仕之前就已经与其结识，但两人之间有较多的往来则发生在韩逢庥告终养与丁父忧前后长达十数年的里居期间。

《聊斋文集》中有《与韩樾依逢庥刺史》一札，是因为自己的亲戚李德著新任县里的医官，由于无钱送给吏房中的巩某而被其处处刁难，所以蒲松龄写信给韩逢庥，请韩派人到县衙的吏房知会一下，让巩某知道李德著与韩家有交往而心存顾忌。札中说："去年光增茅庐，又不吝见一之书，未得面叩，于中歉然。自获福庇，又求卵翼亲朋，欲代人转求，可谓琐渎之甚矣。"可见韩逢庥曾到蒲家庄登门拜会过蒲松龄，还主动给蒲松龄写过书信。检毕盛鉴纂修的《毕氏南村家谱》发现，韩逢庥正是蒲松龄在西铺的馆东毕盛钜的第五个儿子毕世澂的岳父，估计韩逢庥的登门和写信，当与其为女儿论婚嫁之事有关。韩氏既然与蒲松龄早就相识，而熟悉西铺毕家乃至毕世澂之情状者又非蒲松龄莫属，那么在为自己的女儿订婚之前，先找蒲松龄了解一下毕世澂其人是否可靠，应该说是极有可能的。这样看来，这封书札的作期和韩逢庥拜会蒲松龄之事，大约都发生在康熙三十一年(1692 年)韩毕两家订婚之前。

韩毕两家订婚于康熙三十一年(1692 年)，这在蒲松龄所写的《代毕韦仲与韩滦州樾依逢庥书》中透出了信息：

> 犹忆壬申岁从先君取扰潭府，杯酒谈心，即知亲家宦情之薄；彼时先君曾为劝驾，望以黄盖东归，为闾里光宠，此言应未忘耶？[①]

壬申即康熙三十一年，毕际有去世的前一年。毕际有此时已是七十一岁高龄的老人，毕韩两家一在西铺，一居萌水，相距有数十里

① (清)蒲松龄著，盛伟编校：《蒲松龄全集》，学林出版社 1998 年版，第 1129 页。

之遥，如果不是有礼节上必须由他出面的大事，从毕际有的声望和身体状况考虑，他恐怕是不会枉驾前往的。据张元《樾依韩公墓表》所提供的资料，韩逢庥出生于顺治十二年，至康熙三十一年已三十八岁，其子女正当谈婚论嫁的年龄。毕氏向韩家求婚的婚启，自然也应该是由蒲松龄拟写的，但不见于《聊斋文集》，可见没有被保存下来。

三

韩逢庥于康熙三十七年(1698 年)起复补直隶滦州知州。滦州地处近畿，境内有很多被满洲八旗圈占的土地，庄头刁棍，遂倚仗旗人主子的权势横行不法，向称难治。《淄川县志》卷六《人物志·续循良》，即记载了韩逢庥到任后捕治旗下不法庄头诸事：

> 州所属旗民杂处，而庄头尤为暴横，积威所劫，官吏士庶莫敢正视，公独毅然执法不少屈。有庄头李得阳者，家行庆贺，以同里监生方自亮他出不至，立令其子率众入自亮家，尽劫其家口、财务以归，即令其妻女于筵前行酒。亮归，再三哀求，始放还。其妻惭愤，投得阳祖墓中自缢。公廉得其情，怒曰："如此，尚有王法耶?"立详上宪，按律置于法。疏上，人皆为其寒心，公不为动，越四月而案结。其他庄头，如张璨公之乱伦、程天宠之窝盗，皆严绳以法，不少贷。于是诸恶震恐，无敢以暴横肆虐者。滦民德公，有"白面包公"之目。

一个从五品的散州知州，敢于不顾满洲权贵的情面捕治其亲信家奴，所承受的压力是可想而知的。所以到康熙三十九年，韩逢庥便愤然有归田之意。得到有关的消息之后，毕盛钜请蒲松龄拟成《代毕韦仲与韩滦州樾依逢庥书》，以儿女亲家的身份对其婉言相劝：

> 饮冰茹蘖，实所难堪……讹传亲家愤然有高志，不觉愕然失色。窃以此日偃蹇，不过天河一难，九九之数，业将盈满，何

惜此一箦而不稍耐之？且明知荼苦而日日忍受，乃泰将来而反去之，则三年之忍受皆虚，而于出山之初意谓何也……且吾乡污吏，辄敢轻量天下士，弟所以每闻政声，必亲述以炫耀之；今作此想，则暗于自知者反诩其知人之明，弟更无颜对之矣……祈耐此清节，来春锦旋时，则丢官者未去，亦快事也。[①]

从种种情况分析，蒲松龄札中提到的这位"吾乡污吏"，十有八九是康熙三十七年被劾去职的淄川知县时惟豫。时惟豫其人其行为淄川士论所不齿，已详袁世硕先生《蒲松龄与唐梦赉》[②]一文。所谓"辄敢轻量天下士"，当是指时惟豫对韩逢庥在滦州的抑豪除奸之举曾有所议论，而且颇不以为然，预言其在滦州为官不会长久，甚或曾就其中的利害关系向毕盛钜明言，让毕盛钜对其有所规劝。此公为满洲镶蓝旗人，对韩逢庥依法惩治旗下恶奴的行为感到不愉快甚至反感，当也是很自然的事。时惟豫是因为受到弹劾而被罢官的，此札中称其为"吾乡污吏"，看来他在淄川知县任上并不仅仅是存在"断袖"、"余桃"之类的生活作风问题，而且还有贪酷之情在。

在韩逢庥任滦州知州期间，蒲松龄还受其委托作有《韩樾老祭念东先生》一文。据王士禛撰写的《诰授通奉大夫、刑部左侍郎念东高公神道碑铭》，高珩卒于康熙三十六年十一月十一日，次年的四月二十六日葬于淄川城南的高氏族茔。《韩樾老祭念东先生》写道："讣音忽来，沾衣何已！匏系一官，悲瞻梓里。絮酒盈卮，将此泪耳；祖奠松门，侑以《蒿里》。"说明在高珩由去世至下葬的这段时间里，韩逢庥因为赴京补官、到任等事一直不在淄川。即云"祖奠松门，侑以《蒿里》"，应该是在高珩下葬时致祭用的。这篇祭文虽

① (清)蒲松龄著，盛伟编校：《蒲松龄全集》，学林出版社 1998 年版，第 1129 页。

② 袁世硕：《蒲松龄与唐梦赉》，载《蒲松龄事迹著述新考》，齐鲁书社 1988 年版，第 121～146 页。

然用了韩逢庥的名义撰作，而亲临祭奠之事，估计是由毕盛钜出面带领逢庥的儿辈前往的。

韩逢庥知滦州前后只有两年左右的时间，在这两年中，他的家庭也迭遭变故，妻子伊氏和儿媳王氏先后去世。韩逢庥的次子韩泽吉是例贡生，娶于新城王氏，其妻小字崇姑，为王士禛兄子启涓之女，其母是淄川县乡试解元毕世持的胞妹。王启涓夫妇皆早逝，其女崇姑便由士禛的儿子王启汸抚育成人。崇姑于康熙三十四年嫁与韩泽吉为妻，康熙三十九年病逝，年二十三岁。王士禛《带经堂集》卷八十《韩氏两贤妇传》称侄孙女崇姑“归于韩，年十八矣。事君舅君姑如其事父母。姑伊安人殁，事伯姑如事其姑。既析爨，自淄川移居青城，一年卒”，同一篇文章叙韩泽吉续娶的妻子孙氏事，又说“时定州君远宦滦阳而姑犹在殡”，可见韩逢庥的妻子伊氏也卒于其出任滦州知州期间。

韩逢庥与妻子伊氏生有三子：牧吉、泽吉、津吉。其中牧吉为例贡生，任广西贺县知县；泽吉，例贡生，候选儒学训导；津吉，例贡生，候选儒学训导，被立为伯父韩逢庶之后。据张元撰《樾依韩公墓表》和《淄川县志》卷五《选举志·续例贡》记载，韩逢庥还有两个纳资成为例贡的儿子枚吉、丹吉。《樾依韩公墓表》未言及妻子伊氏去世后韩逢庥续娶之事，枚吉和丹吉或为逢庥的如夫人所生。

可能是《代毕韦仲与韩滦州樾依逢庥书》的劝勉起到了作用，韩逢庥在滦州知州任上没有辞官，而是顶着各种压力“饮冰茹蘗”地干了下去。他为官不贪，不怕丢掉头上的乌纱帽，因而敢于主持公道，兴利除弊，很快便政绩斐然，受到滦州士庶的推戴与颂扬。嘉庆《滦州志》卷五《官师·名宦》记载说：

> 韩逢庥，字悦宜（笔者按，“悦宜”为“樾依”之误），山东青城人。由贡生康熙三十七年来任。廉明正直，爱民如子。滦俗抗粮刁讼，为藏盗薮。公征比不许旗豪劣衿包揽，赏完罚欠，众心悦服；词讼不轻差役，据理立剖，刁风顿改。又访拿旗

棍窝诈等事,雷厉风行。年余,盗息民安,境内大治。未几,以才能调定州牧。市民遮道泣送,立碑纪德。[1]

韩逢庥调任直隶定州知州,事在康熙三十九年(1700年)。道光《直隶定州志》卷二十二《艺文下》,载吏部验封司员外郎、邑人郝林撰写的《定州守韩公重修众春园记》一文,其中有这样一段话:

> 会庚辰(康熙三十九年)定武守缺,抚军闽南李公以定当九省冲,赋重役繁,非才堪八面者,弗克胜任,适青城樾依韩公治滦有声,疏调定州,报可。[2]

这里所说的"闽南李公",指的是康熙一朝的台阁重臣,时任直隶巡抚的福建人李光地。张元撰《樾依韩公墓表》称:"会上北巡,访及地方能员,抚臣李公光地首以公对,调繁真定府定州知州。"此时韩逢庥在滦州任上并未秩满,但因为政绩卓著,"治滦有声",又遇定州知州员缺,故以才干受到直隶巡抚李光地的特荐而转任定州。

四

定州地处太行山东麓,地瘠民贫;又在南北往来的大道上,号称九省通衢,供应繁难。韩逢庥虽有吏治之才,却也穷于应付,常常疲于奔命。郝林的《定州守韩公重修众春园记》记载说:

> 按史称庆历八年……相州韩公稚圭以枢密副使出镇定武,兼本道安抚使……魏公以节使临边,雍容坐镇,凡所兴釐,皆总持大纲不劳而定;我公双旌五马,介在常山、上谷两郡之间,诸大吏檄委无虚日,戴星出入,不遑寝处。盖其所为较难于魏公,而治绩乃适相当也,岂不伟哉!

郝林的这篇《记》作于康熙四十一年(1702年)秋,此时韩逢庥来任

---

① (清)吴士鸿修,孙学恒纂:《滦州志》,清嘉庆十五年(1810年)刻本。

② (清)宝琳、劳沅恩纂修:《直隶定州志》,清道光三十年(1850年)刻本。

知州已经二载，在州事的治理上也有了一些起色，但为官的苦况由此也可见一斑。

韩逢庥在定州的治绩，《定州志》中未见记载。张元撰写的《樾依韩公墓表》中有这样一段文字：

> [州]为九省通衢，供应颇费，日不暇给，公处之裕如。州有驿递，其房垣修造旧派各里，所需草豆亦于秋后征收发价，侵渔扣克，久为民累，公概裁革。士有家贫向学者，为延名师以司督课，士气鼓舞，文风丕变，故州人歌公德政，有"士之爱鼎自公始"之语，盖谓此也……治定三年，廉明懋著，公乃以病乞归。州人挽留不待，至有叩头流血者，其得民之深如此。

看来，韩逢庥在定州任上仍保持了自己廉明清正、兴利除弊的一贯作风。张元撰《樾依韩公墓表》称韩逢庥"性孤介，又素不藉权要显贵以相引重"，这可能便是他身为能吏干才却不能见重于上台，因而不能得到好的考语并顺利升迁的根本原因。

韩逢庥的儿媳王氏去世后，其子泽吉于康熙四十年(1701 年)续娶了益都颜神镇人孙氏。王士禛《韩氏两贤妇传》称："女孙之殁，婿来吾家，虑其难继者。予儿启涑、启汧因为言女甥之贤，为蹇修而聘焉。"这里所说的"女甥"，指的是益都颜神镇人孙宝仍的孙女、太学生孙续厚之女。因为孙宝仍的妻子王氏是王士禛的再从妹，孙宝仍的次子续厚又娶了王士禛的侄女，所以此处有"女甥"之称。《韩氏两贤妇传》中所说的"蹇修"，即媒妁，充任这一角色的人极有可能便是蒲松龄的馆东毕盛钜。因为他既是韩逢庥之女的公爹，与颜神镇孙家有累世通家之好，这样，由毕盛钜出面做冰人联络其间，而由蒲松龄写成《代刺史韩樾依与颜山孙孝堪启》，也就显得顺理成章、十分自然了。

《代刺史韩樾依与颜山孙孝堪启》是蒲松龄为韩逢庥的儿子泽吉续弦而写给孙宝仍的婚启。孙宝仍字孝堪，号恕斋，是清初内秘书院大学士，少保兼太子太保，吏、户、兵三部尚书孙廷铨的长子，以恩荫得官，仕至光禄寺掌醢署署正。孙宝仍的孙女，其次子续厚之女小字倖姑，康熙二十二年生，于康熙四十年嫁与韩泽吉为继室。韩泽吉的原配妻子王崇姑卒于康熙三十九年四月，身后留下了两个尚在幼年的儿子，而韩逢庥的妻子伊氏又先于儿媳去世，家中事事需人，所以韩泽吉才会感到生活难以为继。由王士禛《韩氏两贤妇传》所介绍的情况看，这封婚启应当写于康熙三十九年，时在韩逢庥就任定州知州之后。

在定州任上，韩逢庥还做了一件颇有意义的事：重修了定州重要的文化古迹众春园和雪浪斋，并将经宋代文学家苏轼题咏的雪浪石移到了新建的雪浪斋内。

定州众春园原为宋人韩琦所建。据道光《直隶定州志》卷五《地理·古迹》下《众春园》条记载："先是郡城东北隅潴水为塘，广百余亩，植柳万株，亭榭花草，一时称盛。宋太宗时，中山守李公昭亮为之，未立园名，寻废。韩魏公修治而名之曰众春，自撰记。"韩魏公即韩琦，字稚圭，相州安阳人。韩琦是北宋重臣，官至宰相，封魏国公，死后谥忠献，有《安阳集》。他于宋仁宗庆历八年（1048年）知定州，在州城东北隅修建了众春园，并有《众春园记》传世。

韩琦之后，文学家苏轼又于宋哲宗元祐八年（1093年）知定州。苏轼《雪浪斋铭》的"小引"记载："予于中山后圃得黑石，白脉，如蜀孙位、孙知微所画，石间奔流，尽水之变。又得白石曲阳，为大盆以盛之，激水其上，名其室曰雪浪斋云。"[①]这便是定州雪浪石与雪浪斋的由来。

时代更替，人事变迁，众春久废，雪浪土湮。至明万历八年（1580年），真定知县郭衢阶在定州发现了掩埋于土中的汉白玉雪浪石座盆。万历十五年（1587年），定州知州唐祥兴又掘地发现了经苏轼题咏的雪浪石。唐祥兴于是重建了雪浪斋，把重见天日的

① （宋）苏轼著，孔凡礼编校：《苏轼文集》，中华书局1986年版，第574页。

盆、石移置斋中；又捐俸购地二十八亩，在已被豪右据为私圃的原址上重建了众春园，并在园内修建了韩公祠。

康熙四十一年(1702年)，去唐祥兴知定州已历百有余年，祠、斋俱已破败倾圮。韩逢庥“恻然伤之，积余俸若干缗”对众春园进行了全面修缮，并新建祠堂合祀韩苏；又在园中新建了雪浪斋，将雪浪石和座盆移置斋前；逢庥还在众春园中筑“从舍八楹，召居羽流，以司典守”。一百四十余年后，满洲镶蓝旗人宝琳来任定州知州，于道光二十七年(1847年)又对众春园进行了一次大规模的修缮，使这一文化古迹呈现一时之盛。可以这样说，唐祥兴、韩逢庥和宝琳这三位知州都是保护祖国历史文化的功臣，他们对定州众春园、雪浪石等文物古迹的存传与保护可谓功莫大焉。

韩逢庥整修众春园的工程结束于康熙四十一年九月之前。这年的九月，他先后请直隶驿传道刘德芳与吏部验封司员外郎、定州人郝林撰写了《重修众春园记》和《定州守韩公重修众春园记》。也就在这一年，康熙皇帝西巡途经定州，驻跸于众春园中。康熙还亲笔书写了《紫阳绝句》一首，赐给接驾侍奉的知州韩逢庥。韩逢庥随即又在园中修建了御书亭，将康熙的御书勒石供奉其中。由于康熙开了先例，后来乾隆皇帝六次驻跸于此，并作有咏雪浪石的诗歌三十余首。[①] 清末至民国，众春园被辟为学校，格局和风貌遭到破坏。定县解放时，饱经沧桑的众春园已毁于战火之中。1952年，雪浪亭得以修复，毛泽东曾于当年来定州，详细考察了经苏轼题咏的雪浪石。[②]

韩逢庥是在康熙四十三年(1704年)辞掉定州知州的官职回到淄川的，这有蒲松龄手订的编年诗作《韩定州谢任归田》为证。

---

① 参见张玉橙《苏东坡与雪浪石》，http：www. people. com. cn，2002年5月16日。

② 参见翔之《定州众春园考》，载《文物春秋》2002年第1期。

但他辞官的真正原因，却并不像张元《樾依韩公墓表》所说的“以病乞归”那样简单。蒲松龄的《与韩刺史樾依书，寄定州》，便是他在家乡得知韩逢庥辞官的消息而写的。札中对韩逢庥的辞官之举有如下一段议论：

> 闻吾兄敝屣轩冕，亲朋皆吊，弟独快之。窃与令婿言：“倘尊岳有浮海之游，其负蒲团以相从者，非他人，必余也。”既而闻士庶之号呼者络绎于道，则大喜大慰。喜者何？喜夫特达之知，未必不由于此；慰者何？慰夫平旦之良，虽丧于冠裳，而幸存于匹夫匹妇，则知我者尚有苍生，何憾哉！当渊明归田时，设有此攀号，亦未必不勉为五斗留也。昔王乔以仙作令，岂他有冀幸哉？亦以无地非修行耳。弟素不达时务，惟思世无知己，则顿足欲骂；感于民情，则怆恻欲泣，利与害非所计及也。吾想兄亦人情，无烦亲友怪诧矣。①

这封书札下注“五月十八日”，当即作于康熙四十三年的五月。所谓“敝屣轩冕”，无疑是指韩逢庥辞官的做法。下面用了孔子“道不行，乘桴浮于海”的通典，一方面是说自己引韩逢庥为同道，但更为重要的是向我们说明了这样的事实：韩逢庥在官场上遇到了不顺利、不公平的事。结合此札开始时说过的一段话，也即本文起始所引的“仕途黑暗，公道不彰，非袖金输璧，不能自达于圣明。真令人愤气填膺，欲望望然哭向南山而去”，这一事实则愈加明显。康熙四十三年正逢大计之年，《清圣祖实录》卷二百一十五记载：

> 康熙四十三年甲申……二月……辛巳……大计天下各官。卓异官二十四员，贪酷官七员，贪官十三员，年老有疾官一员，年老官八十一员，有疾官三十六员，才力不及官四十三员，浮躁官二十六员，不谨官三十八员，罢软官二十五员，分别

---

① （清）蒲松龄著，盛伟编校：《蒲松龄全集》，学林出版社 1998 年版，第 1129～1130 页。

升赏处分如例。

据我们推测，韩逢庥所以愤而“以病乞归”，很可能是他虽然饮冰茹蘖、治绩斐然，但由于素来不喜攀附、逢迎上官，在大计中却得了“浮躁”、“不谨”之类的考语而受到了处分的缘故。蒲松龄作此札时正当韩逢庥的辞官请求已达于上台，而定州百姓闻讯后则络绎于道，为韩逢庥继续留任定州知州而奔走呼号的时候，所以札中有“喜”“慰”之说及“知我者尚有苍生”之语。看来，定州百姓的呼号请命并没有起到多大的作用，并不把官位看得多么重要的韩逢庥就这样“敝屣轩冕”，拂袖而归他远在山东淄川的故里田园。

《聊斋诗集》中收录了蒲松龄作于康熙四十三年甲申的《韩定州谢任归田》七绝二首，其第二首诗写道：

逢人久说宦情微，不道飘然竟拂衣。

廉吏自无游宦乐，达人岂为折腰归？

诗的后二句颇值得玩味。韩逢庥为官清正廉明，自然可以不把做了官有职有权可以借机中饱私囊（此乃是中国封建官场上的普遍现象）视为乐事，所以也就没有做官的“瘾”，但“达人岂为折腰归”应作何理解？我们以为，作者是在说韩逢庥作为一位能吏，迎送上官、处理政务都是可以应付裕如的，他辞官的原因不是做不了这样一个地方官，而是看不惯官场的黑暗和不公。正因为官场上存在太多的黑暗和不公，使得韩逢庥“愤气填膺，欲望望然哭向南山而去”，他才愤然离开这样一个污浊肮脏的环境，回归山林去寻找属于自己的一块净土和乐地。

韩逢庥是因为不愿意在八股文上下工夫才援例纳为贡生的，他大概也同样不喜欢诗文，并不以文学见长。蒲松龄与韩逢庥的交往，除了蒲松龄作为文学名士，具备与邑中的缙绅交往的条件之外，主要还在于两个人思想性情的相通或一致。张元撰《柳泉蒲先生墓表》称蒲松龄“性朴厚，笃交游，重名义，而孤介峭直，尤不能与时相俯仰”；又撰《樾依韩公墓表》称韩逢庥“性孤介，又素不藉权要显贵以相引重……高谊古道，未可枚举”，见得他们二人在为人处事与社会态度方面确实存在许多的共同之处，而这也正是蒲松龄对他的学生毕世濲所说的“倘尊岳有浮海之游，其负蒲团以相从者，非他人，必余也”，把韩逢庥引为知己的深层原因。与张笃庆、李尧臣等诗文唱和的朋友不同，蒲松龄与韩逢庥之间存在的是一种同声相应、同气相求的道义之交。

（写于 2005 年 7 月，发表于《蒲松龄研究》2005 年第 4 期）

蒲松龄与赵金人

赵金人，原字百缄，后改字晋石，号慎庵，别号月麓，蒲松龄的同邑友人。随着近年来《淄川西关赵氏家谱》在淄川的发现和研究者的撰文介绍[①]，淄川名士赵金人的生平事迹和他与蒲松龄交往的情状逐渐变得清晰可考。今爰就所知见的各种相关史料写成此文，以就教于方家同好。

一

蒲松龄的《〈醒轩日课〉序》称赵金人为"赵甥晋石"，《与赵晋石》札称其为"贤甥"，又《哭赵晋石》诗有"晋石我良友，于情属渭阳"句。按《诗经·秦风·渭阳》："我送舅氏，曰至渭阳。"后遂以"渭阳"指称甥舅情谊。康熙三年（1664 年），蒲松龄的挚友张笃庆作有《韩长公舅氏画竹歌》，其小序云："舅氏善墨竹，冠绝一时。及司李云间，殁于姑苏之虎丘，十年余矣。墨迹寥寥，只存片幅，对之

---

① 参见杨海儒、王一千《赵金人（晋石）家谱史料考略》，载《蒲松龄研究》2002 年第 2 期。

不胜渭阳之感。”[①]便与蒲诗同出一典。据杨海儒、王一千先生《赵金人(晋石)家谱史料考略》一文介绍,金人的父亲赵城配蒲氏,生有二子二女。《淄川西关赵氏家谱》中并无赵城娶继室、侧室的记载,那么赵金人为淄川蒲氏所出,当是无疑议的。

由杨、王二位先生所介绍的《淄川西关赵氏家谱》的编修体例来看,其于男子配氏下多注明为某某之女,于女子之下则多注明为适某某。但不知何故,其于赵城的妻子蒲氏是否为蒲槩之女则语焉未详。后来杨海儒等撰写的《蒲松龄游幕高(邮)宝(应)的媒介人物探析》[②]一文,云“赵金人的母亲极有可能是蒲续芳或蒲继芳的后代,只是蒲氏族谱中无记载,而赵氏族谱中未注明而已”,就说明了这一情况。张永政、王一千先生在介绍淄西景物的一篇文章中也有对赵金人的相关介绍,称金人为“蒲松龄长姐之子”[③],此事却不免启人疑窦。

《淄川西关赵氏家谱》中附有一篇不署撰人的《月麓先生传》,云赵金人为童生时即“与唐梦赉定生死交”,可见他与淄川闻人唐梦赉的年龄应该大致相当。顺便说明一句,据王士禛《带经堂集》卷八十五《敕授征仕郎、内翰林秘书院检讨豹岩唐公墓志铭》,唐梦赉生于明“天启丁卯十二月八日”,年长蒲松龄十三岁。路大荒先生《蒲松龄年谱》误为长蒲氏十二岁,张景樵、刘阶平、盛伟、罗敬之诸《谱》,俱沿路《谱》而误。《月麓先生传》又云:

> 时兵荒相继,冠婚后依外翁家。甲申,赵姓被邑官所害,杀死者百余人。孙公琼惧祸及己,先生知之,衣冠见邑官孙之獬,乃得免。

---

① (清)张笃庆:《昆仑山房集》钞本,山东省图书馆藏。

② 杨海儒、李冬梅、杨晓林:《蒲松龄游幕高(邮)宝(应)的媒介人物探析》,载《蒲松龄研究》2005年第4期。

③ 张永政、王一千:《聊斋诗文中的淄西景物考》(一),载《蒲松龄研究》2002年第2期。

则是在明崇祯十七年、清顺治元年(1644 年)甲申之变时,赵金人不惟已经结婚,而且还具有明代诸生的身份。所谓“冠婚”,指的是冠礼与婚礼,“冠”一般指男子二十岁时。按《淄川县志》所载当时的战乱情景,明崇祯十四年辛巳(1641 年),有占据历城县佛峪的反叛者来攻,“邑人御之西郊”,邑丁王茂德等叛去,淄川县丞詹日觐遇难;次年,入塞的清兵自莱芜抵淄川,攻城不下而转趋青州,正与《月麓先生传》中言甲申年之前淄川“兵荒相继”的情况相合。[①]如果按甲申这一年赵金人二十岁计,那么他应该生于明天启五年乙丑(1625 年)前后,长于蒲松龄十五岁上下。

知道了赵金人大致的年龄,我们便可以知道他不可能是“蒲松龄长姐之子”,即蒲松龄的嫡亲外甥。《淄川县志》卷十《三续隐逸》载有松龄之父蒲槃的小传:“蒲槃,字敏吾……顺治丁亥,屡与谢贼抗,城陷而蒲氏村独完。时槃已五十馀。”《淄川县志》“三续”于清宣统三年辛亥(1911 年),出邑人王敬铸之手。续志虽晚出,然叙蒲槃事则至为详尽,笔者考察认为其蒲槃小传乃是据蒲松龄的挚友李尧臣撰《蒲处士敏吾传》、松龄长孙蒲立德著《修志备采》等资料撰成者,故云可信。这里所说的蒲槃“五十馀”应该是在五十五岁以下,当五十一二岁的年龄。自清顺治四年丁亥(1647 年)逆推,则蒲槃当生于明万历二十四年丙申(1596 年)前后。设蒲槃十八岁娶妻生其长女,又十八年其女嫁于赵城后生金人之兄金陵,约一二年后生金人,那么在清顺治元年甲申赵金人二十余岁时,蒲槃的年龄应该在六十岁上下,这与数年后蒲槃的实际年龄只有“五十馀”并不相符。又据《淄川西关赵氏家谱》赵坦小传,金人的伯父赵坦“寿八十七岁,卒于康熙十九年正月十七日”,因知其生于明万历二十二年甲午(1594 年),比蒲槃还要年长数岁。而据《淄川西关赵氏家谱》,赵金人“九岁失怙”,其父赵城“不幸三十八岁卒”,依前

① 参见(清)张鸣铎修、张廷寀等纂《淄川县志》,清乾隆四十一年(1776 年)刻本。

面对金人年龄的推考，其九岁约为明崇祯六年(1633 年)。上推三十八年，则赵城应该生于明万历二十四年(1596 年)前后，与松龄之父蒲槃大约是同龄人。由此而言，赵金人之母蒲氏或为蒲槃之兄蒲檠或蒲梜之女，或者即如杨海儒先生所言，是松龄的曾祖辈蒲续芳或蒲继芳的后代，他与蒲松龄之间应该是从舅甥或族舅甥的关系。《聊斋志异》手稿本第一篇为《考城隍》，开首即云："予姊丈之祖，宋公讳焘，邑廪生。"可见蒲松龄有姊，后嫁同邑宋氏。这位我们目前所知的唯一的蒲松龄的胞姊，所嫁既非淄川西关赵氏，自然也就不是比蒲松龄年长十五岁上下的友人赵金人的母亲。

二

蒲松龄与赵金人之间不仅存在从舅甥或族舅甥的关系，而且他们大概自康熙初年就时相唱和，赵金人极有可能是顺治十六年(1659 年)成立的淄川郢中诗社的社友。

我们知道，现存蒲松龄的编年诗集始于蒲氏康熙九年(1670年)的南游，日本友人八木章好先生曾经介绍说，庆应义塾大学藏有蒲松龄康熙九年以前的诗作，但不知其真伪如何，在未见其诗并作甄别的情况下，对此事只能取存疑的态度。虽然如此，但我们通过蒲松龄一生的挚友张笃庆的《昆仑山房集》等相关资料，仍可以获知赵金人与他们交游的一些生平经历，了解到康熙初年郢中诗社的社友们集会赋诗的一些情况。

在郢中诗社诸同人中，张笃庆大概是与赵金人交往较多的一个。检其《昆仑山房集》发现，顺治十八年(1661 年)，张笃庆有《孙咸吉招饮》、《咸吉座上迟赵月麓不至，赋此怀之》诗。康熙元年(1662 年)，有《甘泉谷大石歌赠月麓》诗。康熙三年(1664 年)重阳,赵金人邀游淄西青云寺、滴水泉、三台山,笃庆流连数日而还[①],有《游青云寺同月麓、元子及两弟》、《题揖云堂赠月麓隐君》、《题月麓斗室》及《般溪散步同月麓及视旋弟》诸诗。本年诗题中所说的"元子",据杨海儒、王一千先生《赵金人(晋石)家谱史料考略》介绍,为金人兄赵金陵之子,名永建,号元子。康熙四年(1665年)这一年,应该是郢中诗社的社友们集会较多的一年,张笃庆先后有《同留仙、希梅及锡、履两弟月夜泛舟西溪,分韵得洲字》、《秋日新霁,小集郢中社山楼》五首、《与同社诸子论诗》四首等诗作。《秋日新霁,小集郢中社山楼》其一云:

极目长天动晚愁,苍茫东望海云流。
高城雨过千秋静,平野风回万里秋。
杨柳萎黄迷曲水,芙蓉零落遍寒洲。
何堪词客悲歌处,又上元龙百尺楼。

这里用了《三国志·魏志·陈登传》的典故,而在当时活跃于诗坛的这些淄川文士中,唯有赵金人的性格可以称得上与陈元龙落落相合。张笃庆的《同邑八哀诗·赵征君月麓先生》这样追忆他的为人:

平原逸世姿,七尺见肮脏。
摆落天马羁,掉臂出尘鞅。
汉阳赵元叔,嫉邪同慨慷。
车前杨京兆,谈笑每神旺。
弘农皇甫规,引咎谢无状。
千载类斯人,盛气一何壮。
豪雄非游侠,孤高仍跌宕。

---

① (清)张笃庆《厚斋自著年谱·康熙三年甲辰》:"九月重阳,赵月麓前辈邀余游青云寺、滴水泉、三台山,流连数日而归。"(刘聿鑫主编:《冯惟敏、冯溥、李之芳、田雯、张笃庆、郝懿行、王懿荣年谱》,山东大学出版社2002年版,第156页)

……

未甚祢生狂，微少山公量。

论心豁城府，握手见肺脏。

扬扬贵公子，公庭辄与抗。

一语稍拂机，悬河不相让。

……

直谅余所钦，礼绝父执行。

忘年呼小友，谈诗托微尚。

赵金人筑借山楼于淄川西部的甘泉、月岭之间，蒲松岭便作有《题赵晋石借山楼》诗，称他的借山楼“地在天上，人在树梢，拔其荆棘搆以茅”，可见赵金人的借山楼建得很有特色。《淄川西关赵氏家谱》所附的孙蕙诗，有《题晋石山楼二首》，这里的“山楼”与张笃庆《秋日新霁，小集郢中社山楼》中的“山楼”，概当为赵金人所筑借山楼的略语。

《聊斋志异》中有《义鼠》一篇，开篇交代故事来源于“杨天一言”，其末云“友人张历友为作《义鼠行》”。张笃庆的《昆仑山房集》收录了这首《义鼠行》，所叙情节与《聊斋志异》的记载有异，而且明确记载这个义鼠的故事是“月麓为余言，令我心怦怦”。张笃庆的《义鼠行》作于康熙二十一年壬戌（1682 年），他听赵金人讲述的这个故事也应该是发生在康熙二十一年的真实的事件，因为诗中有“今年禾未熟，野田多鼯鼪；荒村无余□，物微也惜生”的一番交代。将《聊斋志异·义鼠》与《昆仑山房集·义鼠行》两相对照，推想大概是因为蒲松龄改变了《义鼠行》所叙的部分情节，所以不好直说这个故事来源于赵金人对张笃庆的口述，从而杜撰了一个“杨天一言”出来。《义鼠》的故事发生在康熙二十一年，那么《聊斋志异》的这篇作品也应该写于这一年或稍后。

三

清康熙三年(1664 年),蒲松龄曾应友人李尧臣之邀,到他的醒轩课艺读书,赵金人也同时受到了李尧臣的邀请。三个人"朝分明窗,夜分灯火,期相与以有成",共同度过了一段相互切磋的时光。

关于蒲松龄、赵金人在李尧臣家借读的情况,研究者在这样两个问题上存有不同的看法:一是这次的"共笔砚"是一种什么性质的课读?二是借读的时间仅仅只有"半载之余"还是延至"忽忽数载"?这两个问题,对于搞清蒲松龄在康熙初年的生活状况关系重大,今次第而作考订辨析。

蒲松龄的《〈醒轩日课〉序》写于康熙三年的秋天,而在此之前,他已经连续参加了顺治十七年和康熙二年的两次山东乡试。关于顺治十七年那一次,《聊斋志异·折狱》篇的"异史氏曰"记载说:"我夫子有仁爱名……方宰淄时,松裁弱冠,过蒙器许。而驽钝不才,竟以不舞之鹤为羊公辱。是我夫子生平有不哲之一事,则松实贻之也。悲夫!"这里所说的"我夫子",指的是顺治十五年来任淄川知县的浙江鄞县人费祎祉。刘义庆《世说新语·排调》有云:"刘遵祖少为殷中军所知,称之于庾公……既见,坐之独榻上,与语。刘尔日殊不称,庾小失望,遂名之为'羊公鹤'。昔羊叔子有鹤善舞,尝向客称之。客试使驱来,氃氋而不肯舞。"[①]蒲松龄在这里用殷中军向庾公荐举刘遵祖(爰之)之典,当是说费祎祉曾向衡文者荐举自己,而自己却辜负了他的期望和推许,参加乡试但却名落孙山。费祎祉之后任淄川知县者为林琼芝。《淄川县志》卷四《官师

① 此据杨勇校笺《世说新语校笺》,中华书局 2006 年版,第 728 页。与吕湛恩注《聊斋志异》所引的《世说新语》原文有小异。

志·知县》载:“林琼芝,福建人。贡生。[顺治]十七年任,挂误去。”因知费祎祉之去官为本年事,蒲松龄“以不舞之鹤为羊公辱”也只能是指顺治十七年参加山东乡试落第而言。就在蒲松龄、赵金人到李尧臣家借读的康熙三年,张笃庆有《答蒲柳泉来韵》的诗作。其诗云:

迩来将遁世,闭户绝交知。
君自神仙客,吾岂帝者师。
惊人怀谢朓,流水识钟期。
不厌狂夫态,披襟共吟诗。

张笃庆《厚斋自著年谱·康熙二年癸卯》有云:“八月入闱,以病仅终场而归。”所谓“将遁世”、“闭户绝交知”云云,盖指因乡试失利而产生的失意、落拓情绪。蒲松龄写给张笃庆的原诗今已不复得见,但从张笃庆的和诗来看,遭遇失败但心中有所不甘,砥砺自誓,相慰共勉,企盼下一科能一畅所愿的心态却是他们所共有的。由此推测,蒲松龄也参加了康熙二年的山东乡试而落第,他在写给张笃庆的诗中同样表达了这样一种与友人共勉的不服输的情绪。

对蒲松龄他们这群正热心于科举的秀才而言,康熙二年还发生了一件和他们的科考命运直接相关的事,那就是朝廷规定乡会试停用八股文而改用策、论、表、判。《清圣祖实录》卷九记载说:

[康熙二年]八月……癸卯(初八日)……礼部遵旨议覆:乡会考试停止八股文,改用策、论、表、判。乡会两试头场策五篇,二场用四书五经题作论各一篇,表一篇,判五道。以甲辰科为始。

清沿明制,科举考试例为三场:首场考试八股制艺七篇;第二场考试论一篇,判五道,诏、诰、表选作一道;第三场考试策五道。这次考试内容的改变则是将原首场的八股制艺文免去不考,将原第三场考试的策五道移到第一场;第二场考试四书论、五经论各一篇,表、判同前;第三场考试则被撤销。

作为应试的举子,面对朝廷这次考试内容的变动,自然应该对自己应试的文章类别作相应的调整。对李尧臣、蒲松龄这班步人科举之路时间不长的年轻人来说,虽然经历过几次挫折,但此时参加科举考试的兴趣正浓,且正如乳虎而不知前途艰险,李尧臣邀请一二好友到他的醒轩课读,"期相与以有成",便是从为下一科乡试做准备的目的出发的。这从蒲松龄所作的《〈醒轩日课〉序》也可以看出端倪,他的"醒轩日课"的内容,便是"日诵一文焉书之,阅一经焉书之,作一艺、仿一帖焉书之,每晨兴而为之标日焉"。这些"文"、"经"、"艺"、"帖"之属,便是人们常说的"举子业"的基本内容。

蒲松龄在《〈醒轩日课〉序》中写有如下一段文字:

> 李子希梅,与余有范张之雅。甲辰春,邀我共笔砚,余携书而就之。朝分明窗,夜分灯火,期相与以有成。忽忽数载,人事去其半,寒暑去其半,祸患疾疫之杂出者又去其半,回思书之熟肄,艺之构成者,盖寥寥焉。

在交代了自已到李家就读之后接着又谈到"忽忽数载"学业荒废的情况,这便极易使人产生理解上的歧义,认为蒲松龄在李家借读前后经历了"数载"的时光。王枝忠先生在考察这一问题时分析说:"这里的'忽忽数载',其实并不是指的他携书来李家就读已经度过的时间,而是回首自己从顺治十五年十九岁时考取秀才以来的情况。"[①]笔者以为这确是精到之论,兹补叙其理由如下:《蒲松龄集》中的《聊斋文集》卷五,收有蒲松龄代友人王永印作的《代王八垓与程县公》一文,是因为里甲当差等事写给当时的淄川知县程某的书信,其中文字多有愤激不平之语。在清代顺治、康熙年间,程姓淄川知县只程观颐一人,故这位"程县公"为程观颐无疑。《淄川县

① 王枝忠:《蒲松龄杂考》,载《蒲松龄论集》,文化艺术出版社 1990 年版,第 41~51 页。

志》卷四《官师志·知县》记载说：

程观颐，字我生。山海卫人。进士。（康熙）三年任，五年劾去。

笔者在此前的文章中曾经详论，蒲松龄敢于不顾忌一个父母官的情面，代自己的友人写出这样一封言辞愤激的书信，只有在王永印家中执教，与王永印的关系已经十分密切的情况下才有可能。[①] 日本庆应义塾大学聊斋文库收藏的蒲松龄的《聊斋小曲·新婚艳曲》的存在，已经证实了笔者的这一推断，即蒲松龄在康熙六年前后确实是在位于王村的友人王永印的家中设馆执教。据《淄川县志》所载的程观颐在淄川的任期，我曾推断此信写成于康熙四年。我们退一步说，即便此信写成于程观颐被劾去职的康熙五年，那么这一年蒲松龄也已经在王村的王永印家中设馆。《代王八垓与程县公》一文的存在，也就证实了蒲松龄在李尧臣的家中就读不会有"忽忽数载"的时光。

《〈醒轩日课〉序》中还有一段蒲松龄答客诮的文字，道是"朝夕吟咏，隽语堪惊，半载之余，大被雅称，学问日进，伊谁之功?"这说明在蒲松龄写这篇序文的时候仍是康熙三年，他到李尧臣家中借读仅仅是经过了"半载之余"的时光。这样，文中的"忽忽数载"是追忆以前时光的虚度而不是预言将来还要在这里长期住下去，其事也就甚明了。

如此看来，蒲松龄在醒轩就读的时间大约是康熙三年自春徂秋，也即蒲松龄在《〈醒轩日课〉序》中答客诮所说的"半载之余，大被雅称"的时间，至多到这年的年底也就"散馆"各自回家了。

在《〈醒轩日课〉序》中，蒲松龄用答客诮的方式回答了别人对

---

① 参见邹宗良《蒲松龄西铺设馆问题新考》，载《蒲松龄研究》1989年第2辑。今恢复原题《蒲松龄生平二考——初馆执教与康熙十一年是否设馆于西铺毕家》，并收入本书。

自己的辩难。如果这位客人是实有其人的话，那么此人则非自己的“贤甥”赵金人莫属。蒲松龄在《哭赵晋石》一诗中追忆两人交往的情状说：“谈心或促膝，论文时连床。君时进直言，逆耳摘短长。非是故刻责，期待原非常。”赵金人这种直谅的性格中带有几分天真之趣，这也是他能够与蒲松龄等忘年小友不拘形迹地密切交往的一个重要原因。

赵金人接受李尧臣的邀请，与蒲松龄一同到李家肄习课业的情况，只见于蒲松龄《〈醒轩日课〉序》的记载。有趣的是，蒲松龄书写“醒轩日课”的纸张还是由赵金人提供给他的，所谓“借晋石籍而授之”。赵金人比蒲松龄年长十五六岁，比李尧臣要年长十八九岁，而且是年长蒲松龄九岁的孙蕙的业师（见下），与李尧臣同龄的张笃庆在《同邑八哀诗》中就曾经以“父执”称之。看来，李尧臣、蒲松龄他们和赵金人成为忘年之交，而且在康熙初年过从甚密，主要还是因为赵金人重交情、爱交友，为人率直，又有着和这班年轻的秀才们在一起写诗论诗的共同的兴趣爱好，参加了张笃庆、蒲松龄、李尧臣他们的郢中唱和的缘故。

四

赵金人曾经帮助过请蒲松龄做了一年的幕宾，后来又和蒲松龄的关系搞得不那么融洽的邑人孙蕙。

王培荀在他的《乡园忆旧录》中，曾这样介绍孙蕙少年时的情况：

> 吾淄孙树百先生蕙，幼遭继母之变。读书至十四五岁，令牧豕。稍长，为乡里小儿所辱，愤欲读书。父不听，令业农。带经而锄，请益于乡塾师；学作文，落笔辟易千人。应童试，年已三十二矣，县、府、院皆第一。顺治辛丑进士，以县令擢给谏……先生壮年作苦，为啖糠秕；弟为继母所生，食独甘美。先

生安之。[①]

近观杨海儒等所撰《蒲松龄游幕高(邮)宝(应)的媒介人物探析》一文所引的《孙氏族谱》附《树百公》小传,知王培荀的记载全本《孙氏族谱》孙蕙小传,其中说孙蕙"应童试,年已三十二"的讹误也同。据高珩《栖云阁文集》卷十四《户科给事中树百孙公墓志铭》,孙蕙生于明崇祯五年壬申(1632 年),中秀才实在其弱冠之年,即顺治八年辛卯。他于顺治十四年丁酉(1657 年)应乡试中式,顺治十八年辛丑(1661 年)成进士,其时也不过三十岁而已。

约当顺治三、四年前后,就在十五六岁的孙蕙因与读书仕进无缘而发愁的时候,正在淄川西部的青云寺设帐教学的赵金人接纳他到自己的学馆中就读,并为他提供了食宿的帮助。《淄川西关赵氏家谱》所附的《月麓先生传》中有这样的记载:

> ……开绛青云寺,如邱希潜、韩允义等,皆所成就。时户科孙树老尚幼,家贫不能供诵读,先生邀至寺中,馆谷数载,后成进士。

这里说孙蕙"家贫不能供诵读",其实是为孙蕙的先人而有所讳,因为孙蕙不得诵读是因为"遭继母之变",原因出在他的继母身上。由于与孙蕙之间存在这样一种师生恩义,所以孙蕙就任宝应知县之后,曾请赵金人前往宝应一带游览。

赵金人是哪一年去孙蕙的宝应署中做客的?我的看法是在康熙十二年。蒲松龄南游的诗文中没有与赵金人同游处的内容,据张笃庆的《厚斋自著年谱》,康熙十年冬,其父张绂南游宝应、瓜洲,此行的目的应该是到孙蕙的宝应署中或丘璐的瓜洲署中去做幕宾。至康熙十二年七月张绂自宝应归来,张笃庆并未谈及其父与父执辈的赵金人一同往来。《聊斋诗集》卷一有《怀赵晋石》五律六首,作于清康熙十三年(1674 年)的春天。过去我们不知道此诗写

---

① (清)王培荀著,蒲泽校点:《乡园忆旧录》,齐鲁书社 1993 年版,第 385 页。

作的背景如何，读了杨海儒、王一千先生在《赵金人（晋石）家谱史料考略》中介绍的《月麓先生传》之后，其前后的情况也就了然可知了：孙蕙在宝应县知县任上，曾邀自己的恩师赵金人往游，赵金人约在康熙十二年（1673 年）春夏之间离家前往。其时蒲松龄早已从宝应归来，正在邑中仙人乡的王氏家中设馆。研究者以前认为蒲氏这次设馆的地点是在淄川县的丰泉乡，近来苏家庆先生撰写了《蒲松龄设帐淄川县仙人乡马家庄考证》，用大量翔实的史料证明蒲松龄南游归来之后设馆的地点是在淄川县仙人乡的马家庄。[①]《怀赵晋石》其五有“伤离曾折柳，赠远徒攀花”句，因知在赵金人南游离开淄川时蒲松龄曾前往送别。康熙十二年，蒲松龄先后有《久废吟咏，忽得树老家报，侘傺不成寐，破戒作三律即寄呈教，聊当慰藉，想为我千里一笑也》、《寄刘孔集》、《王子雪因邀饮，摘茉莉花归浸案头，感成一绝，寄刘孔集》、《戏柬高鲁坛》、《又赠孙安宜兼寄高鲁坛》等诗，因知本年蒲松龄与孙蕙及幕友刘孔集、高鲁坛等人起码有过两次诗柬往来。我们推断，其中应有一次是孙蕙为接赵金人南下而派人携来书信的，而蒲松龄寄孙蕙诸人的某些诗作也是经由赵金人携往宝应的。

《怀赵晋石》其二又有“可堪经岁别，不见故人书”句，可见蒲松龄写这一组诗的时候两人相别已过了一个年头。在《聊斋诗集》中，《怀赵晋石》诗的前一题为《怀树百二章》，《聊斋偶存草》题作《怀孙安宜二章》，也排在《怀晋石》（即路编《聊斋诗集》卷一的《怀赵晋石》诗）一题之前，这说明《怀树百二章》和《怀赵晋石》为一时之作，都是康熙十三年于便中寄往宝应署中的诗作。

康熙十三年的年初，朝廷曾大计地方官员，孙蕙计典以卓异称闻。高珩的《户科给事中树百孙公墓志铭》称“甲寅（康熙十三年，

① 参见苏家庆《蒲松龄设帐淄川县仙人乡马家庄考证》，载《蒲松龄研究》2006 年第 1、2 期。

1674年)冬,督抚以卓异荐,乙卯(康熙十四年,1675年)行取入都,陛见,赐蟒衣",恐怕是把时间记错了,而且把孙蕙因计典卓异而入京陛见和他升任户科给事中行取入都混作了同一件事。据《清圣祖实录》卷四十七记载:

> 康熙十三年甲寅夏四月……壬子(十八日),赐大计卓异官安徽布政史徐国相等三十七员蟒袍有差。

是此次大计地方官员在本年年初,而计典卓异的官员入京陛见为本年四月间事。《聊斋偶存草》中有《感怀呈树老》、《喜树老卓异,离宝赴都,将便归省》二诗,便是这次孙蕙入京陛见便道归里时蒲松龄呈送给孙蕙的诗作。由《喜树老卓异,离宝赴都,将便归省》的诗题与诗的内容看,诗写于孙蕙因计典卓异而赴京陛见便道过里之时,应在康熙十三年的三月间。诗中有"三年长别离,沉忧伤怀抱"句,而蒲松龄于康熙十年秋离开宝应回归故里,至康熙十三年春已有三个年头,也可证这一组诗的作期是康熙十三年。据《宝应县志》,孙蕙在宝应任职六年(其间曾短期摄篆高邮州知州),至康熙十四年秩满,次年行取入都,与这次的入京陛见并非同一回事。

赵金人自宝应归来,大概也在康熙十三年的春天,其时距蒲松龄作《怀赵晋石》诗不久。赵金人这次离开宝应是与孙蕙之弟孙药同行的,《淄川西关赵氏家谱》所附的孙蕙《南薰楼饯别晋石、弟药》七律二首可证。其一云:

> 晴日危楼祖帐开,湖天空翠抱城来。
> 分襟最惜芳草暮,折柳还惊画角哀。
> 枚叔乍从梁苑去,惠连新自永嘉还。
> 登临对语生乡思,槛外清流入酒杯。

孙药是孙蕙的异母弟,即前云其继母所生而食独甘美者,曾数次往返于淄川与宝应之间。

《淄川西关赵氏家谱》所附的《月麓先生传》,记载了在孙蕙典福建乡试时赵金人随之游历八闽的事,此事发生在康熙二十年到二十一年。《清圣祖实录》卷九十五载:“(康熙二十年辛酉)夏四月……壬子(二十九日)……以户科给事中孙蕙为福建乡试正考官。”法式善《清秘述闻》卷二《乡会试考官类》:“康熙二十年辛酉科乡试……福建考官:户科给事中孙蕙,字树百,山东淄川人,辛丑进士。”高珩《栖云阁文集》卷十四《户科给事中树百孙公墓志铭》:“辛酉典八闽乡试,壬戌复命。”是孙蕙于本年出典福建乡试,次年始回到京城。国家图书馆收藏有孙蕙著《笠山诗选》五卷刻本,其卷五为此次福建纪行诗,首为《入闽杂感》,其后又有《度青石关》、《自题逸峰园二首》、《过毕存吾石隐园》诸诗,因知其回京途中曾便道过里。《聊斋诗集》卷二壬戌(康熙二十一年,1682 年)又有《过孙给谏芙蓉斋》诗,其首联云:“有人搔首忆京华,绿竹丛丛荷未花。”由此可知,孙蕙在康熙二十一年的春末夏初仍居处淄川家中。赵金人此次随孙蕙出行,游览了福建各地,但不幸“染风疾”,即风痹、半身不遂的病症,是扶病回到自己的故乡的。

五

赵金人有文学才能,《淄川西关赵氏家谱》附《月麓先生传》称其“善属诗文,尤工四六”。除诗散骈文之外,他还擅写丹青。《淄川西关赵氏家谱》所附的张笃庆《同邑八哀诗·赵征君月麓先生》有云:

间一画沧洲,前辈空依傍。
龙眠及营邱,落落写屏障。
波涛腕底飞,天半来蓬阆。
五岳起方寸,山鬼无伎俩。
至今烟波图,夙昔忆相贶。

唐梦赉的《题树梢借山楼,用孙树百给谏韵,赠赵晋石》也说:“好向郭熙留醉墨,春山雨霁写飞涛。”路编《聊斋文集》卷五收录的

《与赵晋石》一札，除反映他们之间的交往之外，也透露了这方面的情况。其札云：

琼树芳枝，徒济远道；霜台明月，辄动相思。所幸不断往来，一道行人，讯知阖宅清吉，忻慰忻慰！而贤甥不吝挥毫，感刻已不可状；又得沾墨渖之余，一豁俗抱，篆结何如也！无声之诗，妙足通灵，惟什袭以藏，宝为家珍而已。老母寝疟，幸获痊可。肃此报命，用慰关切。

札中所说的"无声之诗"，便是赵金人赠给作者的自写图卷。苏轼《和文与可洋川园池·溪光亭》"溪光自古无人画，凭仗新诗与写成"，施元之注："《古诗话》：诗人以画为无声诗。"蒲松龄的母亲董氏卒于康熙十九年四月之后，这封信的作期，当在康熙十三年赵金人自宝应归来之后至康熙十八年蒲松龄到西铺毕家执教之前的这段时间。

在《聊斋诗集》中，与赵金人有关的诗作共三题八首，即作于康熙十三年的《怀赵晋石》五律六首，作于康熙二十年的《题赵晋石借山楼》杂言一首和康熙二十六年所作的《哭赵晋石》五古一首，俱见于《淄川西关赵氏家谱》的附录。当年路大荒先生编辑《聊斋诗集》，云"从淄川西关《赵氏族谱》录出六首"佚诗[①]，当即我们今天所见的《哭赵晋石》诗和《怀赵晋石》一题中的五首诗作。《怀赵晋石》一题，因为路先生编辑《聊斋诗集》所用的底本即张鹏展序、淄川王怡之旧藏的五卷本《聊斋诗集》中收有同题一首，遂被路先生置于同题之下，"姑附于"康熙十二年癸丑。盛伟先生编《蒲松龄全集》本《聊斋诗集》置此诗于康熙十三年，编年可云无误。《题赵晋石借山楼》杂言诗一首，当作于康熙二十年的五六月间，时在赵金人随孙蕙赴福建之前，正当暑热之时。据郑鹤声先生编《近世中西

① 参见路大荒《整理蒲松龄诗文杂著俚曲的经过》，载《蒲松龄年谱》，齐鲁书社1980年版，第128页。

史日对照表》，这年立秋为夏历六月廿四日，大概蒲松龄过访借山楼不久，赵金人就与孙蕙自淄川启程南下了。

至于《哭赵晋石》一诗，由于路大荒先生编辑《聊斋诗集》时自《淄川西关赵氏家谱》中录出，无编年依据，遂将其收入未编年的续录部分，盛伟先生编《蒲松龄全集》本《聊斋诗集》仍之。笔者年来作《聊斋诗集编年校注》稿本，依据张笃庆《厚斋自著年谱·康熙二十六年丁卯》"独是在京师，闻吾乡赵月麓先生及毕公权表弟讣音，为之悒郁者累日"及张笃庆《昆仑山房集》五言近体丁卯年诗《闻赵月麓征君弃世，余在长安哭以六诗》，定其作于康熙二十六年丁卯。杨海儒先生后有《聊斋诗〈哭赵晋石〉的作期订正》一文，补充了新见的《淄川西关赵氏家谱》附录的《月麓先生传》的资料，此诗作于康熙二十六年庶可称为定论。

（写于2006年8月，发表于《蒲松龄研究》2007年第1期）

蒲松龄与西关赵氏交游补考

蒲松龄与淄川西关赵氏的关系与交往，先后曾有杨海儒、王一千《赵金人(晋石)家谱史料考略》①、杨海儒等《蒲松龄游幕高(邮)宝(应)的媒介人物探析》②、笔者的《蒲松龄与赵金人》③、李汉举《蒲松龄与赵金人交游考论》④等文作过探讨。近读《淄川西关赵氏家谱》等相关史料，感到仍有一些相关的问题须进一步加以说明，因撰成此文，就蒲松龄与西关赵氏的交游诸事作拾遗补缺的考察。

一、般阳土著与甲申族难

与淄川蒲氏相同，西关赵氏也是明代以前就生活在淄川地方

① 杨海儒、王一千:《赵金人(晋石)家谱史料考略》，载《蒲松龄研究》2002 年第 2 期。

② 杨海儒、李冬梅、杨晓林:《蒲松龄游幕高(邮)宝(应)的媒介人物探析》，载《蒲松龄研究》2005 年第 4 期。

③ 邹宗良:《蒲松龄与赵金人》，载《蒲松龄研究》2007 年第 1 期。今收入本书。

④ 李汉举:《蒲松龄与赵金人交游考论》，载《临沂师范学院学报》2008 年第 4 期。

的般阳土著，并非明初的移民潮中自山西洪洞或河北枣强移居山东者。《淄川西关赵氏家谱》附载有元淄莱路儒学教授丁珏撰写的《大元敕授昭信校尉、管军总把、淮安州等处都镇抚权总管府事天水赵公先茔孝思碑铭并序》，末署元至元十九年作。按，元代有两"至元"：一为元世祖忽必烈的年号，凡三十一年(1264～1294年)；一为元惠宗年号，前后只有六年(1335～1340年)。因这篇碑文提到至元七年、十二年、十三年、十四年之事，因知这个"至元十九年"为1282年，时在元世祖忽必烈刚刚统一中国之后。其碑文中有云：

> 公讳福，字天佑，淄川西城人也。家以农为业。高祖早世忘其名，惟记曾大父生八子，祖赵二公、祖母刘氏生父赵珍，于壬辰年以本户签充正军，任以百户之长。①

壬辰为南宋绍定五年、金哀宗开兴元年、元太宗四年(1232年)，其时距蒙古军队占领山东仅仅数年的时间。是年，赵福之父赵珍应征加入元军。碑文提到了赵福的高祖，即赵珍曾祖，可见至迟在金人统治山东时期，西关赵氏就繁衍生息在淄川这块土地上了。

西关赵氏的远祖赵福后来代父从军，因屡立军功，获"昭信校尉、管军总把、淮安州等处都镇抚权总管府事"诸职衔。其中"昭信校尉"是元代武散官的官阶，为正六品；"管军总把"为元代军队中的下级军官，大致相当于现代军队中的连长一职。赵福还被授予管军万户府下的"都镇抚"，这是负责军中司法事务的官职。按元代万户府上、中、下三等的区分，都镇抚分别为正五品、从五品或正六品。至于赵福所担任的"权总管府事"，则是一个临时的兼职，即曾临时担任过淮安州的副长官。

---

① (元)丁珏：《大元敕授昭信校尉、管军总把、淮安州等处都镇抚权总管府事天水赵公先茔孝思碑铭并序》，赵永泽、赵镛、赵盛箴纂修《淄川西关赵氏家谱》附载，民国六年(1917年)递修钞本，淄博市淄川区岭子镇赵家楼村赵乐溪、赵檀溪家藏。

明崇祯十七年、清顺治元年甲申(1644 年),淄川西关赵氏家族经历了一场骇人听闻的族难。不署撰人的《月麓先生传》云:“甲申,赵姓为邑宦所害,杀死者百余人。”在《蒲松龄与赵金人交游考论》一文中,李汉举先生曾引录家谱所载《谷诒先生传》的相关记载:

> 明季遭世乱,赵族守西城。西城者,张相国家之所分守也。赵族率慷慨负气,而为提塘官字顺清者,尤有旅[膂]力,轻豪绅,附张氏,率族众代守西域[城]甚固。提塘以事忤豪绅,绅诡设贼书,乘夜分遣壮士巡西城,伺赵睡,(贼)按籍疾呼起,坐以通贼。不及辨下,砍杀八十余人。

谷诒为赵金昆之号。金昆字葶友,为康熙己丑(四十八年,1709年)岁贡生,《淄川县志》卷五《选举志》有传,卷七《艺文志》载其所作《焕山山市记》,记述了他于康熙四十一年壬午(1702 年)六月三十日傍晚在孝妇河沐浴时所看到的奂山山市景色。

《谷诒先生传》为蒲松龄长孙蒲立德所作。蒲立德在《传》后叙此传缘起曰:

> 立德少时,从先君子诣庠序,见先生翔步雍容,循循雅饬,犹然先民之度。今忽忽二十余载,老成凋谢,士风颓矣,而尚复有此人哉?及读王先生所为《墓志》,慨然如见其人。既结姻汉若家,得先生所立《耆寿翁传》,更奭然伤之。窃谓太公之德,得先生之孝而益彰,固[故]详著其事如此。

《淄川西关赵氏家谱》载赵金昆子二,永则,永昭。永昭为增广生员,字汉若。永昭次子名士梓,传曰:“字拱庵,配蒲氏。”赵金昆为蒲立德父执辈,嫁给赵金昆的孙子士梓为妻的这位蒲氏当为蒲立德的女儿,故蒲立德《谷诒先生传》中的“结姻汉若家”云云,当指其与赵金昆次子永昭为儿女亲家。

值得注意的是,《谷诒先生传》还道出了有关西关赵氏甲申族难的一些具体情况。这篇小传先是说,赵金昆的父亲赵亨(字乾宇，号耆寿翁）“于是夜秉小照，将登陴守城。已出户，有风灭烛；再燃之，辄复灭，遂罢。不复登城，以是得脱”。后又云：

初，寿耆[耆寿]翁以未登陴免于难，而豪绅犹悬赏必擒翁。街里百余人皆保翁长厚。不得已，加酷刑几死。群舁翁出。当是时，我世祖定鼎方新，翁即遣族子诣阙以闻，事得昭雪。后屡更祸乱，流离播迁，尚数年而保族……明之亡，亡于流寇；流寇之毒，西厂酿成之。余闻诸汉若，戮赵氏族者，亦西厂之余烈也。既已覆人之社而窜身乡间，顾犹逞怒作威，必欲灭人之宗而不留遗育，乃知倾险之徒，祸不独在朝廷也。方今国法严明，公论彰著，人犹不得不为厥子孙讳，为同乡之名义讳。究之节败身辱，孝慈莫改，良史垂戒焉。然其家亦何尝不并受惨祸哉！惟忠厚者绵长，观之先生父子而益信。[①]

是什么样的“豪绅”敢于如此为祸乡里，肆行无忌，竟因一时细隙而制造出这一灭族的惨祸？《谷诒先生传》已经点明此人乃“西厂之余烈”，即明末魏忠贤阉党之余孽，而且其家后来同样“并受惨祸”。在淄川一地，身为阉党余孽，后其家也“并受惨祸”，且顺治元年曾在淄川守城者，殆孙之獬其人无疑。《清史稿》卷二百四十五其本传云：“孙之獬……以争毁《三朝要典》入逆案，削籍。顺治元年……土寇攻淄川，之獬斥家财守城。山东巡抚方大猷上其事，召诣京师，授礼部侍郎……四年，土寇复攻淄川，之獬佐城守，城破，死之，诸孙从死者七人。”[②]关于孙之獬其人其事，侯岱麟先生写过一篇为其图影画像的《如此人物》[③]，读者可以参看。结合《月麓先生传》中赵金人“衣冠见邑宦孙之獬，乃得免”的记载看，因身陷魏

① （清）蒲立德：《谷诒先生传》，赵永泽、赵镛、赵盛箴纂修《淄川西关赵氏家谱》，民国六年（1917 年）递修钞本，淄博市淄川区岭子镇赵家楼村赵乐溪、赵檀溪家藏。

② 《清史稿》，中华书局 1977 年版，第 9633 页。

③ 侯岱麟：《如此人物》，载《蒲松龄研究集刊》第二辑，齐鲁书社 1981 年版，第 50～56 页。

忠贤逆案而被削职回籍的孙之獬显然就是淄川西关赵氏甲申族难的祸首元凶。

有这样一个问题，李汉举先生说《月麓先生传》中赵金人"冠婚后依外翁家"的"外翁"即外祖父，指蒲氏之家①，我们的看法有所不同。《汉语大词典》于"外翁"下列二义项：①外祖父；②岳父。《淄川西关赵氏家谱》载赵金人的小传云："配孙氏，监生孙家安姊；侧室孙氏。"《月麓先生传》则云："时兵荒相继，冠婚后依外翁家。甲申，赵姓被邑宦所害，杀死者百余人。孙公琼惧祸及己。先生知之，衣冠见邑宦孙之獬，乃得免。"很明显是因为赵金人婚后居于其岳父孙公琼的家中，孙公琼才在赵氏甲申族难之际惧祸及己的。可见蒲松龄与赵金人之间虽然存在从舅甥或族舅甥的关系，但赵金人并没有在其母族中长期居住。

应该指出的是，淄川西关赵氏的甲申族难并不是一个孤立的事件，它是明清易代之际社会动荡不安的一个历史的缩影。以前人们往往难以理解，当时一些本来不愿仕清的汉族士人，最终为何却依然选择了出仕之路？如蒲松龄的乡前辈高珩，于明崇祯十六年(1643 年)中进士，选翰林院庶吉士。按理说，身受皇明国恩的高珩在明亡之后是不应该仕清的，而他当时也确实是这样想的。据杨士聪《甲申核真略》记载，明朝倾覆之后，同为山东籍的高珩、李呈祥、杨士聪、王鳌永等人曾在崇祯十七年的五月共同商议回乡之事，结果是淄川同乡王鳌永"一意从虏"，高珩与李呈祥则不愿与清统治者合作，二人默然同行归里，但出城后却被清兵截获，不得已于顺治二年(1645 年)就任清内翰林秘书院检讨。高珩次年即请假告归，在家乡经历了顺治四年(1647 年)的谢迁之变。顺治四年，高珩又赴京补旧职。其回朝的原因，据其子高之騱说是由于

---

① 参见李汉举《蒲松龄与赵金人交游考论》，载《临沂师范学院学报》2008 年第 4 期。

“地方云扰，不获里居”①。因为地方动荡不安，土寇与劣绅横行，没有人在朝为官，往往连身家性命都难以保全，这可以说是高珩、宋琬等一大批汉族士人不得已而仕清的一个重要的社会原因。现在有不少的研究者都注意到对古代作家生存环境的考察，发生在顺治元年的淄川赵氏家族的甲申族难，可以说是为我们认识和了解当时社会汉族士人的生存状况提供了一个不容忽视的典型事例。

二、郢中社中人与蒲松龄的相关诗作

在《蒲松龄与赵金人》一文中，笔者曾依据张笃庆《昆仑山房集》中的数首诗作作出推论，云赵金人极有可能是顺治十六年(1959年)成立的郢中社的社友。此文发表之后，偶检盛伟先生编校之《蒲松龄全集》所附的王洪谋《柳泉居士行略》，其中有这样一段文字：

> 先生知穷达有命，遂慨然弃帖括业，与同邑张历友、李希梅、赵月麓诸先生结为郢中社，益肆力于诗歌古文辞。②

按，王洪谋为益都县颜神镇(今淄博博山)人，与松龄长孙蒲立德有文字之交，蒲立德曾把“寒舍别无副本”的其祖诗文手稿交给王洪谋评阅。③ 按古人作传的通例，王洪谋作《柳泉居士行略》，自是应蒲松龄子孙之请并提供相关材料的，故其说当云可靠。我们注意到，在路大荒先生所撰的《蒲松龄年谱》中，曾有八处征引过

---

① (清)高之騱：《司寇公行实纪略》，载高之騱编《高氏家模汇编》，清光绪甲午(1894年)重刊本。

② (清)蒲松龄著，盛伟编校：《蒲松龄全集·附录》，学林出版社1998年版，第3446页。

③ 参见邹宗良《谈〈蒲松龄设馆教书时间的考证〉中的几个问题》，载《求是学刊》1982年第4期。今收入本书。

《柳泉居士行略》的文字，可知路先生是藏有《柳泉居士行略》的原文的。盛伟先生把王洪谋撰《柳泉居士行略》收入《蒲松龄全集》的参考资料中，但在《蒲松龄全集》的《编订后记》中未言及这一文献与同时收录的蒲箬等《祭母文》、《墓祭文》，李尧臣《祭蒲松龄文》等新见资料的来源，从提供新发现的研究资料须真实可靠、有据可凭的角度而言，这不能不说是一大遗憾。我们发现，据孙巍巍女士《路士湘先生向蒲松龄纪念馆捐赠文献资料》①一文介绍，路大荒先生之子路士湘老人生前曾向蒲松龄纪念馆捐赠过包括王洪谋《柳泉居士行略》、李尧臣《祭蒲松龄文》在内的一批文献资料，故此《柳泉居士行略》或即出自路大荒先生原藏，应该是真实可靠的。《柳泉居士行略》云"与同邑张历友、李希梅、赵月麓诸先生结为郢中社"，这使得我们在推论之外找到了可靠的文献依据，可证赵金人确实是蒲松龄、张笃庆、李尧臣等所结郢中社的社友之一。也正因为是经常在一处"社集"的吟诗友，所以才会有康熙三年蒲松龄、赵金人一同受邀到李尧臣家的醒轩课艺读书的一段经历发生。

《淄川西关赵氏家谱》附录蒲诗《怀赵晋石》、《题赵晋石借山楼》、《哭赵晋石》凡三题八首。对于与赵金人有关的这八首蒲氏诗作，我们须明确这样两个问题。首先，《淄川西关赵氏家谱》初修于康熙二十七年(1688 年)二月，出自族人赵永泽之手，而前此则有"从伯金人及族叔金昆、兄泰等共订本支可纪者，自林祖以下凡十一世"②之事，故蒲诗附入《赵氏家谱》，当介于赵金人本人及赵金昆、赵泰、赵永泽诸人，特别是《哭赵晋石》诗作于赵金人去世之后，可知蒲松龄与赵氏家族中的赵金昆、赵永泽等也存在交游关系。

① 孙巍巍：《路士湘先生向蒲松龄纪念馆捐赠文献资料》，载《蒲松龄研究》2001年第 3 期。

② (清)赵永泽：《淄川西关赵氏旧谱原序》，载赵永泽、赵镛、赵盛箴纂修《淄川西关赵氏家谱》，民国六年(1917 年)递修钞本，淄博市淄川区岭子镇赵家楼村赵乐溪、赵檀溪家藏。

其次，20世纪50年代路大荒先生编订《蒲松龄集》本《聊斋诗集》的时候，由于他所使用的底本——淄川王怡之旧抄《聊斋诗集》五卷本是一个蒲诗选本，仅存诗五百三十三首，所以路先生当年见到《淄川西关赵氏家谱》所附录的这八首蒲氏诗作，即从中辑录六首收入其正在编订的《聊斋诗集》。①

经比勘可知，路先生辑录的六首诗作分别为《怀赵晋石》中的五律五首与《哭赵晋石》五古一首。其中《怀赵晋石》一题全诗六首，按路编《聊斋诗集》的编次，六首诗的首二字依次为“日暮”、“河山”、“哀玉”、“惊风”、“微茫”和“大野”。盛伟先生编校的《蒲松龄全集》本《聊斋诗集》，据《聊斋偶存草》中此诗的编次调整为“微茫”、“日暮”、“大野”、“河山”、“哀玉”和“惊风”。证以《淄川西关赵氏家谱》中该题诗作的次序，盛伟先生所作的调整无疑是正确的，只是盛先生在校勘时以《聊斋偶存草》本作为底本，把路编本中与《聊斋偶存草》不同的异文放在了《校勘记》里，这样的处理方式尚存可商榷之处。据我们考察，《聊斋偶存草》属于聊斋诗的初稿本系统②，而附录于《淄川西关赵氏家谱》的《怀赵晋石》诗则经过了作者后来的修订，属于定稿本系统。经过后人整理的《聊斋诗集》，自然应该在正文中呈现作者定稿本的面貌。

由于《哭赵晋石》一诗辑自《淄川西关赵氏家谱》，路编《蒲松龄集》本《聊斋诗集》未能对其进行编年，故置于“不能确定年次”的“续录”部分；盛编《蒲松龄全集》本《聊斋诗集》同路编本。《哭赵晋石》一诗究竟写于何年？在《二卷本〈聊斋诗集〉探考》一文中，笔者

---

① 路大荒《整理蒲松龄诗文杂著俚曲的经过》云：“又从王士禛《系河饮饯图》墨迹录出一首，从淄川西关《赵氏族谱》录出六首。”（路大荒：《蒲松龄年谱》，齐鲁书社1980年版，第128页）路先生所说的“淄川西关《赵氏族谱》”，无疑即今见《淄川西关赵氏家谱》。

② 参见邹宗良《由〈聊斋偶存草〉所见聊斋诗的整理诸问题》，载《蒲松龄研究》1995年第3、4期合刊。今收入本书。

曾依据二卷本诗作的排列次序和张笃庆《厚斋自著年谱》所提供的证据，定其作于康熙二十六年丁卯(1687年)。[①] 赵蔚芝先生的《聊斋诗集笺注》对此说未予肯定。他说："邹宗良同志《二卷本〈聊斋诗集〉探考》，根据二卷本作品编排顺序，定此诗作于康熙二十六年丁卯，并引张笃庆《厚斋年谱·康熙二十六年丁卯》之言为证：'独是在京师，闻吾乡赵月麓(晋石先生)及毕公权表叔讣音，为之悒郁者累日。'此说虽有据，但与'丁大丧'之言则不合。"[②]后来杨海儒先生发表《聊斋诗〈哭赵晋石〉的作期订正》一文，据《淄川西关赵氏家谱》中的《月麓先生传》等资料，也认为此诗应作于康熙二十六年丁卯，但对诗作中的"丁大丧"一事仍未作出解释。[③] 按《哭赵晋石》诗中有"前日埋黄土，我适丁大丧"句，说赵金人下葬之日，蒲松龄正在"大丧"期间，所以未能参加这位"甥友"的葬礼。张笃庆《厚斋自著年谱》、不署撰人的《月麓先生传》都为赵金人卒于康熙二十六年说提供了证据，那么应该如何认识赵金人卒于康熙二十六年和蒲松龄此年"丁大丧"之事所存在的矛盾呢？

我们以为，如赵蔚芝先生所说，诗中的"大丧"应解释为父母之丧，这是没有疑问的。问题在于蒲松龄的父亲蒲槃卒于康熙八年(又有顺治八年和康熙四年诸说)，母董氏卒于康熙十九年，赵蔚芝先生云《哭赵晋石》诗作于康熙二十六年说"虽有据，但与'丁大丧'之言则不合"，盖本于此。但我们发现，在蒲松龄编纂手抄的《蒲氏

---

① 参见邹宗良《二卷本〈聊斋诗集〉探考》，载《蒲松龄研究》1994年第2期。今收入本书。

② (清)蒲松龄著，赵蔚芝笺注：《聊斋诗集笺注》，山东大学出版社1996年版，第679页。

③ 参见杨海儒《聊斋诗〈哭赵晋石〉的作期订正》，载《蒲松龄研究》2002年第1期。

族谱》中，其父蒲槃名下有配孙氏、董氏、李氏的记载[①]，其长子蒲箬《清故显考、岁进士、候选儒学训导柳泉公行述》则云："处士公字敏吾，少艰于嗣……后累举四男：嫡祖妣董出者三，庶祖妣李出者一。先父为嫡出之次，而于行则为三。"[②]据此可知蒲槃诸配氏中，孙氏为其原配，早卒；董氏为续弦的继室，生三子，松龄为其次；李氏为其侧室，生一子。蒲松龄的生母董氏卒于康熙十九年，在正常情况下，其嫁于蒲槃应在原配孙氏去世之后，故其年龄应较蒲槃小了许多。而李氏是蒲槃的侧室，生年当比董氏更晚，起码是两人的年岁大概相差不是很大。从董氏卒于康熙十九年的事实看，蒲松龄的庶母李氏卒于康熙二十六年是存在较大的可能性的。庶母位在"三父八母"（"三父"即同居继父、不同居继父、继母所嫁夫；"八母"即养母、嫡母、继母、慈母、出母、嫁母、庶母、乳母）之列，按明清时期的丧葬制度，蒲松龄应为其服期服，即齐衰一年。《聊斋志异》的《曾友于》篇，曾友于（名悌）是庶出之子，其母去世，嫡出的兄弟孝、忠、信应服而忤逆未服的就是期服。我们认为，《哭赵晋石》诗中的"丁大丧"指的是蒲松龄此时正逢其庶母李氏之丧，这样的解释应该是说得通的。

三、蒲松龄与赵金昆、赵永泽

我们在上文中谈到，蒲松龄与西关赵氏家族中的赵金昆、赵永泽也存在交游关系，下面就相关的史实作一考察。

赵金昆事见本文第一节，为赵金人之同族兄弟。《聊斋文集》

---

① 参见[日]藤田祐贤、八木章好解说《蒲松龄手钞蒲氏族谱·聊斋草》，（东京）汲古书院1991年影印，第68页。

② （清）蒲松龄著，盛伟编校：《蒲松龄全集·附录》，学林出版社1998年版，第3438页。

中有两篇文章提到一位“诸生赵某”和“贡生赵某”，蒲松龄虽未直言其名，却盖指赵金昆其人。这里牵涉到与蒲松龄生平著述研究密切相关的一段历史故实。

一篇是蒲松龄代人而作的《文昌碑记》。其略云：

> 淄学祀文昌于南偏，旧以南小殿；自崇祯某年韩忠烈公莅任，始改创为阁。苍苍绿绿中，望之修修然一椽耳……历七十余年，旧甓多残缺，壁齿齿欲欹。戊子岁，陕右韩公某，以内翰出牧淄，春秋谒庙，慨然欲兴，第虑廉橐索涩，不克自任；有诸生赵某为敛丐同人，谋始合，而仍恐醵金为梗，故贯可仍，仍之；但增台盈尺，俾伛偻者略可曲尺入。又设厦，立两楹，勿令羊角风斜吹，急雨穿窗洒帝座，神人胥慰矣。工既竣，而韩公为鱼符催去。其捐囊兴废，诚为旷举。余适来司铎，不忍听其湮灭，且一祠之创兴，皆成于南阳之裔，亦必有前因也，故记之。①

此文题下注“代孔学师”，是应时任县学教谕的曲阜人孔衍弼之请而写的代笔之作。孔衍弼在《淄川县志》卷四《官师志》中有传，自康熙四十六年至康熙六十一年任淄川县儒学教谕，蒲松龄在其他篇章中又称其为“孔老师”。我们注意到，这篇《文昌碑记》后来改题为《重修文昌阁》，收入了《淄川县志》卷七《艺文志·续文》，但文章的署名却并不是孔衍弼其人，而是“知淄川县韩遇春”。《淄川县志》所收者实为蒲松龄原作之改稿，今移录于下：

> 天下圣庙中多祠梓潼，其祠也率以阁。所以然者，盖帝君实文章之司命，突兀之为文峰，兆儒者祥。设早暗焉则晦，破碎焉则衰，修整缺败，系通塞焉，非谓其灵赫赫，有辉煌我者，我能尊显之也。淄有阁，在圣庙南偏。苍苍绿绿中，望之修修

---

① (清)蒲松龄著，盛伟编校：《蒲松龄全集》，学林出版社 1998 年版，第 1019～1020 页。

然一椽耳。拾级而升，则台台横亘，裁置片席。势容行趾转，不容坐膝促焉。岁上丁，分员陈俎豆，主者一，替[赞]者二，步辄相摩，止辄相肘。规而入，不能矩也。逡巡引拜，屦六两满之。登降皆荒率，无地可停趾者。爰考旧碑，其易殿而阁也，则自万历己亥，吾宗大参中丞公始也。屈指百余年，旧甓已残缺，壁齿齿欲欹。丁亥岁，诸生赵金昆等举意倡修，予闻輾然喜，因麈挥匠氏，俾增其式廓。阁前筑台，方广八尺；台之上覆以四楹，若亭焉，习仪者可数人绵蕞其中。夹台立两阶，高十有三尺，直上而曲入；升自东，降自西，登拜如履坦途，将事者绰有余地矣。且重饰帝君像，按祀典增朱衣魁星配享。用是祝无虚辞，庙无漏祀焉。第俸薄，惭不自任；岁又屡歉，虑醵金为梗，俾其渐次层累为之。三年乃告成功，旧观为之顿改。百岁后，倘有同志如我者，笑吾拙而壮丽之，未必不犹今日恨古人之不见我也，遂记之。①

韩遇春是甘肃清水县人，即原稿《文昌碑记》中所说的那位"以内翰出牧淄"的"陕右韩公某"。他于康熙四十五年任淄川县知县，康熙四十八年卒于任所。韩遇春来任淄川知县的次年，以六十五岁高龄喜得贵子，遂托其子于蒲松龄设馆执教的东家毕盛钜的"儿辈雁行之列"，由毕盛钜为其子起名为"世淄"，字"公般"，蒲松龄因此作有《代毕韦仲为羲仙韩邑侯寄子记》。

这就出现了一桩咄咄怪事：蒲松龄在原稿中明明白白地说"工既竣，而韩公为鱼符催去"，所谓"为鱼符催去"，也即蒲诗《挽淮扬道》所说的"玉鱼符下长鲸飞"，指人已死去。已经死去的淄川知县韩遇春怎么可能再来修改蒲松龄写作的《文昌碑记》一文，并在文稿上署自己的官职姓名？

事情极有可能是这样的：身为学官的孔衍弼受韩遇春之嘱主

① (清)张鸣铎修，张廷寀等纂：《淄川县志》，清乾隆四十一年(1776年)刻本。

持了这次文昌阁的修缮之事，他对韩遇春生前热心捐俸助修文昌阁之义念念不去诸心，在修缮完工之后让蒲松龄代他为文纪事。在拿到文稿后，孔衍弼根据自己所了解的文昌阁修缮始末对文稿的内容作了修订，并署上了过世不久的淄川知县韩遇春的姓名以作纪念。因为修缮文昌阁是地方官修文教化之盛举，何时修缮过这一类的公共建筑又是修志者须留意采访的历史资料，蒲松龄所作的《文昌碑记》被孔衍弼修改并署上韩遇春之名后，即被存入了县署的有关档案之中。直到清乾隆八年(1743 年)知县王康督修《淄川县志》的时候，修志者从档案中翻检到了这篇由孔衍弼代署为"知淄川县韩遇春"的文字，于是将其收入县志《艺文志》的"续文"一编中。

蒲松龄撰作的《文昌碑记》与出现在《淄川县志·艺文志》中的《重修文昌阁》，文字、叙事都有一些不同之处。如淄川县学中文昌阁的修建，《文昌碑记》说"淄学祀文昌于南偏，旧以南小殿；自崇祯某年韩忠烈公莅任，始改创为阁"，《重修文昌阁》改订为"爰考旧碑，其易殿而阁也，则自万历己亥，吾宗大参中丞公始也"；此次修缮文昌阁之缘起，《文昌碑记》说"戊子岁，陕右韩公某，以内翰出牧淄，春秋谒庙，慨然欲兴，第虑廉橐索涩，不克自任；有诸生赵某为敛丐同人，谋始合"，《重修文昌阁》则云"丁亥岁，诸生赵金昆等举意倡修，予闻毓然喜，因鏖挥匠氏，俾增其式廓"；其修缮工役，蒲松龄说始自"戊子岁"，未云竣工之期，《重修文昌阁》则云赵金昆等倡修自"丁亥岁"，"三年乃告成功"。

蒲松龄曾代毕际有写过一篇《重修玉谿庵碑记》，此文后经毕际有修改为《重修普云寺碑记》，于清康熙二十一年写刻立碑于淄川递铺庄以西的普云寺中。[①] 蒲松龄所作的《文昌碑记》和《淄川县志》中署名韩遇春的《重修文昌阁》，与前二文性质相同。因此，

① 参见张晓峰《〈重修普云寺碑记〉考》，载《蒲松龄研究》1993 年第 1、2 期合刊。

建议以后整理《聊斋文集》时将《重修文昌阁》一文附录于《文昌碑记》之后并作适当说明。

蒲松龄在《请表彰贤迹呈》一文中再一次提到了修缮文昌阁之事，其文略云：

> 为表彰贤迹，以存公道而防冒结事：窃照因公那移，必得士庶甘结，始足凭信。利津知县俞，署淄三月，比粮派米，昼夜劬劳，并未暇有一丝遗爱留在民间。今移抵亏空，闻有修城、修文庙、修大桥，以及文昌阁与仓廒等工……文昌阁，则四十八年韩公修，有监修贡生王某、赵某可问。[①]

这篇呈文应是写给康熙四十九年来任淄川县知县的湖北华容人吴堂的，文中的“利津知县俞”指康熙四十八年韩遇春死后，新任知县吴堂到任之前来淄川“摄篆”的利津知县俞文瀚。[②] 我们从儒学教谕孔衍弼《重修文昌阁》的改稿中已经得知，历时三年的修缮县学文昌阁的工程是“诸生赵金昆等举意倡修”的，据《淄川县志》卷五《选举志・续贡生》和《淄川西关赵氏家谱》的相关记载，赵金昆恰恰在淄邑文昌阁修缮完工的康熙四十八年挨次成为岁贡生，所以呈文中所说的监修贡生“赵某”，无疑指的就是刚刚成为岁贡生的赵金昆。

赵金昆是蒲松龄多年的县学同学，蒲松龄与其族兄赵金人又时常往还，他们无疑是十分熟悉的。但从蒲松龄所作的《文昌碑记》、《请表彰贤迹呈》所反映的情况看，两个人的关系说不上密切，他们之间只是一般的朋友和同学关系。

赵氏家族中，与蒲松龄存在交游关系的还有赵永泽其人。永

---

① （清）蒲松龄著，盛伟编校：《蒲松龄全集》，学林出版社 1998 年版，第 1236～1237 页。

② 参见汪冠卿《介绍新发现的几篇聊斋呈文》，载《蒲松龄研究集刊》第三辑，齐鲁书社 1982 年版，第 326～329 页。

泽字淑子，号东易。《淄川西关赵氏家谱》中有不署撰人的《东易先生墓志》一篇，今录其略：

> 东易，月麓先生之从子也。少颖悟，又从月麓游，故青年入泮，屡试优等，遂为历下知名之士。然命运坎坷。凡试一等者八，二等者七，应补廪者二，皆以悯凶致误。至顾丹宸视学山东，又以博学宏词致一等四名，诗赋文章无不脍炙人口，东易名誉又藉甚当时，然终未之遇也。生平嗜书，好饮酒，不治生人产。然有关于民生国计者，则莫不乐为……东易其亦人杰也哉！卒于雍正七年八月二十九日，享年六十八岁。葬慕王庄祖茔之次。有《凤山诗文集》。

山东的提学道，于康熙四十二年定例由翰、铨(吏部)、科、道特差者称学院。浙江海宁人顾悦履于同一年以翰林院编修莅任，是第一位山东学院，悦履字丹宸。自清雍正七年(1729 年)逆推，知赵永泽生于康熙元年(1662 年)。

蒲松龄与赵永泽的交往，今可考者有为永泽之母高氏去世而作的《赵淑子母丧》。其略云：

> ……赵母高孺人，为观察之娇女，为银台之弥甥。贤淑得于姆训，幽静本于天成。以金张之阀阅，归诗礼之门庭……其治家也，惟勤与俭；其教子也，惟读与耕。四丈夫子，七业俱成；长公得笔，艺苑蜚英。孰非熊丸之教，有以延泽而流馨？……年近耄耋，亦见仁人之寿矣；然苍苍者长其算，而仰德者犹恨短其龄也，矧登堂进馔，而与康儿有遨戏之情者哉？闻哭母而罢社，悲樾鸟之哀鸣。十二幅被中之士，共具旨酒之一盛，瞻墓门之松柏，抒一瓣之微诚云尔。①

由赵永泽首纂的《淄川西关赵氏家谱》可知，西关赵氏族中的赵坦一支，在甲申族难之后徙居淄西甘泉谷的四维庄。四维庄在

① (清)蒲松龄著，盛伟编校：《蒲松龄全集》，学林出版社 1998 年版，第 1344 页。

清初属淄川县仁寿乡，今为淄博市淄川区磁村镇四维村。永泽之父赵金鳞，为赵金人伯父赵坦第五子。金鳞原配栾氏；继配高氏，为遵化兵备道高捷孙女，庠生高兑秋之女。赵金鳞育有五子：永清、永泽、永济、永洵、永渥。《赵淑子母丧》称高氏“四丈夫子，七业俱成；长公得笔，艺苑蜚英”，可知永泽以下四子为其所生，其中这位“得笔”的“长公”即与蒲松龄同为县学生员的赵永泽。正因为蒲松龄与赵永泽是数十年的县学同学，所以才会与永泽“有遨戏之情”，有不时赴赵家“登堂进馔”之举。

《赵淑子母丧》云“十二幅被中之士，共具旨酒之一盛，瞻墓门之松柏，抒一瓣之微诚”，可见这篇祭文是蒲松龄以学长的身份代表阖学生员到赵永泽之母的葬礼上致祭而作的。蒲松龄代表阖学生员到一位诸生门上致祭，这对赵家而言是一件十分体面、风光的事，由此也可见出虽然在蒲松龄的诗文中留下的记载不多，但他和赵永泽的友情还是较为深厚的。

（写于 2010 年 10 月，发表于《现代语文》2010 年第 11 期）

蒲松龄与王甡交游补考

《山东理工大学学报(社会科学版)》2008 年第 3 期发表了李汉举先生的《蒲松龄与王甡》一文,读后获益良多。汉举先生以新近发现的《王氏家传·世系·族谱》为主要依据,结合其他资料对王甡的生平事迹及其与蒲松龄的关系作了如下勾勒:(1)王甡名甡,字振生,"麓瞻"为其号,这为袁世硕先生对其名为"甡"的推论提供了谱牒文献方面的证明。[①] (2)弄清了王甡的家族、世系、居处等诸多情况,使我们因此得知王氏家族并非淄川土著,乃明洪武初年自北直隶枣强县迁徙而来;其曾祖王宣化曾官南京浙江道监察御史,伯祖王世哲曾任遵化县镇守参将,为淄川县的仕宦之家。王氏家族最初居于淄川县西鄙的李家疃,后因人口日繁,遂分居于附近村庄,王甡兄弟则迁往相距不远的栗家庄。(3)考察了王甡与蒲松龄的交往以及蒲松龄以王甡之妻丁氏凌虐公公为本事创作《聊斋志异·马介甫》篇的情况等等,在蒲松龄生平与创作的研究方面都可谓有新的创获。

汉举先生此文对蒲松龄生平、交游的研究多有所发明,但就王甡的生平和其与蒲松龄的关系而言,根据目前已知的文献,对其中

---

① 参见袁世硕《蒲松龄事迹著述新考》,齐鲁书社 1988 年版,第 3~25 页。

有些问题的认识还可以作进一步的补充与深化。笔者最近翻检了一些相关的资料,从中索获了不少关于王甡其人的信息。现就汉举先生文中所涉及的相关问题作进一步的补充,并向汉举和诸方家请教。

一、关于王甡的名、字、号

王甡,字振生,"麓瞻"是他的号,这是汉举先生依据《王氏家传·世系·族谱》提供给我们的新的重要信息。《礼记·檀弓上》说:"幼名,冠字。"即幼小的时候起名,成人之后由长辈取字。古代人的名和字是互为表里的,它们之间存在着"相应"或"相配"的关系。王甡名"甡",甡是众多的意思。《诗·大雅·桑柔》中有"瞻彼中林,甡甡其鹿",毛传说:"甡甡,众多也。"朱熹的《集传》也说:"甡甡,众多并行之貌。"其字"振生"的"振"字,同样具有众多的含义。《诗·周颂·振鹭》朱熹《集传》:"振,群飞貌。"振鹭,就是成群飞起的白鹭。《文选·任昉〈为萧扬州荐士表〉》中有"白驹空谷,振鹭在庭"句,李周翰注:"振,众也。"正因为"甡"和"振"都具有"众多"之义,"甡"在字面上又可以理解为众多的"生",所以取字为"振生","甡"和"振"在这里表示的正是一种同义互训的关系。

十分巧合的是,山东安丘籍的现代学者赵俪生教授也名甡,字俪生,以字行于世。俪是成对、配偶的意思,从字面上看,"甡"又是并排成对的"生"字,所以"甡"与"俪生"同样表现为同义互训的关系。

就王甡的名、字、号而言,存在问题的不是他的名和字,而是他的号。名和字一般都是由长辈拟定的,号则是本人成年之后自取的称谓。名和字之间一般都存在着必然的联系,名和号则不一定存在必然的联系。蒲松龄字留仙,号柳泉居士,"松龄"和"留仙"在长寿的意义上存在联系,但"松龄"和"柳泉居士"在意义上则寻绎不出存在何种联系。当然也有名、字、号三者都存在关联的，如蒲松龄的友人袁藩，《淄川县志》卷五《选举志·举人》说："袁藩，字松篱。"但毕际有的《编次袁孝廉〈敦好堂集〉题词》则说："松篱袁姓，藩名，字宣四，松篱其别号。"毕际有与袁藩堪称挚友。康熙十二年(1673年)，两人曾一同在毕家的石隐园中纂修《淄川县志》。康熙二十四年(1685年)，袁藩又应毕际有之请到毕家的石隐园中校订毕际有之父毕自严的《石隐园集》，并与朝夕相处的蒲松龄唱酬赠答。袁藩死后，毕际有为其编订遗稿，成《敦好堂集》六卷。[①] 毕际有深知袁藩其人，他的说法应该是可信的。"藩"字的本义为篱笆、藩篱。《易·大壮》"羝羊触藩"孔颖达疏曰："藩，藩篱也。"袁藩名藩，字宣四，其字盖出自《诗·大雅·崧高》"四国于蕃，四方于宣"句。郑玄笺此句说："四国有难则往扞御之，为之藩屏。"马瑞辰《毛诗传笺通释》说："宣，当为垣之假借。"这两句的意思是说，四国是周王朝的藩篱，四方是周王朝的垣墙。宣四，即四围的垣墙，它与"藩"字具有同类相及的关系。至于袁藩取号"松篱"，其与"藩"字的关系更是不言自明的。

王甡的号，《王氏家传·世系·族谱》记为"麓瞻"。汉举先生说："对于这个问题，我们以为在没有其他更确切资料的情况下应该以家谱为准。"[②]笔者以为似不可胶柱鼓瑟。号与名、字的不同，首先在于它的随意性。号又称别号，袁庭栋先生在《古人称谓》一书中介绍古人取号的方式，即有以称谓、身份、百业、居处、山川、园林、器物、村里自号八类。[③] 其次，在于它的数量之多。一个人一般只有一个名，一个或两个字，但号则可以有许多个，如苏轼的号

① 参见袁世硕《蒲松龄与袁藩》，载《蒲松龄事迹著述新考》，齐鲁书社1988年版，第176～186页。

② 李汉举：《蒲松龄与王甡》，载《山东理工大学学报(社会科学版)》2008年第3期。

③ 参见袁庭栋《古人称谓》，山东画报出版社2007年版，第407～410页。

就达几十个之多。如袁世硕先生所说，王甡的“鹿瞻”二字，很明显是取自《诗・大雅・桑柔》中的“瞻彼中林，甡甡其鹿”两句，且《聊斋文集》中有《与王甡》书和《二月代王绳筠与王甡启》，《聊斋诗集》中有《王甡在瓜洲邱荆石先生幕，作此寄之》诗，袁藩《敦好堂集》中有《赠王甡》诗，我们实在没有任何理由说“鹿瞻”不是王甡其人的号。

不仅如此，笔者发现当时的朋辈称呼王甡其人，除“鹿瞻”之外，还有“鹿詹”、“鹿友”、“栗里”等种种不同的称呼。如张笃庆《昆仑山房集》中，有《怀鹿詹》、《阳丘呈鹿詹王子》、《忆旧述怀寄鹿詹》等诗，可以与张笃庆《厚斋自著年谱》中称王甡为“鹿詹”同观；蒲松龄《王甡在瓜洲邱荆石先生幕，作此寄之》一诗的诗题，在初稿本系统的《聊斋偶存草》钞本中作《寄王子鹿友兼呈丘氏诸兄弟》，张笃庆《昆仑山房集》有《杂感寄王子鹿友于都门》、《栗里王鹿友》诗；《昆仑山房集》又有《登般城放歌，同华亭蒋左箴、梁溪顾当如、同邑王栗里》、《栗里王子古篆歌》诗，其《忆旧抒怀寄鹿詹》七律八首其一，有“栗里先生久闭关，避人萧瑟似投闲”句。这些文献可以说明，“鹿詹”、“鹿友”、“栗里”也都是王甡的别号。

至于《王氏家传・世系・族谱》中称王甡为“麓瞻”，笔者以为存在两种可能：一种是王甡确实曾在某些场合用过“麓瞻”这样一个别号；二是王氏族中王佳秀、王殿珅叔侄修纂族谱时由于不知道王甡取“鹿瞻”一号的缘由，因“鹿”、“麓”两字音同而记误。笔者以为，号与名、字的不同之处，就在于它本来就是一种随意性很强的称谓，使用者往往仅凭习惯或一时兴趣使用而不作严格推求。因此，即便是只见于别人使用之例而不能证明其为本人自取的，只要指代关系准确无误，也可以视为某人的一个别号。对于“麓瞻”一号，虽然我们今天已难明其是否为王甡所自取和使用，但其指称的对象为王甡并无疑议，我们不妨也把“麓瞻”作为王甡的一个别号看待。

上文的讨论可作如下表述：王甡，字振生，号鹿瞻，又号鹿詹、麓瞻、鹿友、栗里。

二、王甡生平事迹考略

汉举先生的《蒲松龄与王鹿瞻》一文，较为明确地解决了长期存在的王甡家世问题上的疑问，这是值得我们首肯的。但由于资料的阙如，汉举先生在文中曾不无遗憾地感到"现在仍不十分清楚其生平事迹"。今据所知见的文献资料就王甡的生平事迹作一些探赜索隐，以补蒲松龄交游人物事迹研究之不足。

王甡与其弟王朋、王兢一同由淄川县西鄙的李家疃迁居于相距不远的栗家庄，即张笃庆《昆仑山房集》中所说的"栗里"，这在汉举先生文中已经注明。据笔者考察，栗家庄至今村名未改，今属淄博市周村区王村镇，地处王村东北，309 国道北侧，距王氏家族的祖居地李家疃十余里，与蒲松龄多年执教的西铺村仅数里之遥。

王甡的生年我们仍然不能确知。张笃庆在《厚斋自著年谱》中称其为"表兄"，可见他比张笃庆年岁为长。笃庆生于明崇祯十五年(1642 年)，小蒲松龄三岁。据推王甡的年龄大概与蒲松龄相差不多，或者比蒲松龄略长。

《王氏家传·世系·族谱》称王甡为"邑庠生"，即博士弟子员(俗称"秀才")，县学的学生。郢中社的几位同学少年，张笃庆补博士弟子员在顺治十四年(1657 年)，蒲松龄在顺治十五年(1658 年)。王甡、李尧臣中秀才的具体年份虽然不能确知，但也必在顺治十六年与"同学诸子"结为郢中社之前。

王甡善写古篆字。蒲松龄的《二月代王绳筠与王甡启》有云："锦铺绣列，江淹之彩笔生花；琢玉镂金，仓颉之雄才啸鬼。"这两句话，前一句称赏他的文章，后一句赞誉他的书法。又，张笃庆《昆仑山房集》中有《栗里王子古篆歌》七古一首，作于康熙三年。诗略云：

王子奇才天下无，墨池笔冢美且都。
偶尔篆书书亦古，尔何神解吾何愚。
镌石皆为人爱惜，宛如禹穴来金册。
玉花缭绕划错刀，真疑仓颉留遗迹。
……
王子赠我□史章，绿字晶莹映秋碧。
神物由来不妄传，顿觉几案生云烟。
古色直与元气会，笔势石骨何仙仙。
怜余对此不能读，宝贮箧笥媚幽独。
蛟龙蟠挐芝检中，天阴往往闻鬼哭。
……

对于王甡书法方面的造诣，张笃庆的称扬或有过誉的成分，但他的篆字写得颇见功力，常常书丹镌石，更为友朋所珍爱则是事实。

现在已知的王甡的事迹，首先是顺治十六年(1659)，他曾在其表亲张笃庆家中设馆执教。其事见张笃庆《厚斋自著年谱》，汉举先生文中已经引录，此不具录。王甡所教的学生是张笃庆的两个弟弟锡庆、履庆，其时二人一为十三岁，一为十二岁，正当就傅的年龄。也就在这一年，蒲松龄和张笃庆、李尧臣、王甡、赵金人等结成了诗社——“郢中社”。值得一提的是，王甡的两个学生张锡庆和张履庆也参加了诗社的活动，属于郢中社中的少年小友。

王甡能诗，他的诗呈现出怎样的风格气韵？这从袁藩《敦好堂集》中的《赠王甡》诗可窥其一斑：

崆峒去后鲍山没，不意千秋见杜陵。
古屋欲留三日响，尘心难破一宵灯。
怕见鬼哭惊寒夜，疑有神来入梦称。
笔砚欲焚埋旧草，何当下士说苍蝇。

“崆峒”即“空同”,又称“空同子”,明代前七子领袖李梦阳之号;“鲍山”指明代后七子领袖李攀龙,因其为山东历城人,以居近济南东郊的鲍山而得名。前后七子都推崇盛唐的诗歌,而王甡的诗则独肖盛唐诗人杜甫。诗的最后一联是称誉之辞,说面对王甡颇具杜诗风神的优秀诗作,自己只好焚却笔砚,埋掉诗稿,不妨屈身交接王甡这样的后辈贤士,和他一同来指刺世上的小人。这首诗作于顺治十八年,此时王甡二十余岁,而袁藩按辈分则是王甡的父执,所以说“下士”。从袁藩这首诗所作的评论看,受到袁藩称赞的王甡诗应当是以学老杜为指归,以指斥奸佞小人为其特色的。

王甡何时离开张家的绛帐馆榻今不能确知,但可以肯定的是直到康熙二年(1663 年),他仍然在张家充任教席。顺治十八年,张笃庆之父张绂受聘到益都县颜神镇[①]执教,任其十七岁的表侄赵作肃(字子雍,号斋如)的塾师,笃庆随其父前往就学,有《读书笼水留别鹿詹》诗;居于颜神镇之后,张笃庆又有《怀鹿詹》诗。康熙元年为科试年[②],这一年新到任的山东学道刘芳声按临章丘明水镇考试士子,张笃庆与王甡、锡庆、履庆一同前往应试,就住在赵作肃的明水别业,事见张笃庆《厚斋自著年谱》。康熙二年,王甡的学生张锡庆补博士弟子员,此后《厚斋自著年谱》中即不再有与王甡同处的记载。康熙三年,王甡曾与蒲松龄、张笃庆等同在淄川城内集会赋诗(说见后),但到了康熙四年,张笃庆作有《同留仙、希梅及锡、履两弟月夜泛舟西溪,分韵得洲字》诗,叙到同游的郢中社友蒲松龄、李尧臣和弟弟锡庆、履庆而不及王甡,估计自康熙三年起王甡即不再在张家担任教席。

---

① 颜神镇本属益都县,清雍正十二年以益都、淄川两县各一部新置博山县,为县治;今为淄博市博山区治。

② 即取得参加明年乡试资格的考试。明清时期的博士弟子员每三年要参加岁试和科试各一次,岁试是对其平日课读情况的考察,科试成绩的优胜者才能取得参加乡试的资格。

康熙六年(1667年),淄川人丘璐由山西沁水知县转任直隶大兴县知县。张笃庆本年有《寄邱荆石先生,时自沁水令转京县尹》、《杂感,寄王子鹿友于都门》诗,盖一时之作。大兴县属顺天府,为天子辇下之地,故称"都门";荆石为丘璐的字。由张笃庆的诗,可知至迟在本年王甡已被丘璐聘为幕宾,此时正在大兴县衙署中做幕。此后,王甡一直追随在丘璐左右,在他的官署中任幕宾。

康熙八年(1669年),丘璐升任江南扬州府江防同知,驻瓜洲,王甡随同前往。乾隆《淄川县志》卷五《选举志·进士》有丘璐的小传,其略云:

> 邱璐,同乙未榜。授沁水知县……升大兴知县……秩满,升扬州府江防同知……值江水泛溢,商舟不至,摧[榷]税额诎,削职易产。事甫释而已赍志殁矣,时论为之太息焉。

丘璐的"丘"改作"邱"字,是因为《淄川县志》刻于乾隆年间,而雍正三年有上谕,为避孔子之讳,嗣后凡遇"丘"字俱改为"邱"的缘故。由《淄川县志》的小传,我们知道丘璐因负责管理的榷税不及定额而罢官,此后曾变卖家产以补亏空。据康熙《扬州府志》,丘璐之后接任扬州府江防同知的是湖广云梦人李士竑,康熙十二年任。丘璐的"赍志殁",据丘希潜纂修的《淄川邱氏世谱》,事在康熙二十一年(1682年)。[①] 因为幕主丘璐于康熙十二年罢官离扬州府江防同知任,王甡当于同年随丘璐回归山东故里。

我们发现,此后相当长的一段时间里,王甡不仅与蒲松龄鲜有文字上的往来,与他关系更为密切的张笃庆的《昆仑山房集》中也没有二人交往的记载。直到康熙三十二年(1693年),张笃庆在多年未与王甡赓和之后,写下了《忆旧抒怀寄鹿詹》七律八首。其第一首云:

① 参见李汉举、王一千《族谱所见邱氏家族资料》,载《蒲松龄研究》2008年第2期。

栗里先生久闭关，避人萧瑟似投闲。
半生诗酒青山隐，十载江湖皂帽还。
白岳闲云频北望，荒村古屋住西湾。
郢中诸子劳相忆，只是清尘不可攀。

从张笃庆这首诗看，王甡自江南归里之后，曾多年蛰居于其栗里家中，“避人”自处，与友朋断绝了往来，这说明王甡长期处于一种羞见友朋的精神状态之中。这种情况的出现，当与其父王灏被儿媳丁氏逐出家门，死于道途旅邸一事直接相关。张笃庆后有《哭同学老友王鹿詹》诗（见后），其第一首的尾联为“老来纵遂首邱志，王裒门生亦黯然”。这里用了两个典故，都与王甡之父王灏死于旅邸有关：一是“首邱”，“邱”即“丘”字，为诗集的抄录者因避孔子名讳而改。《礼记·檀弓上》说：“古之人有言曰，‘狐死正丘首’，仁也。”孔颖达疏曰：“所以正首而向丘者，丘是狐窟穴根本之处，虽狼狈而死，意犹向此丘。”后来“首丘”即用作归葬故里的典故。王裒，晋人，以孝闻于当世，入《晋书·孝友传》。所谓“王裒门生”事即出自《晋书·孝友传》：“……门人为本县所役，告裒求属令。裒曰：‘卿学不足以庇身，吾德薄不足以荫卿，属之何益！且吾不执笔已四十年矣。’乃步担干饭，儿负盐豉草屩，送所役门生到县……令即放之，一县以为耻。”张笃庆这两句诗的意思是说，王甡之父虽然得以归葬故里，但身为人子的王甡毕竟行止有亏，理应受到宣扬教化、维护风纪的地方官的惩罚，虽然县令看在别人的情面上宽宥了他，但这件事却足以使得全县人引以为耻。由于老父客死在外，引致了士林的物议，恶名远播，使得王甡自觉难以面对友朋，因而也就与当年的郢中社友关系渐渐疏远。值得注意的是，张笃庆《忆旧抒怀寄鹿詹》诗的最后一首，写的是乡前辈唐梦赉邀约诸旧在淄川城聚会一事：

豹山太史亦风流，共向般城对素秋。
白袷迎风临雉堞，清溪卷雪下龙湫。

啸歌庾亮三更月,凭眺陈登百尺楼。

华发飘零馀数子,回头寥廓忆同游。

这首诗向我们透出了这样一个信息:康熙三十二年的秋天,唐梦赉曾约旧友同游淄川,一同与会的就有张笃庆和王甡。正是这一次的相会,接续起了他们中断多年的往来。

康熙三十三年,张笃庆有《寄怀鹿詹》五律三首。其三题下有小注:"去年吊毕刺史,未晤鹿詹。"据《王氏家传·世系·族谱》,王甡之母姓毕氏。又蒲松龄《与王甡》书云:"闻君诸舅将有问罪之师,故敢漏言于君,乞早自图之。"蒲松龄比王甡更能了解其诸舅的动向,合理的解释只能是王甡的舅父与蒲松龄执教多年的东家毕际有、毕盛钜父子同村同族。栗家庄与西铺仅数里之遥,毕际有又是其母族中颇有社会影响的头面人物,王甡于毕际有之丧不会不前往一哭,但他极有可能要有意错延开凭吊的时间以躲避熟识的旧雨,揆其缘由,自然还是因为"家难"。

据如上推断,王甡之父客死之事应发生在蒲松龄去西铺毕家设馆之后,大概离康熙十八年相去并不太远。

康熙三十三年的岁杪,张笃庆还作有《岁暮怀人诗》六十首,其中就有《栗里王鹿友》。其诗云:

同学当年共下帏,相期志不在轻肥。

君如靖节将归隐,我似严陵守钓矶。

白雪郢中属和少,青云游侣故人稀。

只今憔悴俱贫病,共作柴桑老布衣。

"靖节"指陶渊明。张笃庆于康熙二十五年考选为拔贡生,次年入北京国子监读书,但此后即困顿场屋,屡试屡北,终生未能通过乡试这一关。从王甡多年任文启幕宾的生涯看,他的文笔应该也是很拿得出手的,大概补为廪膳生员不会有多大问题,但也仅止于一个廪生而已,不像同学张笃庆、蒲松龄得以秀才出贡,所以连列名《淄川县志·选举志》的资格都没有取得。

王甡卒于康熙三十九年或康熙四十年，这是张笃庆在《昆仑山房集》中逗露的消息。《昆仑山房集》有《哭同学老友王鹿詹》七律二首，作于康熙四十年。其第一首云：

总角相从共一编，郢中绝调续前贤。
死生契阔三千里，风雨论交五十年。
油幕从军知己少，青灯著述有谁怜。
老来纵遂首邱志，王裒门生亦黯然。

此诗题下有小注："余归自湖北，始闻其逝。"据张笃庆《厚斋自著年谱》和《昆仑山房集》中的《昆仑山房郢中集序》可知，他于康熙三十九年五月收到时任湖北钟祥县知县的章丘友人焦毓鼎的聘书，约请他到县署中教焦氏的儿子读书。张笃庆于同年八月十七日离家赴湖北钟祥县执教，至次年九月十二日北还，十月初九日抵家。是知王甡的去世，就在康熙三十九年八月到康熙四十年十月的十几个月之间。

三、王甡与蒲松龄交游叙考

蒲松龄于顺治十五年补博士弟子员，他与王甡的结识大约在此前不久。中秀才之前，他们极有可能以童生的身份一同参加过县、府、道各级考试。每一届乡试之前的岁试和科试，没有入学的童生都可以随生员一例参加，成绩优秀的可以补为博士弟子员。岁科两考都要经过县、府、学道试几道程序，而同一县份参加童生试的人都不会太多，所以推测他们在童生时结识的可能性较大。

但两个人成为朋友，则缘于顺治十六年因居处较近，时相往来及此后的结"郢中社"一事。郢中社诸友中，蒲松龄居于淄川城东数里的蒲家庄，李尧臣住在淄川东关，而张笃庆因为曾祖父张至发在明崇祯年间曾任内阁首辅，是著名的"崇祯五十相"之一，张氏家族在淄川城内置有自己的房产，顺治末年，笃庆一家便居住在城内的宅中。蒲松龄在《郢中社序》中说：

> 余与李子希梅寓居东郭，与王子鹿瞻、张子历友诸昆仲，一埤堄之隔，故不时得相晤，晤时瀹茗倾谈，移晷乃散。

“一埤堄之隔”即一墙之隔，“埤堄”指城墙。蒲松龄和张笃庆、李尧臣因为住得较近，应该早有往来；而王甡从本年开始到张笃庆家中担任西席，教笃庆的两个弟弟读书，于是也就有了与蒲松龄“不时得相晤”的机缘，并成为他们于当年结成的郢中社的成员。

这里有一个问题，就是汉举先生在他的文章中说：“结社当日是端午节，为纪念这位伟大的诗人（按指屈原），因之命名‘郢中’。”这种说法值得商榷。如果结社之日恰逢端阳，恐怕蒲松龄会在他的《郢中社序》中明白揭出，而我们在这篇序中却见不到有关结社日期的任何记载。笔者以为，命名“郢中”和结社之日是否端阳无关，却是他们结社之旨的具体体现。

蒲松龄的《郢中社序》于结社之旨和诗社命名“郢中”一事说得较为模糊，有些语焉不详，但张笃庆却多次提及他们的结社之旨。如他作于康熙四年的《与同社诸子论诗》四首其一：

> 山中同赋《白雪》篇，寂寂书床问《太玄》。
> 故国交游留海内，生平意气向樽前。
> 论文慷慨当中夜，说剑飘零已十年。
> 惆怅乾坤吾辈在，莫将《下里》使人传。

作于康熙五年的《寄柳泉、希梅六首》其二：

> 每忆昔游日，披襟羡尔豪。
> 缄书歌《下里》，魂梦在东皋。
> 聚散同回首，浮沉自我曹。
> 知音寥落甚，《白雪》向谁操！

特别是康熙四十七年，张笃庆在为自己的《郢中集》所写的《昆仑山房郢中集序》中说：

> ……因念余自束发受书，学为有韵之文，与同学诸子结为

"郢中社",虽未敢妄拟《阳春》、《白雪》,亦不至甘为《下里》、《巴人》。乃天假以年,于垂老之岁月竟踏郢中片土,得以婆娑灵均之故地,讴吟宋玉之遗墟,尚可与唐勒、景差诸贤尚友于千载之下,岂非幸与!则数十年前之以"郢中"名其社,盖天牖其衷矣!

笔者以为,蒲松龄等人以"郢中"名其诗社,源出宋玉《对楚王问》中的一段话:"客有歌于郢中者,其始曰《下里》、《巴人》,国中属而和者数千人……其为《阳春》、《白雪》,国中属而和者不过数十人。"张笃庆的诗和《郢中集序》都说得十分明白,郢中社的结社之旨就是以"雅"为其格调,努力去创作与流俗有别的《阳春》、《白雪》一样的诗歌。这是诗社的结社之旨,也是诗社命名"郢中"之由来。

康熙三年,郢中社同人曾在淄川城内的龙兴寺限韵赋诗,蒲松龄和王甡都是这次活动的参与者。蒲、王二人所赋的诗今俱已不传,唯张笃庆的《昆仑山房集》存《龙兴寺同蒋左箴、王鹿詹、蒲留仙限韵》七律三首。诗题中的蒋左箴为江南松江府华亭县人,于本年来游淄川,事见张笃庆《厚斋自著年谱》。

康熙九年至康熙十年,蒲松龄应聘在同邑友人孙蕙任知县的江南宝应县做幕宾,而王甡也正在时任扬州府江防同知的丘璐幕中,蒲松龄因有《王甡在瓜洲邱荆石先生幕,作此寄之》一诗。此诗作于康熙九年蒲松龄到达宝应之后不久,路大荒先生编《蒲松龄集》、赵蔚芝先生笺注《聊斋诗集笺注》、盛伟先生编《蒲松龄全集》俱系于康熙十年,笔者曾有文考辨其事[1]。

汉举先生在文中谈到,王甡应有一个女儿,这是蒲松龄的《二月代王绳筠与王甡启》透出的信息。王甡无子,曾过继其弟王朋的第四个儿子为嗣。按照年龄推算,他的女儿大约出生于顺治末年

① 参见邹宗良《由〈聊斋偶存草〉所见聊斋诗的整理诸问题》,载《蒲松龄研究》1995年第3、4期合刊。今收入本书。

到康熙初年。当时山东的风俗一般是子女十余岁缔结婚约,十七八岁定亲就算是很晚了。由此推断,蒲松龄代作这篇婚启的时间应该不会晚于康熙二十年,极有可能就写于王甡游幕归来的那几年里。

在王甡的一生中,其为友朋所诟病的无过于老父被他的妻子逐出家门,死于道途旅邸一事。上文说到王甡自康熙十二年结束幕宾生涯返里之后,直到康熙三十二年有多年的时间一直"避人"独处,羞与友朋往来,而其父客死之事就发生在蒲松龄到西铺毕家坐馆之后的某一年中。蒲松龄为此写了《与王甡》书,劝他"速备材木之资,戴星而往,扶榇来归"。在山东省图书馆收藏的《聊斋文集》手稿一册中,收有《挽王印老》一联,路编《蒲松龄集》失收,后来收入盛编《蒲松龄全集》。其联语云:

> 旷达士瓢衲飘零,荷锸拚似伯伦,直将谓黄土遍人寰,枯骨何须归里社;
>
> 怨慕人梦魂飞越,抱足徒怀吕向,幸于今青松依马鬣,高坟犹得傍儿孙。

汉举先生谓此联为吊唁王甡之父王灏(字深源,号印素)而作,其说可信。上联所称的"伯伦"为晋人刘伶的字。《晋书·刘伶传》说:"刘伶字伯伦……常乘鹿车,携一壶酒,使人荷锸随之,谓曰:'死便埋我。'"此典明说王印素的旷达,实则含有一番谴责儿辈不孝之深心。下联中的"吕向"为唐代人,曾与吕延济、刘良、张铣、李周翰一同注《文选》,他们的注文历来被称"五臣注"。《旧唐书·吕向传》说:"始,向之生,父岌客远方不还……后有传父犹在者,访索累年不得。它日自朝还,道见一老人,物色问之,果父也。下马抱父足号恸,行人为流涕。"联语中用的便是吕向抱足的典故,说王甡之父久客在外,儿辈竟不知其音讯,与吕向之父吕岌情形相似。而"怨慕人"一词更是对王甡的直面谴责。《孟子·万章上》说:"万章问曰:'舜往于田,号泣于旻天,何为其号泣也?'孟子曰:'怨慕也。'"

赵岐注云:"言舜自怨遭父母见恶之厄而思慕也。"由悼王印素的联语可见,对于多年老友王甡的不孝背德之举,生性峭直的蒲松龄即便是赴王家凭吊之时也是难以释怀的。

王甡与张笃庆是表亲,二人来往较多,友情也深。在发生了王甡之父客死道途的事件之后,两人虽也长时间不通音讯,但在王甡死前的七八年中终于又恢复了往来。而蒲松龄与王甡的交情则明显较张笃庆为浅,他们因张笃庆而成为郢中社友,后来又因为王甡在听任妻子逐父出门和父死于途的问题上行止有亏而中断了往来。其交游中断的原因来自双方,一则为无颜面对友朋,一则为怒其不争,叹其"俯仰何以为人"。

(写于 2009 年 6 月,原题《蒲松龄与王甡交游补考》,发表于《山东理工大学学报(社会科学版)》2010 年第 1 期)

蒲松龄与李渔交往辨误

一、问题的提出

20 世纪 80 年代，杜书瀛先生在《文史哲》上发表了《李渔生平思想概观》一文，首次提及李渔与蒲松龄之间存在交往关系，并对二人交往的情状作了如下勾勒：

> 李渔虽未到过山东，但和山东的大文学家蒲松龄却有过一次交往。那是 1671 年，三十一岁的蒲松龄应聘为江苏宝应县知县孙蕙的幕宾，为知县喜庆之事，蒲松龄专程去请李渔的剧团来宝应演出。当时李渔已经六十岁，颇有些名气。蒲松龄对这位前辈作家十分敬慕，并不持一般封建士大夫的世俗眼光鄙视李渔的职业，而是抄录了李渔的《南乡子·寄书》等词，以为纪念。[①]

杜文言及此事只限于过程的叙述，并未涉及相关历史事实的钩稽与考证。然而自此之后，李渔与蒲松龄有过交往一事却一再被人称引而不疑，而且称引者竟然多是数年从事李渔或蒲松龄研究的

---

① 杜书瀛：《李渔生平思想概观》，载《文史哲》1983 年第 6 期。

专家学者。兹举其例：

其一，单锦珩先生撰《李渔年谱》（以下称单《谱》），于“康熙十年辛亥（1671年）”下记载：

> 春，蒲松龄邀（李）渔赴宝应演戏祝寿。
>
> 时渔在扬州，蒲在宝应知县孙蕙幕中，邀渔家班女戏为孙献艺祝寿。蒲手录渔词《南乡子·寄书》相赠（据杜书瀛《李渔生平思想概况》，载《文史哲》1983年第6期）。[①]

笔者按，单《谱》注引的杜文标题《李渔生平思想概况》，为《李渔生平思想概观》之误，下引盛伟先生撰《蒲松龄年谱》仍之。

其二，俞为民先生撰《李渔年谱》（以下称俞《谱》），于“清康熙十年（1671年）”下记载：

> 春，应蒲松龄之邀，携家班赴宝应为知县孙蕙演戏祝寿。[②]

其三，盛伟先生撰《蒲松龄年谱》（以下称盛《谱》），于“康熙十年辛亥（1671年）”下记载：

> 春，蒲松龄邀李渔私家戏班赴宝应为孙蕙生日祝寿。时李渔在扬州，蒲松龄在宝应知县孙蕙幕中。蒲松龄并手录李渔词《南乡子·寄书》相赠。
>
> 按：上条转引自单锦珩撰《李渔年谱》。单在该条下注：据杜书瀛《李渔生平思想概况》，载《文史哲》1983年第6期。李渔之《南乡子·寄书》：“幅少情长，一行

① 单锦珩：《李渔年谱》，载《李渔全集》第19卷，浙江古籍出版社1992年版，第72～73页。

② 俞为民：《李渔年谱》，载《李渔评传·中国之附录》，南京大学出版社1998年版，第469页。

逗起泪千行。写到情酣笺不勾,捱咒,短命薛涛生来就。”①

看来,蒲松龄与李渔交往之说乃杜书瀛先生首倡,至单锦珩先生又有所增补。杜文倡言此说而未列其所据,但举出蒲松龄在与李渔见面时抄录了后者所作的《南乡子·寄书》等词;单《谱》则进一步言及应蒲松龄邀请时“(李)渔在扬州”,两人见面之后“蒲手录渔词《南乡子·寄书》相赠”。值得注意的是,虽然单《谱》在此条之下标明了是以杜文作为依据的,但杜文所叙的蒲松龄手录李渔其他词作(“抄录了李渔的《南乡子·寄书》等词”)之事没有了,手录李渔词作“以为纪念”也变成了抄录《南乡子·寄书》之后“赠”还给了李渔。手录别人的词作为什么还要赠还词作者本人?此说不但无所依凭,而且使人感到莫名其妙。俞《谱》后出而简约,盛《谱》的相关记载则明言是“转引自单锦珩撰《李渔年谱》”的,俞、盛二人当都是承袭了在杜文的基础上增补发展了的单锦珩《李渔年谱》之说。

数名研究李渔或蒲松龄的专家学者既然皆确信此事而不疑,后来便更有以讹传讹的情况出现,如有人在一本李渔的传记中这样写道:

康熙十年(1671)的大部分时间,除了两次携带家庭剧团的外出表演,李渔都留在芥子园里。第一次外出表演是在初春,地点是江苏的宝应,应知县孙蕙之邀去参加庆祝孙母的寿诞庆典……在参加接待李渔一行的当地官员中,有一位名叫蒲松龄的年轻人……不过这时蒲松龄还籍籍无名(笔者按,此句大不通。“籍籍”不是无名,而是名声很大),出于显而易见的原因,他对于李渔表现得非常热情。为了表示自己对这位

① 盛伟:《蒲松龄年谱》,载《蒲松龄全集·附录》,学林出版社 1998 年版,第 3374 页。

> 素享盛名的文学前辈的崇敬，蒲松龄特地抄录了李渔的一首诗，恭恭敬敬地把它送给了李渔。蒲松龄对于自己有幸与李渔相会一直甚感荣幸，在他的晚年，他还追忆了这次会面的情景。①

按这部传记的描述，蒲松龄的身份由宝应县知县孙蕙的幕客摇身一变成了“当地官员”；李渔及其家庭戏班受到邀请则由为孙蕙献艺祝寿变成了为孙蕙的母亲祝寿；而所谓蒲松龄抄录的李渔《南乡子·寄书》一词也变成了“李渔的一首诗”。这位作者大概并不知道孙蕙幼年失恃的情况，也不知道孙蕙和他的继母关系甚不融洽，早年的孙蕙为了争取读书的机会而受尽了继母的凌虐。② 特别是书中所说的“在他（蒲松龄）的晚年，他还追忆了这次会面的情景”云云，更是使得笔者深恨自己之“孤陋”了。笔者研究蒲松龄的生平著述近三十年，竟然从不知道蒲松龄晚年还曾经“追忆”过他与李渔会面的情景一事。这里笔者不禁要向《李渔传》的作者徐保卫先生请教：一生都没有出仕的蒲松龄是如何成为江苏宝应县的“当地官员”的？孙蕙的继母又是怎样出现在其子任知县的宝应县任所的？蒲松龄抄录的是李渔的哪一首诗？在蒲松龄的晚年，他又是在哪一篇著述中“追忆”过和李渔相见的情景的？如果这位徐先生举不出证据来，这番绘声绘色的描述岂不成了信口开河？这哪里还谈得上是做学问搞研究？真是所谓“三人成虎，豕亥不免”，不过于事实本身却是愈行而愈见其远，于学术研究之道也大相径庭了。

---

① 徐保卫：《李渔传》，百花文艺出版社 2002 年版，第 213～214 页。

② （清）王培荀《乡园忆旧录》卷七：“吾淄孙树百先生蕙，幼遭继母之变。读书至十四五岁，令牧豕。稍长，为乡里小儿所辱，愤欲读书。父不听，令业农。带经而锄，请益于乡塾师；学作文，落笔辟易千人。应童试，年已三十二矣，县、府、院皆第一。顺治辛丑进士，以县令擢给谏……先生壮年作苦，惟啖糠秕；弟为继母所生，食独甘美。先生安之。”（王培荀著、蒲泽校点：《乡园忆旧录》，齐鲁书社 1993 年版，第 385 页）

李渔与蒲松龄都是文学大家，又都生活在清初的顺治、康熙年间，两个人之间真有这样一段交往自是人文佳话。但如果两个人之间并无交往，我们也切不可生造事实，于无中生出有来。笔者考察认为，所谓李渔与蒲松龄交往云云应属无稽之谈，下面次第而作辨析。

二、康熙十年的春天李渔何曾居停扬州？

据杜文和单《谱》，这次李渔与蒲松龄的会面、结识，是缘于蒲松龄出面邀请李渔携其家庭戏班到宝应县为自己的幕主、身为宝应县知县的孙蕙献艺祝寿。在浙江古籍出版社编的《李渔全集》的同一卷（第19卷），《李渔年谱》之后还有单锦珩所撰的《李渔交游考》，其中与此事相关的是如下一段文字：

> 蒲松龄……一生除康熙九、十年间，为宝应知县孙蕙幕客，均居乡为塾师……康熙十年春，蒲邀渔至宝应为孙蕙演戏祝寿。路大荒编《蒲松龄集·聊斋诗集》中有《元宵后与树百赴扬州》，诗云："饱帆夜下扬州路，昧爽归来寿细君。"细君，指孙蕙继室赵夫人。另有《孙树百先生寿日观梨园歌舞》。时渔正在扬州。蒲手录渔《南乡子·寄书》词，以为纪念。[①]

这一段文字可以看做是单锦珩先生对其撰作的《李渔年谱》相关内容的申说与补充。按杜书瀛《李渔生平思想概观》、单撰《李渔年谱》和《李渔交游考》对此事的记载与认定，李渔和蒲松龄交往一事的成立须具备这样两个要件：一是李渔在康熙十年（1671年）的初春时节正携他的家庭戏班在扬州小驻；二是蒲松龄和孙蕙（字树百）元宵后的扬州之行，正是专程到扬州邀接李渔和他的家庭戏班

① 单锦珩：《李渔交游考》，载《李渔全集》第19卷，浙江古籍出版社1992年版，第233页。

前往宝应的。这两个要件缺一而不可。但令人感到遗憾的是，据笔者考察，这两个方面的条件却无一能够存在，李渔与蒲松龄在康熙十年会面、结识之说本来就是缺乏事实依据的。

我们先从李渔及其家庭戏班说起。作为一个亦文亦商的山人清客，李渔在杭州、南京（入清后称"江宁府"）都曾刊印戏曲小说以售获利，他在南京开设的芥子园书铺更是名满天下。李渔又曾经携"女乐一部"游于权贵之门，靠家庭戏班的演出和叠石造园的平生绝技托钵乞赠，以维持一家四五十口（包括他的家庭戏班的人）的日常生计。李渔的家庭戏班是何时建立的，又是如何靠戏剧演出出入乞赏于公卿士夫之门的？依据相关记载，康熙五年（1666年），李渔于游秦途中在平阳得"晋姊"乔姬，因其悟性惊人，遂雇一"金阊老优"教习演出歌剧，不数旬，乔姬即能为客度曲。次年，李渔又在兰州得"兰姊"王姬，王姬从乔姬学戏，竟然青胜于蓝。此后，李渔撰作的戏曲即不再"使诸优浪传"，而是由自己的家姬粉墨扮演，以王姬为生而以乔姬为旦，加上李渔身边原有的伶姬，其家庭戏班因此得以建立。单《谱》记载，康熙七年（1668年）的元旦，李渔游秦返至徐州，正值彭城人李申玉之妻生日，李渔于是作《李申玉阃君寿联》以贺，其小序云："是日称觞，即令家姬试演新剧。"[①]此则为李渔的家庭戏班戏剧演出的最早记录。

李渔的家庭戏班自康熙五年得乔姬后开始筹建，至康熙七年元旦在徐州试演，此后即进入演出的盛期。这种状况延续达五六年之久，直到康熙十一年（1672年）乔姬病卒于游楚期间，康熙十二年（1673年）王姬又病卒于游京师时，戏班的演出活动至此也就自然消歇。而康熙十年蒲松龄在孙蕙宝应县署中做幕宾的时候，恰好正是李渔的家庭戏班大红大紫的阶段。那么实际情况是不是

---

① 单锦珩：《李渔年谱》，载《李渔全集》第19卷，浙江古籍出版社1992年版，第60页。

如杜书瀛、单锦珩先生所说的那样，李渔在这年的春天带着自己的家庭戏班到了扬州，从而在扬州受到孙蕙和蒲松龄的邀请，去宝应为孙蕙演戏庆寿了呢？回答应该是否定的。

单《谱》说康熙十年的春天李渔和他的“家班女戏”曾在扬州居停，这在李渔本人和他的朋辈的诗文中找不到任何记载加以证实。黄强先生曾对李渔与扬州的关系作过一番详细考察，他在《李渔扬州事迹考》一文中考得李渔曾五次旅居扬州，其具体时间及相关证据如下：

其一，清顺治九年(1652年)之前。

李渔《广陵归值家慈诞日》诗云：“瀫上旧村居，黄花绕竹篱。儿归千里外，亲寿六旬余。”“瀫水”即李渔原籍兰溪。此次自广陵(扬州的旧称)归兰溪，盖在其于清顺治九年移家杭州之前。

其二，清顺治十五年(1658年)至顺治十七年(1660年)间。

李渔《订友同赴广陵》书札云：“八口驱人，将有广陵之役……倘解维之期不甚相远，谨相订偕行。”黄强先生考得此书札作期在顺治十五年至顺治十七年之间。

其三，清康熙二年(1663年)。

李渔本年有《两同心·贺王北山掌科纳姬广陵，时典试回车》词。王曰高，字登孺，号北山，山东茌平人，本年以工科给事中出任江南乡试副考官，事见清法式善《清秘述闻》卷一。清康熙二年为乡试年，而乡试例在夏历八月，事毕出榜则在九月上旬。李渔已于前一年移家江宁(南京)，由《两同心·贺王北山掌科纳姬广陵，时典试回车》词可知他本年八月之后曾在扬州。

其四，清康熙十二年(1673年)。

李渔本年再次游京师。自江宁北上，曾路过扬州，有《次韵和黄无傲广陵怀古》诗。

其五，清康熙十三年(1674年)仲冬之后或康熙十四年(1675年)春日。

时扬州府知府为金镇。金镇修复了北宋欧阳修任知州时修建的平山堂古迹，并作《朝中措》词记其事，一时和者甚众，李渔亦作有和词二首。①

李渔出生于江苏如皋，后归原籍浙江兰溪，又先后移家杭州、江宁。他又多年奔波趁食于四方，向达官贵人乞求所谓的“绨袍之赐”，其经过或居停于扬州并不止于上述五次。在《李渔扬州事迹考》一文中，黄强先生就列举了李渔曾在扬州参加“平山雅集”一事，参加者除李渔外，又有召集者黄云（仙裳）并周在浚（雪客）、程邃（穆倩）、王檃（安节）、吴晋（介兹）诸人，但因资料阙如，其与同人雅集的具体时间今已不可考知。至于单《谱》中的康熙十年辛亥春日“渔在扬州”云云，则没有任何材料可证其为曾经存在的事实。我们知道，《年谱》的撰作须详核材料，精审事实，辨伪存真，叙事有据，是容不得有半句无稽之谈的。离开了真实可靠的具体材料作为依托和支持，这种空中楼阁式的说法实在无异于向壁虚构之辞，恐怕连作者自己都难以相信其事实是真实存在的，这样的无稽之谈又如何能够使别人信服呢？

三、蒲松龄与孙蕙邀请过李渔和他的家庭戏班吗？

李渔和他的家庭戏班在康熙十年的春天居停扬州之说没有任何事实依据，情况已如上述。那么试问在这年的春天，蒲松龄真曾有过与幕主孙蕙一同去扬州，邀请了李渔和他的家庭戏班到宝应来为孙蕙的继室赵氏并孙蕙本人祝寿之事吗？

在上引的单撰《李渔交游考》中，单锦珩先生引录了蒲松龄的《元宵后与树百赴扬州》诗作为蒲松龄和孙蕙邀约李渔及其家庭戏

① 黄强：《李渔扬州事迹考》，载《扬州师院报》1991 年第 2 期。

班的证据。在路大荒先生编《蒲松龄集·聊斋诗集》和盛伟先生编《蒲松龄全集·聊斋诗集》中，诗俱为同题二首，单文所引为“其二”中的诗句。为说明问题，今录“其二”全诗如下：

我到红桥日已曛，回舟画桨泊如云。

饱帆夜下扬州路，昧爽归来寿细君。

此诗诗题，日本庆应义塾大学聊斋文库所藏传为蒲松龄儿孙所抄的《聊斋诗草》甲本（简称“传甲本”）作《元宵与树百赴扬州》[①]，诗题中夺一“后”字，蒲松龄同年有《元宵酒阑作》一诗可证。从这首诗所描述的情景看，蒲松龄和孙蕙到达扬州时已是黄昏时分，而他们在扬州稍事逗留即乘夜色返棹回船，于第二天的昧爽时分回到宝应，因为这一天即孙蕙妻子的寿辰。《聊斋诗集》中紧接此诗的即《寿赵夫人》一诗。据清高珩《栖云阁文集》卷十四《户科给事中树百孙公墓志铭》：“元配韩孺人，继配赵孺人。”清王士禛《带经堂集》卷八十八《太学生斋如赵君墓志铭》：“余季妹之夫赵君斋如……有姊，适给事中孙君蕙。”是《寿赵夫人》一诗盖为蒲松龄祝贺孙蕙继室赵氏寿诞而作，《元宵后与树百赴扬州》诗所说的“寿细君”，亦为祝孙蕙继室赵氏的寿辰而言。

这便不由得启人疑窦：蒲松龄和孙蕙如此匆忙地去扬州邀请李渔和他的家庭戏班，邀约的方式多么近乎不情！我们且不妨假设此时李渔和他的戏班正在扬州小驻，李渔他们恰好在扬州有事不能脱身前往怎么办？即便是次日李渔无事，可以应邀前往，一个起码十数人的戏班子经过一夜的奔波，和孙蕙、蒲松龄同船在昧爽时分抵达宝应，早已是人困神疲，又如何能够马上进入状态，从容地搬演庆寿的戏剧？从孙蕙这方面说，如果确有这样的打算，那么请一个戏班子来为继室祝寿应该是早在筹划之中的事情，何至于

① 参见邹宗良《对传为蒲松龄儿孙钞本的两种〈聊斋诗草〉的考察》，连载于《蒲松龄研究》2006 年第 1、2 期。今收入本书。

这样“要上轿了才扎耳朵眼儿”，请人请得如此匆忙，让人家连一点休息和准备的时间都没有？尤其使人百思而不得其解的是，在蒲松龄的《元宵后与树百赴扬州》这首诗里，从诗题到具体的诗句，究竟是哪一字、哪一句曾经透露出了和李渔及其戏班相关的消息？没有，连一丝一毫都没有。这首诗只是告诉我们这样一个事实：蒲松龄和他的幕主孙蕙在康熙十年元宵节之后的某一天，坐船去了宝应县府治所在的扬州城。他们是匆匆而去，又匆匆而返的，因为次日即是孙蕙继室赵氏的诞辰，不能耽误了孙蕙这日的“寿细君”之事。说这次的扬州之行和赵氏的诞辰有关是可信的，也是说得通的，但如果硬说他们去扬州是为了邀请李渔及其家庭戏班前来演戏祝寿，这一层意思就完全是单锦珩先生外加的，是一种并无任何依据的想当然的解释，是单先生对《元宵后与树百赴扬州》一诗的误解。笔者在此试问：把原诗中本来没有的意思、仅仅是自己想当然的解释作为一项“证据”来使用，这样的证据还能称其为证据吗？没有了证据的所谓“事实”，还能称其为事实吗？

让我们再来看一看同题的第一首诗：

沽三白酒供清饮，携芥山茶佐胜游。
分赋梅花漾轻桨，片帆风雪到扬州。

三白酒以白面为曲，用白秫和洁白之水久酿而成，为酒中珍品；芥山茶产于浙江长兴，制法精严，乃茶中上品。蒲松龄与孙蕙一路上品名酒而啜佳茗，观帆风之徐徐，赏桨声之欸乃，又效古人以《梅花》为题分韵赋诗，充满了闲情雅致。这样一副消闲散淡之态，正说明他们此去扬州并无什么急事可办，也不必担心是不是可以办成。这与明日就要祝寿演出了而在今天傍晚才去请人接人的匆忙与焦急，呈现出来的完全是两种截然不同的精神面貌。

单撰《李渔交游考》为了进一步坐实蒲松龄邀请李渔及其家庭戏班到宝应祝寿一说，还举出了蒲松龄的《孙树百先生寿日观梨园歌舞》一诗作为补充证据。据前引高珩《栖云阁文集》卷十四《户科给事中树百孙公墓志铭》,孙蕙生于明崇祯五年二月十六日,就时序而言,较其继室赵氏的生日晚了近一个月的光景。我们退一步说,假设是在元宵之后赵氏生日的时候,蒲松龄和孙蕙确实是匆匆去扬州请来了李渔和他的家庭戏班,就孙蕙当时的宦情之薄和宝应县大灾相继的情形而论,孙蕙也绝不可能让李渔的戏班子在宝应县署中一住月余,因为他就是有这样的一种闲情逸致在,也绝没有如此的一份余暇与从容。

康熙十年的宝应县知县孙蕙面临的是怎样的县情?且看徐鞬修、乔莱纂的康熙《宝应县志》卷三《灾祥》:

[康熙]七年,大水。七月十六日决沥青沟闸;明日地震,又狂十余日,卷巨浪至城下。村落庐舍,俱为巨浸。

八年,八月高邮决清水潭,邑淹没如前。

九年,决口未塞,田庐仍没于水。

十年,大疫。宿水淹没者不能布种,高田已种者被旱蝗。诏截流漕粮赈济。自后累年水灾不息,灾田历年蠲免。

再看《清圣祖实录》卷三十四的相关记载:

康熙九年庚戌……十一月……甲戌(二十一日),以淮扬数被水灾,特命高邮、宝应等十五州县应征康熙九年并带征七、八年漕粮漕项,概行蠲免。

康熙九年庚戌……十二月……戊戌(十五日),免江南高邮、宝应等十二州、县、卫本年份水灾额赋有差。

面对如此重灾,身为父母官的孙蕙在康熙十年元月、二月间的行事和处境可从蒲松龄代作的两封书札中约略见出。其一是作于康熙十年正月初七日的《正月七日上总督麻》:

……兹节序维新,区区蚁悃,极欲竭诚泥首,以叩新禧。第念连俭之后,重以酷寒,百姓流离,朝不谋夕;生者垂危,死者接踵。卑职忝司民牧,目击惨心。现在设法劝输,经营煮粥,聊以延救余息。兼之河工兴作,尤需督促,日无宁晷;地方责任，不敢擅离，惟有南望碎首，遥祝福履焉耳。[①]

这封书札的受信人为时任江南江西总督的满洲正黄旗人麻勒吉。《正月七日上总督麻》虽然是当时官场上的酬应文字，但从札中可知，在重灾之后，百姓“生者垂危，死者接踵”的情况下，孙蕙新正伊始就在商请邑中富户输捐粮米，为赈济灾民而开设粥厂，此外尚负有督促本县民工疏浚运河之责。

其二是作于这年二月的《二月廿四日上布政司》一札：

……近知高邮印务欲下委于卑职，此固上台宠顾之美意，实老大人眷注之深心也。卑职虽不敏，宁甘自外耶？然固有义不容辞、分不敢辞而情不得不辞者，敢一一为老大人陈之：凡署印务，必须僻静空闲之员，而后无顾此失彼之虑。若宝应者，河工重务，现在督催，眼睛一瞬，即无成效，故凡工上之一木一石，皆卑职之心血为之。此河工之不可一日无官者也。且宝邑当水路之冲，索夫马者一日而数十次，折夫马者一差而几百两，连岁蠲荒，额设毫无拨补，卑职在县以白手作无米之炊，典衣鬻物，勉强苦撑。此驿递之不可一日无官者也。甚且一日之间，逃犯至于数起，一忽略则疏失遗咎；票件不下百条，稍稽延则参揭立至；兼之流离载道，尤须百计抚绥。卑职捐银化米，家喻户晓，以全副精神昼夜而为之所，几于舌敝唇焦，血枯心碎，尚恐不足以全民命而安民心。此冲疲灾邑之尤不可一日无官者也。忽而催县务者至，则卑职为县官；忽而查河工者至，则卑职为河官；忽而索夫马者至，则卑职又为驿官。即此宝应一邑，尚恨分身无术，况一心为宝计，又一心为高计乎？[②]

---

① (清)蒲松龄著，盛伟编校：《蒲松龄全集》，学林出版社 1998 年版，第 1179 页。

② (清)蒲松龄著，盛伟编校：《蒲松龄全集》，学林出版社 1998 年版，第 1185～1186 页。

这封书札是写给与李渔和孙蕙都曾有过交往的江苏布政使慕天颜的。康熙十年为大计之年，与宝应毗邻的高邮州知州佟有信由于大计考语开坏而降级卸任，而孙蕙则因为计典“卓异”，被督抚和布按二司目为能吏，所以有让孙蕙以宝应县知县的身份兼摄高邮州知州印务之议。但宝应县是清水潭决口被淹的重灾区，此时决口尚未塞闭，全县以低洼被水，百姓因饥饿流离，加之宝应地处水路要冲，河工、驿递诸事繁杂，能吏身处其境也难免捉襟见肘，一心顾东而难以顾西。孙蕙其人虽然有声色之好，在宝应娶的姬妾不少，但平心而论，仍不失为一位体恤民情、竭尽心力救灾为政的良吏。试问：在如此的重灾繁务面前，“即此宝应一邑，尚恨分身无术”的孙蕙能有如此闲心躲在县署中观剧赏曲，请来李渔的家庭戏班一住月余吗？

假设真的是请了李渔和他的戏班来到宝应，那么孙蕙所面临的情况还不仅如此。因为我们知道那位靠“打秋风”讨赏过活的李渔实在是一位极会享受的人物，他的生活既豪奢又气派，而对于所干谒的对象则常常是毫无羞涩之情地“狮子大开口”的，靠讨赏过活的湖上笠翁可不是一位轻易就能打发得了的主儿。孙楷第先生早年曾这样评论李渔这种“狮子大开口”的行径：

> “其地之所入，足供旅人之所出；又可分余惠以及妻孥”，拿白话解释，就是第一要够盘费，第二要有敷余……《全集》卷三《与龚芝麓大宗伯书》云：“日来东奔西驰，绝无善状，不得已而思及天上故人。然所望于故人者，绝不在‘绨袍’二字。以朝野共推第一，文行合擅无双之合肥先生，欲手援一士俾免饥寒，不过吐鸡舌香数口向人说项，便足了其平生。”①

向人乞怜讨赏而所望“绝不在‘绨袍’二字”，真是好大的口气！像孙蕙这样芝麻大小的七品县官，应该说并不是李渔心目中干谒的

① 孙楷第：《李笠翁与〈十二楼〉》，人民文学出版社 1986 年版，第 264～265 页。

目标。一个小小的知县，到他的县署中逗留几天，至多不过是能收取一点"绨袍"之赐而已，而且就是这所谓的"绨袍"之赐，往往也不是孙蕙这种在重灾面前疲于应付的牛马小吏可以拿得出手的，大手大脚奢华惯了的李笠翁可不是区区"百十金"就能够打发得了的！

四、蒲松龄"手录"李渔《南乡子·寄书》一词的历史真相

杜书瀛先生曾经言及蒲松龄"抄录了李渔的《南乡子·寄书》等词，以为纪念"，单锦珩先生又云"蒲(松龄)手录(李)渔词《南乡子·寄书》相赠"，这究竟是怎么一回事？宋玉说夫风生于地，起于青萍之末。蒲松龄钞录李渔词作的说法看起来似乎是事出有因的，那么它的源头又在哪里呢？

《蒲松龄研究》2008 年第 1 期发表了吴兴兰女士的《蒲松龄研究会第七届会员大会暨 2007 年年会综述》一文，其中谈到巩武威先生在淄博市召开的此次会议上"就蒲松龄与李渔的问题作了发言，认为目前所发现的资料尚不足以证明二人曾有过交游"①。笔者得睹这一消息时已草就本文的前面几节，但因为对蒲松龄手录李渔的《南乡子·寄书》一词之事不甚了了，故将此文置之箧中有年。读到这一消息后，便一直盼望能早日看到巩武威先生的文章，也许他的文章可以解开笔者的心头的这一困惑。

前不久，笔者应邀去淄博市参加一个《聊斋俚曲演唱专辑》的发行仪式，见到了担任市戏剧家协会主席的巩武威先生，于是当面向他询及此事。承巩先生相告得知，他因为想把李渔与蒲松龄交

① 吴兴兰：《蒲松龄研究会第七届会员大会暨 2007 年年会综述》，载《蒲松龄研究》2008 年第 1 期。

往一事编为戏曲，于是着手搜集相关资料，见到了一个据说是蒲松龄手录的钞本，其中即收有李渔的《南乡子·寄书》一词。巩先生由此认定此说存在问题，于是便有了在淄博市蒲松龄研究会年会上的那次发言，但并没有写成文字。他鼓励笔者续成此文，并提供了他所了解的关于蒲松龄手录李渔《南乡子·寄书》一词的情况：淄博市博山区一位张先生，收藏有据说是蒲松龄手录的他人作品一册，其中即有李渔的《南乡子·寄书》一词。巩先生访问过这位先生，因此藏有此词的照片。巩先生说，这册个人收藏的钞本之所以被认为是蒲松龄手钞的，是因为其上钤有蒲松龄印二章，一为白地朱文，另一为朱地白文。但此钞本的笔迹是否蒲松龄本人的墨迹，这两枚印章又是否蒲松龄生前使用过的，巩先生表示怀疑。

承袁世硕先生相告，他在20世纪80年代曾目睹了淄博市博山区的张先生收藏的这一册文物的原件。袁先生谈及当时的印象，说这只是一个年代较早的李渔词作的钞本，很有可能是清初的钞本，收有李渔的《南乡子·寄书》和其他词作。袁先生认为，作为一个李渔词作的早期钞本，此钞本自有其文物和文献方面的价值，但这一钞本的笔迹与蒲松龄传世的笔迹迥然不同，不能认定是蒲松龄钞录的。

笔者十分感谢袁世硕先生和巩武威先生。笔者认为，正因为这个李渔词作的钞本被收藏者认为是蒲松龄所钞录的，由此便衍生出了杜书瀛先生的蒲松龄“钞录了李渔的《南乡子·寄书》等词，以为纪念”一说。杜先生此说经单锦珩先生的进一步推衍，又变成了“蒲(松龄)手录(李)渔词《南乡子·寄书》相赠”。这一个李渔词作早期钞本的存在及相关的传言，便是李渔与蒲松龄交往一说最初的源头。

据巩武威先生介绍，他所收藏的照片上只有李渔《南乡子·寄书》的词作，并无任何相关的说明文字。袁世硕先生曾目睹过此钞本的全豹，也说此钞本只是李渔词作的一个早期钞本，而且从笔迹上看并不是蒲松龄钞写的。

我们说,即便这个李渔词作的钞本真的是蒲松龄本人钞录的,它的存在也只能说明蒲松龄钞录过李渔的词作,但并不能说明李渔和蒲松龄存在交往一事。袁世硕先生是一位严谨的多年从事蒲松龄研究的著名学者,曾从文学版本学的角度先后考察过《聊斋志异》的康熙间钞本、《异史》钞本、铸雪斋钞本、王金范选刻十八卷本和聊斋诗的早期钞本《聊斋偶存草》,他对这个钞本的认定,更使我们有理由相信,由此而衍生出来的李渔与蒲松龄交往一说不过是以讹传讹而已,它不仅缺乏任何文字资料的证实,而且也是缺乏文学版本学方面的任何依据的。

至此,我们可以对流传已久的李渔与蒲松龄交往一事作出我们的结论了。所谓李渔与蒲松龄存在交往不过是一个当代人编撰、推衍出来的美丽的传说而已。这种说法没有任何的事实依据,因而是不能成立的。现在,应该是这个传说结束的时候了。

(写于2009年11月,原题《一段层累造成的文坛佳话——李渔与蒲松龄交往辨误》,发表于《文史哲》2010年第6期)

对《蒲松龄和陈淑卿》一文的几点质疑

新中国成立以来，研究探索我国17世纪最优秀的短篇小说家蒲松龄的生平事迹的著述，还是所见不多的。发表于《蒲松龄研究集刊》第一辑的田泽长先生的《蒲松龄和陈淑卿》[①]一文，对蒲松龄在康熙元年(1662年)至康熙十年(1671年)间的一段生活经历作了探讨。田先生并且对蒲松龄所作的一篇骈体的《陈淑卿小像题辞》作了认真详尽的校注，一并附在文后。这些工作都是值得我们首肯的。

田先生的文章，以《陈淑卿小像题辞》为主要依据，对蒲松龄的生平作出了这样一个推断，即蒲松龄在与其原配夫人刘氏的婚姻关系之外，还曾有过一段不同寻常的爱情经历。即如文中所讲的，康熙元年，家乡罹于七之难，蒲松龄为躲兵灾，乘船入山，在一个荒僻的山村里，遇到了一位美丽聪慧的姑娘——陈淑卿。在共同的逃难生活中，他们产生了爱情。中间虽然几经磨难，但这种关系一直延续到康熙十年陈淑卿客死在江淮异乡。

---

① 田泽长：《蒲松龄和陈淑卿》，载《蒲松龄研究集刊》第一辑，齐鲁书社1980年版，第264～280页。

在翻检了有关蒲松龄生平的一些资料之后，笔者对田泽长先生的推断似乎并不敢苟同。这里，我们想略陈一下自己的看法，同田先生商榷蒲松龄和陈淑卿结合的问题。不妥之处，恳望田泽长先生和从事蒲松龄研究的方家指正。

一、关于“兵方兴于白水”、“乱适起于黄巾”

在《蒲松龄和陈淑卿》一文中，田泽长先生把蒲、陈二人遇合的时间推为康熙元年，青州都统济席哈带领清兵进剿于七起义军，于七所部和清朝的官军交战最激烈的时候。认为清顺治十八年(1661年)到康熙元年(1662年)的于七起义和清兵对于七农民军的进剿，是“兵方兴于白水”、“乱适起于黄巾”的具体内容。这种推断不无可商榷之处。

关于于七起义一事，清杨士骧修的《山东通志》卷一百十七《兵防志》有一段记载颇详：

> [顺治]五年，栖霞民于七集亡命于锯齿山中，肆行剽掠。七年，攻宁海，知州刘文淇死之。时海内初定，朝廷以反侧者多，每招抚之。登州知州张尚贤权授于七为栖霞把总，令其擒贼自效……十八年春，于七之弟于九与莱阳人宋彝秉有隙，宋诣兵部告变，称七谋不轨，遂檄官兵往捕。会七他出，其妻使于九、于十拒伤官兵。七惧，与其党尹应和及和子秉艭等叛入山。十月，遣党邢小泉寇福山……又有贼党宁海僧常和尚及张振冈等踞昆嵛山，寇文登，围县城……时贼党段忠续、林万鹏、高起应、庞应奎等各拥众数千踞鳌山，徐海门、徐耀门等踞招虎山，犯大嵩围。有旨命靖东将军济席哈率舒穆图喇等，及总督祖泽溥统兵会剿。济席哈抵莱阳，图喇领兵七百疾驰至栖霞，获城中从贼者三百余人，因趋鳌山，贼闻风逸去。十二月朔，大军列营山下，七负嵎撑拒，凡两月余。康熙元年春，七

溃围窜走,尹应和、尹秉艭等俱擒斩。其屯于昆嵛、招虎诸山者,副将刘进宝以次捕治之,余众悉降。

由这段记载可见,于七领导的农民起义军占据锯齿、昆嵛、招虎、鳌山诸山,活动区域并不出山东的登州府和莱州的即墨一带。这里距蒲松龄的家乡,当时济南府属的淄川县,尚隔莱、青二州,相去甚远。并且青州所处的位置,正在淄川与莱、登之间,青州都统济席哈的进剿,必然是从青州府的治所益都出发,东抵莱阳、栖霞一带的。因为济席哈所率领的官军不会绕道淄川然后东行,故淄川一带不会遭受济席哈官军的兵燹之灾是可以断定的。

据有关史志记载,顺治十八年到康熙元年之间,同济席哈一起进剿于七农民军的,还有刚刚从山西调来山东的总督祖泽溥。《清史列传》卷七十八载:祖泽溥"(顺治)十八年授山西总督,寻调山东。时栖霞县土贼于七纠党据锯齿山出掠,诏靖东将军济席哈往剿,破其寨,斩馘无算。于七窜入海。济席哈班师,而昆嵛、招虎两山贼之附于七者,犹阻险不下。康熙元年,泽溥率副将刘进宝剿平之"。康熙《青州府志》更云:"祖泽溥,顺治辛丑(十八年)总督山东,值于七乱,下车即出师东指。"可见,祖泽溥当时是带了兵东行的。那么山东总督祖泽溥的"出师东指",有没有经掠淄川一带的可能呢?

我国著名历史地理学家侯仁之先生在其所著的《淄博市主要城市的起源和发展》一文中,对鲁中山地北麓通往山东半岛的古今东西大道的形成和变迁作了分析考察。侯先生认为,清初东西交通大道的中段,当是"从王村向东,出峪之后转而北行,沿着孤立的凤凰山东麓,经过于陵废墟上的古城村,就到了周村。然后从周村陡转向东,直驱张店"①。据侯仁之先生考察,当时的交通大道,与今天从王村到周村的公路从凤凰山西麓和白云山之间穿过,稍有

① 侯仁之:《历史地理学的理论与实践》,上海人民出版社 1979 年版,第 379 页。

不同。清初的东西交通大道途经淄博的一段,并不经过蒲松龄的家乡淄川。据此,则不唯于七农民军活动的范围不及淄川及附近地区,就是官军的进剿也没有经过淄川并在这里屯扎。田泽长先生曾引路大荒《蒲柳泉先生年谱·康熙二年癸卯》中的一段话:"除屠杀而外,又迫使存者背井离乡",当是指官军所至的莱阳、栖霞、胶州一带的事情,在康熙元二年间,淄川一带并无田先生所说的"百姓不论贫富,逃窜一空"的情况。由此看来,田先生文中所说的蒲松龄为逃避兵灾,在外面躲了半年才回来的推断,是很难作出符合当时当地情况的解释的。换言之,即这个罹兵燹之灾,避乱半年方回到家中的人,不应是家在淄川一带的人,当然也并非作了《陈淑卿小像题辞》的蒲松龄自己。

田先生在文中还叙述了他所推断的蒲松龄逃难的情况。蒲松龄与家人失散,坐上一只小船,顺流逃命。这与蒲氏家乡的情况也甚为不符。据我们所知,淄川一带并没有可以行船的河流。淄河和孝妇河是流经淄博一带的较大的河流,但自古至今,河上从无舟楫通行。侯仁之先生在《淄博市主要城市的起源和发展》一文中也说,二河"都是雨季流量猛增,枯水季节又常出现断流现象。在历史上,两河都没有航行之利,反而常闹水灾"①。至于离蒲家庄甚近的般水,虽然汉之般阳城因之起名,却是孝妇河的支流,更是一条河道不宽的细流了。淄川一带河流的情况如此,蒲松龄自然也就没有坐船逃命的道理了。

康熙元年前后,蒲松龄并没有逃难在外,与家人失散,这从他自己的著作中也可以得到证实。松龄的长子蒲箬是在康熙元年的八月出生的,这时蒲松龄与妻子刘氏结婚已有五年,也并非如《陈淑卿小像题辞》所言,是"伯鸾将婚"的情况。如果按田先生所作的

① 侯仁之:《历史地理学的理论与实践》,上海人民出版社 1979 年版,第 337～339 页。

推断，蒲松龄这时与家人失散，刘氏势必要逃难在外，当也是罹尽逃难之苦的。特别是在顺治十八年十二月至康熙元年五月的半年中，蒲箬尚未降生，刘氏所遭遇的困苦更是可以想见的。①《述刘氏行实》记述刘氏结婚以后的情况说：“入门最温谨，朴讷寡言，不及诸宛若慧黠，亦不似他者与姑悖谿也……然时以虚舟之触为姑罪，呶呶者竞长舌无已时。处士公曰：‘此乌可久居哉！’乃析箸，授田二十亩……居惟农场老屋三间，旷无四壁，小树丛丛，蓬蒿满之。松龄岁岁游学……时仅生大男箬。”我们说，如果真有淄川一带罹兵燹之灾，刘氏以怀孕之躯而遭逢战乱，又发生了与丈夫在逃难中失散的情况，蒲松龄一定会在为妻子撰写的《述刘氏行实》中书上一笔的，因为这在刘氏的一生中毕竟不是一件寻常的事。但我们在这篇人物传记中所见到的，却只是刘氏妯娌之间存在着贤与不贤的矛盾，以及由此而生出的蒲槃为松龄兄弟“析箸”的情况，从刘氏结婚到蒲松龄兄弟“析箸”前后，看不出任何战乱的迹象。我们以为，这也是当时淄川一带没有遭遇战乱兵灾，蒲松龄也没有逃难在外与家人失散的经历的例证。

二、关于“旧本琅玡”

蒲松龄在《陈淑卿小像题辞》中所说的“射雀之客，旧本琅玡”一语，用了潘岳《射雉赋》之典，当指与陈淑卿发生了爱情关系的那个人，居处或郡望是古代的琅玡郡。田泽长先生在文章中说：“琅玡，郡名，秦置，属旧山东兖、青、沂、莱四府东南境及胶州之地。”旧

① 据路大荒先生撰《蒲松龄年谱》，蒲氏长男箬生于康熙元年八月三十日。又据《山东通志》：顺治十八年十二月朔，清军云集列营于锯齿山下。康熙元年夏五月，都统济席哈剿平山东“贼寇”。这时刘氏正在怀孕期间。田文所言蒲松龄避乱半年方得归家事，亦当指此时。

本琅玡与蒲松龄的原籍相合,因为"淄川属莱州府"。淄川在历史上是否曾属莱州府治?蒲松龄的原籍是否与"旧本琅玡"之说相符?这却是值得商榷的问题。

首先,淄川的归属,在历史上曾多次变更,但并不见有属莱州府之说。淄川原名般阳,以其在般水之阳而得名。在淄川设县,始于西汉,最早的记载见于《汉书·地理志》。至隋开皇十八年(598年)始改名淄川,并一直沿用至今。关于淄川一地的建置沿革,我们查考了《大明一统志》、《大清一统志》、清陈芳绩《历代地理沿革表》、清叶圭绶《续山东考古录》等书,并没有发现淄川曾属于莱州府的任何记载。田先生说淄川曾属于莱州,或见历史上有淄川移治临朐的记载,临朐之名又曾见于莱州治所掖县附近;或见元代有莱州属般阳府路的说法,认为路领登、莱二州,县在州下,淄川亦当归莱州府属。但实际情况并非如此。

据史料记载,刘宋及隋,淄川曾因移治和县废两度省入临朐。① 但临朐之名,在山东凡两见,一在掖县北面②,一在今淄川县东南。西汉时两处曾并设为县,并且都用了临朐的名称。淄川附近的临朐,清时属青州府,即淄川移治、省入的县份。并二为一,误也。至于元代的般阳府路,确曾统领过登、莱二州,但淄川等县则是直属路隶的,中间并不存在归属莱州的问题。元代于钦的《齐乘》,对这个问题有详尽的说明:

> 国初淄州属济南(路),登、莱属益都(路)。中统五年置淄州路,登、莱二州来隶。至元二年改为淄莱路,廿四年改为般阳府路。原领县六,至元初割邹平属济南,高苑属益都。二州

---

① (清)叶圭绶:《续山东考古录》卷二《济南府中·淄川县》:"刘宋青州济南郡土鼓县,侨冀州清河郡治贝邱县,移般阳于今临朐境。"(清)陈芳绩《历代地理沿革表》卷二十七《淄川县》:"(隋)大业初省入临朐。"

② 《大清一统志》卷一百三十八:"临朐故城,在掖县北。汉县,属东莱郡。"

带入八县。今领州二，领录事司一，县十二，隶府者四，隶州者八。

《齐乘》和乾隆四十一年修的《淄川县志》都明确地把元代淄川、长山、新城、蒲台四县列在莱、登二州之前，以示隶属关系。叶圭绶《续山东考古录》也提出了《齐乘》所载的淄川、新城、长山、蒲台四县“不得以莱夷概之”[①]的问题。既然淄川在元代“不得以莱夷概之”，那么在历史上的其他朝代，也就更不存在淄川曾隶属过中隔了青州一府的莱州的问题了。

淄川既不属莱州所治，当更不属秦置之琅玡郡。《续山东考古录》卷首总沿革云：“秦诸郡合以今舆地，多难稽考。证以汉郡国，参观州县沿革，可得其大略。”据叶圭绶所考，“秦琅玡郡即汉琅玡郡”。查《汉书·地理志》，琅玡郡下属县凡五十一，并无般阳之名。般阳县见于济南郡下，当为秦时齐郡所属。

淄川在历史上既然不属莱州府，亦不属秦置之琅玡郡，可见“旧本琅玡”的成典与蒲松龄的原籍并不相合。和陈淑卿有过爱情关系的“射雀之客”不是蒲松龄，也可以断然无疑了。

三、私会和子女问题

田泽长先生文中讲到，陈淑卿被逐出家门之后，经过了一段书信往来，又回到了蒲松龄的身边，但他们虽然同居一地，却没有亲昵的机会。于是，他们创造了一个私会的条件，度过了一段“宵奔夜去”的时光。

这段推论，仅仅是依据了《陈淑卿小像题辞》中的一段文字。从一般情理和蒲松龄这时的生活状况看，我们认为，这种“宵奔夜

① （清）叶圭绶著，王汝涛、唐敏、丁余善点注：《续山东考古录》，山东文艺出版社1997年版，第74页。

去"的私会,是并不存在于蒲松龄和陈淑卿之间的。

陈淑卿离去又归,按照情理推论,似乎是不可能的。一个"大非姑舅之心"的女子,既然被公婆逐出家门,虽然她和她的丈夫仍然保持着真挚的爱情,但如果不是夫家的父母双亲感悟应允,那是无法回到她丈夫的身边来的。《陈淑卿小像题辞》虽然也说到了"雷霆虽烈,渐感悟于湘蘅;伉俪久成,初合欢于豆蔻",但那是在陈淑卿回到她丈夫身边,并且和他有了私会之后。陈淑卿是个家在异地的女子,在蒲家"析箸"之初,就是回到满井庄来,她也肯定是没有与"浼邻妇为伴"的刘氏住在一起的。而这时既然已经"析箸",又有"大非姑舅之心"、"已失椿萱之意"的前行,何况如田泽长先生文中所说,在康熙元、二年间,蒲松龄的父亲蒲槃尚在,陈淑卿也完全没有住在蒲氏父母之所的可能。而举目无亲的陈淑卿,除了依靠蒲家之外,是完全无法重回满井庄来,与蒲松龄同居一处,并实现私会的目的的。这种离去又归的情况,至少在蒲家当时所处的情况下,在蒲松龄的身上,是不可能发生的。

我们不妨考察一下蒲松龄这时的生活状况。按田泽长先生的说法,他们的这段相会时间并不太长。陈淑卿不久就只好离开了蒲氏。为慎重起见,我们不妨把这段时间假定在康熙元年到康熙九年,即从济席哈剿灭于七以后,直到蒲松龄南游江苏宝应以前的这段时间内。

蒲松龄在十九岁时应童子试,以县、府、道三试第一,受知于山东学道施闰章,名藉藉于诸生间。康熙改元以后,他亦不过二十几岁,当正是热衷于功名科举的时候。《述刘氏行实》中说他这时"岁岁游学",当是指他正奔走于友人、诸生之间,研讨学问,准备应举乡试。[①] 路大荒先生所撰《蒲柳泉先生年谱》中，有康熙三年“先生读书于李希梅家”的记载。蒲氏自作的《〈醒轩日课〉序》，对这一时期的经历叙说得颇为详尽：

李子希梅，与余有范、张之雅。甲辰春，邀我共笔砚，余携书而就之。朝分明窗，夜分灯火，期相与以有成。忽忽数载，人事去其半，寒暑去其半，祸患疾疫之杂出者又去其半，回思书之熟肄，艺之构成者，盖寥寥焉……时赵甥晋石在，假馆同居，谓余曰：“请订一籍，日诵一文焉书之，阅一经焉书之，作一艺、仿一帖焉书之，每晨兴而为之标日焉。庶使一日无功，则愧，则警，则汗涔涔下也。”余曰：“善！”遂集十数叶，借晋石籍而授之。

在这段文字里，蒲松龄说他与李希梅“期相与以有成”，在李家就读，是经过了“数载”的时光的。[②] 初时由于学习方法上的问题，又患“友数之疏”，有“人事”、“寒暑”、“祸患疾疫之杂出”等原因，学习的功效不大。后来由于受到别人的诮劝和忠告，遂订籍标日，矢志苦学。李希梅，名尧臣，顺治十六年与蒲松龄、王甡、张笃庆等结成郢中诗社，并曾为蒲松龄的父亲蒲槃作过传，与蒲松龄的交谊是很深的。可以想见，蒲松龄既然怀着冀于一第的希望，“数载”寄读于友人斋中，且又有甥赵晋石“假馆同居”，自然也是没有与陈淑卿同居一处，从而可以“宵奔夜去”的机会的。

田先生文中还提到了蒲、陈二人所生的子女问题。即经过了

---

① 蒲松龄早年的“岁岁游学”，后经王枝忠先生考察，实为其“设馆执教”的委婉说法。(参见王枝忠《蒲松龄杂考》，载《蒲松龄论集》，文化艺术出版社 1990 年版，第 41～51 页)

② 蒲松龄在李尧臣的醒轩课读的时间大约仅止半载，而非该文和有的研究者认为的“忽忽数载”。说见王枝忠先生《蒲松龄杂考》(收入王枝忠《蒲松龄论集》，文化艺术出版社 1990 年版，第 41～51 页)和笔者后来在《蒲松龄与赵金人》一文中所作的考论。笔者此文今收入本书。

这短促的“宵奔夜去”的欢会之后，他们终于有了孩子，却不能自己抚养，只好偷偷送到别的地方，把孩子寄存起来。而到了蒲松龄在高邮做幕宾的时候，又和儿女们在一起了。田先生并由此推断，在蒲松龄辞幕归家的时候，因为他的处境十分困难，可能是把他的孩子寄养在友人兼幕主孙蕙那里了。田先生的这种推断，也是我们所不能同意的。

在《述刘氏行实》中，蒲松龄自述他与刘氏共生了四男一女。而在《蒲氏世谱》中，也仅仅记载了这四个儿子的名字。在蒲氏墓表碑阴的署名、蒲箬的《祭父文》、王洪谋的《柳泉居士行略》中，也仅仅见到蒲箬、蒲篪、蒲笏、蒲筠这四个儿子的名字。如果蒲松龄和陈淑卿真有子女，是不会不见于上述记载的。田先生说：“至于媵妾所生的子女，为了不‘玷污’本人的声誉，在文字的记载上往往多所避讳，后人往往难以考证。”但在蒲氏的挚友李尧臣写的《处士公行略》和蒲松龄自撰的《述刘氏行实》中，却都提到了蒲松龄兄弟四人，一为庶出的情况。如果真的像田先生所说的那样在这个问题上有所避讳，那么蒲松龄和他的友人首先就该顾忌到他的父亲蒲槃也有庶子的问题。蒲氏虽然家道艰难，但既然在他南游归家时陈淑卿已殁，当即应把孩子带回交由刘氏抚养。将尚在幼年的子女遗弃在自己的友人孙树百处，于情于理似乎都难以说通。即便早年真有子女寄养在外，那么活了七十六岁的蒲松龄到后来也是不会不接他们归宗的。我们认为，蒲松龄死后，在祭悼的文字中只见到刘氏所生的四个儿子，这正说明了与陈淑卿有过私会，并且生了子女的那个人，并不是《陈淑卿小像题辞》的作者蒲松龄。

四、关于南游期间同居的问题

关于陈淑卿曾南下宝应、高邮与蒲松龄相会的例证，田先生举了康熙十年蒲氏南游期间的诗作两首。即《元宵后与树百赴扬州》

其二说“饱帆夜下扬州路，昧爽归来寿细君”；《秦邮官署》说“人来春草绿，人去秋柳残”。对于田先生所言“寿细君”的问题，我们将在下面谈到。这里先就“人来人去”的问题表述一下我们的看法。

《秦邮官署》一诗，从作者的感叹和诗中的描写看，当作于康熙十年的秋天，蒲松龄南游归家之前。秦邮，亦即高邮，因秦时曾筑高台，上置邮亭，故有此名。作者的这首诗应该是作于高邮州的州署中的，主要是抒发自己离家远行的旅愁。“人来春草绿，人去秋柳残”，上句当是蒲松龄说自己在这年的春天来到高邮，下句则是自己离高邮之前面对秋色发出的感叹。从诗里的意思来看，“人来人去”并不是指陈淑卿的南下。因为蒲松龄正是在这年的春天随孙蕙离开宝应，移幕高邮的。路大荒先生撰写的《蒲柳泉先生年谱》康熙十年辛亥下就有这样的记载：“三月，孙蕙调署高邮州，二十八日到任，先生同往。”这与诗中所写的景色也正相符合。田先生既云《元宵后与树百赴扬州》诗中的“寿细君”是对陈淑卿而言的，那么陈淑卿的南下，亦当在春节刚过，上元之前，不会是在绿草如茵的阳春三月。

田泽长先生认为，康熙九年秋，蒲松龄南下之初，是有一定怀乡之感的，但到康熙十年，情绪却因陈淑卿的到来而变得好了起来，而在夏秋之后，由于陈淑卿玉殒香消，蒲氏的心情复又十分低沉了。但仔细读一下蒲松龄南游期间的全部诗作，我们认为，即使在康熙十年的春日，蒲氏的心情也并没有像田先生所说的那样兴致勃勃。这时候的诗作，大部分仍是寄托了作者的离愁和对人生的感愤。例如，《三月三日呈孙树百，时得大计邸抄》其一说：“卧病梅花销瘦骨，断肠柳色忆啼莺”；“我自蹉跎君偃蹇，两人踪迹可怜生！”《射阳湖》说：“春归远陌莺花外，心在寒空雁影边。翘首乡关何处是，渔歌声断水云天。”《舟过柳园，同孙树百赋》其一说：“浪迹十年湖海梦，频教杨柳绾离愁。”其二说：“过眼离愁空柳色，伤心往事但桃花。”[①]从以上列举的诗中所描写的景物，可以推断为春日之作。我们认为，从这些诗作中，是大致可以看出蒲松龄在康熙十年夏秋以前的心情的。

还有一个十分值得注意的现象，就是在一些作于这年春天的诗作里，表露了蒲松龄深深的乡思和离愁。例如：

河堤远眺其二

银沙乱树接遥岑，春日凝寒晓色侵。
青草每从愁里发，白云多向梦中深。
鱼龙浪影浮天地，莺燕年华任古今。
无那客心惊折柳，一声长笛泪满襟！

寒食阴雨，有怀刘孔集其二

杨花春去不胜吹，风雨江湖荡子悲。
客久浮名心易冷，愁中诗酒戒难持。
狂搔短发征云路，早发离愁到雁时。
半夜高亭闻鹤唳，烛盘灺尽漏声迟。

从诗题和诗中描述的景色看，以上所举的诗作于春日无疑。还有一首在路大荒先生整理的《蒲松龄集》中题作《感愤》的诗，是田先生引以说明蒲松龄在这年的夏秋之后急转直下的心情的。在殷孟伦、袁世硕先生所注的《蒲松龄诗选注》中，据钞本诗集《聊斋偶存草》中所标示的《十九日得家书感赋，即呈孙树百、刘孔集》诗题等，推定这首诗作于这年的正月十九日。[②] 因此，我们也可以认为这首诗所表露的，正是蒲松龄在康熙十年春天的心情。

从以上所列的三首诗中，我们不仅可以看到蒲松龄求仕不成，

---

① “桃花”，路编《蒲松龄集·聊斋诗集》作“梅花”，从《聊斋偶存草》钞本改。诗句见袁世硕、马瑞芳、郝浚《对〈聊斋偶存草〉的考察》，载《蒲松龄研究集刊》第一辑，齐鲁书社 1980 年版，第 229～248 页。

② 参见殷孟伦、袁世硕选注《蒲松龄诗词选》，齐鲁书社 1983 年版，第 14～16 页。

远游做幕，感时伤春的情绪是多么低沉，而且可以体察到他这时的离愁别绪是多么深切。在这些诗所寄托的深深的离愁中，当然也包含了对故乡山水风物的恋怀，但主要应是对远别的妻子儿女的思念。按照田先生的说法，既然这时陈淑卿已经来到了蒲松龄的身边，而蒲松龄此时的心境又十分愉快，那么我们要问：蒲松龄还有什么事情念念而不去诸怀，要在诗作中寄托这样深切的怀乡之情，发这样苦闷的离愁呢？

从康熙九年秋到康熙十年秋，蒲松龄在南游的一年间所写的诗中，借景咏志、触景生情的诗作是很多的。大致说来，这些诗较明显地表现了蒲松龄两种不同的思想情感。一种是借景咏叹自己不得志的遭逢，寄托自己离家客居的旅思，如《早行》、《射阳湖》、《夜坐悲歌》、《河堤远眺》、《堤上作》诸篇。这类诗作中表现的情绪大都十分低沉。另一种也是写景的诗，却表现了蒲松龄一时的兴致。这些诗作，语言生动清丽，感情质朴自然，诗中不乏写景的佳句。可以想象，面对着祖国可爱的山川风物，蒲松龄怀才不遇的牢骚和羁旅的愁思被秀丽的景色冲淡了，他暂时忘记了愁闷，完全陶醉在了山水景物之中。像田先生文中所引的《元宵后与树百赴扬州》一诗，就是后一类的诗歌。蒲松龄在《客斋》其二诗中所说的“乡思多因闻雁发，离魂只为看花消”，正可以说明他写这些诗时的心境。但是，从蒲松龄南游期间的全部诗作来看，那种因一时兴发而写成的诗并不是很多的，并且这类诗作也并不限于康熙十年的春天。作于南游旅次的《青石关》、《途中》（其一）、《黄河晓渡》，作于康熙十年夏秋间的《泛邵伯湖》等都属于这一类。因此，像《元宵后与树百赴扬州》这样因一时兴致而成的诗作，并不足以展现蒲松龄康熙十年整个春季的心情，所以并不能因为蒲松龄一时的兴发而把他在这年春天的心情说得兴致勃勃。

下面再讨论“寿细君”的问题。“细君”一词，源出《汉书·东方朔传》。对“细君”的解释，历来有两种。一种解释，《汉书·东方朔传》颜师古注说:“细君,朔妻之名。”后来即沿为对妻的统称。扬雄的《解嘲》,即引了“东方朔割炙于细君”的典故。至陈徐陵作《谢赉麞启》,叙述了自己从皇帝羽猎,受赐猎麞的事,中有“赐细君以为欢,非屠门而大嚼”句,显见这时徐陵已十分清楚地把自己的妻子称为“细君”。称自己的妻子为细君,并见于唐宋大家的诗作之中。韩愈《岳阳楼别窦司直》一诗中,就有“细君知蚕织,稚子已能饷”的句子。苏轼《上元侍饮诗》也说:“归来一点残灯在,犹有传柑遗细君。”这种解释,与田先生的说法稍有不同,即都是指自己的妻子而言的,但没有指妾为细君的说法。

另一种解释,则是指诸侯的妻子或别人的妻子。这种说法,也是自汉就有的。《汉书·东方朔传》注:“师古曰:一说,细,小也。朔自比于诸侯,谓其妻曰小君。”魏张揖的《广雅》也说:“君妻谓之小君。”王念孙《广雅疏证》疏云:“庄二十二年《穀梁传》云:小君非君也,其曰君何也?以其为公配,可以言小君也。”宋胡继宗《书言故事》说:“谓人妻曰细君。”可见,称诸侯的妻子或别人的妻子为小君、细君的情况,在古代训诂著述中也是存在着的。在《聊斋志异·狐妾》篇中,蒲松龄也是用过“小君”一词的。他说,汾州州官刘某,娶狐女为妾,“家人俱尊以小君礼”。“细”和“小”是可以互训的,小君亦即细君。由此可见,“细君”这个称呼不但适于称别人的妻妾,并且是有尊重的意思在内的。因此,我们完全可以说“昧爽归来寿细君”一语中的“细君”是指孙蕙的妻妾而言的,不能说这里的“细君”指的是陈淑卿。

在路大荒先生整理的《蒲松龄集》中,《元宵后与树百赴扬州》一诗之后,紧接着的便是《寿赵夫人》一诗。这是一个不容忽略的情况。据高珩《栖云阁文集》卷十四《户科给事中树百孙公墓志铭》:“元配韩孺人,继配赵孺人。”王士禛《带经堂集》卷八十八《太学生斋如赵君墓志铭》:“余季妹之夫赵君斋如……有姊,适给事中孙君蕙。”高珩和王士禛的相关记载,可证《寿赵夫人》一诗中的赵夫人便是孙蕙的继室颜山赵氏。这样一来,事实就十分清楚了,与《寿赵夫人》一诗同观,可知《元宵后与树百赴扬州》一诗中的"饱帆夜下扬州路,昧爽归来寿细君",是说蒲松龄和孙蕙之所以连夜从扬州匆匆赶回宝应,为的便是给孙蕙的继室赵氏祝寿。事实说明,田先生所举出的"细君"一语,其所指并非田先生所说为蒲松龄之妾的陈淑卿,而是孙蕙的继室颜山赵氏。由此我们可以得出结论,"寿细君"的事是有的,却是与陈淑卿并无任何关联的一件事。

关于"十年心事"的问题。田先生据蒲松龄写于康熙十年秋的《堤上作》其一中"十年心事计全非"句,推断"十年心事"当是指十年前蒲松龄与陈淑卿相遇结合,十年后陈淑卿去世,蒲松龄认为十年来的所有打算都随之破灭而发的感慨。对此,我们也想谈一谈自己的不同认识。

在蒲松龄作于康熙十年的诗作中,提到"十年"的问题的,并不止《堤上作》一首。如《旅思》说"十年尘土梦,百事与心违";《河堤远眺》其一说"歧路徘徊思弟妹,十年患难重交游";《寒食阴雨,有怀刘孔集》其三首句,原五卷本作"十年尘土叹遭逢";《中秋微雨,宿希梅斋》其一说:"一床灯火眠疏雨,十载飘零感旧知。"从所引的这些诗句看,说蒲松龄的"十年心事"是对自己怀才不遇、困于场屋、萍踪漂浮的遭逢的感叹,应该说是更为可信的。如《旅思》一诗写的是羁旅在外的心情,除思乡之外,主要还是感叹自己人随岁老,事业无成。《中秋微雨,宿希梅斋》的第二首,更是十分清楚地反映了蒲松龄这时的心境,诗云:

三径苍茫满绿苔,高斋把酒共徘徊。
几家烟火芳邻隔,四塞凉云薄暮来。
义气相逢清夜悔,艰难深历壮心灰。
与君共洒穷途泪,世上何人解怜才!

李希梅是蒲松龄一生的挚友,十五岁补博士弟子员,学问广博,但终以诸生老。在自叹怀才不遇、老大无成的问题上,他们二人相怜相叹,"共洒穷途泪",是有着深切的共同语言的。

由以上几个问题的论述,我们认为,田先生文中所举的有关陈淑卿南游江淮的论据,其实都不是针对陈淑卿的南游而言的。那么在康熙十年的春天,陈淑卿到底曾否南游,就是一件很值得怀疑的事情了。

五、关于陈淑卿名不见碑传的问题

有关陈淑卿事迹的记载,"即充小传"的《陈淑卿小像题辞》是仅见的一篇。[①] 这个问题,也不能不引起我们的思考。

田泽长先生曾经拿《红楼梦》中的晴雯与陈淑卿作了一个比较,认为陈淑卿与晴雯自当处于同一地位。其实,仔细思考一下,如果陈淑卿真是与蒲松龄有过一段爱情经历的话,晴雯与她自不能相比。她们并不处在同一种社会地位上。

《红楼梦》里的晴雯,虽然对贾宝玉有一段缠绵的情肠,但她所处的地位,到底不过是贾府贵公子的一个使唤丫头。她与贾宝玉的关系,并没有深入到媵妾的一层。所以,宝玉心中虽然对晴雯念念不忘,但也只能讳莫如深地偷偷作上一篇《芙蓉诔》。而陈淑卿则不同。如田文所说,她既然与蒲松龄有了爱情,生了子女,他们的关系后来或许还得到了"渐感悟于湘蘅"的封建家长的承认,正式明确了两人的关系,并得以在一起同居,那她显然就处于妾的地位了,这是晴雯丫头如何也不能相比的。

田先生认为陈淑卿的事迹之所以不见于记载,湮没无闻,是由

---

① 陈淑卿的事迹,又见《淄川县志》卷六《续列女》、清王培荀《乡园忆旧录》卷一"家中宪公孙篆永"条,详见马振方教授《〈陈淑卿小像题辞〉考辨》(发表于《文学遗产》1985年第1期)与笔者的《〈《陈淑卿小像题辞》考辨〉订补》一文(发表于《文学遗产》1986年第3期,今收入本书)。此处正文仍原稿之旧,未作修改。

于她所处的媵妾的地位使然。后人所写的蒲松龄的"墓表"、"行述"、"祭文"等纪念文字中没有这段经历,诗文集中的记载也可能被删节得面目全非,这正是当时社会条件下的必然遭遇。田先生的上述观点,也是不无可商榷之处的。

在蒲松龄所处的时代,对于男子,纳妾并不是什么不光彩的事情。而对于女子来说,妾的地位也许并非十分低下。蒲松龄的《聊斋志异》反映了我国 17 世纪广阔而丰富的社会生活,纳妾这种社会现象也同样反映在《聊斋志异》某些篇章的描写中。在《刘海石》、《妾杖击贼》、《武孝廉》、《阎王》、《马介甫》诸篇的记载中,对时人纳妾的事都有所反映。并且在《邵女》篇里,蒲松龄还记叙了邵女自愿为妾的事。可见在当时的社会条件下,纳妾还是比较普遍的现象。蒲松龄如果真有这样的生活经历,后人在为他写的"墓表"、"行述"、"祭文"中却故意避去不书,是找不到什么理由的。在淄川《蒲氏世谱》中,就有蒲松龄对自己的父亲"配孙氏、董氏、李氏"的记载,其中孙氏、董氏分别为其父蒲槃的正室和继室,李氏的身份则是蒲槃之妾。试问:对父亲纳妾之事尚且不讳,蒲松龄自己的著述和后人的记载何以却要把他的这段经历故意"不予记载",或者竟要"删节得面目全非"呢?

通过以上几个问题的辩述,我们以为,蒲松龄没有如田文所说的那样与陈淑卿发生爱情关系,应该可以证实是无可置疑的了。那么,《陈淑卿小像题辞》又是在什么情况下写成的呢?《题辞》是否为代人之作?

这个问题,据我们推论,似乎有两种可能,这里一并提出来,供大家讨论。

首先,我们认为,这可能是一篇虚构的作品。我们知道,蒲松龄是善于也很喜欢作骈文的。在《聊斋志异》的某些篇章中,蒲氏就曾据某一件事而大发一段骈文的议论。《聊斋志异》又是以其宏丽、奇特的想象著称于世的。蒲松龄既然能经过自己头脑的艺术加工，把一些很简单的情节幻化成那样缠绵悱恻、曲折动人的爱情故事，我们是否可以想象，在见到了这幅署名陈淑卿的青年女子的画像的时候，蒲松龄充分驰骋自己宏富的想象，幻化出了一个关于陈淑卿的曲折的爱情故事，并且取用了自己喜用的长技——骈文的形式来表现呢？

其次，我们觉得，并不能排除《陈淑卿小像题辞》是代人之作的可能性。田先生认为，既为代人之作，在收入集中的时候就应当于题中标明，以免千古之后被人传笑。这个问题似乎并不难理解。蒲松龄在写《聊斋志异》的时候，也许并没有想到它后来的梓行。至于像《陈淑卿小像题辞》这样的一时之作，作者也许根本就没有想到在他死后两百多年，还会有人为他编集传世。至于田先生所说的《题辞》中的口气用了第一人称，好像也并不能以"完全"二字概之。如"射雀之客"、"伯鸾"、"居民"、"王孙"诸称，都是可以用在别人身上的。田先生所说的第一人称，在全文中也仅"朝炊暮绩，迎人之笑靥仍开；儿啼女号，谪我之恶声未有"一句而已。这里的"我"很明显是与前一句中的"人"相对而言的，这是由骈文排比对偶的特点决定的，"我"并非一定是指作者本人。即便这里的"我"字真是作者有意用的，那也只是一种增强文章的效果和感情色彩的写作手段罢了。这种情况，在我国古代的文学作品中是不乏其例的。在汉乐府民歌中就常常有这样两种人称并用的情况。因此，我们说《题辞》中第一人称的偶尔运用并不能说明其不是代人之作。

关于贾大夫丑陋的问题，《左传·昭公二十八年》仅言"贾大夫恶"。杜预的《集解》释为"貌丑"，本没有过分强调其丑的意思。据我们理解，"射雀之客，旧本琅玡"一句，既从潘岳的《射雉赋》中化出，当是重在取用琅玡之俗善射的故实，以说明那位"射雀之客"的居地或郡望是古代的琅玡郡，作者似乎并没有在谦虚不谦虚的问题上多作考虑。如田先生所言，"骈文多用故实，大都通过巧妙的比喻，象征性地表达自己的思想感情，很难表示出一个明确的概念”。故我们认为，作者在这里也并没有明确强调“贾大夫恶”的意思。是否可以设想，那位“旧本琅玡”的射雀之客，是与蒲松龄有着某种关系的一个人，他倾慕蒲松龄在当时的文名，于是把自己一段悲剧性的爱情经历告诉了蒲松龄，求他在自己曾经爱过的人的画像上题写一篇类似小传的文字。但是他在封建礼教面前的表现又是软弱的（这从《陈淑卿小像题辞》的叙述描写中也看得出来），所以他不敢让蒲松龄在《题辞》中直书他的姓名，不敢把自己的这段“隐秘”公诸世人，而只是想借这样一篇类似后来的《芙蓉诔》的文字来寄托自己对陈淑卿的悼念。蒲松龄为他所叙述的情节所感动，慨然为之作《陈淑卿小像题辞》，对陈淑卿的不幸遭遇表示了自己的深切同情，其对封建礼教的叛逆精神亦是可以因此见出的。

（写于1980年秋，发表于《蒲松龄研究集刊》第三辑）

《〈陈淑卿小像题辞〉考辨》订补

马振方先生在《〈陈淑卿小像题辞〉考辨》[①]一文中，经过多方考证，证实蒲松龄《聊斋文集》卷四《陈淑卿小像题辞》所记的陈淑卿是其友人王敏入的妻子，从而澄清了一个在蒲松龄生平研究中引起几多争议的问题，这无疑是一个可喜的收获。近年来，笔者在研讨蒲松龄生平、交游情况的过程中，也曾就这一问题作过一些考察。[②] 1985年3月，在山东大学校庆学术报告会期间，笔者曾以《蒲松龄〈陈淑卿小像题辞〉本事考》为题，在中文系举办的学术报告会上阐述过与马文基本相同的结论。根据笔者所作的考察，我觉得马振方先生的考证在史实上还存在可商榷之处，对王敏入与蒲松龄的交往等情况也尚有一些可补充的地方，今一并写出，就教于马振方先生与诸位同好。

首先，马振方先生认为王敏入是王篆永之子，是沿袭了清人王

---

① 马振方:《〈陈淑卿小像题辞〉考辨》，载《文学遗产》1985年第1期。

② 参见邹宗良《对〈蒲松龄和陈淑卿〉一文的几点质疑》，载《蒲松龄研究集刊》第三辑，齐鲁书社1982年版，第229～247页。今收入本书。

培荀《乡园忆旧录》的记载之误。[①] 王敏入的父亲，不是《乡园忆旧录》中所说的王箓永，而是王箓永同一曾祖的兄弟王瑞永。

《国朝山左诗续抄》卷三十二曾收录王敏入的小传一则，兹引录于下：

王敏入，字子逊，号梓岩。淄川县诸生。有《追远集》。《县志》：敏入，瑞永子。明季王茂德之乱，负其父夜遁，误入贼营，攒刃相向。敏入哀祈，贼心动，叱出免之。贼谢迁居淄川，其党掳瑞永将入城，敏入追及，乞以身代，贼又舍之。亲殁既葬，负土营墓，以贫不能具碑，乃手镌父诗黉山、泰岱及千佛、华不注、长白诸山，以图不朽。又筑石室，自写双亲真容，朝夕虔奉，一如事生。唐太史豹岩为立传。

笔者按，《淄川县志》虽曾记载了王敏入在王茂德起义和谢迁起义时救父的两件事，但并未明言其为"瑞永子"。而《国朝山左诗续抄》的这一记载却与事实相合。在《淄川县丰泉乡王氏世谱》中，王瑞永的小传对瑞永与王敏入的父子关系记载得十分清楚、确凿：

瑞永，字应之。行四。增生。博学好古，数奇不遇。碑[殚]心声律之学，时写意于诗词。七十九岁，无疾而终。卒后长子敏入搜葺佚稿，得诗若干首，手镌《追远集》以行于世。子二。

《国朝山左诗续抄》卷三十二、《般阳诗萃》卷三，俱收王瑞永《〈集韵〉稿成书事》一诗。这与蒲松龄在《聊斋文集》卷三《〈追远集〉序》中所说"王子梓岩……太公先生，古道君子，沉酣缥帙，没后龙鳞凤蜕，堆叠满屋，而其《集韵》一书，尤攻苦二十载，真足并驾沈、刘"的情况正合。《乡园忆旧录》卷一说王敏入的父亲"好为诗，

① 蒲泽先生校点本《乡园忆旧录》(齐鲁书社 1993 年版)，已将原刻本中的"家中宪公孙箓永"一句校改为"家中宪公孙瑞永"，但未出校记，在《校点后记》中有所交代，特此说明。

而深于韵学，著一书，皆辨析字韵”，也见其所指确为王瑞永无疑。《乡园忆旧录》的记载之所以出现这样的错误，主要是因为这位同族的后人王培荀是清道光年间的人，去明末清初的史事太远了。他对王敏入与陈淑卿之事虽然曾经听闻，却失于检诸家乘和乡邦文献，以致把以往的人和事混淆起来了。

至于《乡园忆旧录》中所说的那位“中宪公孙”王篆永，则是王瑞永的祖兄王崇义之孙，清初奉命招抚山东、河南的户部侍郎王鳌永的胞弟。据《淄川县丰泉乡王氏世谱》，王篆永共有四子：楮、棫、梅、橘。王篆永的胞兄王鳌永，明天启五年乙丑（1625 年）进士，曾因主张对明末农民军采取剿抚并用的策略，与熊文灿、杨嗣昌意见不合而被罢官，后得崇祯皇帝特召，官工、户二部侍郎。顺治元年，王鳌永奉清命以原官招抚山东、河南，十月至青州，为李自成部下御旗鼓赵应元所杀。其子王樛以难荫补銮仪卫指挥佥事，入镶蓝旗，累官至通政使司右通政。王樛无子，康熙四年（1665 年）卒于官，其叔父王篆永之孙敷政得以荫官，累至内阁侍读学士。我们从蒲松龄的诗文察知，王樛（字子下，号息轩）、王橘（字雪因）及王楮之子敷政（字代工，号澹庵）、一正（字定甫）、居正（字心逸，号怀庵）、观正（字觐光，号如水）及王棫之子体正（字长人，一字心闲），皆与蒲松龄存在交游关系。

马振方先生曾依据蒲松龄撰作的《〈追远集〉序》一文，订正了《淄川县志》中存在的一处差误：为王敏入刻于怪石、致之名山的并不是他父亲王瑞永的诗作，而是王瑞永所著《集韵》一书的“吉光片羽”。其实，我们结合其他史料考察，有关的记载差误并不尽于此，这里还涉及《追远集》一书的归属问题。

上引的《国朝山左诗续抄》卷三十二王敏入的小传，曾明言敏入“有《追远集》”，《般阳诗萃》卷四王敏入的小传也有相同的记载。但据《淄川县丰泉乡王氏世谱》中王瑞永的小传，《追远集》则为王瑞永的诗作“佚稿”，王敏入对此不过是做了些“搜葺”、“手镌”以行于世的工作。而蒲松龄所作的《〈追远集〉序》，洋洋洒洒四百余言，并无一语叙及《追远集》，反而只谈王敏入“太公先生”的“《集韵》一书，尤攻苦二十载，真足并驾沈、刘。恨错囊羞涩，不能播诸海内得识者鉴赏，因将吉光片羽镌之怪石，供诸名山，而终以夸娥负山，恨力致之不远也，思以十指寿梨枣，略出一斑，与天下共政之，而删定之责属余”。因此，笔者怀疑为蒲松龄所删定的这部《追远集》，当即王瑞永《集韵》一书的删节本。[①] 合《淄川县丰泉乡王氏世谱》与《〈追远集〉序》的记载看，《追远集》一书不是王敏入的作品，而是乃父的著述是可以断定的。

下面，试将《陈淑卿小像题辞》所涉及的史事及王敏入的生平情况作一钩稽概括。

《陈淑卿小像题辞》在言及王敏入与陈淑卿逃难遇合的时间时，曾概言“伯鸾将婚，兵方兴于白水；文姬未嫁，乱适起于黄巾”，见得二人在将婚未婚之时遇上了一次较大的农民起义。田泽长先生云此即发生于胶东一带的于七起义，笔者曾对此作过否定说明。[②] 按，明末清初，淄川一带共发生过两次大的农民起义：一是起于明崇祯十四年(1641 年)，炽于崇祯十七年(1644 年)的邑人王茂德起义；一是清顺治四年(1647 年)占据淄川，“僭伪号，置官署”[③]的高苑人谢迁领导的起义。谢迁起义，自其来据淄川至被围

① 后来袁世硕师在《蒲松龄与丰泉乡王氏——附〈陈淑卿小像题辞〉叙说》(收入袁世硕《蒲松龄事迹著述新考》，齐鲁书社 1988 年版，第 75～99 页)一文中云：上引蒲松龄撰作的《〈追远集〉序》“应于‘真足并驾沈、刘’句截断，不可与后文连读……讲声韵之学的《集韵》一书，是作为王瑞永多种著作中的力作而举出的，当属上；后文所讲‘镌之怪石’、‘供诸名山’者，并非专指《集韵》之‘吉光片羽’。因为将韵书之片断刻之石是无意义的，并不能‘得识者赏鉴’……王敏入要亲自雕刻而请蒲松龄‘删定’之《追远集》，也是王瑞永的遗诗，而非《集韵》”。其说甚是。

② 参见邹宗良《对〈蒲松龄和陈淑卿〉一文的几点质疑》，载《蒲松龄研究集刊》第三辑，齐鲁书社 1982 年版，第 229～247 页。今收入本书。

③ (清)王士禛著，惠栋注补：《渔洋山人自撰年谱》，清红豆斋刻本。

失败仅仅两月，与《陈淑卿小像题辞》所叙“捧半年之巾帨，始认家门”的情况不合。唯崇祯十七年王茂德的人马曾据乡间围攻淄川城，四乡亦因此有乱离之事。据《淄川县志》卷三《赋役志·兵事》载：

[崇祯]十四年，历城佛峪贼起。邑人御之于西郊，王茂德等叛去。

[崇祯]十七年三月，王茂德自西来，驻周村。夜率贼攻城，拒却之。四月，李自成伪县尹孔仕鲁来。五月，流贼李自成伪权将军郭姓者率兵数千自南来，抵城下。拒之，引去。六月，王茂德自东复还，率其党驻兵城北，号召及数万，极力攻城……城仅全，而乡中蹂躏不堪矣。

《淄川县志》卷二《建置志·城池》，亦有“王茂德之乱，数万众战城下者三月”的记载。可见是年自春徂夏，淄川一带的农民起义烽火从未宁息。这种情况与《淄川县志》卷六《续列女》所收陈氏小传中“值明季土寇之乱，合卺未成礼，遽仓皇奔匿山谷”的记载正相吻合。据此，崇祯十七年发生的王茂德率众返归淄川，占据乡间并极力攻城事，即“兵方兴于白水”、“乱适起于黄巾”的具体内容。

既然王敏入与陈淑卿在将婚未婚的情况下逃难遇合，推测敏入当时的年龄至多不过十八九岁，陈淑卿的年龄则比他更小。

王敏入，字子逊（“逊”一作“巽”），号梓岩，淄川县诸生。《淄川县志》卷六《人物志·续孝友》、《国朝山左诗续抄》卷三十二、《般阳诗萃》卷四、《淄川县丰泉乡王氏世谱》俱存其小传。蒲松龄说他“文章风雅，弱冠知名”，唐梦赉称其“凡所为诗文，援笔立就”，知其为淄川一带的文学名士。从其自写侍亲图卷和推其自写的陈淑卿小像以及手镌父诗于梨枣、于怪石之上，可见王敏入工于绘事，而且写刻俱精。

马振方先生在文章中谈到王敏入曾入京探望“在都为旗籍太史”的“族先生”王樛一事，我们结合《聊斋志异·念秧》篇所提供的材料，尚可对有关内容作些补充。

《念秧》篇云，王敏入在北上之途，曾遇一自称清苑许姓者，说临淄知县高檠与其为中表亲，而“先是，临淄宰与王有旧，王曾入其幕”，知王敏入曾为高檠幕客。查康熙年间纂修的《临淄县志》，自清朝鼎革至康熙十一年，莅宰兹土者凡十三人，高檠次列十一，为康熙间知县。高檠之前任知县者为陕西进士杨端本。《临淄县志》卷十五收有杨端本所作的《瑞泉记》一篇，中有“壬寅（康熙元年，1662 年）秋，予令临淄，莅任甫十日，闻邑南有数泉……”云云，同卷又载为杨端本离任而作的《杨公去思碑》，因知杨端本在临淄终其三年之任，高檠莅宰临淄自康熙四年（1665 年）始。据高珩《通政使司右通政子下王公墓志铭》[①]，王敏入入京探视的那位“族先生”王樛卒于康熙四年十二月初三日，故王敏入的入京之行必在此年高檠莅宰临淄之后，王樛卒日之前。

在蒲松龄的著述中，与王敏入有关的记载，除去马振方先生提到的《陈淑卿小像题辞》（《聊斋文集》卷四）、《〈追远集〉序》（《聊斋文集》卷三）、《念秧》（《聊斋志异会校会注会评本》卷四）、《蛙曲》（同上）、《鼠戏》（同上）诸篇外，《聊斋词集》中尚有记其续弦的词作六首，即置诸《词集》卷端的《贺新郎 · 王子巽续弦即事戏赠》二首，《两同心》、《秋蕊香》、《妾十九》、《鹤冲天》各一首。今引录其二：

秋蕊香

君抱两年孤睡，妾幸半床鸳被。前生结就风流配，此夜两情始遂。千金一刻春宵贵，心如醉。灯昏暗道金钗坠，可似旧人也未？

妾十九

妾十九，妾十九，郎二九时妾始有。月老当年早记名，赤

① （清）高珩：《栖云阁文集》卷十四，清刻本。

绳系定鸳鸯偶。

《秋蕊香》词中所称的“旧人”,无疑指的是已经玉殒香销的陈淑卿。我们由此可以得知,陈淑卿死后不久,王敏入又续娶了他的第二个妻子。《妾十九》云“郎二九时妾始有”,虽或为约略而言,但据此可知续弦时王敏入已届不惑之年。按我们上文的推测,王敏入续弦当在康熙初年。《秋蕊香》词既云“君抱两年孤睡”,可见这时距陈淑卿过世并不太远。

康熙二十六年(1687年)夏天,在淄川知县张嵋主持、邑人唐梦赉等纂修《淄川县志》的时候,王敏入担任了绘制卷首县景图的工作。在王敏入所绘的《般阳二十四景图》前后,具体负责修志的唐梦赉各有一篇题记记载了这件事:

般阳自汉置县以来,为府为路不一,都会也。旧志绘图粗恶,又无山川景物。今延名士王子逊馆余别墅两月,每写一图,必亲历其处,盘礴坐卧,拟藁而后归,经营良苦矣。语曰:山不在高,水不在深。其抚斯图而有感欤?

邑文学王梓岩,望出崔、卢,名高顾、陆。凡所为诗文,援笔立就,皆能道所欲言。其画绘山川、云物、卉虫最工,尤善写生,极妍尽态。至所制《鳌山灯园扉》,开合,人物拱揖,泉飞鹿走,览者惊为神助,间尝于巨家一再见之。今所画般阳诸图于康熙丁卯五、六月间,冒暑裹粮,一仆一骑,周历十余日,返而后下笔。垂帘闭阁,毕得其情状。至于感应山灵,其所寓余孝水西村,焕山山市为之屡现,亦异事也。兹图第二十四景仙岩洞畔石足园,盖其住处云。豹岩唐梦赉。

笔者按,仙岩洞旧址在今淄博市淄川区罗村镇东北,其下之仙岩庄又名“凹子”(凹音洼),即今淄川区罗村镇之凹子村,当即王敏入居处。此处距蒲松龄所居的蒲家庄十五六里,距王鳌永、王篆永等居住的弯桥村只有三四里远近。

此外,《国朝山左诗续抄》和《般阳诗萃》俱收录了王敏入的《甲戌肄业书祥观》诗。今一并引录于下：

谢却尘缘守旧庐，青箱事业重遗书。
龙门浮誉全无据，驴磨生涯自有余。
投散已甘老樗栎，笺经不耐辨虫鱼。
萧然午夜闲吟罢，月挂峰头万籁虚。

清人冯萩桥编辑的《般阳诗萃》还收录了王敏入的《画放生矶筑屋图》、《游长白山》二诗，这是王氏仅见的三首诗作。[①] 从风格看，王敏入的诗明显地受到王孟韦柳一派的影响，在闲淡之中又流露出一种落拓不才的孤寂与酸辛。《淄川县志》说王敏入写像供奉双亲，"年至七十，犹然孺慕"，可见他至少活了七十岁。蒲松龄的《〈追远集〉序》作于康熙三十一年，其时王敏入尚"思以十指"寿其父遗作于梨枣，故云《甲戌肄业书祥观》一诗作于康熙三十三年甲戌(1694 年)当云不谬。明王琮纂修嘉靖《淄川县志》卷二《寺观》有云："书祥观，去县东北十里。"书祥观的确切地址在淄川县治东北十五里的簧山之阴、梓橦山之阳，距王敏入的居处仙岩庄不远。以明崇祯十七年(1644 年)王敏入十八九岁计，此诗乃其六十七八岁时的作品。

(写于 1985 年春，发表于《文学遗产》1986 年第 3 期)

① 此说未确。《山东文献集成》编纂委员会编《山东文献集成》第三辑第四十二册(山东大学出版社 2009 年版)，收录了清淄川王如英、王怀琪等辑，青岛市图书馆藏，民国七年(1918)顺和堂石印局石印本《王氏一家言》二十八卷，其中即包括王敏入的著述。

《子笏》诗的作期与蒲松龄诸子的生年问题

——对几种《蒲松龄年谱》中相关讹误的订正

据淄川《蒲氏世谱》、张元《柳泉蒲先生墓表》和蒲松龄《述刘氏行实》等相关资料记载,《聊斋志异》的作者蒲松龄生有四子一女。其四个儿子的长次为蒲箬、蒲篪、蒲笏、蒲筠[1],女儿名字无考。在路大荒先生编著的《蒲松龄年谱》(以下简称"路《谱》")中,列蒲松龄诸子与长孙蒲立德的生年如下:

康熙元年壬寅(一六六二)

八月三十日,长男箬生。

胡懋勋《蒲青笠墓志》:"君生于康熙元年……"

康熙十一年壬子(一六七二)

是年先生次男篪生。

康熙十四年乙卯(一六七五)

是年三男笏生。(《聊斋诗集》)

康熙十六年丁巳(一六七七)

① 据淄川《蒲氏世谱》与《柳泉蒲先生墓表》所列次序。蒲松龄《述刘氏行实》依箬、篪、筠、笏排次,误。

是年四男筠生。

康熙二十二年癸亥(一六八三)

十二月二十六日,先生长孙立德生。[①]

蒲松龄的长子蒲箬,字青笠,号磊轩,一生的大半时间以谋馆教书为生。他于三十岁以前补博士弟子员,多次参加乡试不中,直到六十五岁成为岁贡生,生活的轨迹与其父大致相同。蒲箬的生年,路《谱》定为康熙元年,并举胡懋勋撰《蒲青笠墓志铭》作为系年的依据。胡懋勋字靖臣,号慕亮,亦淄川人,康熙五十六年丁酉(1717 年)科举人,雍正十一年癸丑(1733 年)成进士,《淄川县志》卷五《选举志》称他"需次直隶,以知县试用,初署新乐教谕,旋实授知赞皇县事……在任一年,百姓德之,未几以重听免官",可见胡懋勋出仕的时候年事已高,其生活的年代大约与蒲箬同时而稍晚。路《谱》以胡懋勋撰《蒲青笠墓志铭》为据系蒲箬生年,此事当属可信,学术界对此并无异说。然而,对蒲松龄另外三个儿子蒲篪、蒲笏、蒲筠的生年,却一直存在不同的说法。此后出版的刘阶平先生撰《蒲柳泉松龄先生年谱》分别系蒲松龄另三个儿子的生年为康熙五年丙午(1666 年)、康熙十年辛亥(1671 年)和康熙十四年乙卯(1675 年)[②];罗敬之先生撰《蒲松龄年谱》则系为康熙七年戊申(1668 年)、康熙十年辛亥(1671 年)和康熙十四年乙卯(1675 年)[③]。刘、罗二《谱》系蒲松龄诸子的生年有同也有异,但均未列出系年的依据,从而使得蒲松龄诸子的生年问题更加扑朔迷离。

包括笔者在内,此前对蒲篪、蒲笏、蒲筠生年的推论多以路大荒先生编订的《蒲松龄集》本《聊斋诗集》所收的一首七言古诗《子笏》为据,但由于路编《聊斋诗集》对此诗的系年存在误差,反而使

① 摘引自路大荒《蒲松龄年谱》,齐鲁书社 1980 年版,第 13、21、24、25、33 页。

② 参见刘阶平《蒲留仙松龄先生年谱》,台湾中华书局 1985 年版,第 41、51、56 页。

③ 参见罗敬之《蒲松龄年谱》,台湾国立编译馆 2000 年版,第 41、46、66 页。

得这一问题的解决趋于复杂。现根据所掌握的材料对蒲松龄《子笏》一诗的作期及与此相关的蒲松龄诸子的生年问题进行考辨,兼以订正我在二十余年前的旧作《谈蒲松龄诸子的生年》中推论的不审之误。①

下面先引蒲松龄的《子笏》一诗:

人生少年何可常?前日黑头今日苍。
我今视汝犹襁褓,走来遂已如兄长。
行年十九非幼稚,宜知勤读学孝弟。
况值母病家无人,审症求方须精细。
有子不问贤与愚,爷娘望之眼欲枯。
静坐不惟学问长,闭门管取是非无。
读书析疑如滤水,务使滓尽清彻底。
智慧皆从致志生,功名要自读书始。
一弟十五尚冥顽,高卧止解拥三竿。
一侄七岁能说典,似有慧根吾所欢。
恃汝朝夕勤讲贯,如追放豚儆惰玩。
渠得聪明汝亦习,教人可当学之半。
我为糊口芸人田,任尔娇惰实堪怜。
几时能储十石粟,与尔共读蓬窗前。

在这首诗中,蒲松龄明确地提到了其第三子蒲笏、第四子蒲筠和长孙蒲立德的确切年龄。蒲笏等人年龄的揭出为考订蒲松龄诸子的生年问题提供了方便,但推算蒲笏等的生年须以《子笏》诗在《聊斋诗集》中的编年准确无误为根本条件。因此,搞清《子笏》一诗的准确系年,就成为解决蒲松龄诸子生年问题的首要前提。据笔者考察,蒲松龄《子笏》一诗的作期不是路编《聊斋诗集》所定的康熙二十八年己巳(1689 年),而是康熙三十年辛未(1691 年),下面试次

① 参见邹宗良《谈蒲松龄诸子的生年》,载《淄流》1984 年第 4 期。

第而作辨析。

路编《聊斋诗集》将《子笏》一诗系于康熙二十八年己巳，与今所知见的各种《聊斋诗集》旧钞本的诗作排列次序俱不相合。如由路大荒先生提供底本、经赵苕狂编入世界书局本《聊斋全集》的二卷本《聊斋诗集》钞本曾收录此诗，经笔者考证，这个二卷本的《聊斋诗集》为新城耿士伟编订，是聊斋诗的一个重要选本，其中自第八十三题《送孙广文先生景夏》起按写作的先后次序排列。[①]《子笏》诗为二卷本《聊斋诗集》钞本第一百四十三题，其前的《读书效樊堂》、《读〈剑南集〉有感》、《示诸儿》，其后的《九月到济南，游东流水，即为毕刺史物色菊种》俱为康熙三十年辛未诗作。早在1931年的夏天，胡适之先生借到清华大学图书馆和淄川马立勋抄藏的两部《聊斋全集》，曾请罗尔纲先生将这两部《聊斋全集》与上海中华图书馆1920年出版的石印本《聊斋全集》作成《三种目录对照表》[②]，这三种《聊斋全集》中也包括了蒲松龄的诗作。罗尔纲先生所作的《三种目录对照表》今存北京大学图书馆，笔者在十数年前曾请时在北大做访问学者的日本友人八木章好先生代为复制。《三种目录对照表》所列的蒲氏诗作，除中华图书馆本《聊斋全集》全是伪作，已经胡适之和杨海儒先生详加考辨外[③]，清华大学图书馆藏钞本失收《子笏》一诗，而淄川马立勋钞本中《子笏》及前后诗作的排列次序俱与二卷本《聊斋诗集》相同。

---

① 参见邹宗良《二卷本〈聊斋诗集〉探考》，载《蒲松龄研究》1994年第2期。今收入本书。

② 参见罗尔纲《〈聊斋文集〉的稿本及其价值》，载1935年3月28日《大公报》；胡适《辨伪举例——蒲松龄的生年考》，载《新月》四卷一号(1932年8月)，收入《胡适论学近著》，商务印书馆1935年版。

③ 参见胡适《辨伪举例——蒲松龄的生年考》，载《新月》四卷一号(1932年8月)，收入《胡适论学近著》，商务印书馆1935年版；杨海儒《民国石印本〈聊斋全集〉辨伪新证》，载《蒲松龄生平著述考辨》，中国书籍出版社1994年版，第176～188页。

20 世纪 90 年代在淄川发现的钤有“同祥荣记”印章的《聊斋诗集》钞本（此钞本由张庆林先生收藏，以下简称“张藏本”）同样收有《子笏》一诗。据赵蔚芝、张庆林先生介绍，张藏本所收为康熙二十七年戊辰（1688 年）至康熙四十年辛巳（1701 年）之间的编年诗，其中《子笏》一诗系于康熙三十年辛未，与路编《聊斋诗集》系于康熙二十八年己巳不同。①

此外，笔者在整理校订聊斋诗的过程中，还曾考察过国家图书馆收藏的一部《聊斋诗集》钞本（此钞本的情况将另文介绍）。《子笏》诗为国图藏本《聊斋诗集》第一百二十六题，其前的《拟南郊瑞雪应制》等十三题十五首诗，其后的《饱食园中果》等五题六首诗分别被路大荒先生系于康熙三十年辛未和未编年的续录部分，据笔者考察，这些诗俱为康熙三十年辛未诗作。今合二卷本、淄川马立勋钞本、国图所藏《聊斋诗集》钞本中《子笏》与其前后诗作的排列状况看，张藏本系《子笏》一诗于康熙三十年辛未当云不误。

特别值得引起注意的是路《谱》中关于松龄第四子蒲筠生年的认定。在路《谱》中，蒲筠的生年被系于康熙十六年丁巳（1677 年）。《子笏》诗在谈到蒲筠的情况时说：“一弟十五尚冥顽，高卧止解拥三竿。”这是目前所知关于蒲筠确切年龄的唯一资料。按照《子笏》诗所提供的材料，由康熙三十年辛未逆推，蒲筠正生于康熙十六年。这种情况说明，路《谱》在推算蒲筠生年的时候，仍然是把《子笏》一诗视为康熙三十年辛未的诗作来看的；换言之，在路大荒先生编订的《聊斋诗集》初稿中，《子笏》诗本来就排列在康熙三十年辛未的诗作次序之中。据笔者推想，大概是后来路先生考虑到《子笏》诗中“一侄七岁能说典”一句与黄揩珽撰《东谷先生传》所记载的蒲立德的年龄不相吻合，遂以松龄长孙蒲立德的生年为据，把

---

① 参见赵蔚芝、张庆林《一本新发现的〈聊斋诗集〉钞本》，载《蒲松龄研究》1991 年第 4 期。

《子笏》一诗从康熙三十年辛未的原诗作编次中删除，将其移到了康熙二十八年己巳之下。按，据《子笏》诗作于康熙三十年辛未向前逆推，其第三子蒲笏的生年应为康熙十二年癸丑。路先生把《子笏》诗移置康熙二十八年己巳之后，显然是以此为据重新计数过蒲笏的生年的，只不过他在计算时把前推两年错记为由康熙十二年推后两年，从而形成了系年的变动之误。由于《子笏》诗在《聊斋诗集》中的系年发生了变动，所以路大荒先生在他所编著的《蒲松龄年谱》中重将蒲笏的年龄由康熙二十八年己巳向前逆推，得出了蒲笏生于康熙十四年乙卯的结果；但对于蒲筠的生年，路先生却忘记了依据已经改动的《子笏》诗的系年进行重新推算。路先生这一偶然的疏忽和对蒲笏生年的计算之误，也就在同一部《蒲松龄年谱》中反映出分别按康熙三十年辛未和康熙二十八年己巳系《子笏》一诗的两种结果，使得路《谱》本身出现了前后不相统一的矛盾。

我们说《子笏》一诗应当系于康熙三十年辛未，还可以从《聊斋诗集》中其他诗作所反映的事实本身得到证明。路编《聊斋诗集》未编年的续录部分收有《寄弟》一诗，"姑附于"康熙十二年的61首诗作（路大荒先生云58首，实为61首）中有《日中饭》一诗，路大荒先生对此二诗均未有确切编年。后来所发现、由淄博市蒲松龄纪念馆收藏的聊斋诗的早期钞本《聊斋偶存草》收录了这两首诗，一首题作《示弟》，另一首题作《午中饭》。由袁世硕、马瑞芳、郝浚先生对《聊斋偶存草》所作的考察可知①，同收入《聊斋偶存草》的诸多诗作一样，这两首诗其实是可以准确系年的。据考察，《寄弟》一诗作于康熙十二年六月，《日中饭》则是康熙十三年麦收之后的诗作。《寄弟》诗中有"尔兄一女三男儿"句，可见至迟在康熙十二年的六月，蒲松龄的第三个儿子蒲笏已经降生。《日中饭》诗写到了

① 参见袁世硕、马瑞芳、郝浚《对〈聊斋偶存草〉的考察》，载《蒲松龄研究集刊》第一辑，齐鲁书社1980年版，第229～248页。

作者的三个儿子在炎夏的中午抢食麦粥的生活场景：

大男挥勺鸣鼎铛，狼藉流饮声枨枨。

中男尚无力，携盘觅箸相叫争。

小男始学步，翻盆倒盏如饿鹰。

蒲松龄的第四个儿子蒲筠是康熙十六年才出生的(说见下)，故这里的“小男”为其第三子蒲笏无疑。“始学步”的年龄在一周岁上下，古代人的年龄依虚岁计，也即古人所说的两岁。蒲笏在康熙十三年夏季正处于蹒跚学步的年龄，其降生当在一年之前，即康熙十二年的入夏前后或这年的春天。《子笏》诗称蒲笏“行年十九非幼稚”，今按此诗作于康熙三十年辛未逆推，蒲笏生于康熙十二年癸丑，与《寄弟》诗所反映的康熙十二年六月蒲笏已经降生，《午中饭》诗表明的其生于康熙十二年的事实正相符合。

《聊斋诗集》中还有一首题为《四月十八日，喜笏、筠入泮》的诗作，按现存的蒲松龄诗集手稿《聊斋草》的编年，这首诗作于康熙四十四年乙酉(1705 年)。诗的首二句为“中男行年逾三十，小男参差近而立”，“中男”与“小男”盖指其第三子蒲笏与第四子蒲筠而言。按《子笏》一诗作于康熙三十年辛未计算，生于康熙十二年的蒲笏至该年为三十三岁，生于康熙十六年的蒲筠至该年为二十九岁，正与“逾三十”、“近而立”之说相符。而如果按路编《聊斋诗集》中《子笏》一诗的编年，则蒲笏至康熙四十四年已三十五岁，蒲筠也已三十一岁。这样一来，在康熙四十四年的时候蒲筠就不是如蒲松龄所说的“近而立”，而是已经“逾而立”了。

以上列举的《寄弟》、《午中饭》和《四月十八日，喜笏、筠入泮》三首诗的编年与诗作内容皆可以证明，系《子笏》一诗于康熙二十八年，则与诸诗所反映的蒲笏、蒲筠的年龄俱存在矛盾。按照现存各种聊斋诗旧钞本的诗作排列次序，将《子笏》一诗的写作时间定于康熙三十年辛未方为准确无误。

这里需要辨明的是蒲立德的年龄问题。松龄的长孙蒲立德，字毅庵，号东谷，生于康熙二十二年癸亥（1683 年）十二月二十六日，路《谱》曾举黄搢珽撰写的《东谷先生传》为据。正是因为《子笏》诗中提到蒲立德“七岁能说典”一事，路大荒先生才据以将此诗的系年改易为康熙二十八年己巳。对此，笔者的看法是诗中的“七岁”乃“九岁”的传写之误。我们知道，蒲松龄的诗稿在他身后并未付梓，而是由其后人收藏于家。淄川后学孙济奎曾介绍说，蒲松龄去世之后，“先生所作藏于其家一小楼，后阴雨楼圮，遂多损坏。及咸丰壬戌，捻匪突至，复罹兵燹，焚毁无节”①。由于兵燹战乱，蒲松龄诗作的手稿至今仅见一册，起于康熙四十一年壬午（1702 年），终于康熙四十九年庚寅（1710 年），现存日本庆应义塾大学聊斋文库，其余的诗作仅靠后人的传钞而得以流传。传钞既久，豕鱼难免。鲁迅先生著《中国小说史略》，称蒲松龄卒年八十六岁，就是因为旧刊本《聊斋文集》所附的张元撰《柳泉蒲先生墓表》将“享年七十有六”误抄成了“享年八十有六”所致。后来胡适之先生据《聊斋诗集》中的《降辰哭母》诗、《聊斋文集》中的《述刘氏行实》以及《国朝山左诗钞》、《济南府志》和《聊斋志异 · 折狱》中的有关记载订正了这一错误，才使得蒲松龄生于明崇祯十三年庚辰（1640 年），卒于七十六岁成为历史定论。② 在今存的《聊斋诗集》钞本中，因传写致误的情况更是所在多有。如二卷本《聊斋诗集》中，《斋中有柑橘、菖蒲、迎春、海棠、月季、盆草、盆石、夹竹桃，又有榴树二，花大而实肥，因效徐文长作石醋醋骂座》诗题，“徐文长”误作“体文长”；张藏本《聊斋诗集》中《读〈剑南集〉有感》诗题，“剑南集”误作“刘南集”即其显例。古人抄书所用的纸张岁久变脆，更是极

① （清）孙济奎：《〈聊斋诗文集〉跋》，见于国家图书馆、北京大学图书馆收藏的两部《聊斋文集》清钞本卷末。

② 参见胡适《辨伪举例——蒲松龄的生年考》，载《胡适论学近著》，商务印书馆 1935 年版。

易剥落，“七”与“九”字形相近，因原本字形墨迹剥落非旧而误认误抄，以致豕虎传讹、鱼鲁不辨，应该说是极有可能的。

说《子笏》诗“一侄七岁能说典”一句中的“七岁”乃“九岁”的传写之误，还可以找出文献方面的证据。淄川《蒲氏世谱》中的蒲立德小传有这样一段文字：“公生而颖异，九岁即仿家学著小说一卷。柳泉公有句云：‘涂鸦童子著新书’，即谓公也。”“涂鸦童子著新书”的诗句见于蒲松龄的《斗室落成，从儿辈颜之面壁居》七律四首之二，句下有作者注记：“幼孙学著小说，数年成十余卷，亦可笑也。”《斗室落成，从儿辈颜之面壁居》一题路编《聊斋诗集》系于康熙三十六年丁丑，编年有误，笔者考订其作于康熙三十八年己卯。康熙三十八年蒲立德已经十七岁，其“学著”的小说“成十余卷”，此事并不见得有什么稀奇，引人注目的是其“九岁即仿家学著小说一卷”。蒲立德“生而颖异”，设若其七岁开蒙，也不过认认字而已，“小说”恐怕是难以写出的。九岁能写出小说，即使是“涂鸦”，也称得上是早慧了。袁世硕先生解释《子笏》诗中“一侄七岁能说典”一句说：“所谓‘说典’，就是作小说。”[①]这种认识是极有见地的。因为蒲松龄对长孙早慧的称赏和矜夸，可以说集中地体现在幼孙“学著小说”这件事上。正因为蒲立德九岁就写出了“一卷”小说，受到其祖在《子笏》诗中所言的“一侄九岁能说典，似有慧根吾所欢”的夸奖，此事在蒲立德及其周围的人心中印象极深，所以《蒲氏世谱》其小传中才会出现“九岁即仿家学著小说一卷”的记载。如此看来，《子笏》诗中言及蒲立德的“一侄七岁能说典”一句，诗作编年和文献资料两个方面提供的证据皆可以证明，“七岁”乃“九岁”的传写之误。此事凿然有据，无可怀疑。

关于蒲松龄的次子蒲篪的生年，从《日中饭》一诗的描述中可

---

① 袁世硕：《蒲松龄与其诸子及冢孙》，载《蒲松龄事迹著述新考》，齐鲁书社 1988 年版，第 244～262 页。

以约略得出。由诗中所说的“中男尚无力，携盘觅箸相叫争”的情况推断，蒲篪此时的年龄大约是虚岁四至六岁的样子。依此推断，他的生年大约在康熙八年至康熙十年之间。

依据本文所作的考辨，今附录相关史料，为蒲松龄四子一孙的出生重作系年如下：

清康熙元年壬寅(一六六二)蒲松龄二十三岁

八月三十日，长男箬生。

路《谱》引胡懋勋《蒲青笠墓志》：“君生于康熙元年。”又，路《谱》所附《蒲箬、蒲篪、蒲笏、蒲筠、蒲立德等行略》：“长男箬，字青笠，号磊轩。……年二十七为诸生，旋食饩。”按，据路大荒注记，此《行略》本“《淄川县志》、胡懋勋撰《墓志铭》”。《县志》不载蒲箬补博士弟子员、补廪生之年岁，故“年二十七为诸生”事必据胡懋勋撰《蒲青笠墓志铭》而得。松龄有《再到济南喜箬儿入泮》诗，路编《聊斋诗集》失收，今可确知诗作于康熙二十七年，与《墓志铭》所载年龄正合。合而观之，蒲箬生于本年可云无误。

《淄川县志》卷五《选举志·续贡生》：“蒲箬，字青笠，松龄子。内行修谨，不苟尺寸。家剧贫，父远出，亲操汲爨以供母。得闲即倡诸弟读书一堂，虽枵腹不恤也。母尝病，求药山中，深夜有狼成群，四面嗥哮，遇驮者冲之乃免于难。晚年授业糊口，以通经学古为首务，晓畅反覆，必令听者醒悟而后已。雍正丙午贡于乡。邑侯旌其门曰‘经明行修’，洵不诬云。”

淄川《蒲氏世谱》蒲箬小传：“箬，配李氏，子一。公字青笠，岁进士……”

又按，《蒲青笠墓志铭》作者胡懋勋，亦淄川人。

《淄川县志》卷五《选举志·续举人》："胡懋勋，字靖臣，号慕亮。丁酉科。见进士。"同卷《续进士》："胡懋勋，雍正癸丑陈倓榜。需次直隶，以知县试用，初署新乐教谕，旋实授知赞皇县事。……在任一年，百姓德之。未几以重听免官。卒，邑人哀之，莫不流涕。"

清康熙八年己酉（一六六九）蒲松龄三十岁

次男篪约生于本年。

《聊斋诗集》卷一康熙十三年甲寅《日中饭》："中男尚无力，携盘觅箸相叫争。"所云"中男"为第二子蒲篪。由诗句推知，其时蒲篪的年龄约在四至六岁之间。因蒲篪的生年至早当不过本年，故系于此。

淄川《蒲氏世谱》蒲篪小传："篪，配封氏、孙氏。子二。"

清康熙十二年癸丑（一六七三）蒲松龄三十四岁

三男笏生。

《聊斋诗集》卷三康熙三十年辛未《子笏》："行年十九非幼稚，宜知勤读学孝弟。"逆计之，是生本年。又，卷一康熙十三年甲寅《日中饭》："小男始学步，翻盆倒盏如饿鹰。""始学步"为两岁上下，即一周岁左右，亦可证蒲笏生于本年。

淄川《蒲氏世谱》蒲笏小传："笏，配孙氏，子一。字汾里，邑庠生。"

清康熙十六年丁巳（一六七七）蒲松龄三十八岁

四男筠生。

《聊斋诗集》卷三康熙三十年辛未《子笏》："一弟十五尚冥顽，高卧止解拥三竿。"逆计之，是蒲筠生于本年。

《国朝山左诗续钞》卷三:“蒲筠,字文亭,别号蟠园。淄川县诸生。前《钞》(按,指《国朝山左诗钞》)松龄子。有《寄意草》。”

淄川《蒲氏世谱》蒲筠小传:“筠,配王氏,子四。字文亭,邑庠生。”

清康熙二十二年癸亥(一六八三)蒲松龄四十四岁

十二月二十六日,长孙立德生。

路《谱》于此条下注其依据云:“黄搢珽撰《东谷先生传》。”又,路《谱》所附《蒲箬、蒲篪、蒲笏、蒲筠、蒲立德等行略》:“长孙立德,字毅庵,号东谷。邑庠生。……谋刊先生(笔者按,指其祖蒲松龄)著述,乾隆十六年卒。”按,此《行略》后有路大荒注记,云出“《淄川县志》、黄搢珽撰《东谷先生传》”。《县志》小传未言及蒲立德生卒年月,该生卒记载俱本黄搢珽撰《东谷先生传》。

《聊斋诗集》卷三康熙三十年辛未《子笏》:“一侄七岁能说典,似有慧根吾所欢。”“七岁”为“九岁”传写之误,见上文考辨。按康熙三十年辛未蒲立德九岁计,该年是生本年。

《淄川县志》卷十《续文学》:“蒲立德,字毅庵,号东谷。诸生。松龄孙,箬子。幼承家学,喜著书。性至孝,敦宗睦族,尤笃友谊。静海常元素卒于淄,其子贫,倡义助之,千里归榇。阿城张望五病,馆之园中,日饵汤药者累月;比愈,送之归里。平生好古,自经传子史以及百家二氏,与夫医卜术数,无不究其义蕴。晚尤嗜《易》,著《易学汇解》,未竟而卒。所著有《东谷文集》四卷、《诗集》一卷、《修志备采》一卷、《古今年表》一卷、《道书会通》四卷、《家政汇编》四卷,藏于家。”

淄川《蒲氏世谱》蒲立德小传：“立德，配孙氏，子二。字毅庵，岁贡生。公生而颖异，九岁即仿家学著小说一卷。柳泉公有句云：‘涂鸦童子著新书’，即谓公也。性至孝，两居忧，三年宴不入口。敦宗光党，任艰巨，不少阻。尤笃友谊。……教生从不屑屑于帖括业，务以正学躬行为要。所著有……《三字经注解》一卷……藏于家。眷弟王勋拜识。”

（初稿写于1989年夏，修订稿发表于《山东图书馆学刊》2010年第3期）

谈《蒲松龄设馆教书时间的考证》中的几个问题

近读《求是学刊》1980 年第 4 期发表的赵克先生《蒲松龄设馆教书时间的考证》一文，感到很有收获。我同意赵克先生提出的蒲松龄是在清康熙十九年(1680 年)左右到西铺毕家设馆，在同邑缙绅毕际有家教书达三十年之久，于康熙四十九年(1710 年)，年七十一岁时方撤帐回家等基本的看法。但或因赵克先生另有所据，或对有关材料的理解会因人而异，对《蒲松龄设馆教书时间的考证》中的某些观点，笔者却不敢苟同。赵克先生的文章发表于《求是学刊》，那就更应以“求是”为是了。今即本着实事求是的原则，不揣浅陋，献疑于前，以敬俟明教，求得蒲松龄生平研究中某些事实的进一步澄清。

一、蒲松龄初馆教书不在“中年”（四十一岁左右）

赵克先生的文章既题《蒲松龄设馆教书时间的考证》，当然是从蒲松龄初次离家设馆的时间考起的。文章起首写道：“清代著名作家蒲松龄由于家境窘迫，中年以后不得不到‘缙绅先生家’设馆授徒。”按赵克先生的说法，蒲松龄外出设馆授徒的时间是在“中年以后”，具体说来，即清康熙十九年(1680年)，蒲松龄四十一岁时到同邑西铺村缙绅毕际有家设馆授徒。赵克先生在约略写于同时的另一篇文章中也说，“蒲松龄南游归来以后，并没有像有人说得那样去‘设帐’教书，而是谋生计拙，卧病在家……贫困中无计可施，只好代人写些应酬文字，用‘笔墨之耕耘’‘戏索酒饵’”[①]，正可作为他上述观点的印证。由此出发，赵克先生进一步作出了王洪谋《柳泉居士行略》中的说法与蒲箬等的《清故显考、岁进士、候选儒学训导柳泉公行述》、《祭父文》等所说的设馆时间存在较大的年差，王洪谋的《柳泉居士行略》在蒲松龄生平经历的研究中价值不大等结论。为叙述的方便，不妨摘引赵克先生的一段原文：

王洪谋《行略》中的“自是以后”就是指蒲松龄这次“南游”归来，三十二岁以后“屡设帐缙绅先生家”。王洪谋的根据是什么，我们无从知道，但他的这个“自是以后”设馆教书的时间同我们从蒲松龄的诗文和蒲箬等的《行述》、《祭父文》等所推算的时间相差甚大(八年)。

关于王洪谋所撰《柳泉居士行略》的价值与可靠程度，我们将在后面论及。这里且谈两个“自是以后”的年差问题。一个是王洪谋在《柳泉居士行略》中所说的：

遂从给谏孙公树百于八宝……登北固，涉大江，游广陵，泛邵伯而归……自是以后，屡设帐缙绅先生家。[②]

另一相关的论述，是蒲松龄长子蒲箬《清故显考、岁进士、候选儒学训导柳泉公行述》中的记载：

---

① 赵克：《谈〈聊斋志异〉的写作与成书》，载《北方论丛》1980年第5期。上引的一段话后有作者小注云：“笔者考证认为：蒲松龄设馆教书的时间不是‘三十三岁’南游归来，而是四十一岁。”

② 引自路大荒《蒲松龄年谱》，齐鲁书社1980年版，第22页。

庚申，我祖母病笃……自是不起……自是以后，每岁设帐于缙绅先生家。[①]

从蒲松龄南游归来的康熙十年辛亥(1671年)到康熙十九年庚申(1680年)，确确实实存在着八九年的岁差，赵克同志因此而得出了王洪谋的《柳泉居士行略》记载不确的结论。我们认为，这个疑问之所以存在，关键是怎样理解蒲松龄在康熙十九年前后设馆毕家是否为初次离家设馆的问题。两个"自是以后"所说的时间不同，但却并不矛盾。有的研究者已经表述过这样的看法，即蒲松龄初次离家设馆的时间要早于康熙十九年。[②] 这一观点，是可以在蒲松龄的诗文和传记材料中找到充分论据的。王洪谋《柳泉居士行略》所说的"自是以后，屡设帐缙绅先生家"，"屡"字在这里既有着设馆时断时续的含义，也包含了设帐之初地点不定、屡移书馆的意思。蒲箬等《祭父文》所说的"若夫家计萧条，五十年以舌耕度日，凡所交游，皆知我父之至诚不欺，胸无城府；而东西师生三十年生死不二，至托诸梦魂间者，则又无过于刺史毕先生家"[③]，同样说的是蒲松龄初设馆时其年尚早，东道亦多，后来才移帐于西铺毕际有家这一事实。

康熙十一年壬子(1672年)，蒲松龄写过一篇题为《咏怀》的诗作："谋生计拙类鸠巢，鬓影双蓬短发交。岁月已随人事改，诗书总为世缘抛。"[④]随着岁月的流逝，家庭的拖累日重，蒲松龄不得不抛

① (清)蒲松龄著，路大荒整理：《蒲松龄集·附录》，上海古籍出版社1986年版，第1817～1818页。

② 马瑞芳《料应厌作人间语，爱听秋坟鬼唱时——蒲松龄生平简介》："南游归后至西铺坐馆，是先生一生最艰苦的年代。这八年，舌耕以果妻孥腹。"(载《柳泉》1980年第2期)

③ (清)蒲松龄著，路大荒整理：《蒲松龄集·附录》，上海古籍出版社1986年版，第1822页。

④ (清)蒲松龄著，路大荒整理：《蒲松龄集》，上海古籍出版社1986年版，第487页。

开诗书，“谋生计拙”去从事某种“世缘”。这是一种什么样的谋生方式呢？且看蒲松龄南游归家之后写成的《袁子续、孙湘芷重阳见招，不果往，赋此寄之》的诗作。这是一首写重阳之日，友人来约他相携登高，但自己却不能如约前往的怅怀之作。诗中有这样的句子：“飘零客馆梧桐落，雨雪梁园鸿雁稀”，“人行相约怜匏系，独上高楼坐晚晖”。① 做诗的时候天色未晚，自己又怀着不能赴约的惆怅心情，是什么原因使他不得与友人一同前去？作者自叙是因为“人行相约怜匏系”。“匏系”一典出自《论语·阳货》，刘宝楠《论语正义》云：“匏瓜以不食，得系滞一处。”这里，蒲松龄明明是说自己因为受到某种牵累而“不果往”。而写这首诗时所处的环境，则是“飘零客馆梧桐落，雨雪梁园鸿雁稀”。这里的“客馆”，可以肯定地说是蒲松龄离家设帐的地方，而绝不会是行旅中栖止的客所。如果是身处行旅，那就既不会有友人的“重阳见招”之举，也不会有蒲松龄的“匏系”之忧了。蒲松龄蒙友人见招而“不果往”的唯一合理的解释，是自己正“飘零客馆”，在做着别人家里的梁园之客——教书先生。“一年正三百零五十四日，你出恭时在院内不许外颠”，外出教书的实际生活虽然不会像蒲松龄在《闹馆》中说得那样受到严格限制，但设馆在外，身不由己，不能如家居时那样与友人随意游处是可以肯定的。其康熙十五年丙辰（1676 年）的诗作《遥和载酒堂唐太史韵》所写的，与上诗为同一情形。友人群集在淄川城东南隅唐梦赉（字济武，号豹岩）的庭院之中，“篮舆载酒游莲社”，“盛会题诗遍野塘”，但蒲松龄却因为“枯守寒窗”而“无缘得预习池饮”，只好默默地坐在远村的月下细和友人们的诗韵，“遥羡德星聚一方”。蒲松龄写自己这时的心情是“浪迹浮生空蜡屐，良宵沉醉不

① 诗见蒲松龄纪念馆藏钞本诗集《聊斋偶存草》。袁世硕、马瑞芳、郝浚《对〈聊斋偶存草〉的考察》（载《蒲松龄研究集刊》第一辑，齐鲁书社 1980 年版，第 229～248 页）一文定此诗作于康熙十二年九月。

知家。平明萧索闻疏雨，悔向风尘老岁华”①。如果不是设帐在外，身不由己，蒲松龄也决不会这样伤感地兀坐家中“枯守寒窗”，放弃一次与友人诗酒兴会的机会的。

上举的《袁子续、孙湘芷重阳见招，不果往，赋此寄之》与《遥和载酒堂唐太史韵》二诗，都写于蒲松龄南游归家之后，去同邑西铺毕家设馆授徒之前。诗中所反映的情况，不仅与蒲箬等在《祭父文》中所说的“五十年以舌耕度日”的时间相合，而且也为王洪谋在《柳泉居士行略》中所介绍的蒲松龄自南游归来之后“屡设帐缙绅先生家”的情况提供了真实而具体的印证材料。

二、毕韦仲不是蒲松龄的学生

赵克先生在谈到《聊斋诗集》卷三所收的康熙三十六年丁丑(1697 年)诗作《赠毕子韦仲》时说：“‘毕子韦仲’即毕际有的长子毕韦仲，是蒲松龄的学生。”其实，这是不符合实际情况的。毕韦仲名盛钜，韦仲是他的字。他既不是毕际有的长子②，也并非在毕家坐馆达三十余年的西席蒲松龄的学生。

康熙十八年，蒲松龄到同邑西铺村毕氏家中坐馆设帐，对毕盛钜的父亲毕际有是以长辈相称的。在代毕际有写给颜山赵氏的婚启的标题中，蒲松龄称毕际有为“毕载老”；在诗文词作中，在在皆以“毕刺史”、“毕刺史先生”呼之。毕际有字载积，长于蒲松龄十八岁，从年龄上说自是蒲松龄的长辈。再有，毕际有续娶的妻子王

① (清)蒲松龄著，路大荒整理：《蒲松龄集》，上海古籍出版社 1986 年版，第511～512页。

② (清)蒲松龄《皇清敕封孺人、进阶宜人毕母王太君墓志铭》：“夫人……适淄川民部尚书白阳先生之次公通州公载积，讳际有……生子三：长盛镃，附监生，早卒；次即韦仲，名盛钜，拔贡生……三盛后，出嗣，早殇。”[文载(清)蒲松龄著、路大荒整理《蒲松龄集》，上海古籍出版社 1986 年版，第 248～249 页]

氏，为明临清参将新城王象丰之女，清代初年的诗坛盟主王士禛的从姑母。年长蒲松龄七岁的王士禛以尊长辈称毕际有，在毕氏家中因了毕际有的引荐而与王士禛结识的蒲松龄，自然也应该对毕际有执长辈之礼了。因此，对于毕际有的儿子毕盛钜，蒲松龄一直是引为同辈的。前面提到的作于康熙三十六年丁丑的《赠毕子韦仲》诗，第一首的首句即云"廿载金兰道义熏，青灯好月我同君"，金兰之好，正是异姓兄弟之意。蒲松龄应毕盛钜之请所作的《皇清敕封孺人、进阶宜人、毕母王太君墓志铭》中亦说："余与毕世兄韦仲，同食三十年。"

蒲松龄在西铺毕家设馆执教，主要是教毕盛钜的诸子课读，或者还有盛钜的弟弟毕盛后，但并没有教过比自己小不了多少的少馆东毕盛钜。《赠毕子韦仲》诗第二首尾联云："生徒抱子皆如许，犹当童蒙提耳嗔。"是对毕盛钜说自己仍在教授他的几个年龄较大的儿子读书。蒲松龄自康熙十八年起到毕家坐馆，至康熙三十六年已经有十八年的时间，即以当时的蒙童"每十余龄"①入塾算起，这时毕盛钜的儿子世洎、世演、世渡等人都已经抱子是完全可能的。在蒲松龄到毕家教馆的时候，毕世洎等人即已经到了发蒙的年龄，毕盛钜自然没有与诸子从蒲松龄课读一堂的道理。据《淄川县志》，毕际有的长子毕盛镃卒于康熙十四年②，到康熙十八年的时候，毕际有已经有五十七八岁的年龄，管理家事的责任已经很自然地落在了次子毕盛钜的身上。作为一个几代仕宦的大家庭的执掌者，毕盛钜也不可能去做蒲松龄的学生，从容地坐到家塾中去读书。

---

① (清)蒲松龄《述刘氏行实》："松龄父处士公敏吾……嫡生男三，庶生男一。每十余龄，辄自教读。"[文载(清)蒲松龄著、路大荒整理《蒲松龄集》，上海古籍出版社1986年版，第250页]

② 《淄川县志》卷六《续列女》："孙氏……于康熙二年于归通州知州毕际有长男盛镃为妻，时年十五岁。至康熙十四年盛镃病故，氏年二十七岁。"

三、蒲松龄南游归来不在年底

康熙九年的初秋，蒲松龄因家计所迫，又受到同邑友人、时任江南宝应县知县的孙蕙（字树百）的邀请，遂治装南下，出青石关，经莱芜县的颜庄、沂州，由王家营渡口过黄河，南游宝应、高邮一带，在孙蕙的官署中度过了一年的幕宾生活。对于蒲松龄的这次南游，赵克先生说是在康熙九年“应孙树百之聘，去江苏宝应、高邮两县作幕宾，次年年底‘泛邵伯而归’山东故里”。蒲松龄南游何时归里虽属末节，亦当以“求是”为是，故实有一辨之必要。

首先，“‘泛邵伯而归’山东故里”，当属赵克先生不当之节引。引文的原文见于路大荒先生《蒲松龄年谱》所引据的王洪谋《柳泉居士行略》：

> 遂从给谏孙公树百于八宝，因得与成进士康保、王会状式丹兄弟、陈太常冰壑游。登北固，涉大江，游广陵，泛邵伯而归。①

“北固”是江苏镇江附近的北固山，“广陵”是今日之扬州，“邵伯”即距孙蕙摄篆署印的高邮州署甚近的邵伯湖。王洪谋所说的，都是蒲松龄在江苏一年间的游历之地。在路编《蒲松龄集·聊斋诗集》中，系于康熙十年辛亥（1671 年）的诗作有《元宵后与树百赴扬州》、《泛邵伯湖》等篇，皆可与王洪谋的这段话同观。游邵伯湖并不是发生在蒲松龄回归故里的时候，但按赵克先生所引，“泛邵伯”一事就成了蒲松龄自江苏归里之首途，分明是蒲松龄经过邵伯湖而回归山东故里了。附带说一句，高邮乃州治而非县治，康熙十年的三月，孙蕙受上台委任署理高邮州印务，即以宝应县知县的身份临时代理高邮州的州务，蒲松龄也因此得以与孙蕙往来于宝应县

---

① 路大荒：《蒲松龄年谱》，齐鲁书社 1980 年版，第 22 页。

和高邮州之间。

蒲松龄此次归家的时间，也并不在南游的“次年（笔者按，即康熙十年）年底”。路编《聊斋诗集》卷一康熙十年辛亥的诗作《甕口道夜行遇雨》，记叙的就是这次南游归来时，在颜神镇以南的青石关一带遇到暴雨的经过。甕口道位于青石关以北，两山夹道，逶迤崎岖，长达二十余里。诗中有云：

日暮驰投青石关，山尘横卷云漫天
望门投鞭纵马入，庭户冷落绝炊烟
主人禾黍堆满屋，人无汤饼马无粟。①

从诗作描写的景色看，时间当是秋日。诗中所说的“禾黍”，正是新收的秋庄稼。《聊斋诗集》又有蒲松龄抵家之初写成的《初归，觉斯、鹙斯两侄邀饮》诗一首，据蒲松龄纪念馆收藏的《聊斋偶存草》钞本，诗共两首，题作《八月新归，觉斯、鹙斯两侄邀饮，感赋得深字》。由这两首诗的诗题看，蒲松龄南游归家的时间应在康熙十年的八月间。

四、王洪谋与蒲松龄的关系

王洪谋是《柳泉居士行略》的作者。关于他与蒲松龄的关系，赵克先生在文章中曾作如下断语：“笔者查乾隆年间刻印的《山左诗钞》卷五十一载：‘王洪谋，字禹臣，号枣村，博山县人……’可知他与蒲松龄不是同邑。又从蒲松龄生平看，与王洪谋根本没有任何交游往来，可见王洪谋对蒲松龄是不了解的。”我们认为，学术研究是需要经过缜密的考析方能得出结论的，这样一种说法实在是太过武断，起码是失之轻率的。

① （清）蒲松龄著，路大荒整理：《蒲松龄集》，上海古籍出版社 1986 年版，第 479 页。

蒲松龄与王洪谋的关系怎样，有无直接的交往，据现有的资料，确实不易考证得十分清楚，但我们不能就此而得出武断的结论。王洪谋的家乡在博山县治所颜神镇一带，清代初年，这里隶属益都县，至雍正十二年(1734 年)新设博山县，原属益都的孝妇、怀德二乡才划归博山。下引蒲立德致王洪谋的信大概写于雍正十二年之前，所以尚称“益都王洪谋”云云。颜神镇与蒲松龄的家乡蒲家庄的距离，与蒲松龄多年设馆的西铺村大致相当。从蒲松龄的诗文作品中，我们发现蒲松龄与居处颜神镇的颜山赵氏、孙氏等家族常有书启往来，与章丘的焦毓鼎、周素心等人也多有交往。所以，就王洪谋与蒲松龄的关系而论，不能因为两人“不是同邑”就断言他们之间毫无交往。

《博山县志·选举志》与《国朝山左诗钞》小传都称王洪谋是康熙庚子(康熙五十九年，1702 年)举人。《山左诗钞》更云其“早游庠序，甚负时名，而屡困场屋，荐而不售者数数矣”，可见王洪谋中乡魁已不在年少之时。在蒲松龄的中晚年，王洪谋当已经是“早游庠序，甚负时名”了，蒲王二人地处邻邑，又都是邑中的名士，他们之间并非没有交往的可能。

特别需要指出的是，路大荒先生在《整理蒲松龄诗文杂著俚曲的经过》一文中，曾节引过蒲松龄的长孙蒲立德写给益都王洪谋的一封信札。其文曰：

> 盛意下问先祖柳泉公诗文稿，将加选评，赐之大叙，不胜欣感，恨未能躬诣膝谢耳。今来使下临，仅搜得文稿三册，诗稿五册，词稿一册，共九册奉览。外有文二册，搜翻书簏未获。先稿皆出手录，寒舍别无副本……《志异》倘删录加评，则老叔之大惠也。其叙亦求椽笔挥成。[①]

可以看出，王洪谋对于这位乡先哲遗著的整理，是表现出了异

---

① 引自路大荒《蒲松龄年谱》，齐鲁书社 1980 年版，第 128 页。

乎寻常的热心的。他不仅主动表示要对蒲松龄的诗文稿加以选评，为之作序，并且派了人到蒲家来取。在蒲氏后人把先祖的遗著视为家珍，“秘不示人”①的情况下，如果没有很深的交往，蒲立德是决不会轻易就把“寒舍别无副本”的其祖诗文手稿交给王洪谋评阅的。王洪谋因何种原因而选评、作序未果，今尚不得而知。但蒲王两家或为世交，或有较深的往来，则是不容置疑的。

赵克先生在文章中还进一步否定了王洪谋所撰的《柳泉居士行略》在蒲松龄生平研究中的价值，认为“王洪谋《行略》的内容多本蒲箬的《行述》和张元的《墓表》，但又加进了不少自己主观的猜测，所以王的《行略》在研究蒲松龄生平经历上价值不大”。这样的说法同样是失之轻率的。

《柳泉居士行略》是一个蒲松龄的简传。路大荒先生最初撰作《蒲松龄年谱》(原名《蒲柳泉先生年谱》)时曾参考了它的原文，我们今天见到的只是被路编《蒲松龄年谱》所征引的部分。王洪谋为蒲松龄作传，当然首先应该以蒲氏子孙提供的材料为据，这是古人写墓志、作传的通例。不仅如此，在王洪谋生活的时代，为人作传一般也都是应传主的后人之请而后命笔的。为研究方便起见，笔者曾把路编《蒲松龄年谱》所征引的《柳泉居士行略》的内容一一辑出，得凡八条。今逐一细按，其内容皆言之凿凿，并无一处为疑似的“主观的猜测”之语。对蒲松龄生平事迹的研究而言，王洪谋《柳泉居士行略》所提供的材料不仅与蒲箬的《柳泉公行述》、张元的《柳泉蒲先生墓表》具有同等重要的价值，有的地方甚或是其他资料所不及的。如前面所引的关于蒲松龄南游情况的记载，王洪谋即明确告诉我们，蒲松龄在南游期间曾“得与成进士康保、王会状式丹兄弟、陈太常冰壑游”的情况，这是蒲箬的《柳泉公行述》和张

① 参见王敬铸《〈蒲柳泉先生遗集〉序》，(清)蒲松龄著、路大荒整理《蒲松龄集》，上海古籍出版社 1986 年版，第 429～430 页。

元的《柳泉蒲先生墓表》都不见载的蒲松龄南游期间交游情况的重要资料。《柳泉居士行略》中的“自是以后”云云，则是说明蒲松龄早年设馆情况的重要资料，且是可以与蒲松龄的诗文作品相互印证的。至于蒲松龄“十九岁以县、府、道试第一补博士弟子员”的确论，《山东通志》与《淄川县志》的记载都称时在蒲松龄“弱冠”之年，唯有《柳泉居士行略》提供的材料与蒲箬在《柳泉公行述》中所说的“十九岁冠冕童科”的说法一致①，这一记载，起码是为蒲箬的说法提供了一个最有力的旁证。就凭如上所云，王洪谋《柳泉居士行略》的价值也值得引起我们的高度重视了。

（写于1981年11月，发表于《求是学刊》1982年第4期）

① （清）王洪谋《柳泉居士行略》：“年未弱冠，即冠冕童科，大为督学施愚山先生所称赏。”（引自路大荒《蒲松龄年谱》，齐鲁书社1980年版，第10页）

第二辑

由《聊斋偶存草》所见聊斋诗的整理诸问题

就现存聊斋诗的钞本而言，蒲松龄纪念馆收藏的《聊斋偶存草》是具有重要价值的一个。十几年前，袁世硕等先生详细研究了这个钞本，写成《对〈聊斋偶存草〉的考察》[①]一文，从而引起了海内外研究者对这一钞本的广泛注意。此后，王枝忠、袁世硕先生又以《聊斋偶存草》所收的诗作为基本依据，结合其他材料考证、钩稽出蒲松龄南游归来之后在同邑丰泉乡王氏家中设帐授徒的情况，这可以说是蒲松龄生平研究中的一份重要收获。[②]

近来，笔者从整理聊斋诗的目的出发重新研读《聊斋偶存草》，感到这个钞本对聊斋诗的整理工作所具有的重要价值，仍然值得我们进一步地认识和探讨。在对这个钞本进行考察的过程中，我从对蒲松龄诗作的整理入手作了浅尝的思考，因而形成了对一些相关问题的认识和看法。现将有关的情况缕述如下，以就教于各

---

① 袁世硕、马瑞芳、郝浚：《对〈聊斋偶存草〉的考察》，载《蒲松龄研究集刊》第一辑，齐鲁书社 1980 年版，第 229～248 页。

② 参见王枝忠《关于蒲松龄生平经历的几点考订》，载《蒲松龄研究集刊》第四辑，齐鲁书社 1984 年版，第 205～222 页；袁世硕《蒲松龄与丰泉乡王氏》，载《蒲松龄研究》第一辑(1986 年)。

位研究者。

袁世硕等先生在《对〈聊斋偶存草〉的考察》一文中曾经指出，《聊斋偶存草》是依照蒲松龄诗作的初稿过录的，它所依据的底本，并不是经蒲松龄修改、誊抄过的定稿本，而是最初的诗稿。笔者以为，这是一个极具价值的发现。这一通过考察得出的正确结论，可以使我们认识到这样一个不容忽视的事实，即今所知见的聊斋诗钞本实际上包括了两类性质完全不同的钞本。这其中，有由蒲松龄手订的诗稿五册发展而来的众多钞本，它们同属于作者定稿本的系统，部分地或概略地反映了作者定稿本的情况；而除这些钞本之外，还存在着与这些钞本有较大差异的初稿的钞本。就目前所了解的情况而言，这一类钞本并不仅仅只有一部《聊斋偶存草》，但以《聊斋偶存草》最具代表性。这后一类钞本，我们可以将其归入作者初稿本的系统，它们都部分地或零散地保存了蒲松龄诗作初稿的面貌。

由于出现了初稿本和定稿本两种系统的诗作同时存在这样一种事实，那么我们有必要进一步探究初稿本和定稿本两个系统乃至某些具体诗作之间的关系，借以搞清一些前人未及指出或认识的情况，并逐步解决在聊斋诗整理过程中出现的一些问题。下面就让我们从这两个系统的钞本之间的关系出发，来谈一谈目前聊斋诗的整理工作所面临的几个重要问题。

一、关于聊斋诗的总数

蒲松龄一生共写了多少首诗？作者本人及他的子孙对此都没有确切的记载。光绪九年癸未（1883 年），高鸿裁在为他所得到的一种《聊斋诗集》钞本所写的《跋》文中写道：

癸未夏，搜集齐鲁先哲遗书，陈晋卿征君出是编见贻，谓此获自蒲先生后裔，手割数首入《桑梓之遗》，其余不忍弃置，属余亟为表扬。余受而读之，见其签题共五册，计一千二百九十五首。中更兵燹散佚，仅存九十七首，为一册，按年编次，起辛卯，迄甲午。[①]

一般认为，这里所说的"一千二百九十五首"即是蒲松龄一生的全部诗作。

然而，我们注意到，高鸿裁在《〈聊斋诗集〉跋》中提到的聊斋诗"一千二百九十五首"的记载，本见于这册诗集的签题，实际是对一个五册本的《聊斋诗集》钞本而言的。我们还记得，松龄长孙蒲立德在一封题为《与益都王孝廉禹臣》的书札中曾经说过，其祖生前手订的诗稿恰好也是五册。[②] 那么这两个五册本之间的关系如何？我们知道，蒲松龄手订的诗稿五册，有一册至今尚在人间，即收藏于日本庆应义塾大学聊斋文库的作者手稿《聊斋草》。据友人八木章好先生介绍，庆应义塾大学所藏的《聊斋草》手稿，收诗起自康熙四十一年壬午(1702 年)，止于康熙四十九年庚寅(1710 年)，与路编《聊斋诗集》卷四所收诗作编年正同。[③] 据此推断，今存的作者手稿《聊斋草》，无疑正是作者手订诗稿五册中的第四册。值得注意的是，八木先生在文章中还详细介绍了《聊斋草》封面的情况：封面的左上方直书"聊斋诗集"四字，其下有两行小字，分别为"卷之□"、"五十六页"，其中"六"字乃在原"四"字之上改写而成。在封面的右下方，又有"自壬午起至庚寅止凡九年共二百六十二"一行注记。封面上的所有文字都与蒲松龄的笔迹迥异，概当为后人补题。将以上情况与高鸿裁所介绍的诗集加以对照即可发现，两种诗集同为五册；《聊斋草》的封面与高鸿裁藏本皆题"聊斋诗

① (清)高鸿裁：《〈聊斋诗集〉跋》，载(清)蒲松龄著、路大荒整理《蒲松龄集》，上海古籍出版社 1986 年版，第 697 页。

② 参见袁世硕《蒲松龄与其诸子冢孙》，载《蒲松龄事迹著述新考》，齐鲁书社 1988 年版，第 258 页。

③ [日]八木章好：《聊斋诗研究序说》，载《艺文研究》第 45 号(1983 年)。

集”,《聊斋草》注明了本册所收诗的首数,高藏本则注明了五册诗集收诗的总数(此册的收诗情况是否见于签题,今不详);《聊斋草》起自康熙四十一年壬午,止于康熙四十九年庚寅,高藏本则起自康熙五十年辛卯,终于康熙五十三年甲午,在编年上正与《聊斋草》相衔接。种种迹象表明,高鸿裁得到的这册《聊斋诗集》当即是蒲松龄手订诗稿第五册的过录本,而他所介绍的包括此册在内的五册本的《聊斋诗集》,当亦就是蒲松龄手订诗稿五册的重抄过录本。据此,我以为高鸿裁所言的《聊斋诗集》五册共收诗一千二百九十五首,反映的也正是蒲松龄手订诗稿五册的收诗情况。

这里存在这样两个问题:其一,高鸿裁云诗集五册收诗一千二百九十五首,其实并不是一个准确的数字。上面谈到,庆应义塾大学所藏的《聊斋草》一册,封面签题共收诗二百六十二首。今据八木章好先生将《聊斋草》与路编《聊斋诗集》所作的校勘反复核查,知《聊斋草》收诗共一百九十题,凡二百三十八首。这个结果,与封面签题所记相差达二十四首之多。那么,这会不会是《聊斋草》在后来流传的过程中缺损所致?笔者以为并不存在这种可能。因为据目前所知的情况来看,此册诗稿内封面有作者手书的“聊斋草”三字,首页之编年标识尚存,可见前面数页无缺失情况。从后面数页所收诗作来看,庚寅年倒数第二题为《大雪连朝》,其末二句云:“急烧榾柮煨新酒,为问梅花几朵开?”可知作此诗时已是梅开季节,其时至早已在冬末,作者不可能在岁杪之前还连续写成二十余首诗作。其实,古人乃至今人在诗集中一首首地计数诗作,因繁复致误的情况所在多有,《聊斋草》外封面所记当即属于此种情况。今仅就现存的《聊斋草》一册(蒲松龄手订诗稿第四册)而言,签题记误已达二十四首之多,依此而论,高鸿裁所云诗集五册签题一千二百九十五首,自然也就不是一个确切的数字了。

其二,就聊斋诗初稿本与定稿本之间的关系而论,蒲松龄手订的五册诗稿或后来的《聊斋诗集》五册所收的诗,并非蒲松龄一生的全部诗作。我们知道，路大荒先生编订《蒲松龄集》的时候，曾先后参阅过聊斋诗的多种钞本，但后来发现了当时的蒲松龄故居收藏的这册《聊斋偶存草》，仍据之收录了不见于他本的近八十首诗作。这种情况说明，聊斋诗从初稿本到定稿本，经历过一番整理的过程。在蒲松龄生前编订自己的诗稿的时候，是进行过认真的修订和筛选的，有一些在定稿时被作者删落了的诗作，在初稿本中却被保留了下来。对于这部分诗作，我们今天编订《聊斋诗集》，自然是没有理由把它们摈弃在外的。从这些情况考虑，我们说虽然《聊斋诗集》五册本所收的诗或不足一千二百九十五首之数，但将初稿本与定稿本保存下来的诗作加在一起，那么聊斋诗的总数则要超过这样一个数字了。

二、整理本中诗作重出的问题

下面，我们来谈一谈某些诗作在路编《聊斋诗集》中前后重出的问题。1962 年，在《蒲松龄集》初版发行之后，编者路大荒先生见到了这个题名为《聊斋偶存草》的旧钞本。路先生在《蒲松龄集》的《编订后记》中说：

> 初版出书后，又得《聊斋偶存草》一册，共诗一百五十首（笔者按，应为一百二十九题，二百二十四首）。除集中已收者外，有五十三题七十九首为集中所无。其中一部分与编年诗同题的已收入题下，其余不能确定写作年次的，仍收入续录。①

我们在上面谈到，《聊斋偶存草》属于作者初稿本的系统。将这个钞本与作者定稿本系统所收的诗进行比较就可以发现，蒲松

① 路大荒：《编订后记》，载清蒲松龄著、路大荒整理《蒲松龄集》，上海古籍出版社 1986 年版，第 1826 页。

龄在编订诗稿的时候对初稿本中的诗作进行了修订和删选，其中也包括对一些诗作详为改订和合并的情况。由于路大荒先生在见到《聊斋偶存草》之后，并没有仔细考察初稿本与定稿本两种系统的诗作之间的差别，只是单纯地将为《蒲松龄集》所不载的诗作一一补入，所以在路编《聊斋诗集》中也就存在了同一诗作前后重出的问题。在《对〈聊斋偶存草〉的考察》一文中，袁世硕等先生已经指出，路编《聊斋诗集》卷一所收的《湖津夜泊》[①]与《舟中夜坐》(第509页。此为路大荒整理《蒲松龄集》中诗作所在的页码，下同)实即同一首诗，二诗在同一卷中重出。经过考察，笔者发现除《湖津夜泊》和《舟中夜坐》外，路编《聊斋诗集》中还有九题十二首诗也存在重出的问题。现依次介绍如下：

(1)路编《聊斋诗集》卷一《挽淮扬道》(第466页)与《又》诗(第466页)。今录其诗：

挽淮扬道

明河高耿流星矢，荆榛挹露芙蓉死。
玉鱼符下长鲸飞，繁星夜暗烛花紫。
波及淮扬百万户，讴讼犹存在行路。
门客忽抛玳瑁簪，鬼雨浸洒松楸树。
善人偶出天已妒，天下滔滔宁非数。

又

湿萤蒙灭流星矢，霜草挹泪滴铅水。
哲人去兮跨长鲸，子夜闻之惊坐起。
茫茫天道渺难知，蓬蒿曳露芙蓉死。
黄狐跳踉黑狐叫，冷翠烛花凝夜紫。
吁嗟乎，今日淮扬昨日晤，大旗五丈云霞妒。

---

① (清)蒲松龄著，路大荒整理：《蒲松龄集》，上海古籍出版社1986年版，第469页。

幽灯如漆迎新人，回头鬼雨洒江树。
回风吹月送冷魂，飓然梦渺扬州路。
葡萄酒，金屈卮，
长笛为我向天吹，人生几何无须悲。
君不见，长城白骨如山积，百世髑髅知是谁。

以上两诗，题《又》者见于《聊斋偶存草》，原题《挽淮扬道》。1931年，胡适之为研究蒲松龄的著作，曾请罗尔纲先生替他把清华大学图书馆原藏的《聊斋全集》本《聊斋诗集》抄录一过。胡适之虽然没有看到后来发现的《聊斋偶存草》，但在罗尔纲抄录的清华本《挽淮扬道》(笔者按，即上面抄录的《挽淮扬道》一诗)上面加了这样一道眉批：

参看下文同题一首(笔者按，指清华本所收的另一首《挽淮扬道》诗，亦即上面所录题《又》字的一首)，似是同一首，有两稿，此为定稿。适之。

我们已知《聊斋偶存草》所收的诗为作者的初稿，将前后二诗作一比较，可知胡适之先生的见解无疑是正确的。就二诗的诗句来看，前诗中的“明河高耿流星矢”、“荆榛夜露芙蓉死”、“玉鱼符下长鲸飞”、“繁星夜暗凝夜紫”、“鬼雨漫洒松楸树”诸句，实由后诗“湿萤蒙灭流星矢”、“蓬蒿曳露芙蓉死”、“哲人去兮跨长鲸”、“冷翠烛花凝夜紫”和“回头鬼雨洒江树”改订而来，其事甚显。以上的对照可以说明，前后二诗其实是同一首诗，它们分别为同一诗作的初稿和改定稿。

对这种同一诗作的初稿和定稿并存的情况，在编入诗集的时候收录定稿而出校记，或者在定稿之后附录初稿，应该说均无不可，但把同一首诗的前后两稿作为两首诗列入正文，那就十分不妥了。

(2)路编《聊斋诗集》卷一《八月新归，觉斯、鲞斯两侄邀饮，感赋得深字》二首(第481页)。两诗如下：

其 一

江湖万里泪沾襟，曾有新诗寄竹林。
露湿芳阶萤上下，风清良夜月升沉。
莺花岁逐行尘老，骨肉情因患难深。
羁旅经年清兴减，消磨未尽只雄心。

其 二

松影横披酒自斟，一窗灯火百年心。
壮怀击筑谈风月，逸兴弹筝吊古今。
盘错不销惟瘦骨，消磨未尽只雄襟。
吾家子弟晨星少，前路勋名望子深。

这两首诗俱见于《聊斋偶存草》，但其一与路编《聊斋诗集》所收有四处异文。关于二诗之间的关系与异同，袁世硕等先生在《对〈聊斋偶存草〉的考察》一文中已说得十分明白。兹转引如下：

> 《八月新归，觉斯、鑫斯两侄邀饮，感赋得深字》，他本只有此钞本的第一首，末二句还完全不同。此钞本是"兴致不凡惟薄醉，花间相对自横琴"，其他本子作"羁旅经年清兴减，消磨未尽只雄心"。而"消磨未尽只雄心"句，却见于此钞本的第二首中，只是末字不同，有"心"与"襟"之异。"花间相对自横琴"句的意思，在此钞本的第二首中也有，即第四句"逸兴弹筝吊古今"。这很明显的是，原来写了两首，后来要删掉第二首便改了第一首的末二句，把第二首的部分意思放进了第一首里来。

由这一番细致的分析，我们知道定稿一首其实包括了初稿两首的意思，它是作者对初稿两首进行修改、合并的结果。既然作者已经把初稿第二首的部分意思移入定稿，将初稿二首改为定稿一首，那么，把这首定稿诗和初稿的第二首一并列入诗集的正文，这同样是不妥当的。

(3)路编《聊斋诗集》卷一《独酌》(第 487 页)与续录《独酌》(第

673 页)。两诗抄录如下:

独　酌

独酌危楼夜月高,寒庭秋尽长蓬蒿。
半生粉蠹争青火,一枕长松卷夜涛。
苦趣恒因诗债结,愁人拟向醉乡逃。
荒斋梦断闻砧杵,百感心伤首重搔。

独　酌

独酌危楼夜月高,寒庭秋尽长蓬蒿。
半生粉蠹争青火,一枕听松卷夜涛。
苦趣恒因诗债结,愁人拟自醉乡逃。
……

前诗见于《聊斋偶存草》,为七律;后诗由路大荒先生据别本收入续录,其末两句失却。这两首诗,不论是诗题还是诗的内容,一望即知是同一诗作,所不同者仅收入续录的这首在原钞本中脱失尾联而已。将此诗作为两首分别编入《聊斋诗集》,应该说是没有道理的。

(4)路编《聊斋诗集》卷一《贻王淑子孝廉》二首(第 491 页)。两诗抄录如下:

其　一

短发萧条揽玉钩,百年性癖爱交游。
一轩露冷明星夕,三径霜寒碧树秋。
利市君能抛白纻,长腮我自暴清流。
不嫌岩壑疏狂甚,携赋同登月下楼。

其　二

三径荒芜岁计休,漫搔短发看吴钩。
年年灯火黄昏雨,处处风霜白雁秋。
利市君能抛短纻,长腮我自暴寒流。

高人尚有山林意，同向沧浪买钓舟。

这两首诗，其一见于《聊斋偶存草》，为路大荒先生据《聊斋偶存草》补入诗集者，其二见于他本。比较一下两诗的前四句，可知第一首第四句中“三径”的意象在第二首中被提到了首句；第一首的首句，经修改后被移作了第二首的次句；两首诗的三、四两句，意思仍大致相同。第二首诗的颔联，纯系自第一首中平移过来的，所不同的只是将“白纻”改为“短纻”、“清流”改为“寒流”。而此诗的末两句“高人尚有山林意，同向沧浪买钓舟”，则同样包含了第一首尾联“不嫌岩壑疏狂甚，携赋同登月下楼”所要表达的意思。比较二诗，可知见于《聊斋偶存草》的这首(第一首)为初稿，见于他本的第二首为作者的改定稿。这两首诗所表达的意思大致相同，作者改订的痕迹又十分明显，因而不能将二诗并列于一题之下编入《聊斋诗集》。

(5)路编《聊斋诗集》卷一《夜坐悲歌》(第465页)与《夜微雨旋晴，河汉如画，慨然有作》其一(第506页)。两诗抄录如下：

夜坐悲歌

黄河骇浪声如雷，游人坐听颜不开。
短烛含愁惨不照，顾影酸寒山鬼笑。
半夜闻鸡欲起舞，把酒问天天不语。
但闻空冥吞悲声，暗锁愁云咽秋雨。

夜微雨旋晴，河汉如画，慨然有作(其一)

九州四海同一云，黮黮千尺无裂文。
短烛含愁惨不照，四壁无人山鬼笑。
噫嘻此身何褴褛，把酒问天天不语。
但闻空冥吞悲声，暗锁愁云咽秋雨。

《夜微雨旋晴，河汉如画，慨然有作》见于《聊斋偶存草》，诗共两首，上录者为其一；《夜坐悲歌》诗见于他本。在《聊斋偶存草》中，《夜微雨旋晴，河汉如画，慨然有作》其一写浓阴夜雨之状，借以抒发作者怀才不遇、蹉跎穷愁的人生感慨。其二则承前写风吹云开之景，所发感慨与第一首大致相同。而到了后来作者修订诗稿的时候，因为时过境迁，初写诗时的具体情景已在作者的头脑中转淡，加之原同题二首所发的感慨相同，所以作者才删落了初稿的第二首，而把第一首的诗题改为不考虑具体背景的《夜坐悲歌》，并对首二句的原背景作了移花接木的改变。

从存诗的角度考虑，把仅见于初稿本的《夜微雨旋晴，河汉如画，慨然有作》其二编入诗集是不无理由的。但同题其一与《夜坐悲歌》既然是同一首诗的初稿和改定稿，那么在编辑的时候自然应该只把定稿收入正文，同时通过其他方式把它们之间的关系交代清楚。

(6)路编《聊斋诗集》卷一《大风行》(第 508 页)与续录《大风》(第 762 页)。两诗抄录如下：

大风行

噫气箢吹楼阁平，山号海叫使人惊。
五色之石青蒙蒙，飓母欲触天柱倾。
老魅排闼帘中入，惊起冷床生眼涩。
屋隅黑浓毛森寒，椒鼠啼饥学人立。
起看中天山雨归，斜月昏黄凉云飞。

大　风

昆冈近河吹欲崩，飘瓦卷茆堕有声。
又如雷霆撼双楹，石裂五色青天惊。
有时排闼翻帘入，惊起客床生眼涩。
四壁颤动毛发寒，骄鼠啼饥学人立。
坐待漏残山雨归，斜月昏黄凉云飞。

上录的这两首诗并不见于《聊斋偶存草》，但同样在《聊斋诗集》中重出，故在此一并加以说明。这两首诗虽然所表达的意思前后没有多大的变化，但从诗句来看，《大风》一题则较《大风行》为工，当是同一首诗的改定稿。作为同一诗作的前后两稿，在重新编订《聊斋诗集》的时候，《大风行》和《大风》同样应作为一首诗来看待和处理。

三、整理本中诗作分合的问题

与重出的情况并存的还有对某些诗作分合的处理。将《聊斋偶存草》所收的诗作与路编《聊斋诗集》逐一对照，我们发现有些在初稿本中本属同题的诗作，在路编《聊斋诗集》中则被分到了不同的诗题之下，也有一些并不同题的诗被合并为一题。就聊斋诗的整理工作而言，对这些诗作的分合，须从初稿本与定稿本两个不同系统的关系出发进行审慎的处理。下面就与《聊斋偶存草》有关的部分诗作的分合问题谈谈自己的看法。

(1)《聊斋偶存草》第一百一十七题《遣怀》。

在《聊斋偶存草》中，此诗一题三首。路编《聊斋诗集》将本题诗作一分为三，即见于卷一的《遣怀》一首(第 491 页)、《偶感》一首(第 503 页)和卷二的《遣怀》三首之三(第 537 页)。这样，本是一时写成的三首诗，也就被分别系于康熙十一年、康熙十二年(不能确定年代，姑附于本年)和康熙二十七年三个不同的年份。

由今所知见的聊斋诗的钞本来看，收入路编《聊斋诗集》卷一的《遣怀》、《偶感》二诗，并见于日本庆应义塾大学聊斋文库收藏的传蒲松龄儿孙钞本《聊斋诗草》甲本和中国国家图书馆藏本、清华大学图书馆原藏本、二卷本等多种《聊斋诗集》钞本，当是作者在定稿的时候就将这两首诗分成了二题。收入卷二的《遣怀》三首之三仅存于《聊斋偶存草》而不见于他本，为路大荒先生据《聊斋偶存草》补入《蒲松龄集》的诗作。据《聊斋偶存草》，这首诗与路编《聊斋诗集》原存二诗虽然同题，却并非一时之作，将此诗补录于《聊斋诗集》的卷二，系于康熙二十七年之下，这显然是误置了。

根据以上情况，我们以为在对聊斋诗重作整理的时候，《遣怀》三首或者应该以初稿本的原貌列为一题，或应据定稿本分立《遣怀》、《偶感》二题，同时将定稿本删落的一首补录于原题之下。不管采取哪一种处理方式，都应该在校记中说明它们在不同钞本系统中的分合情况，并按《聊斋偶存草》的编次，把这三首诗一并系于康熙十三年之下。

(2)《聊斋偶存草》第三十六题《古意》和《又》诗、第六十九题《边衣》。

在路编《聊斋诗集》中，《古意》一诗据《聊斋偶存草》收入未编年的续录部分(第687页)，题《又》字的一首与《边衣》一首合为一题收入卷一，改题《拟边衣》(第482页)。

今按，在国家图书馆收藏的一个《聊斋诗集》钞本中，《又》诗与《边衣》已被合为《拟边衣》一题。这两首诗所咏皆为思妇寄远之意，当是作者在定稿的时候因其题旨相同而把二诗并为一题的。据《聊斋偶存草》，《古意》与《又》诗原本同题，所写的又皆为闺思之事，二诗当为一时之作。由《聊斋偶存草》的编次来看，这两首诗俱当系于康熙十年，而《边衣》一诗则为康熙十二年的作品。因此，从诗作编年的情况考虑，在重编《聊斋诗集》时应该把《古意》与《又》诗重新合为一题，系于康熙十年之下；《边衣》或题《拟边衣》的一首则应自为一题，系于康熙十二年下。

(3)《聊斋偶存草》第九十六题《咏史》与第九十八题《读绝交论》。

按《聊斋偶存草》的分题情况，《咏史》共二首，《读绝交论》一首自为一题。路编《聊斋诗集》依据淄川王怡之旧藏五卷本《聊斋诗集》钞本，将《读绝交论》一首并入卷一《咏史》题下(第499页)。从《聊斋偶存草》的编次来看，《咏史》与《读绝交论》之间尚有《马嵬坡》一首，此诗路编《聊斋诗集》据王怡之藏本题作《马嵬坡，拟李长吉》，置于《咏史》三首之后。由此看来，虽然见于初稿本的这四首诗作在作者定稿本系统的钞本中并没有被删却，但前后二题的合并却改变了原诗的排列次序。因此，从写作的先后顺序考虑，笔者以为编订诗集应该按照《聊斋偶存草》的编次，将《读绝交论》一首自《咏史》题中重新分出，置于《马嵬坡，拟李长吉》一诗之后。

四、《聊斋偶存草》诗作的编年问题

《聊斋偶存草》所收的诗，计一百二十九题（题《又》字的三题不计在内）、二百二十四首。如袁世硕等先生所指出的那样，这些诗作基本上写于康熙十年（1671 年）至康熙十三年（1674 年）这四年之间。今详加考察，可知其中有少数诗作写于康熙九年（1670 年），也有的篇什作于康熙十三年之后。

《聊斋偶存草》第七十七题为《闺情，呈孙给谏》，共收七绝九首。这九首诗，在今所知见的定稿本系统的钞本中俱被分为两题：前四首题作《同沈燕及题〈思妇图〉》，系于康熙十八年（1679 年）；后五首题作《闺情》，系于康熙二十四年（1685 年）。

本来是同题的一组诗，作者后来何以要把它们分为两题，并置于不同的年次之中？笔者以为，这其中必有一处为作者误置。结合蒲松龄与孙蕙的关系来看，蒲松龄写于康熙二十一年（1682 年）的《上孙给谏书》中有这样一段文字：

> 曩者刘孔集自武康归，先生尝谓之曰："姜桂之药，亦宜相人而施。"某之言，真辣于姜桂矣！如可节取，则电毕而火之；如其荒谬，既不妨暴之同人，以彰吾过。弟年来无他进益，然能知非矣，断不敢谬执己见以自是也。①

可见，作者虽然对孙蕙的族人、仆人、朋辈的横行不法之事激

① （清）蒲松龄著，路大荒整理：《蒲松龄集》，上海古籍出版社 1986 年版，第 126 页。

愤于中，仗义执言，但在此事的处理上还是顾及了这位旧日友人的情面，绝无宣暴于他人之意。然而，此事后来终于还是在邑中传得纷纷扬扬，以至于唐梦赉《志壑堂文集》中的《县西关义市碑记》、蒲箬的《柳泉公行述》、张元的《柳泉蒲先生墓表》都一再言及。既然蒲松龄的态度在书札中已经说得十分明白，那么将此事"暴之同人"的自然便是孙蕙本人。从这件事的结果来看，孙蕙将此事"暴之同人"的做法本身也就含有示疏、"彰过"或绝交之意。在蒲松龄的编年诗中，康熙二十四年共收诗两题，其中的《袁宣四水没居庐，戏而吊之》编年有误，袁世硕先生已撰文指出。[①] 从蒲松龄与孙蕙的关系来看，对《闺情》一题也应作如是观。因为在发生了围绕着《上孙给谏书》的一场风波之后，生性峭直、一生自重的蒲松龄是决不会再去写什么闺情一类的游戏之作以投孙蕙之好的。

在《聊斋偶存草》中，蒲松龄写给孙蕙的诗除此处用了"孙给谏"外，还有"孙树百"、"孙安宜"、"树老"等不同的称呼。这些称呼，到后来的作者定稿本中一律被改成了"孙树百"或"孙给谏"。由此看来，多种称呼的混用正反映了初稿本的原始面貌，《聊斋偶存草》此题的"孙给谏"亦非后人妄加妄改，而是初稿本原即如此。据高珩《栖云阁文集》卷十四《户科给事中树百孙公墓志铭》，孙蕙自宝应行取入都任户科给事中为康熙十四年事，那么这一组"呈孙给谏"的诗也必作于此年之后。又唐梦赉《志壑堂诗集》卷九康熙十七年戊午下，有《孙树百给谏吴越归来，营万仞芙蓉斋成，和高念东先生赠诗三章，共成十首。招饮索和，率步原韵》诗，康熙十八年有《送孙树百北上》诗，可知孙蕙在康熙十七、十八年曾有过里之事。结合上云这一组诗被作者分别系于康熙十八年和康熙二十四年，而康熙二十一年后不可能有此类作品的情况看，《闺情，呈孙给

① 参见袁世硕《蒲松龄与袁藩》，载《蒲松龄事迹著述新考》，齐鲁书社 1988 年版，第 176～186 页。

谏》九首极有可能作于康熙十八年孙蕙里居之时。

《聊斋偶存草》的第二题为《挽淮扬道》诗。此诗的作期应为康熙九年，笔者在《蒲松龄的〈鹤轩笔札〉手稿及其佚篇》一文中已有考辨。[①] 除此之外，《聊斋偶存草》另有数题诗作，其作期亦当在康熙九年。如第一百二十四题《中秋》，诗中有这样一些句子：

……

异乡之天悲中秋，凝云欲堕颓不流。

……

今宵天上葬嫦娥，尘埋玉镜无颜色。

千里昏黄此夜同，远人感此百忧集。

从《聊斋偶存草》收诗的范围来看，《中秋》一诗无疑是作者南游期间的作品。诗中的"异乡"自是指作者客居的江苏宝应县或高邮州，而"天上葬嫦娥"、"尘埋玉镜"云云，盖指这年的中秋浓阴无月而言。据美国友人白亚仁先生介绍，英国牛津大学图书馆所藏的《听秋声馆钞书》本《聊斋诗草》中，收有一首题作《中秋无月，客出太白捉月图，因赋得把酒问青天》的诗[②]，所写亦为蒲氏南游期间中秋无月的情景，与《中秋》诗盖为一时之作。我们知道，蒲松龄于康熙九年的秋天南游宝应作幕，至康熙十年的八月已回到其淄川故里，此事可举《聊斋偶存草》第三十三题《八月新归，觉斯、鲞斯两侄邀饮，感赋得深字》为证。从蒲松龄康熙十年在江苏宝应一带居停的情况看，他在这年春夏所作的诗中已经表现出了强烈的怀归意识，记录其在宝应、高邮署中所为文牍的《鹤轩笔札》也在这一

① 参见邹宗良《蒲松龄的〈鹤轩笔札〉手稿及其佚篇》，载《蒲松龄研究集刊》第四辑，齐鲁书社 1984 年版，第 327～348 页。今收入本书。

② 参见[美]白亚仁（Allan Barr）《谈〈听秋声馆钞书〉本〈聊斋文稿〉、〈聊斋诗草〉》，载《蒲松龄研究集刊》第四辑，齐鲁书社 1984 年版，第 352～361 页。

年的五月即止[①],可见至迟在这年的六月,他在署中承担的文牍事务已由别人接替,蒲松龄此时已经做好了回乡的准备。我们还注意到,蒲松龄在南游归来的纪行诗中写到了电闪雷鸣、大雨倾盆的景象,如"下关暝黑闻风雷,倒峡翻盆山雨来","电青乍见水磷磷,径昏惟觉石齿齿"[②];"千里始归来,大雨如倾泻","惊电照迷途,更代始抵舍"[③]等等。而据《清圣祖实录》卷三十六,康熙十年的秋分为八月己亥,即八月二十一日,如果蒲松龄是在宝应度过中秋,则归来时已是秋分前后,从时令来看,自然不会再遇上大雨雷电之事。据以上种种情况分析,蒲松龄的这首《中秋》诗必作于康熙九年,时在其到达江苏宝应之后不久。

再如《聊斋偶存草》第一百二十八题《寄王子鹿友兼呈丘氏诸兄弟》,他本题作《王甡在瓜州邱荆石先生幕,作此寄之》,当为后来所改。[④] 今据《聊斋偶存草》引录其诗:

① 蒲松龄《鹤轩笔札》手稿第二册,封二有作者签题:"鹤轩笔札,辛亥正月起,五月止。"

② 《瓮口道夜行遇雨》,载(清)蒲松龄著、路大荒整理《蒲松龄集》,上海古籍出版社1986年版,第479页。

③ 《冒雨归家》,载(清)蒲松龄著、路大荒整理《蒲松龄集》,上海古籍出版社1986年版,第481页。

④ 按,"丘"改写为"邱",自清雍正三年(1725年)始,后人常据以判断古籍的写刻年代。陈垣《史讳举例》卷一:"《茶香室续钞》引叶名澧《桥西杂记》云:雍正三年上谕:孔子讳理应回避,令九卿会议。九卿议以凡系姓氏,俱加阝为邱;凡系地名,皆改易他名;书写常用,则从古体作𠀉。上谕:'今文出于古文,若改用𠀉字,是未尝回避也。此字本有期音,查《毛诗》古文作期音甚多。嗣后除《四书》、《五经》外,凡遇此字,并加阝为邱,地名亦不改易,但加阝旁,读作期音,庶乎允协。'按:加阝作邱,至今通行,至读期音则世鲜知者,可见避讳改音之例,始终未尝实行也。"

落日淡空庭，楼台净如洗。
美人天一方，雕栏空徙倚。
在家隔一山，尤恨不同里。
今日隔重江，而乃如邻比。
一在江之头，一在江之尾。
宁不愁参商？同饮一江水。

诗题中“王子鹿友”云云，盖指作者同邑友人王甡。王甡字鹿友，又字鹿瞻，为蒲松龄的郢中社友。张笃庆《昆仑山房集》七言近体甲戌年（康熙三十三年，1694 年）下，有《岁暮怀人诗》六十首，中存《栗里王鹿友甡》一题，诗的颔联为“白雪郢中属和少，青云游侣故人稀”，今皆可移来此处作注。邱荆石即丘璐，亦淄川人，顺治十二年（1655 年）中进士，曾先后任山西沁水、直隶大兴县知县。蒲松龄南游期间，丘璐正在扬州府江防同知任上，驻瓜洲。从这首诗的内容看，作者所表达的乃久别之后的怀念之情，“愁参商”二句更说明二人虽然同处江苏“一乡”，但尚未及见面，可见此诗的作期当在作者到达宝应之后不久。在蒲松龄手录的《鹤轩笔札》中，写寄瓜洲丘氏的书札共六篇，其中《十一月念一日上瓜洲丘》、《十一月廿五日上瓜洲》、《十二月八日答丘九兄》三札作于康熙九年。写于十一月的这两封书札，乃为丘璐托孙蕙代买故乡庄田和取印结事而作。值得注意的是《十二月八日答丘九兄》一篇，此文云：

前者辱临荒署，辑褎殊深，客窗冰雪，犹廑怅惘。至庄田交易，应效棉薄，何足劳舌及也。令尊翁大人北上，满拟负弩，不意虔候泱旬，竟失初望，令人耿歉不胜，反蒙长者眷注，感愧何可言耶。王舍亲厚贶远颁，希为致声，一切书物，统为电入。凭颖驰切不一。

札中的“令尊翁大人北上”云云，指的是丘璐于这年的冬天入都觐见，此事在前二札中已经提及。《鹤轩笔札》康熙十年又有《同日（正月十九日）与丘勷宸》（路编《聊斋文集》“宸”误作“震”）一札，也谈到上文所说的买庄之事,因知丘勷宸与"丘九兄"实为一人,即丘璐之子。据《淄川县志》卷五《选举志》附录的例贡一项,知丘璐的两个儿子丘辅圣、丘弼圣,皆援例成为贡生。"辅圣"、"弼圣",皆为辅佐皇帝之意,勷宸当为其中一人的字。笔者曾细检张笃庆的《昆仑山房集》和《厚斋自著年谱》,发现张笃庆一家、王甡俱与丘家关系密切。康熙六年(1667 年)丘璐由沁水知县转为大兴知县,张笃庆的二弟锡庆(号云友)与王甡即在其大兴署中;至康熙十年冬,笃庆的父亲张绂又曾南游瓜洲。张笃庆曾言及王甡为其表兄。以上种种迹象表明,张、王、丘三家当皆联络有亲。这样看来,这封书信中提到的那位"王舍亲",十有八九是指正在丘璐官署中做幕宾的王甡而言的。依常理而论,蒲松龄初到宝应,自然会对居于此地的友人王甡先为"致声",因而王甡这次的"厚贶远颁",其中当也包括了致蒲松龄的回柬和礼物。由此看来,蒲松龄的这首《寄王子鹿友兼呈丘氏诸兄弟》的诗,作期当在丘辅圣或丘弼圣为买庄田一事与孙蕙往来之初,与康熙九年十一月致丘氏的书札为同时事。

《聊斋偶存草》的最后六题为《中秋》、《夜微雨旋晴,河汉如画,慨然有作》、《邵伯湖》、《望月》、《寄王子鹿友兼呈丘氏诸兄弟》、《夜电》,共存诗七首。从诗的内容看,这些诗作俱当作于蒲松龄南游期间。由上面的考证,我们已经知道其中的《中秋》、《寄王子鹿友兼呈丘氏诸兄弟》二题作于康熙九年。据种种情况分析,笔者以为这一组诗的作期,俱应定于康熙九年为是。

对《聊斋偶存草》中这些诗作编年问题的考订,将有助于我们对蒲松龄南游诗作的进一步了解、认识和编年。早在 1956 年的春天,路大荒先生得到乡前辈王仲衡先生旧藏的《南游诗草》钞本,共存诗七十八首。[①] 路先生当时认为,《南游诗草》钞本是一个"未改

---

① 详见路大荒《蒲松龄的〈南游诗草〉介绍》、《整理蒲松龄诗文杂著俚曲的经过》,俱收入路大荒《蒲松龄年谱》,齐鲁书社 1980 年版。

动编次面貌”的本子，所以在他编订蒲松龄的南游诗作的时候，即以这个钞本作为编年的基本依据。从目前所掌握的情况看，笔者以为对蒲松龄南游诗作的整理，起码有这样两个问题值得引起注意：其一，蒲松龄南游期间的诗作当远不止七十八首。据笔者统计，包括《聊斋偶存草》在内，见于各种钞本的蒲氏南游诗作，去其重复，存者也达一百二十首之多。其二，据路大荒先生《蒲松龄的〈南游诗草〉介绍》所介绍的情况考察，《南游诗草》所收的诗，并不是严格按照写作的先后顺序过录的。举例来说，《孙树百先生寿日，观梨园歌舞》一诗，应作于康熙十年二月十六日孙蕙的诞辰，但此钞本却排在作于这年秋天的《秦邮官署》之后；《感愤》一诗，《聊斋偶存草》题作《十九日得家书感赋，即呈孙树百、刘孔集》，应作于同一年的正月十九日，此钞本更列于《孙树百先生寿日，观梨园歌舞》诸诗之后。特别要指出的是，上文中经考察认定作于康熙九年的《挽淮扬道》、《寄王子鹿友兼呈丘氏诸兄弟》等诗，也俱被路大荒先生以《南游诗草》的排列顺序作为基本依据系于康熙十年之下。笔者考察认为，就蒲松龄的南游诗作而言，实作于康熙九年，而在路编《聊斋诗集》中被误置于康熙十年的诗作，数量其实是较多的，并不止于我们上面所举的数首。笔者认为，这一问题的真正解决，尚有待于对聊斋诗的多种钞本进行综合考察的结果。希望有关的研究者关注这一情况，以求得这一重要问题的早日解决。

（写于 1994 年，发表于《蒲松龄研究》1995 年第 3、4 期合刊）

《般阳诗萃》中的蒲松龄诗与聊斋诗的编年问题

种种迹象表明，蒲松龄晚年亲订的《聊斋草》手稿五册[①]，后四册(康熙十四年乙卯至康熙五十三年甲午诗作)为标示干支的编年诗集，而第一册(康熙九年庚戌至康熙十三年甲寅诗作)则保存了蒲松龄早期诗集的面貌，作者本人没有对这部分诗作进行编年。因此，路大荒先生当年编订《蒲松龄集》中的《聊斋诗集》，曾为卷一即康熙九年庚戌至康熙十三年甲寅诗作的编年一事多方搜求证据。《般阳诗萃》一书收录的蒲松龄的诗作，即有"十九首"和"十三首"(笔者按，应作"十三题十五首")分别标示为"辛亥"和"壬子"诗，而这两处系年标识中的"辛亥"为清康熙十年(1671 年)，"壬子"为康熙十一年(1672 年)，其所对应的恰好是《聊斋诗集》钞本中未编年的部分诗作，所以受到了路大荒先生的特别关注。路编《蒲松龄集》本《聊斋诗集》卷一的辛亥与壬子年诗，即是以《般阳诗

---

① 蒲松龄手订的《聊斋草》五册，今仅存一册，即第四册，收藏于日本庆应义塾大学聊斋文库，影印本见藤田祐贤、八木章好解说《蒲松龄手钞蒲氏族谱·聊斋草》，(东京)汲古书院 1991 年版。

萃》为主要依据进行编年的。①

《般阳诗萃》由清人冯继照编刊，共收录蒲松龄的诗作一百二十四题、一百四十五首（其中一题一首重出，二题二首为误收的蒲松龄友人孙蕙诗，说见后）。这部分蒲氏诗作是以何种面貌呈现在《般阳诗萃》之中的？其所标示的干支是否准确无误？能否以此作为聊斋诗编年的可靠依据？这是我们进一步整理《聊斋诗集》所无法绕过的一些问题。有鉴于此，今特对《般阳诗萃》所收录的蒲松龄诗进行考察，并借以订正现有的三种《聊斋诗集》整理本②在聊斋诗编年过程中出现的不审之误。

一、冯继照与《般阳诗萃》的编刊

《般阳诗萃》十五卷，清淄川冯继照编辑刊刻，今存清道光二十七年丁未（1847年）冯氏柳波馆刻本，山东省图书馆藏。般阳是山东淄川县的古称，以其位于般河之阳而得名。《般阳诗萃》是一部郡邑诗歌总集，共收录自唐至清的淄川籍诗人凡一百八十一人诗歌一千八百零八首。

《般阳诗萃》的编刊者冯继照，淄川县孟机庄人。据清方作霖修、王敬铸纂《三续淄川县志》和淄川区政协编纂委员会编《孝妇河

① 路大荒《整理蒲松龄诗文杂著俚曲的经过》："至五六年（笔者按，即1956年）的夏天，又自淄川借到王怡之先生旧抄《聊斋诗集》五卷，附诗余一卷……第一卷虽没有注明年次，如以《南游诗草》推断依《志异·桑生》篇记述是庚戌，以及据《般阳诗萃》、《般阳诗抄》中附记，即可得其大半。"（载路大荒《蒲松龄年谱》，齐鲁书社1980年版，第129页）据笔者考察，路先生1956年借到的这个《聊斋诗集》五卷钞本，即是一个据蒲松龄《聊斋草》手稿五册系统的版本选抄而成的聊斋诗选本。

② 到目前为止，《聊斋诗集》共有三种整理本面世，分别为路大荒整理《蒲松龄集·聊斋诗集》（中华书局1962年版）、赵蔚芝笺注《聊斋诗集笺注》（山东大学出版社1996年版）、盛伟编校《蒲松龄全集·聊斋诗集》（学林出版社1998年版）。

畔明清名人传》[1]，知冯继照与其父皆有宦迹。其父名君擢(1735～1818年)，清乾隆十五年(1750年)补博士弟子员，十九年(1754年)补廪膳生员，三十年(1765年)拔贡，三十九年(1774年)参加山东乡试中式，六十年(1795年)经大挑补郯城县儒学教谕。冯君擢任郯城县学教谕十四年，大计以卓异闻，保举知县。嘉庆十四年(1809年)致仕归里，嘉庆二十三年(1818年)卒，享年八十四岁。其子冯继照，字丽南，号萩桥，又号林烛翁。清乾隆五十八年(1793年)补博士弟子员，嘉庆六年(1801年)拔贡，十二年(1807年)补内廷文颖馆誊录，十六年(1811年)任沾化县儒学教谕，二十三年(1818年)保升河南知县，丁父忧。冯继照于道光十年(1830年)署理灵宝知县，十三年(1833年)转补修武知县，十九年(1839年)加知州衔。后以老告归，优游林下十余年，卒年八十五岁。

冯继照娴于文事，尤长于金石文字之学。《三续淄川县志》称其"善隶书，耽金石，工篆刻。著有《正字简史学提要》、《柳波馆诗文集》，藏于家。纂辑《般阳诗萃》，行于世"。在河南修武县知县任上，冯继照主持了道光《修武县志》的纂修一事，并依据自己"古寺记碑，破庵拓鼎"所得辑成了其中的《金石志》。[2]

《般阳诗萃》扉页题"道光丁未年镌般阳诗萃柳波馆藏版"，丁未为道光二十七年。冯继照著有《柳波馆诗文集》，"柳波馆"为其斋名，可知《般阳诗萃》由冯氏主持刻印。我们注意到，冯氏在任修武县知县期间，除道光《修武县志》外，还曾主持刻印其父冯君擢的受业塾师，淄川人司天开撰作的《四书汇解》四十卷，此书今收入《山东文献集成》第三辑第九册。[3]《四书汇解》书前有一墨围牌

① (清)方作霖修，王敬铸纂：《三续淄川县志》，1920年石印本。淄川区政协编纂委员会编：《孝妇河畔明清名人传》，中华书局2008年版。

② 参见(清)冯继照修，金皋、袁俊纂《修武县志》，清道光十九年(1839年)刻本。

③ 参见《山东文献集成》编纂委员会编《山东文献集成》第三辑第九册，山东大学出版社2009年版。

记，记作“道光廿有四年刊于修武县署”；而卷末冯继照的《跋》文，署作“道光二十五年春三月”，卷首所载河南按察使王简《〈四书汇解〉序》，则署作“道光二十五年孟秋月朔”，可见道光二十五年秋天，冯继照仍在修武知县任上。① 在《四书汇解》一书的卷末，附刻有写手、刻工籍贯姓名，曰“郴州郭灝选誊楷，江宁杭大高镌字”。检道光《修武县志》，目录之后有冯氏附记，云“右《修武县志》目录共十卷，削稿于丁酉（道光十七年，1837 年）之二月，开雕于己亥（道光十九年，1839 年）之二月，及庚子（道光二十年，1840 年）之三月而工毕，继照弁其首曰《修武县志》”，知其刻于道光己亥至庚子间，《四书汇解》刻于甲辰（二十四年，1844 年）、乙巳（二十五年，1845 年）间，《般阳诗萃》则刻于丁未（二十七年，1847 年）。三书写刻字体皆同，盖同出于手民郭灝选、杭大高之手，因知《般阳诗萃》亦为冯继照于修武县署中主持刊刻。

二、《般阳诗萃》收录的蒲松龄诗

如上所言，《般阳诗萃》收录唐至清代淄川籍诗人一百八十一家，诗作一千八百零八首，平均每家收诗十首。此一百八十一家中，收诗超过百首的有四家，分别为张笃庆二百首、蒲松龄一百四十五首、王启叡一百二十五首、袁藩一百首。四人中王启叡为明末诗人，张、蒲、袁皆为清代诗人。收诗最多的张笃庆为蒲松龄一生挚友，以山左名诗人入选《清史稿·文苑传》和《清史列传》，冯氏选邑人之诗，录张笃庆诗数量最夥理所当然。而蒲松龄的诗作占到一百二十四题、一百四十五首，亦足见编辑者对蒲诗的重视程度。

---

① 冯继照于道光十三年出任河南修武县知县，见其所修，金皋、袁俊纂《修武县志》卷七《职官考》。又据萧国桢、李礼耕修，焦封桐、孙尚仁纂民国《修武县志》卷五《职官》，知县一职至咸丰元年方有继其任者，冯氏任修武知县当直至道光三十年。

关于该书收录的蒲松龄诗的情况，冯继照在其所撰《凡例》中单列一条予以说明，其文如下：

蒲柳泉先生《聊斋志异》一书盛行海内，士林想望鸿笔，得其一文一诗，虽吉光片羽，莫不珍若拱璧。其诗向无刻本。《山左诗钞》仅载先生古今体诗十一首，然先生系康熙五十年岁贡，《诗钞》中叙其爵里为诸生，可知其诗必传自外邑之人，本无多也。兹得其钞本，颇多鲁鱼帝虎之讹，谨校增一百三十四首。窃愿俟获善本，再行校正，为刻专集以标风雅。

冯继照所说的《山左诗钞》，即《国朝山左诗钞》，共六十卷，清乾隆时人卢见曾编辑，今存乾隆二十三年（1758 年）德州卢氏雅雨堂刻本，《山东文献集成》编入第一辑中。蒲松龄诗作十一首并诗前小传，俱见《国朝山左诗钞》卷四十五。冯氏所云“校增一百三十四首”，意思是说在《山左诗钞》所收蒲诗的基础上增加了一百三十四首之多。我们注意到，早在 1936 年，栾调甫先生为上海世界书局《聊斋全集》本《聊斋诗集》作序，即谈到了《国朝山左诗钞》与《般阳诗萃》所收蒲诗的关系问题：

尝考前人诗选所载先生诗，若《历亭诗文会编》、《山左诗钞》，仅寥寥十数首；及道光末冯荻桥纂《般阳诗萃》，录诸《诗钞》，而别据钞本，选增一百三十四首（共诗一百四十五首。除录《诗钞》十首，实选增一百三十五首。冯谓一百三十四首，盖误据《诗钞》原选十一首而并计之也。又原刻误重《怀张历友》一首，此据重印修正本），始得见其大略。[①]

栾调甫先生所云“重印修正本”，今未见。经校勘得知，《山左诗钞》所收的七题十一首蒲诗，《般阳诗萃》初印本并未按原诗照录，其同题诗作存在以下不同：一是《河堤远眺》一题原诗四首，《山左诗钞》

① 栾调甫：《〈聊斋诗集〉序》，载（清）蒲松龄著，路大荒、赵苕狂编辑《聊斋全集》之《聊斋诗集》卷首，世界书局 1936 年版，第 1～3 页。

选录其首二字为“黄河”、“湖外”的两首,《般阳诗萃》收录的则为首二字为“黄河”、“银沙”两首;二是《和唐太史五亩园诸咏原韵》一题原诗十五首,《山左诗钞》选录其分题为《庄山书屋》、《半山桥》、《四桐斋》的三首,《般阳诗萃》所收则是分题为《半山桥》、《四桐斋》的两首。据此,冯氏除未选《山左诗钞》中的《和唐太史五亩园诸咏原韵·庄山书屋》一诗外,还存在入选《般阳诗萃》者与《山左诗钞》所选同题而不同诗的情况。

此外,如栾调甫先生所说,《般阳诗萃》中蒲诗第四题与第五十一题,皆为《九月望日怀张历友》,二诗在笔者所见的初印本中重出。去除其重出的一首和后面论及的误收孙蕙诗作二题二首,《般阳诗萃》实收蒲松龄诗作一百四十二首。

笔者曾经考得,《聊斋诗集》的钞本可分为定稿本和初稿本两个不同的系统。[①] 冯继照于蒲诗自言“得其钞本”,《般阳诗萃》于《国朝山左诗钞》之外收录的蒲诗达一百四十余首之多,可见冯氏选诗的时候确实是有蒲诗钞本可按的;换句话说,《般阳诗萃》中的蒲松龄诗,是依据冯氏所见的某一《聊斋诗集》钞本选录出来的,其本身就是一个《聊斋诗集》的选本。但与笔者数十年间所见的十余种《聊斋诗集》钞本比勘,我们发现《般阳诗萃》收录的这一百四十二首蒲诗编排顺序极为混乱,从整体上看呈现出一种无序状态,它既不属于定稿本系统的《聊斋诗集》钞本,也不属于初稿本系统的钞本,就性质而言,它应该是一个后出的辑佚本。

清人张鹏展于嘉庆癸酉(十八年,1813 年)作《〈聊斋诗集〉序》中有如下记载:

> 壬申(嘉庆十七年,1812 年),余征《续山左诗钞》,于其嗣孙庭橘获先生诗集五卷,诗余一卷……雅雨堂前录十九首,兹

---

① 参见邹宗良《由〈聊斋偶存草〉所见聊斋诗的整理诸问题》,载《蒲松龄研究》1995 年第 3、4 期合刊。今收入本书。

录十三首于补钞。因缀言全集,归其嗣孙,以志珍重云。[①]

《国朝山左诗续钞》三十二卷又补钞四卷,张鹏展编辑,今存清嘉庆十八年四照楼刻本,已收入《山东文献集成》第一辑。张鹏展所云"嗣孙庭橘",为蒲松龄的五世孙,松龄长孙蒲立德之孙。所云自蒲庭橘处所见"诗集五卷",应是据蒲松龄的《聊斋草》手稿五册过录的蒲氏家藏本。由张《序》可知,在冯继照编刊《般阳诗萃》三十余年前,蒲松龄的后裔尚藏有《聊斋诗集》的完整钞本。直到20世纪50年代,路大荒先生编订《蒲松龄集》本《聊斋诗集》,所依据的底本仍然是一个五卷本《聊斋诗集》的选本。如此看来,冯继照与蒲氏后人虽为同邑,但其编辑《般阳诗萃》中的蒲松龄诗时得到并依据的《聊斋诗集》钞本,并非传自淄川蒲氏后裔可知。

三、"辛亥"诗与聊斋诗的编年问题

《般阳诗萃》初印本收录的蒲松龄诗,第三十二题为《清水潭决口》,其诗题之下有小注云:"以下辛亥十九首。"辛亥为清康熙十年(1671年),本年蒲松龄先是在其淄川同乡孙蕙(字树百)任知县的江苏宝应县和孙蕙摄篆署印的高邮州任幕宾,后于这年的八月辞幕回到淄川故里。我们以为,在《般阳诗萃》收录的蒲诗中,"辛亥"的系年标识是存在差误的,其中有部分诗作并非编辑者所标示的康熙十年辛亥诗。

《般阳诗萃》在蒲松龄《清水潭决口》一诗诗题下注"以下辛亥十九首",这十九首诗的诗题与编次如下:

(1)第三十二题《清水潭决口》(一首。为说明一题多首或同诗异题的情况,在题后注明诗作的首二字。此诗首二字为"河水",下

---

① (清)张鹏展:《〈聊斋诗集〉序》,载(清)蒲松龄著、路大荒整理《蒲松龄集》,上海古籍出版社1986年版,第696页。

同此例）

（2）第三十三题《夜坐悲歌》（一首。“黄河”）

（3）第三十四题《贵公子》（一首。“绮罗”）

（4）第三十五题《泛邵伯湖》（一首。“湖水”）

（5）第三十六题《挽淮阳道》（一首。“明河”）

（6）第三十七题《湖津夜泊》（一首。“朔风”）

（7）第三十八题《早过秦邮》（一首。“茅店”）

（8）第三十九题《树百宴，歌妓善琵琶，戏赠》（二首。“丽人”、“小语”）

（9）第四十题《再过决口放歌》（一首。“清潭”）

（10）第四十一题《旅思》（一首。“十年”）

（11）第四十二题《离别曲》（二首。“薄命”、“芳草”）

（12）第四十三题《寒食阴雨，有怀刘孔集》（一首。“寒江”）

（13）第四十四题《牧羊辞，呈树百》（一首。“南山”）

（14）第四十五题《舟中独酌》（一首。“芦花”）

（15）第四十六题《山中》（一首。“岭上”）

（16）第四十七题《初归，觉斯、螽斯两侄邀饮》（一首。“江湖”）

（17）第四十八题《拟古》（一首。“妾如”）

对以上十七题十九首诗作，我们考察的结果是，前五题五首作于康熙九年庚戌（1670年），后十一题十三首作于康熙十年辛亥。下面具体说明之。

（1）《清水潭决口》。清水潭位于江苏高邮州境，康熙七年六月山东郯城大地震后决口，康熙八年八月又决，相邻的宝应县被淹。蒲松龄的同乡友人孙蕙于康熙八年出任宝应县知县，次年聘蒲松龄为幕宾，蒲氏因于康熙九年秋天抵达宝应，自十月起在宝应县署中帮办文牍。

《清水潭决口》一诗见于传为蒲松龄儿孙所钞的《聊斋诗草》钞本甲本（以下称“传甲本《聊斋诗草》”或“传甲本”），此钞本今存日本庆应义塾大学聊斋文库。据笔者考察,传甲本《聊斋诗草》虽然是一个选钞本,但诗作却较为严格地按照写作的先后顺序排列。[①]《清水潭决口》为传甲本《聊斋诗草》第十题,其前的《青石关》、《早行》、《途中》、《黄河晓渡》、《宿王家营》诸诗被路大荒先生系于康熙九年,甚是。其后的《王甡在瓜洲丘荆石先生幕,作此寄之》、《挽淮阳道》诸诗,经笔者考证也俱作于康熙九年。[②] 由传甲本《聊斋诗草》的排列次序,可以确定《清水潭感赋》为康熙九年的诗作。

(2)《夜坐悲歌》。传甲本《聊斋诗草》第十二题。在传甲本中,可以确知作于康熙九年庚戌的《挽淮阳道》为其后第四题。按传甲本《聊斋诗草》的排列次序,《夜坐悲歌》也为康熙九年庚戌诗作。

(3)《贵公子》。在传甲本《聊斋诗草》中,《贵公子》一诗紧排于《夜坐悲歌》之后,为其第十三题。同样的道理,此诗也应是康熙九年庚戌之作。

《贵公子》又见于淄博市蒲松龄纪念馆收藏的蒲诗钞本《聊斋偶存草》。据笔者和袁世硕先生分别对《聊斋偶存草》钞本所作的考察,可知此钞本收录的诗作始于康熙九年庚戌,基本上是按照写作时间的先后顺序排列的。[③]《贵公子》为《聊斋偶存草》钞本之第三题,位于写于康熙九年十一月或十二月初的《挽淮扬道》(《般阳诗萃》作《挽淮阳道》)之后,写于康熙十年元宵节的《元宵酒阑作》之前。《聊斋偶存草》钞本的排列次序同样可以说明,《贵公子》一

① 参见邹宗良《对传为蒲松龄儿孙钞本的两种〈聊斋诗草〉的考察》,载《蒲松龄研究》2006 年第 1、2 期。今收入本书。

② 参见邹宗良《由〈聊斋偶存草〉所见聊斋诗的整理诸问题》,载《蒲松龄研究》1995 年第 3、4 期合刊;邹宗良《蒲松龄的〈鹤轩笔札〉手稿及其佚篇》,载《蒲松龄研究集刊》第四辑,齐鲁书社 1984 年版。二文今收入本书。

③ 参见邹宗良《由〈聊斋偶存草〉所见聊斋诗的整理诸问题》,载《蒲松龄研究》1995 年第 3、4 期合刊,今收入本书;袁世硕《对〈聊斋偶存草〉的考察》,载《蒲松龄事迹著述新考》,齐鲁书社 1988 年版,第 312～331 页。

诗作于康熙九年庚戌。

(4)《泛邵伯湖》。传甲本《聊斋诗草》第十五题。在传甲本中，紧排其后的第十六题即《挽淮阳道》诗。上面说到，可以确定《挽淮阳道》诗作于康熙九年十一月或十二月初。由传甲本《聊斋诗草》的排列次序，可定《泛邵伯湖》作于康熙九年庚戌。

(5)《挽淮阳道》。传甲本《聊斋诗草》第十六题，《聊斋偶存草》钞本第二题。笔者在《蒲松龄的〈鹤轩笔札〉手稿及其佚篇》一文中依据相关历史事实详细考察过此诗的作期，在此不再赘述。

以上五题五首诗作，由于《般阳诗萃》系于康熙十年辛亥，路大荒先生整理的《蒲松龄集》本《聊斋诗集》依此系年，后出的赵蔚芝先生笺注《聊斋诗集笺注》、盛伟先生编校《蒲松龄全集》本《聊斋诗集》均沿袭了路本的编年之误。

《般阳诗萃》系于康熙十年辛亥的后十一题十三首诗，《蒲松龄集》本《聊斋诗集》仅以《般阳诗萃》的系年为据将其编入康熙十年，并没有举出其他证据。今依据对几种《聊斋诗集》钞本所作的综合考察，一并对这部分诗作的编年进行考察说明。

(6)《湖津夜泊》。《聊斋偶存草》钞本有《舟中夜坐》五言古体一首，全诗六句。袁世硕先生在《对〈聊斋偶存草〉的考察》一文中指出，《湖津夜泊》与《舟中夜坐》实为同一首诗，只是前题多出两句。后笔者考得聊斋诗钞本分为初稿本、定稿本等不同的系统，《聊斋偶存草》即属于初稿本系统的一个钞本，《湖津夜泊》则是蒲松龄后来对初稿《舟中夜坐》一诗进行修订而形成的改定稿。

《舟中夜坐》为《聊斋偶存草》之第六题。① 袁世硕先生曾考证，《聊斋偶存草》中的诗作，自第四题《元宵酒阑作》开始，至第三十六题《古意》(包括此题之后题《又》的一首)概为康熙十年辛亥诗

① 盛伟先生在《蒲松龄全集》本《聊斋诗集》所收《舟中夜坐》一诗的《校勘记》中说："《聊斋偶存草》钞本无此诗。"此盖失检之误。

作。据《聊斋偶存草》的编次,《舟中夜坐》(改定稿题作《湖津夜泊》)为康熙十年辛亥诗作。

(7)《早过秦邮》。秦邮即江苏高邮,以秦代在此筑高台,置邮亭而得名。

此诗见于日本庆应义塾大学聊斋文库所藏传为蒲松龄儿孙所钞的《聊斋诗草》钞本乙本(以下称"传乙本")、国家图书馆藏《聊斋诗集》钞本(以下称"国图本")、清华大学原藏《聊斋诗集》钞本(以下称"清华本")。传乙本题作《早渡》;国图本为几种《聊斋诗集》的汇钞本,诗凡二见,一与《般阳诗萃》同题,一作《早渡》;清华本亦为汇钞本,凡二见,诗题与国图本同。

按,传乙本和清华本,前后诗作排列皆无序,无法据以系年。国图本以《早过秦邮》为题者,排在《湖津夜泊》之后,康熙十年元宵之后所作的《寿赵夫人》一诗之前,故此诗亦当为康熙十年辛亥早春之作。

(8)《树百宴,歌妓善琵琶,戏赠》二首。此题原诗五首,见于国图本《聊斋诗集》,《般阳诗萃》所选为其一、其四两首。

国图本此题诗作排列于《树百家宴戏呈》之后,《秦邮官署》之前。其前后诗俱作于康熙十年辛亥,故此诗亦当作于是年。

(9)《再过决口放歌》。传甲本《聊斋诗草》第二十四题,"决口"即前诗提到的高邮州清水潭决口。笔者前曾作过考察,传甲本自第二十一题《元宵与树百赴扬州》(笔者按,"元宵"应为"元宵后",传甲本夺一"后"字)始,至第四十二题《山村》止,概为康熙十年辛亥诗作[①],故此诗作期亦为康熙十年辛亥。

(10)《旅思》。传甲本《聊斋诗草》第二十六题,《聊斋偶存草》第八题。以上两种钞本的排列次序都说明此诗作于康熙十年

---

① 参见邹宗良《对传为蒲松龄儿孙钞本的两种〈聊斋诗草〉的考察》,载《蒲松龄研究》2006年第1、2期。今收入本书。

辛亥。

(11)《离别曲》。传甲本第二十七题,《聊斋偶存草》第九题。此诗在以上两种钞本中都紧排在《旅思》之后,为康熙十年辛亥诗。

(12)《寒食阴雨,有怀刘孔集》。传甲本《聊斋诗草》第二十九题,《聊斋偶存草》第十二题。据两种钞本的排列次序,知其为康熙十年辛亥寒食日作。

山东风俗,寒食为清明前一日。据郑鹤声先生编《近世中西史日对照表》,康熙十年的清明节为二月廿五日,因知此诗作于此年的二月廿四日。

(13)《牧羊辞,呈树百》。传甲本《聊斋诗草》第三十二题;《聊斋偶存草》第十八题,题作《牧羊辞》。据两种钞本的排列次序,可知此诗作于康熙十年辛亥春日。

(14)《舟中独酌》。传甲本第三十八题;《聊斋偶存草》第二十七题,题作《舟中》。据两种钞本的排列次序,诗作于康熙十年辛亥。

(15)《山中》。传甲本第三十九题;《聊斋偶存草》第二十八题,题作《山中行》。据两种钞本的排列次序,诗作于康熙十年辛亥。

传甲本与《聊斋偶存草》,本题俱为诗二首。其二有句云:“高原一带净无尘,千里归来世外身”;“隔岸深溪隐翠竹,投鞭下马问迷津”。诗当作于蒲松龄自宝应北归途中。

(16)《初归,觉斯、螽斯两侄邀饮》。传甲本第四十一题;《聊斋偶存草》第三十三题,共二首,题作《八月新归,觉斯、螽斯两侄邀饮,感赋得深字》。

笔者在《由〈聊斋偶存草〉所见聊斋诗的整理诸问题》一文中考察,《聊斋偶存草》中的同题二首为此诗初稿,传甲本中的一首与《般阳诗萃》相同,为将初稿二首合并而成的定稿。由两种钞本的排列次序和诗题所示,知此诗作于康熙十年辛亥八月,其时蒲松龄刚刚自江苏宝应县回到淄川家中不久。

(17)《拟古》。《聊斋偶存草》第三十四题，题作《闺情》。由《聊斋偶存草》的排列次序，知此诗作于康熙十年自宝应县归里之后。

总体来看，这十七题十九首诗是保存了其写作的先后次序的，问题在于《般阳诗萃》误把作于康熙九年庚戌的五题五首也系于“辛亥”年下，路大荒先生在进行《聊斋诗集》编年的时候对此疏于考察，后出的整理本也以讹传讹，沿袭了路编本编年的错误。这些错误，在进一步整理《聊斋诗集》的时候应该予以纠正。

四、“壬子”诗与聊斋诗的编年问题

在《般阳诗萃》初印本中，蒲松龄诗第四十九题为《寄孙树百》，诗题下亦有小注：“以下壬子十三首。”壬子为康熙十一年(1672)，本年蒲松龄在其家乡山东淄川。下面是《般阳诗萃》中蒲松龄“壬子”诸诗的诗题与编次：

(1)第四十九题《寄孙树百》(一首。“枫老”)

(2)第五十题《寄刘孔集》(一首。“寂寂”)

(3)第五十一题《九月望日怀张历友》(一首。“临风”)

(4)第五十二题《希梅斋中小饮》(一首。“尊酒”)

(5)第五十三题《壮士行》(一首。“壮士”)

(6)第五十四题《寄刘孔集》(一首。“翘首”)

(7)第五十五题《王长仁园中谦集，因怀如水》(一首。“高阁”)

(8)第五十六题《贻王淑子孝廉》(一首。“三径”)

(9)第五十七题《遣怀》(一首。“生涯”)

(10)第五十八题《清水潭感赋》(一首。“废塍”。诗题下注：“《山左诗钞》作孙蕙诗。”)

(11)第五十九题《挽船行》(一首。“箫鼓”)

(12)第六十题《和毕盛钜〈石隐园杂咏〉》(一首。“抱屋”)

(13)第六十一题《戏酬孙树百三首》(三首。“芳草”、“琅玕”、

"漏版")

由以上所列诗题和首数可知,《般阳诗萃》所谓"以下壬子十三首"的注记并不准确。按首数计算,第十三首为《戏酬孙树百三首》中的第一首,注记不可能把同一诗题的诗作分开来系年;按诗题计算,则第十三题为《戏酬孙树百三首》,但至此诗题为止的诗作并不是十三首,而是十五首。由此看来,这个"十三首"的说法是编辑者依照诗题来计数的结果,其所指应是自第四十九题《寄孙树百》开始,至第六十一题《戏酬孙树百三首》为止的十三题十五首诗作。

《般阳诗萃》标示"壬子"的这十三题十五首诗,情况较"辛亥"诗更为复杂。首先是其中杂有蒲松龄友人孙蕙的诗作二题二首。一是诗题下注"《山左诗钞》作孙蕙诗"的《清水潭感赋》。此诗既见载于路大荒先生所见五卷本《聊斋诗集》钞本和《般阳诗萃》,也见于清人卢见曾编辑的《国朝山左诗钞》卷二十六孙蕙诗中。后笔者在孙蕙《笠山诗选》的钞本和刻本中都检到此诗,写过一篇《〈蒲松龄集〉误收的一首诗》的短文以辨此事。① 二是《挽船行》一诗,分别见载于国家图书馆收藏的《聊斋诗集》钞本和《般阳诗萃》,盛伟先生在编校《蒲松龄全集》时,发现此诗亦见于孙蕙《笠山诗选》,遂将其自《聊斋诗集》中删除。②

其次,据我们考察,在去除了误收的孙蕙诗作之后,余下的十一题十三首诗也并非"壬子"一年间所作。这十三首诗既有可以考定为作于康熙十年辛亥、康熙十一年壬子、康熙十二年癸丑及康熙十三年甲寅者,也有目前尚不能确定写作年代的诗作。下面次第而作辨析。

---

① 邹宗良:《〈蒲松龄集〉误收的一首诗》,载《文献》1987年第1期。今收入本书。

② 盛伟编校《蒲松龄全集》本《聊斋诗集》卷一,在《和毕盛钜〈石隐园杂咏〉》诗后有关于删除《挽船行》一诗的说明:"《挽船行》一首……亦见于孙蕙《笠山诗选》中,此次辑校,将该诗删去。"(盛伟编校:《蒲松龄全集》,学林出版社1998年版,第1638页)

(1)《寄孙树百》。此题原诗三首,传甲本《聊斋诗草》第四十五题收录同题其二,即首二字为“帐外”的一首;《聊斋偶存草》第四十四题,题作《寄孙安宜》,安宜为孙蕙任知县的宝应之旧称。由传甲本和《聊斋偶存草》钞本的编次,皆可定诗作于康熙十一年壬子。

(2)《寄刘孔集》。传甲本《聊斋诗草》第四十六题,《聊斋偶存草》第四十五题。由两钞本诗作编次,知为康熙十一年壬子诗。

刘孔集与作者同为在孙蕙宝应县署中做幕的幕友,此诗与《寄孙树百》同为蒲松龄因便寄往宝应署中之诗,盖一时之作。

(3)《九月望日怀张历友》。传甲本《聊斋诗草》第四十九题;《聊斋偶存草》第五十一题,题作《九月望日怀张子历友》。由传甲本与《聊斋偶存草》钞本编次,知诗作于康熙十一年壬子。

(4)《希梅斋中小饮》。传甲本《聊斋诗草》第五十题;《聊斋偶存草》第五十三题,题作《饮李希梅斋中》。由传甲本与《聊斋偶存草》钞本编次,知诗作于康熙十一年壬子。

(5)《壮士行》。传甲本《聊斋诗草》第五十二题,《聊斋偶存草》第五十八题。由传甲本与《聊斋偶存草》钞本编次,知诗作于康熙十一年壬子。

以上五题五首,为可以确定作于康熙十一年壬子的诗作。

(6)《寄刘孔集》。传甲本《聊斋诗草》第五十四题,《聊斋偶存草》第六十一题。按,传甲本第五十三题为《寄弟》。笔者在《对传为蒲松龄儿孙钞本的两种〈聊斋诗草〉的考察》一文中,考得《寄弟》诗作于康熙十二年六月。依传甲本和《聊斋偶存草》诗作的编次,可以认定《寄刘孔集》诗作于康熙十二年癸丑。

此诗《般阳诗萃》之系年有误。路编《蒲松龄集》本《聊斋诗集》据《般阳诗萃》系于康熙十一年壬子,后出的《聊斋诗集笺注》沿袭路本之编年,皆误;盛编《蒲松龄全集》本《聊斋诗集》已据《聊斋偶存草》钞本编次改系康熙十二年癸丑。

(7)《王长仁园中谦集,因怀如水》。传甲本《聊斋诗草》第八十二题;《聊斋偶存草》第一百一十一题,题作《饮长仁园中三十韵》。据传甲本与《聊斋偶存草》诗作编次,此诗为康熙十三年甲寅之作。

路编《蒲松龄集》本《聊斋诗集》据《般阳诗萃》系于康熙十一年壬子,显误;《聊斋诗集笺注》沿袭路本之编年,亦误。盛编《蒲松龄全集》本《聊斋诗集》已据《聊斋偶存草》钞本编次改系康熙十三年甲寅。

(8)《贻王淑子孝廉》。传甲本《聊斋诗草》第八十六题;《聊斋偶存草》第一百一十五题,题作《赠王淑子孝廉》。据传甲本与《聊斋偶存草》诗作编次,知此诗作于康熙十三年甲寅。

路编《蒲松龄集》本《聊斋诗集》据《般阳诗萃》系于康熙十一年壬子,《聊斋诗集笺注》沿袭路本之编年,皆误。盛编《蒲松龄全集》本《聊斋诗集》已据《聊斋偶存草》钞本编次改系康熙十三年甲寅。

又,此诗初稿本与定稿本并存。笔者在《由〈聊斋偶存草〉所见聊斋诗的整理诸问题》一文中考得,见于《聊斋偶存草》者为此诗初稿,题作《赠王淑子孝廉》;见于他本者为改定稿,题作《贻王淑子孝廉》,作者改订的痕迹十分明显。路大荒先生不审,遂将同一首诗的初稿与改定稿视为两首诗,以《贻王淑子孝廉》为题一并收入《蒲松龄集》本《聊斋诗集》正文。① 后出的《聊斋诗集笺注》、《蒲松龄全集》本《聊斋诗集》未察此事,均沿袭路编本之误将此诗的前后两稿视为两首诗收入正文,皆不妥。

(9)《遣怀》。传甲本《聊斋诗草》第八十七题,《聊斋偶存草》第一百一十七题。据传甲本与《聊斋偶存草》诗作编次,《遣怀》诗盖康熙十三年甲寅之作。

《遣怀》诗初稿为一题三首,见于《聊斋偶存草》。后作者改订诗稿,其一仍用原题,其二改题《偶感》,其三则被作者删除,未入定

① (清)蒲松龄著,路大荒整理:《蒲松龄集》,上海古籍出版社 1986 年版,第 491 页。

稿本《聊斋诗集》。路大荒先生因未作版本考察，将首二字为“生涯”的其一依《般阳诗萃》的干支系于康熙十一年；其二被认为不能确定年代，“姑附于”康熙十二年下；其三为依据《聊斋偶存草》补入《蒲松龄集》本《聊斋诗集》者，但被误置于康熙二十七年戊辰。《遣怀》之一题三首，俱当以传甲本和《聊斋偶存草》的编次为据，系于康熙十三年甲寅。

(10)《和毕盛钜〈石隐园杂咏〉》。此题原诗十六首，总题之下各列分题。在笔者所见诸钞本中，仅山东省图书馆藏毕自严《石隐园诗草》钞本后附的《石隐园杂咏》一卷存其全帙，友人杜泽逊先生曾将其影印件寄示。路大荒先生生前任山东省图书馆副馆长，路编《蒲松龄集》本《聊斋诗集》中此题全帙十六首当即据此收录。

《石隐园杂咏》钞本所录为蒲松龄和他人题咏淄川毕氏石隐园等名胜的诗作，无法据之考察诗作的写作年次。另，国家图书馆藏《聊斋诗集》钞本选录该题二首，即《般阳诗萃》收录的《就石舫》与分题《远心亭》的一首。国图藏《聊斋诗集》钞本为几种《聊斋诗集》的汇钞本，《和毕盛钜〈石隐园杂咏〉》前后诗作的编次皆已错乱，同样无法据编次考察其作期。《蒲松龄集》本《聊斋诗集》系此题诗作于康熙十一年，盖据《般阳诗萃》所署干支而定。因《般阳诗萃》两处干支皆错误严重，故此诗的编年应存疑待考。

(11)《戏酬孙树百三首》。传甲本《聊斋诗草》第二十三题。据传甲本诗作编次，《戏酬孙树百三首》作于康熙十年辛亥。

又《聊斋偶存草》第八十题，题作《公子乐》，共诗二首，其二首二字为“琅玕”，与本题其二为同一首诗；第八十二题，题作《又闺情二首》，即本题“漏版”、“芳草”二首。此三首诗后来合为《戏酬孙树百》一题，当为作者后来修订诗稿时改定。

按，《聊斋偶存草》第七十六题至八十四题，诗题依次为《宫辞》、《闺情，呈孙给谏》、《鞦跹》、《赠妓》、《公子乐》、《又赠妓》、《又闺情二首》、《凭高》、《壮士》，与前后诗作按年编排的情况不同。

《戏酬孙树百三首》又见于清华大学原藏《聊斋诗集》钞本，与传甲本编次相同。合诸本考察，可认定诗作于康熙十年。路编《蒲松龄全集》本《聊斋诗集》于康熙十年辛亥下列《戏酬孙树百》一题，收录首二字为"芳草"、"漏版"的两首；康熙十二年癸丑下又列《公子乐》、《又闺情》二题，前题下收"云髻"、"琅玕"二首，后题下收"漏版"、"芳草"二首。其中《公子乐》一题编年有误，应与其收于康熙十一年壬子下的《戏酬孙树百》一题合并，并在《校勘记》中予以说明；《又闺情》一题与《戏酬孙树百》在《蒲松龄集》本《聊斋诗集》中前后重出，应删去。

据以上考察，《般阳诗萃》署"壬子"的十三题十五首诗作，除去孙蕙所作的两首，余下的十一题十三首诗，分别有一题三首作于康熙十年辛亥，五题五首作于康熙十一年壬子，一题一首作于康熙十二年癸丑，三题三首作于康熙十三年甲寅，另有一题一首尚难以确定作期。由于《般阳诗萃》所署干支本身存在严重错误，依此系年的《蒲松龄集》本《聊斋诗集》及此后的整理本沿袭《蒲松龄集》本而形成的编年错误，俱应在此后的整理中予以订正。

（写于 2011 年 3 月，发表于《山东图书馆学刊》2011 年第 5 期）

对传为蒲松龄儿孙钞本的两种《聊斋诗草》的考察

在现存聊斋诗的多种钞本中，收藏于日本庆应义塾大学聊斋文库、传为蒲松龄儿孙所抄的两种《聊斋诗草》是值得研究者高度重视的。早在二十余年前，日本学者八木章好先生就对这两个钞本作过考察，国内的聊斋诗研究者却似乎对这两个钞本的情况所知不多。举一个明显的例子，八木先生将这两个钞本与路编《聊斋诗集》不同的字句作了详尽的校勘，并从中辑录出路编《聊斋诗集》失收的佚诗二题三首，但此后出版的赵蔚芝先生笺注《聊斋诗集笺注》和盛伟先生编校《蒲松龄全集》本《聊斋诗集》，却既没有吸取八木氏的校勘成果，也没有将这三首新发现的佚诗收入集中。

传为蒲松龄儿孙所抄的两种《聊斋诗草》钞本原为一册，是日本人平井雅尾于20世纪30年代在淄川矿业所任职时，从淄川蒲家庄蒲氏后裔手中购得的。平井雅尾在其所著的《聊斋研究》一书中，对钞本的出处与状况作了如下著录：

> 儿孙抄《聊斋诗草》一册约百卅题蒲家所传(笔者现藏)
>
> 系蒲松龄儿孙辈所手抄者，亦得于蒲氏直系族人。其前半与后半之笔迹不同，而其后半之笔迹与笔者所藏《东谷文集》之笔迹相同，故可断定为松龄嫡孙蒲立德(号东谷)所抄

者。前半较后半之纸质稍古，亦不似松龄手笔，恐系箬、篪、笏、筠四男中之一人所书。故现在以此为惟一之考证文献而珍藏之也。[①]

20 世纪 50 年代，平井雅尾原藏的聊斋文献资料统归日本庆应义塾大学收藏，其中也包括这一册被他称为“蒲松龄儿孙辈所手抄”的《聊斋诗草》。

作为系统地研究聊斋诗的日本学者，八木章好先生在 20 世纪 80 年代对已经分为两册的这两种《聊斋诗草》进行了详尽的校勘整理。他在《蒲松龄儿孙钞本〈聊斋诗草〉校勘记》一文中介绍说：

《聊斋诗草》现分两种（各一册）收藏于聊斋文库，即平井氏在著录中所说的“前半”与“后半”。[②]

为了对已经厘为二册的两种《聊斋诗草》加以区别，八木氏分别称这两种钞本为“甲本”和“乙本”。为研究的方便，今即依八木先生研究之例，分别称其为“传蒲松龄儿孙钞本甲本《聊斋诗草》”（以下简称为“传甲本《聊斋诗草》”）和“传蒲松龄儿孙钞本乙本《聊斋诗草》”（以下简称为“传乙本《聊斋诗草》”）。

据八木先生介绍，传甲本《聊斋诗草》高 23.4 厘米，宽 12.8 厘米，一册，所用纸的质地为极薄的竹纸。此册封面左上有“聊斋诗草”的单行及双行题签，为后人补题。正文第一页首行为“聊斋诗草”四字，下方有“卷之一”一行注记。共三十页，每半页九行，每行二十五字左右。传甲本《聊斋诗草》的各页都有不同程度的破损，经过了后人的重新装裱。

传乙本《聊斋诗草》高 24.5 厘米，宽 13.3 厘米，一册，质地同样为极薄的竹纸。封面左上有“聊斋诗草嫡孙蒲东谷自抄”的题

---

① [日]平井雅尾：《聊斋研究》，上田印刷所（釜山）1940 年版，第 31 页。

② [日]八木章好：《蒲松龄儿孙钞本〈聊斋诗草〉校勘记》，载（东京）《艺文研究》第 46 号（1984 年）。

签,为后人补题。正文第一页首行书有“聊斋集”三字。共十二页,每半页九行,每行二十五字左右。传乙本《聊斋诗草》各页也都有破损,经由后人重新装裱。

考虑到传甲本、传乙本《聊斋诗草》对聊斋诗进一步编订整理的重要价值尚未被大多数研究者关注和认同,今在八木章好先生《蒲松龄儿孙钞本〈聊斋诗草〉校勘记》的基础上重作考察,并以此就教于八木先生和海内外方家。

一、两种《聊斋诗草》的抄写年代

从八木先生对传甲本、传乙本《聊斋诗草》所作校勘的结果来看,笔者认为这两种钞本都属于聊斋诗早期的重要钞本。下面先就传甲本《聊斋诗草》的情况作些具体分析。

传甲本《聊斋诗草》共收诗九十三题,一百二十八首。八木先生发表《蒲松龄儿孙钞本〈聊斋诗草〉校勘记》时,在论文中插入了书影照片两幅,计四个半页。由于未见到钞本的原件,我们只能从避讳的角度对其抄写的年代作一些判断和推考。

陈垣先生在《史讳举例》中说:“清之避讳,自康熙帝之汉名玄烨始,康熙以前不避也。雍乾之世,避讳至严,当时文字狱中,至以诗文笔记之对于庙讳御名有无敬避,为顺逆凭证。”[①]乾隆皇帝名弘曆,传甲本《聊斋诗草》有“春秋无曆鸟先知”(《山村》)句,即没有改“曆”为“歷史”之“歷”,也没有缺笔。至于此后如道光帝旻宁、咸丰帝奕詝、同治帝载淳等名讳,抄写者似乎完全没有避讳的概念。今举相关的诗句如下:

一往宁知险?回看始欲愁。(《泊舟》)

宁鬻子,免风波。(《灾民谣》)

---

① 陈垣:《史讳举例》,上海书店出版社1997年版,第122页。

《卧万仞芙蓉斋，听棋客争道》诗后附注："顾姬善奕。"八木氏《校勘记》云："《蒲松龄集》无此注记。'奕'，'弈'之误。"

片帆中夜过秦邮，鼓枻维扬载酒游。（《舟过柳园，同孙树百赋》其一）

载酒溪头，共唱铜鞮之曲。（《同长人、乃甫、刘茂功河洲夜饮，即席限韵》诗引）

如果说像"曆"、"奕"、"载"诸字，在传甲本《聊斋诗草》中仅偶见一二，抄写者或因粗心大意而有忘记避讳的疏漏，那么"宁"字在这个钞本中凡七见，则绝无忘记避讳之理，但实际情况却是这七处"宁"字全用本字，并无一例是用"甯"或"寍"来代替的。这种情况说明，传甲本《聊斋诗草》最晚也应该是清代道光年间以前的钞本。

我们还发现，除清帝的名讳之外，传甲本《聊斋诗草》于孔子之名也不避讳。《史讳举例》中有这样一段文字：

《茶香室续钞》三引叶名澧《桥西杂记》云："雍正三年上谕：孔子讳理应避讳，令九卿会议。九卿议以凡系姓氏，俱加阝为邱；凡系地名，皆改易他名；书写常用，则从古体作业。上谕：今文出于古文，若改用业字，是未尝回避也。此字本有期音，查《毛诗》古文作期音甚多，嗣后除《四书》、《五经》外，凡遇此字，并加阝为邱，地名亦不改易，但加阝旁，读作期音，庶乎允协。按加阝作邱，至今通行；至读期音，则世鲜知矣。"①

可见，避孔子的名讳，是清雍正三年乙巳(1725年)以后的事。在传甲本《聊斋诗草》中"丘"字凡六见，其中有两处为《侠女行》中的"推衿隐向丘嫂谋，丘嫂欲作秦武阳"两句，路编《聊斋诗集》也作"丘"字未改。另四处路编《聊斋诗集》已改作"邱"字，唯传甲本《聊斋诗草》保存了诗作的原貌。这四处"丘"字，一见于诗题，即《王甡在瓜洲丘荆石先生幕，作此寄之》；其余三处见于以下诗句：

---

① 陈垣：《史讳举例》，上海书店出版社1997年版，第8页。

绛雪长生药，丹丘却老方。(《为友人写梦八十韵》)

魂归绣闼梨花梦，怨入榛丘草树悲。(《慰历友丧偶》其二)

风烟接郊郭，竹树满山丘。(《怀赵晋石》其六)

由“丘”字俱用本字，而不用“邱”、“丠”或“丠阝”来看，传甲本《聊斋诗草》的抄写年代还应该进一步提前。结合相关的情况考虑，笔者认为这个钞本大致抄成于康熙末年至雍正三年之前的数年之间。

传乙本《聊斋诗草》收诗仅三十三题、五十二首。仅据所收诗作的数量而言，尚不及传甲本《聊斋诗草》的一半。这个钞本诗作编排的次序较为混乱，说不上有什么抄写的规律可循，估计是一个将散见的诗作汇抄成册的辑本。其中有某些诗作，并见于传甲本《聊斋诗草》。传乙本《聊斋诗草》收诗虽少，但其中也有与清代帝讳和孔子名讳相同的字句，今摘录于下：

宁不愁参商？同饮一乡水。(《寄王子鹿友兼呈邱氏兄弟》)

素书宁足悲？上有长相思。(《夜坐有怀郢社兄弟》)

片帆中夜过秦邮，击楫维扬载酒游。(《舟中偶成怀历友》其四)

如引例所示，这个钞本第六题的诗题为《寄王子鹿友兼呈邱氏诸兄弟》，“丘”字已改作“邱”。

上面所引的这三首诗也见于传甲本《聊斋诗草》，只是诗题不同，某些字句不同，它们分别属于聊斋诗的不同系统，此事容下一节详论。

由上引的诗句和诗题看，传乙本《聊斋诗草》不避道光、同治诸清帝讳而避孔子名讳，因此它抄成的时间也不会很晚，估计是在雍正三年之后到乾隆初的这段时间。

这两种《聊斋诗草》既然是平井氏从“蒲氏直系族人”即蒲松龄

的直系后裔那里获得的，可见本来是蒲家自藏的钞本。平井雅尾称这两种《聊斋诗草》“系蒲松龄儿孙辈所手抄”，盖得自蒲家庄故老相传，并非毫无根据的空穴来风。从以上对这两种《聊斋诗草》的抄写年代所作的推考看，其抄成的时代也恰与蒲松龄诸子及长孙的生活年代相合。笔者以为，尽管存在传甲本《聊斋诗草》是由箬、篪、笏、筠四人之一所抄，传乙本是由蒲立德所抄的可能性，但在不能或无从确认蒲松龄四子及长孙蒲立德的笔迹的情况下，还是称其为“传甲本”和“传乙本”更稳妥合理一些。

二、两种《聊斋诗草》分属不同的钞本系统

传甲本《聊斋诗草》所收的诗，绝大多数作于康熙九年至康熙十三年之间；而传乙本《聊斋诗草》中的诗作则基本上作于康熙九年至康熙十年。经校对比勘，共有二十八首诗在传甲本和传乙本《聊斋诗草》中重出。这种情况说明，传甲本和传乙本虽然都以《聊斋诗草》命名，但并不是同一部《聊斋诗草》的前后两卷。这两种《聊斋诗草》有着不同的来源，是两个相对独立的聊斋诗的早期钞本。

从传甲本和传乙本《聊斋诗草》共有的一些诗作的对勘中我们发现，传甲本《聊斋诗草》所收的诗，在写成之后又经过了作者进一步的修订，该钞本应当属于聊斋诗的定稿本系统。而传乙本《聊斋诗草》中的诗作，从诗题到诗句都处于创作的原初状态，它与蒲松龄纪念馆收藏的《聊斋偶存草》钞本性质大致相同，是属于聊斋诗初稿本系统的一个钞本。

首先从诗题来看。传甲本《聊斋诗草》所收的《途中》二首，在传乙本《聊斋诗草》中被分为二题，一作《写意》，一作《途中》。题作《写意》的一首，首联为“青草白沙最可怜，始知南北各风烟”。这首诗以“写意”为题，较为准确地表达出了作者自北方南来，初见江南

水乡风物时的心理感受。作者后来修订诗稿，因为闻见既广，于江南景色已经司空见惯，不再有新奇之感，遂因二诗俱作于南游的途中而合为一题。

传甲本《聊斋诗草》中《王甡在瓜洲丘荆石先生幕，作此寄之》一题，在传乙本《聊斋诗草》中题作《寄王子鹿友兼呈邱氏诸兄弟》。所谓“邱（丘）氏诸兄弟”，指的是时任扬州府江防同知的淄川同乡丘璐的两个儿子辅圣、弼圣，或者还有丘璐的侄辈在内。从蒲松龄的《鹤轩笔札》手稿可知，为托孙蕙代买庄田一事，康熙九年丘璐的儿子曾往来于宝应与瓜洲之间。蒲松龄的这首诗本是托丘璐之子转交在瓜洲作幕的友人王甡的，出于礼节和客气的原因，初稿中也就出现了“兼呈丘（“丘”，传乙本抄时改作“邱”）氏诸兄弟”的字样。但蒲松龄与丘辅圣、丘弼圣兄弟并无多少直接往来，所以到了经作者修订的定稿中，诗题改成了《王甡在瓜洲丘荆石先生幕，作此寄之》，不再提由丘氏兄弟转交一事。

传甲本《聊斋诗草》收有《夜坐悲歌》一诗。在传乙本《聊斋诗草》中，诗共二首，题作《夜微雨旋晴，河汉如画，慨然有作》，其一与《夜坐悲歌》为同一首诗，只是诗句已作了数处修改。从诗题看，“夜微雨旋晴，河汉如画”，描绘的是写诗时所见到的具体的天气变化，自然是初稿的诗题。而到作者修改定稿的时候，因为时过境迁，具体感受已经不那么强烈，所以才在修改诗句的同时把诗题改为《夜坐悲歌》。

从诗句的修改看，两种《聊斋诗草》一为初稿，一为定稿，其间的嬗递关系也是十分明显的。如《清水潭决口》一诗，传甲本《聊斋诗草》中有“波山直压帆樯倾，百万强弩射不息。东南濈濈鱼头生，沧海桑田但顷刻。岁岁滥没水衡钱，撑突波涛填泽国”六句，传乙本《聊斋诗草》作“千年老蛟跳波舞，百万强弩射不息。凭夷击鼓转天轮，桑田沧海乃逡巡。漂庐荡舍何嗟及，黔黎上下逐波臣”。其中“波山”二句，用的是钱镠射退钱塘江潮的典故，初稿云射“千年老蛟”，自然欠妥，后来改为“波山”，语意方为妥帖。“岁岁”两句，原来的意思只是感叹民生困苦，庐舍被水淹没，到传甲本《聊斋诗草》中，则增添了另一层意思，即治水官吏白白地浪费国帑，但却毫无功效可言。传甲本《聊斋诗草》在后面的“民不竭力”下又增入“国不竭财”一句，与此相呼应，使得这一层新增的诗意更为明显。与仅是关心民瘼的初稿相比，传甲本《聊斋诗草》所收的这首《清水潭决口》增加了诗的内涵与容量，使得诗歌的意境更为阔大，显然是在前作的基础上进一步修订的结果。

与上举的《清水潭决口》相同，同一首诗初稿与定稿并存的情况，在蒲松龄的诗作中数量是很多的。笔者在《由〈聊斋偶存草〉所见聊斋诗的整理诸问题》①一文中曾列举过某些诗作在路编《聊斋诗集》中前后重出的问题，希望能引起研究者的注意。

八木章好先生对传甲本、传乙本《聊斋诗草》考察的结果，国内研究者似尚不经见。今谨将八木先生发现的三首蒲松龄佚诗转录于下：

喜雨口号

晓起山头积露封，池塘流水响淙淙。
未知陇畔深多少，又向村中问老农。

其 二

龙神莫尔酒盈杯，莫遣连朝骤雨来。
非是农人怨暑雨，迟迟留待豆花开。

用高少宰韵

先畴此日半城荒，尚有高贤未忍忘。
阴雨无烦愁户牖，于今秋月满琴堂。

---

① 邹宗良：《由〈聊斋偶存草〉所见聊斋诗的整理诸问题》，载《蒲松龄研究》1995年第3、4期合刊。今收入本书。

《喜雨口号》见于传甲本《聊斋诗草》，为其第九十一题。路编《聊斋诗集》卷一此题下收诗一首，为传甲本《聊斋诗草》之第三首，其一、其二两首，路编《聊斋诗集》失收。

《用高少宰韵》见于传乙本《聊斋诗草》，为其第三十三题，也即最后一题。路编《聊斋诗集》卷一题作《用高少宰题》，"题"为"韵"字之误；此题下收诗二首，为传乙本《聊斋诗草》之第一、第三首，其第二首，路编《聊斋诗集》失收。

以上三首佚诗，俱录自八木先生作《蒲松龄儿孙钞本〈聊斋诗草〉校勘记》。

三、传甲本《聊斋诗草》对聊斋诗编年的重要价值

在中华书局1962年8月初版的《蒲松龄集》中，《聊斋诗集》卷一共收录诗作一百三十八题、二百〇六首。这二百余首诗的绝大部分都是路大荒先生依据首有上林张鹏展序的五卷本《聊斋诗集》卷一过录而来的。他在《整理蒲松龄诗文杂著俚曲的经过》一文中说：

至五六年（笔者按，指1956年）的夏天，又自淄川借到王怡之先生旧抄《聊斋诗集》五卷，附《诗余》一卷，首有嘉庆癸酉张鹏展序云："余初读淄川蒲柳泉先生《聊斋志异》，怺奇变幻，极众态之形容，托深心于豪素；迹其缠绵悱恻，俶诡环伟之情，皆抑郁无聊，所不能已于世道人心之故，而诗人之旨寓焉。壬申，余征《续山左诗钞》，于其嗣孙庭橘获先生《诗集》五卷，《诗余》一卷。"存诗五百三十三首，词四十二阕。第一卷第一首为《青石关》，正与《南游诗草》同，但没有注明年次；第二卷至第五卷均按年编次，起乙卯，迄甲午，这是使我把《诗集》按年次

编定良好的基础。[①]

如路先生所说，张序五卷本《聊斋诗集》卷一的诗作在原钞本中并未编年。路先生在上引的同一篇文章中说：

> （张序五卷本《聊斋诗集》）第一卷虽没有注明年次，如以《南游诗草》推断依《志异·桑生》篇记述是庚戌，以及据《般阳诗萃》、《般阳诗抄》中附记，既可得其大半。

可见路先生对这个张序五卷本《聊斋诗集》卷一的诗作进行编年，所依据的是《南游诗草》诗作的排列顺序和《般阳诗萃》、《般阳诗抄》等选本所标示的干支。

但据我们考察，路先生所举的这些作为聊斋诗编年依据的钞本、刻本，其本身即存在许多编年上的问题甚至讹误。以《南游诗草》为例，据路先生的《蒲松龄的〈南游诗草〉介绍》[②]一文称，他所见到的《南游诗草》并不是一个单本诗集，而是乡前辈王仲衡收藏的旧抄《聊斋诗文集》一册之前"数页"，只"数页首行标题'南游诗草'"。这个钞本中标注有"南游诗草"的数页共存诗七十八首，也未署编年干支。路先生在文中判定蒲松龄至康熙九年（1670 年）"年终共写了八首诗"（笔者按，所言"八首"并不准确，或指《南游诗草》中的八题），唯一的依据便是这些诗作排列于《早春》一题之前。其实，排列于《早春》之后的《王甡在瓜州邱荆石先生幕，作此寄之》等诗，作期仍为康熙九年。即同为康熙十年（1671 年）的诗作，《南游诗草》不按写作的先后次序排列的情况也所在多有。如《秦邮官署》一诗，应作于该年三月二十八日作者随孙蕙摄篆高邮之后，而却排列于作于二月的《孙树百先生寿日，观梨园歌舞》之前；《感愤》

① 路大荒：《整理蒲松龄诗文杂著俚曲的经过》，载《蒲松龄年谱》，齐鲁书社 1980 年版，第 124～152 页。

② 路大荒：《蒲松龄的〈南游诗草〉介绍》，载《蒲松龄年谱》，齐鲁书社 1980 年版，第 117～123 页。

一诗,《聊斋偶存草》作《十九日得家书感赋,即呈孙树百、刘孔集》,袁世硕等先生考证作于这年的正月十九日,而却排列于《秦邮官署》、《孙树百先生寿日,观梨园歌舞》诸诗之后。

《般阳诗萃》所收的蒲松龄诗,有些诗题下注有干支,如《清水潭决口》诗题下注"以下辛亥十九首",《寄孙树百》诗题下注"以下壬子十三首",即路大荒先生所说的"附记"。据我们考察,这些"附记"所标的干支同样是存在差误的。即以标示"壬子"的康熙十一年(1672 年)的诗作为例,《寄孙树百》以下第六题《寄刘孔集》为康熙十二年癸丑(1673 年)诗作;第七题《王长仁园中讌集,因怀如水》、第八题《贻王淑子孝廉》、第九题《遣怀》俱为康熙十三年甲寅(1674 年)诗作。路大荒先生以《般阳诗萃》中的"附记"为据统系这些诗作于康熙十一年壬子之下,也就沿袭了《般阳诗萃》的系年之误。

盛伟先生编校整理的《蒲松龄全集》本《聊斋诗集》,以《聊斋偶存草》为基本依据,已经对路编《聊斋诗集》卷一的编年错误作了重要的订正,但《聊斋诗集》卷一的编年问题并没有就此完全解决。以康熙九年庚戌的诗作编年为例,蒲松龄在南游的路途中就已经作有《青石关》、《途中》、《平河桥贻孙树百》等七题八首诗,到达宝应后直到年终的这段时间却只有《闻孙树百以河工忤大僚》以下六题七首,竟不及其在南游途中的诗作之多。这些问题仍然需要进一步探索解决。

在对两种《聊斋诗草》进行考察的过程中,我们发现传甲本《聊斋诗草》所收的一百二十八首诗,除最后三题《喜雨口号》、《卧万仞芙蓉斋,听棋客争道》和《侠女行》一时难以确定写作的年次外,绝大部分诗作都写于康熙九年庚戌至康熙十三年甲寅之间。传甲本《聊斋诗草》虽然是一个选钞本,但诗作却较为严格地按照写作的先后顺序排列,很少有错乱与倒置的情况。今列举钞本中具代表性的诗作,将其编次情况介绍如下:

此钞本的第一题至第六题，分别为《青石关》、《早行》、《途中》二首、《黄河晓渡》、《宿王家营》、《平河桥贻孙树百》诸诗。其中青石关在蒲松龄南游所经的淄川县南境（雍正十二年分置博山县后划归博山）；王家营在江苏淮阴县境内，黄河北岸；平河桥亦在淮阴县境内，南距宝应约四十五里。这一组诗俱为康熙九年蒲松龄写于南游旅次的诗作。

第十一题为《王甡在瓜洲丘荆石先生幕，作此寄之》。诗中有“宁不愁参商，同饮一乡水”句，见得蒲松龄虽然到了宝应，但与在瓜洲的王甡尚未及见面。《鹤轩笔札》中，康熙九年有《十一月念一日上瓜洲丘》、《十一月廿五日上瓜洲》、《十二月八日答丘九兄》诸札，则此诗当与其中第一札同时被人携往瓜洲，为康熙九年十一月间的作品。

第十六题为《挽淮阳道》诗。“阳”，路编《聊斋诗集》作“扬”，是。按，淮扬道为分巡道，由原淮海道改置，事在康熙九年四月[①]。首任淮扬道道员为奉天人张万春，于当年十一月间或十二月初死于任所。张万春死后，康熙九年十二月由知府曹某摄篆署理淮扬道事，次年正月新任道员张登选补缺到职，事见当地志乘与蒲松龄《鹤轩笔札》手稿。《挽淮阳道》为挽张万春之死而作，作期为康熙九年的十一月或十二月初。

第二十一题为《元宵与树百赴扬州》，第二十二题为《寿赵夫人》。前诗诗题，路本《聊斋诗集》于“元宵”之后多一“后”字。此题传甲本《聊斋诗草》选收其一，路本《聊斋诗集》据他本收诗二首。其二中有“饱帆夜下扬州路，昧爽归来寿细君”句，说明孙蕙和蒲松龄匆匆自扬州赶回，为的是给孙蕙的夫人赵氏做寿。按，据高珩《栖云阁文集》卷十四《户科给事中树百孙公墓志铭》“元配韩孺人，

---

① 《清圣祖实录》卷之三十三：“康熙九年庚戌夏四月丁亥朔……改淮海道为淮扬道。”

继配赵孺人”，王士禛《带经堂集》卷八十八《太学生斋如赵君墓志铭》“余季妹之夫赵君斋如……有姊，适给事中孙君蕙”的记载，可证诗中的“细君”所指为孙蕙的继室颜山赵氏，《元宵与树百赴扬州》和《寿赵夫人》二诗为先后之作，盖作于康熙十年元宵节之后。

第二十九题为《寒食阴雨，有怀刘孔集》。刘孔集与蒲松龄同为孙蕙幕宾，二人共榻于孙蕙署中之一鹤轩。《聊斋文集》卷五《上孙给谏书》中，有“曩者刘孔集自武康归”一段文字，见得在蒲松龄任孙蕙幕宾期间，刘孔集曾有与松龄小别而赴武康之事，此诗当即作于刘孔集离开宝应去武康期间。按山东乡俗，寒食为清明之前一日。康熙十年的清明节为二月二十五日丁未，则此诗为这年的二月二十四日之作。

第三十六题为《扁舟渡河》，第三十七题为《甕口道夜行遇雨》。前一题诗中有“归途过黄河，一叶大如掌”句。后一诗题中的“甕口道”在青石关以北，绵延二十余里，为作者南下时所经之处。路大荒先生《蒲松龄年谱·康熙九年庚戌》：“从故乡走青石关，关距故乡六十余华里，由长峪道迤逦而来，接莱芜县境，两山壁立，连亘数里。”称甕口道为颜神镇以东的长峪道，盖沿旧志之误。这两首诗，皆为康熙十年秋日，蒲松龄自宝应、高邮北归途中的诗作。

第四十一题为《初归，觉斯、螽斯两侄邀饮》。此诗《聊斋偶存草》收其初稿二首，题作《八月新归，觉斯、螽斯两侄邀饮，感赋得深字》，为康熙十年八月蒲松龄北归抵家之后的诗作。

第四十二题为《独坐怀人》。此诗《聊斋偶存草》题作《独坐有怀螽斯侄》，其前第四题为《过东郭故斋》，诗中有“梨园游丝牵绿树，桃花春水涨红蕖”句。袁世硕等先生《对〈聊斋偶存草〉的考察》[①]定《过东郭故斋》及以下数题作于康熙十一年，甚是。《独坐

① 袁世硕、马瑞芳、郝浚：《对〈聊斋偶存草〉的考察》，载《蒲松龄研究集刊》第一辑，齐鲁书社 1980 年版，第 229～248 页。

怀人》尾联云："游人离思发，长是在花前。"可见为康熙十一年春日诗作。

第四十五题为《寄孙树百》，第四十六题为《寄刘孔集》。前一首诗的颔联为"途穷只觉风波险，亲老惟忧富贵迟"。路大荒先生《蒲松龄年谱·康熙十一年壬子》引孙蕙致蒲松龄书云："异乡落寞，满拟好友蜚翀，少添意兴；不意芜械无灵，致误云翼。文章憎命，不其然乎！……吾兄为亲老忧富贵迟，总使非迟，亦无奈亲日老也。惟期砥砺进修，祈宽过以报春晖，于愿足矣。"所以此诗作于康熙十一年山东乡试榜期已过，蒲松龄落榜归里之后。《寄刘孔集》一题为与《寄孙树百》诗一同寄往宝应者，二诗乃一时之作。

第五十三题为《寄弟》。此诗《聊斋偶存草》题作《示弟》。时蒲松龄设馆于同邑仙人乡马家庄王氏家中，定稿本改题《寄弟》，盖标明其为斋中之作。此诗首联云："六月不雨农人忧，骄花健草尽白头。"五月麦收之后，至六月尚无雨水，所种秋禾尽遭夏旱。据《淄川县志》卷三《赋役志·灾祥》："（康熙）十二年，春夏旱，麦不登。"记述的灾情与《寄弟》诗所云正合，诗盖作于康熙十二年六月天旱未雨之时。

第五十八题为《慰历友丧偶》。据张笃庆《厚斋自著年谱·康熙十二年癸丑》："夏六月十二日，妻孙氏卒。七月二十九日，葬于西郊。"诗当作于蒲松龄闻讣往吊的时候，时在六月十二日之后的数日之间。

第六十二题为《答袁子续、孙湘芷重九见招》，第六十三题为《九日送袁子续》，第六十四题为《重阳送王定甫北上》，第六十五题为《次韵和如水八音诗》。这一组诗俱作于康熙十二年重阳日。其始末为：友人袁子续、孙湘芷重九见招，蒲松龄因与少馆东王一正（字定甫）、王观正（号如水）有约而不能前往，有诗答袁子续、孙湘芷，并作诗送袁子续；因王一正要启程去北京看望时任吏部考功司郎中的长兄王敷政，同日与王氏兄弟在王氏西园共饮（《聊斋偶存草》收同日所作《九日与定甫兄弟饮西园，和壁间韵，即呈如水》诗），并有《重阳送王定甫北上》、《次韵和如水八音诗》之作。

第六十七题为《赠惠公弟》。诗中有"燕子初归落絮轻"句，为康熙十三年春日诗作。

第八十三题为《同长人、乃甫、刘茂功河洲夜饮，即席限韵》。此诗诗前有小引："甲寅八月，共集长人斋。同人雅集，乐且未央。于是举纲河上，拟追赤壁之游；载酒溪头，共唱铜鞮之曲。"是为康熙十三年八月诗作。

传甲本《聊斋诗草》虽然是一个定稿本系统的聊斋诗选本，但其诗作的排列次序与《聊斋偶存草》基本相同，这也进一步证实了其诗作是依照写作的先后顺序抄录的。尤为可贵的是，这个钞本收有为《聊斋偶存草》所不载的蒲松龄南游期间的诗作三十七题四十七首，这个钞本的存世，为目前较为混乱的蒲松龄南游诗的编年提供了重要依据，这实在是一件可喜可贺的事。

（写于 2005 年夏，连载于《蒲松龄研究》2006 年第 1、2 期）

二卷本《聊斋诗集》探考

今本《蒲松龄集》的诗集部分，是已故蒲松龄研究专家路大荒先生依据他所见到的许多《聊斋诗集》旧钞本，去其重复、反复斟酌而后编订的。路先生为编订《蒲松龄集》而多方搜求资料，历数十寒暑而后成书，确实称得上是“蒲柳泉身后最深厚的知己之一”①。由于蒲松龄的诗作在他身后二百多年中仅靠钞本得以存传，又因兵燹战乱而损毁严重，在路先生编订《蒲松龄集》时诗集的全帙已不可复见，仅靠数种残钞选本、零篇断什而将《聊斋诗集》恢复到目前所见的程度，的确是一件十分不易的事。也正因为如此，今本《蒲松龄集·聊斋诗集》还存在着一些不能尽如人意之处，这也是一个显见的事实。譬如诗作编年中出现的差误，误收的他人作品等，有些已经研究者予以指出。② 这些情况的存在，也就使我们面临着一个在路先生编订工作的基础上，对聊斋诗作进一步的考订

---

① 李士钊《〈蒲松龄集〉与路大荒》中语，见路大荒《蒲松龄年谱》，齐鲁书社 1980 年版，第 172 页。

② 参见袁世硕《初读〈蒲松龄集〉所看到的》，载 1963 年 2 月 3 日《光明日报》；李伯齐《窜入〈聊斋诗集〉中的几首赝品》，载《蒲松龄研究集刊》第三辑，齐鲁书社 1982 年版，第 339～343 页；邹宗良《〈蒲松龄集〉误收的一首诗》，载《文献》1987 年第 1 期，今收入本书。

整理，使之更加趋于完善的问题。这里，我们先对路大荒先生编订《蒲松龄集·聊斋诗集》所依据的一个重要钞本——二卷本《聊斋诗集》作些深入探考，以为上述问题的解决做点一木一石的积累工作。

一、钞本的编者与时代

二卷本的《聊斋诗集》，最初排印发表于1936年上海世界书局出版的《聊斋全集》。这个诗集的底本，是由《聊斋全集》的编者路大荒先生向友人栾调甫先生借来钞本过录的。正因为有这样一层关系，在《聊斋全集》出版之际，路先生曾请栾调甫先生写了一篇序言冠诸《聊斋全集·聊斋诗集》卷首。栾调甫先生是受到梁启超赞誉的墨学专家，对桑梓文化也极为关注，在聊斋诗的研究方面多有心得。他的这篇序言，现在已移入路大荒先生编订的《蒲松龄集·聊斋诗集》的附录。对这个二卷本《聊斋诗集》的来源，栾调甫先生在序文中作了如下推测：

> 今《诗集》上下二卷，为诗三百五十五首，未详选出谁何之手。据(孙)星垣《聊斋遗集跋》云："先伯父东泉公曾手录其诗二卷，散行与骈体文各四卷。迨丧乱既平，先伯父多方求索，所得者仅十至二三，用以缮写成帙。"及耿鹤峰《跋》称："星垣家有《聊斋文集》、《诗抄》稿，嗣经兵燹散失，复加搜集，另编古近诗，分为上下二卷"云云，疑即为孙东泉选录之本。以卷中所选《斗室》、《惰奴》二首，篇题均同《诗萃》(笔者按，指冯继照萩桥辑《般阳诗萃》)，及庚寅以下各诗，序次悉合《诗草》(笔者按，指高鸿裁翰生藏《聊斋诗草》)，其为捻乱后重编之本，正可

相互参证。[①]

序文中所说的孙东泉，当即《〈聊斋遗集〉跋》的作者、淄川人孙济奎（字星垣）的伯父孙锡嘏。由于在引录孙济奎、耿士伟（鹤峰）二跋的有关内容时作了删减，栾序对这个钞本诗集的流变情况并没有交代清楚，只是推测诗集的编者为淄川孙锡嘏。

20世纪50年代，路大荒先生撰文谈到世界书局本《聊斋全集》的编订整理情况时，则以更加肯定的语气表达了相同的看法：

> 诗集——上下二卷，共诗三百五十五首，底本是我供给的。为淄川孙锡嘏东泉先生（清同治光绪时人）定，词集一册，也是孙先生所定。[②]

词集的编定者为谁何，此处姑置不论。依据我们的考察，这个二卷本《聊斋诗集》的最后编订者并不是淄川孙锡嘏，而是与其约略同时的新城（今山东桓台）文人耿士伟。它是耿士伟在孙锡嘏辑本的基础上复加搜集、删讹去复而后编成的。

为说明这一情况，有必要复按栾调甫序文所引的孙济奎与耿士伟的两篇跋文。栾调甫先生引据的孙济奎跋，见于光绪二十年（1894年）石印的耿氏丛芸阁《聊斋先生遗集》。北京大学图书馆和国家图书馆各藏有一部耿士伟编订的《聊斋文集》钞本[③]，其卷末也都收录了孙济奎的这篇跋文，题作《〈聊斋诗文集〉跋》。其略云：

> 先伯父东泉公曾手录其诗二卷，散行与骈体文各四卷。每值晴窗展读，抚卷流连，常惜其未能付梓，不得与《志异》并

---

① 栾调甫：《〈聊斋诗集〉序》，载（清）蒲松龄著、路大荒整理《蒲松龄集》，上海古籍出版社1986年版，第697～699页。

② 路大荒：《整理蒲松龄诗文杂著俚曲的经过》，载《蒲松龄年谱》，齐鲁书社1980年版，第124～125页。

③ 参见邹宗良《耿士伟编〈聊斋文集〉与蒲松龄佚文的新发现》，载《文献》1990年第4期。今收入本书。

行于海内也。其尤可惜者,闻先生所作藏于其家一小楼,后阴雨楼圮,遂多损坏。及咸丰壬戌,捻匪突至,复罹兵燹,焚毁无节。即吾家所抄旧本,亦化为乌有……迨丧乱既平,先伯又多方求索,极力搜罗,所得者仅十之二三,用以缮写成帙。

这里对其伯父孙锡嘏整理聊斋诗文的经过交代得十分明白。他先是手录了蒲松龄的"诗二卷,散行与骈体文各四卷",但这些诗文却在清同治元年壬戌(1862 年,孙《跋》误作咸丰年间)捻军攻入淄川的战火中"化为乌有"。战乱之后,孙锡嘏复又"多方求索,极力搜罗,所得者仅十之二三,用以缮写成帙"。栾调甫先生《〈聊斋诗集〉序》在推测二卷本《聊斋诗集》为孙锡嘏选录之本后,大概也考虑到了孙选的二卷本《聊斋诗集》毁于兵乱的情况,所以又有"其为捻乱后重编之本"的说法。也就是说,栾调甫先生认为这个二卷本的《聊斋诗集》不应当是同治元年壬戌之前的旧本,而是此后"求索"、"搜罗"而"缮写成帙"的辑本。但按之孙济奎的《〈聊斋诗文集〉跋》,这个后出的辑本只有孙锡嘏手订旧本十卷(诗二卷、散行与骈体文各四卷)的"十之二三"的篇幅,而且是一个诗文的合辑本,孙济奎也没有言其为"二卷"。很显然,今存的二卷本《聊斋诗集》并非如栾调甫先生所说,是孙锡嘏的"捻乱后重编之本",也不是那个在兵乱中"化为乌有"的孙锡嘏手录的"诗二卷"。

耿士伟的《〈聊斋先生遗集〉跋》在他所编订的《聊斋文集》钞本中题作《〈聊斋先生文集〉序》。其中有如下一段文字:

乙酉冬,奉先君讳旋里,避家难徙居来淄。向与同年友孙星垣善。星垣居近柳泉,素称博雅,现经秉铎邹峄,遂延介弟星阶课子侄读。偶于谈次,见其案头有《聊斋文诗稿》一册,亟取视之,乃年伯东泉先生从兵燹之余历年搜辑、手订成帙者。伟因获借抄,而意有未足,又介星阶于蒙泉宓先生处假得旧本若干卷,删讹去复,亲加厘正。数月之间,居然就绪。……今既搜有成数,谨分为八卷,订作四册。首列拟表、律、赋;次列书陈时政并文诰，与循良官箴、人世要则，见先生虽未登台阁而才堪拜飏，遂未历仕途而志蕴经济；三卷列记；四卷列序；五卷列论、跋、笺、启；六卷列铭、志、行实、祭文；七卷列尺牍书；八卷凡迹近游戏实擅才藻者，列为杂著殿焉。另编古近体诗，分为上下二编……襄是役者，孙君星阶、王君子陶为力尤多云。

在这篇序文中，耿士伟明确指出了上面所说的孙锡嘏辑本聊斋诗文并非文若干册与“诗二卷”，而是“《聊斋文诗稿》一册”。在后刊的《〈聊斋先生遗集〉跋》中，“《聊斋文诗稿》一册”改称“《聊斋文诗抄》稿”，不言册。此亦即栾调甫序误引的“星垣家有《聊斋文集》、《诗抄》稿”一说的由来。

《〈聊斋先生文集〉序》还进一步证明了今存二卷本《聊斋诗集》的编订者即耿士伟本人。序文说得很明白，正因为耿士伟借抄了孙锡嘏的《聊斋文诗稿》后感到“意有未足”，才通过被自己延为塾师的孙济泰（字星阶）借来了宓蒙泉收藏的旧本若干卷，删讹去复，编成了《聊斋文集》八卷与“分为上下二编”的古近体诗。钞本序文中所说的“上下二编”，到后来各种印本《聊斋文集》的耿士伟跋中均被改作了“上下二卷”。既然孙锡嘏手录的聊斋诗二卷久已毁于兵火，孙锡嘏后来辑成的《聊斋文诗稿》又仅止一册，其中诗作难以分卷，那么可以肯定地说，今存二卷本《聊斋诗集》的编者为新城耿士伟无疑。

耿士伟是清同治三年（1864 年）甲子科的举人，入仕后曾任内阁中书、四川成都等县知县。从序文中我们可知他于光绪十一年乙酉（1885 年）冬日丁父忧回到家中，而据后出的《〈聊斋先生遗集〉跋》，他于光绪十三年丁亥（1887 年）初夏即携带自己编订的《聊斋文集》、《聊斋诗集》“赴粤峤”，故二卷本《聊斋诗集》的编成，亦当在光绪十二年（1886 年）夏至次年夏“赴粤峤”之前的“数月之间”。

这里有一个需要说明的情况，即耿士伟服阙之后携所编《聊斋文集》、《聊斋诗集》南下，“溯江至汉阳，适武峙东观察见而留阅，欲代锓行。迨由粤返，武君已解组，此稿遂流落鄂渚，屡索无从。幸壬辰春，同年孔斐轩巡莅汉黄，为极力物色，始获原本，诗稿全失，其余亦剥落非旧”①。经此一劫之后，由于怕“愈久愈无以延其传”，耿士伟遂于次年（光绪十九年，1893年）夏将失而复得的聊斋文四十余篇付印，此亦即《聊斋先生遗集》名称之由来。

由于耿士伟在《〈聊斋先生遗集〉跋》中叙及他所编订的《聊斋文集》、《聊斋诗集》的流失情况，栾调甫、路大荒先生据以得知耿编《聊斋诗集》已佚，所以才将今存的二卷本《聊斋诗集》误认作孙锡嘏的订本。其实，耿士伟曾从孙济泰那里得到过孙锡嘏辑本《聊斋文诗稿》，在编订文集、诗集的过程中又曾得到过孙济泰等人的帮助，他在南下之前也给淄川孙氏留下了经他编订的《聊斋文集》、《聊斋诗集》的副本。耿士伟编订的《聊斋文集》全本后来即经由“曲阜孔氏抄书”本得以存传②，我们据此也可以认定这部二卷本的《聊斋诗集》即是耿士伟的订本。被前人慨叹已久的耿士伟订本《聊斋文集》、《聊斋诗集》如今竟俱以原貌得以存传，这也可以说是蒲松龄研究的一大幸事。

二、此钞本的性质

二卷本《聊斋诗集》所收的蒲氏诗作，栾调甫与路大荒先生俱云共三百五十五首。但从诗集的刊印本来看，实不足三百五十五

① （清）耿士伟：《〈聊斋先生遗集〉跋》，（清）蒲松龄《聊斋先生遗集》，清光绪二十年（1894年）袖珍山房石印本。

② 参见邹宗良《耿士伟编〈聊斋文集〉与蒲松龄佚文的新发现》，载《文献》1990年第4期。今收入本书。

首之数。这其中,有的诗作似是在流传的过程中失落的,如第一百七十三题《赠毕子韦仲》,原题五首,但实存四首,当属于此种情况。当然,也有重出计误的现象,如第六十四题与第一百三十四题俱为《次韵答王司寇阮亭先生见赠》,同一首诗在钞本中重出。所以以1936年世界书局版《聊斋全集》本计,二卷本《聊斋诗集》共存诗二百零八题,三百五十一首。

这个钞本所收的蒲松龄的诗,虽然从数量上说尚不及蒲诗总数的三分之一,但却有着较长的时间跨度。它起始于蒲松龄有诗作流传的康熙九年庚戌(1670年),终止于蒲松龄逝世的前一年(康熙五十三年甲午,1714年),前后跨越四十五年,与现存蒲松龄的编年诗作相始终。这一情况表明,二卷本《聊斋诗集》不是据劫后余篇抄成的蒲诗辑本,而是一个依据一些诗集旧抄选录而成的聊斋诗的选本。

在这个诗集中,有数首诗在题下或诗后附有小注。其中有些注很明显地属于作者自注。如第六十九题《石隐园》诗,末二句为"我以蛙鸣间鱼跃,俨然鼓吹小山边",其后有注云:"有石类蛙鸣,令移置鱼跃石侧。"但比较起来,更多的注子则是编者所加的。兹举几例:

(1)第十七题《河堤远眺》,题下注:"四首钞二。"

(2)第三十四题《夏客稷门,僦居湖楼》,题下注:"二首钞一。"

(3)第四十八题《题安去巧偕老园》,题下注:"二首钞一。"

(4)第一百八十七题《夜饮再赋》,题下注:"咏菊诗前作,未录。"

《河堤远眺》诗,今《蒲松龄集》本同题四首,知原诗确为四首;《夏客稷门,僦居湖楼》与《题安去巧偕老园》诗,《蒲松龄集》本俱为二首,知原诗各二首。从这些诗作的题下小注来看,编选者在编选的过程中当是见过同题的其他诗作的,只是从某种选择的标准出发而将它们选落了。例(4)题下注中提到的"咏菊诗",当即作者于康熙五十一年壬辰(1712年)写成的《十月孙圣佐斋中赏菊》一首,它与《夜饮再赋》同为咏菊之作,在路编本《聊斋诗集》中恰好排列在《夜饮再赋》之前。这些情况都可以说明这样一个事实,即二卷本《聊斋诗集》的编选者所依据的底本,是比这个诗集收诗更多的聊斋诗的钞本。

包括编选者在内的前人的序跋,实际上已经向我们道出了这个诗集编选的大致情况。据前面所引的耿士伟《〈聊斋先生文集〉序》,耿士伟对蒲松龄诗作的整理,是从抄录孙锡嘏辑本《聊斋文诗稿》开始的。在此基础上,他又"介星阶于蒙泉宓先生处假得旧本若干卷,删讹去复,亲加厘正"。关于从这位"蒙泉宓先生"处借得聊斋诗文集的"旧本"进行整理的情况,后出的耿氏丛芸阁本《〈聊斋先生遗集〉跋》也说:

> 延其(笔者按,指耿氏同年友淄川孙济奎)介弟星阶课子侄读,朝夕亲炙,始悉其家有《聊斋诗文钞》稿。嗣经兵燹散失,复加搜辑,又益之宓生文德旧本,篇多重复,详加厘正。

我们已经知道,这篇因原稿丢失而简略了的文字,于编辑过程已然语焉不详的《跋》文,实即前云《〈聊斋先生文集〉序》的删改版。前后对照,可知《〈聊斋先生文集〉序》中所说的这位"蒙泉宓先生",即耿士伟在《〈聊斋先生遗集〉跋》中提到的"宓生文德"。据袁世硕等先生在淄川蒲家庄调查的结果,可知宓文德为今蒲家庄人宓崇龙的祖父,是一个没有取得功名的乡村文人。他大约生活在清代的咸丰、同治、光绪年间,是蒲家的近邻,曾收藏过一些蒲松龄著作的旧钞本或原钞本,前些年发现的蒲松龄诗集旧钞本《聊斋偶存草》即传自宓氏。[①] 综合以上材料,我们不仅可以知道宓蒙泉就是宓文德,"蒙泉"当为宓文德的号,而且可以知道耿士伟编订聊斋诗

① 参见袁世硕、马瑞芳、郝浚《对〈聊斋偶存草〉的考察》,载《蒲松龄研究集刊》第一辑,齐鲁书社1980年版,第229～248页。

文的底本渊源有自，它们极有可能是依据传自蒲氏后裔或曾由蒲氏家藏的旧钞本选抄、过录的。

栾调甫先生在《〈聊斋诗集〉序》中还指出了这个二卷本诗集"所选《斗室》、《惰奴》二首，篇题均同《诗萃》"；"庚寅（康熙四十九年，1710 年）以下各诗，序次悉合《诗草》"的事实。《诗萃》即《般阳诗萃》，淄川人冯继照编辑，有道光二十七年（1847 年）冯氏柳波馆刻本，收入蒲松龄的诗作一百二十四题，一百四十五首；《诗草》、《聊斋诗草》，存诗九十七首，起康熙五十年（1711 年）辛卯，讫康熙五十三年（1714 年）甲午，据云传自蒲氏后裔，有光绪九年（1883 年）高鸿裁跋。这些情况进一步说明，耿士伟在编选这个二卷本《聊斋诗集》的过程中，不仅以孙锡嘏的辑本和宓文德所藏旧本作为根据，而且也依据了《般阳诗萃》所收的蒲松龄诗和高鸿裁藏《聊斋诗草》的复本。耿士伟编选的二卷本《聊斋诗集》是一个在众本的基础之上"删讹去复"而成的诗集选本，我们对此自然是不应该以常本视之的。

三、对聊斋诗编年的价值

路大荒先生编订整理的《蒲松龄集·聊斋诗集》，共收录蒲松龄的编年诗作五卷、未编年的"续录"一卷。这五卷已编年的蒲氏诗作，卷一在编年上出现的问题较多，且有七十三首因为"考之亦未得其究竟"，因而"姑附于"康熙十二年（1673 年）癸丑之下[①]，这是为研究者所熟知的。除此之外，卷二至卷五所收的诗，由于在整

① 路编《聊斋诗集》卷一"姑附于"康熙十二年癸丑的诗作，1962 年 8 月第 1 版的《蒲松龄集》，包括《又寄孙树百，兼贻鲁坛》在内，共收入四十一题六十一首，路大荒先生误称"五十八首"；至 1963 年 10 月《蒲松龄集》第 2 次印刷时，路先生复据《聊斋偶存草》补入十二首，共得七十三首。

理时全依王怡之所藏旧钞五卷本《聊斋诗集》的编年次序,而没有对这部分诗作的作期进行审慎的考订[①],所以就编年而论,在整部路编《聊斋诗集》中遗留的问题还是很多的。前些时候在淄川发现的一部钤有"同祥荣记"印章的《聊斋诗集》编年钞本,经过赵蔚芝、张庆林先生考察,已对路编《蒲松龄集·聊斋诗集》中的编年讹误作了多处纠正。[②] 笔者认为,二卷本《聊斋诗集》虽然是一部未编年的诗集选本,但其对于聊斋诗编年的参考价值同样是不可忽视的。

如上所言,二卷本《聊斋诗集》是一个汇众本而成的诗集选本。经与路编《聊斋诗集》对照比勘,我们发现,虽然收入这部诗集的部分作品在排列上打乱了写作的先后次序,但诗集中的大部分诗作都呈现出一种编排的有序性。若将收入诗集的三百五十余首诗分为作期不同的几个部分,我们是不难寻绎出编选者编选这部诗集的一些具体原则和做法,并据以确定路编《聊斋诗集》中部分未编年诗作的系年和排列次序的。

从写作时间入手,可以明确地把这个诗集的诗作分为以下四个部分:

(1)自首题《偶感》至第八十二题《暮雨》。共八十二题,九十三首。

此一部分所收的诗,有七十六题为路编《蒲松龄集·聊斋诗集》卷一(康熙九年至康熙十三年)与卷四(康熙四十一年至康熙四

① 路大荒《整理蒲松龄诗文杂著俚曲的经过》:"至五六年(笔者按,即 1956 年)的夏天,又自淄川借到王怡之先生旧抄《聊斋诗集》五卷,附诗余一卷……第二卷至第五卷均按年编次,起乙卯迄甲午,这是使我把诗集按年次编定的良好的基础……兹仍照旧本按年编次,聊备研究蒲氏文学的同志们参考。"(路大荒:《蒲松龄年谱》,齐鲁书社 1980 年版,第 129 页)

② 参见赵蔚芝、张庆林《一本新发现的〈聊斋诗集〉钞本》,载《蒲松龄研究》1991 年第 4 期。

十九年)中的诗作。《蒲松龄集·聊斋诗集》卷二的诗作有三题见于此中,它们是:《次韵答王司寇阮亭先生见赠》、《读张视旋悼亡诗》和《题安去巧偕老园》。其中《次韵答王司寇阮亭先生见赠》与后面第一百三十四题重出已见前述,后二题则俱为路编《聊斋诗集》卷二中康熙十四年乙卯诗作。《续录》中的未编年诗也有三题见于这一部分,即《超然台》、《怀李希梅》和《般河》。

(2)自第八十三题《送孙广文先生景夏》至第一百四十三题《子笏》,共六十一题,一百三十七首。

此中大部分为路编《聊斋诗集》卷二中诗,少部分为《续录》中的未编年诗。

(3)自第一百四十四题《九月至济南,游东流水,即为毕刺史物色菊种》至第一百七十八题《和王春台[谷]诸咏》,共三十四题,七十八首。

此中大部分为路编《聊斋诗集》卷三中诗,少部分为《续录》中的未编年诗。

(4)自第一百七十九题《面壁斋》至第二百〇九题《夜雪,同翟晴霞、许圣瑞及儿孙小饮》,共三十一题,四十五首。

此一部分,收录了路编《聊斋诗集》卷四中康熙四十九年庚寅诗、卷五康熙五十年辛卯至康熙五十三年甲午诸诗。

对二卷本中的诗作作如上划分之后,这三百五十余首诗的编排情况也就比较清楚了。诗集的第一部分选收了康熙九年庚辰至康熙十四年己卯、康熙四十一年壬午至康熙四十八年己丑的部分诗作,估计在编选者见到的诗集原本中,这一部分诗作的前后次序已因种种原因被打乱后重新排列,所以在写作的年次上呈现出一种混编状态。第四部分所收的诗,起止年代与排列次序俱与路大荒所藏《聊斋诗草》本相同[①],则此一部分乃据与路大荒藏本相同的《聊斋诗草》钞本选录,其事也甚明。

这里,特别引起我们注意的是第二、三两部分诗作的排列状况。我们已经知道,路编《聊斋诗集》主要是依据王怡之所藏旧抄五卷本《聊斋诗集》的编年来进行诗作的系年的。就性质而论,旧抄五卷本《聊斋诗集》与这部二卷本的《聊斋诗集》同属选本[②],其编年虽然不尽可靠,但入选各诗的排列次序基本依写作的先后而定则是可以肯定的。比较起来,虽然五卷本与二卷本两部《聊斋诗集》同属选本,但由于入选标准的差异与编选者情志的不同,二本所选收的诗作也不尽相同。尽管存在着如上差异,但我们将路编《聊斋诗集》、淄川张庆林藏本《聊斋诗集》中与二卷本诗集作期相同的诗进行比勘,并未发现各本共有的诗作在编排次序上有大的不同(个别被后人特意改变的情况除外,如《子笏》一诗)。换言之,这个二卷本《聊斋诗集》未打乱原本编次的部分,与他本一样保持了按写作顺序排列的一致性。比勘的结果使我们得出这样的结论,即按笔者在本文中所作的划分,二卷本《聊斋诗集》的第二、三、四三个部分同样是按写作的先后次序排列的,虽然它们也是出自一个收诗并不完全的蒲诗的选本。

从这样的认识出发,笔者认为,以二卷本《聊斋诗集》第二、三两部分诗作的内容和排列状况为基本依据,参考其他各本《聊斋诗

---

① 栾调甫《〈聊斋诗集〉序》有云:"近世传抄之本,高翰生所藏《诗草》,谓得之陈晋卿,起辛卯,迄甲午,存诗九十七首。其本未见。据笠生所藏《诗草》别本考之,实起庚寅而迄于甲午,为先生七十一岁至七十五岁之作。"

② 路大荒《整理蒲松龄诗文杂著俚曲的经过》谈道:"……自淄川借到王怡之先生旧抄《聊斋诗集》五卷……存诗五百三十三首……第一卷第一首为《青石关》,正与《南游诗草》同,但没有注明年次;第二卷至第五卷均按年编次,起乙卯迄甲午。"按,此五卷本《聊斋诗集》所收诗起讫与路编《聊斋诗集》全部编年作品相始终,仅存诗五百三十三首,其为蒲诗选本可知。

集》中有关诗作的排列状况作一番考察，部分在路编《聊斋诗集》中被认为是不能确定年次的作品，同样也可以直接系年或编入一定的写作顺序之中了。

下面我们具体来考察一下这部分诗作的系年问题：

（1）第八十六题《偶与燕及夜话》。

诗在《闰月朔日，青云寺访李希梅》之后，《王八垓过访》之前。前后二诗在路编《聊斋诗集》中俱为康熙十七年戊午诗作。由二卷本第二、三、四三个部分诗作俱按写作的先后次序排列，并未打乱原本编次的情况看，此诗亦当为康熙十七年的诗作。

（2）第八十八题《遥听沈燕及夫人摘阮，戏贻四绝》。

此题共四首，排在《王八垓过访》之后，《同安邱李文贻泛大明湖》之前。前后二诗在路编《聊斋诗集》中俱为康熙十七年戊午诗作，故本题之诗亦当作于康熙十七年。

（3）第九十三题《斋中有柑橘、菖蒲、迎春、海棠、月季、盆草、盆石、夹竹桃，又有榴树二，花大而实肥，因效体（笔者按，路编《聊斋诗集》“体”作“徐”，是）文长作石醋醋骂座》。

诗在《次韵毕刺史归田》之后，《石隐园》之前。前后二诗，路编《聊斋诗集》俱系康熙十八年己未。袁世硕先生在《初读〈蒲松龄集〉所看到的》文中谈到，毕际有于康熙二年（1663年）罢江南通州知州，次年旋里，甚是。由于今所见到的聊斋诗钞本俱列《次韵毕刺史归田》于此，估计当是作者去毕家设馆之后见到毕际有的归田诗而为和作，《次韵毕刺史归田》作于康熙十八年当云不误。因此，与前后二诗一样，《斋中……》诗亦应为康熙十八年己未诗作。

（4）第九十五题《初见白髭》。

诗在《石隐园》之后，《谢王圣符画判》之前。在路编《聊斋诗集》中，此间尚有《抱病》、《四十》、《病中》三诗，二卷本不收，当是为编选者耿士伟选落之什。《初见白髭》不入路编《聊斋诗集》编年，同样应为路氏编诗所据的五卷本《聊斋诗集》所选落者。《石隐园》、《谢王圣符画判》在路编《聊斋诗集》中俱系康熙十八年己未，故《初见白髭》亦当为是年诗作。

(5)第一百九题《禽言》。

诗在《夹谷行》之后，《重阳王次公从高少宰、唐太史游北山归，夜中见访，得读两先生佳制，次韵呈寄》之前。前后二诗在路编《聊斋诗集》中分别为康熙二十二年癸亥、康熙二十三年甲子诗作，故《禽言》之作亦当在此二年之间。

(6)第一百十一题《六月初三日闻沈燕及讣音》。

诗在《重阳王次公从高少宰、唐太史游北山归，夜中见访，得读两先生佳制，次韵呈寄》之后，《闺情》之前。沈燕及已见前诗。袁世硕先生考得沈燕及名天祥，为宁绍道、布政使司参议沈润之子，淄川例贡生沈凝祥(字德符)之兄，甚确。[①] 袁先生云《六月初三日闻沈燕及讣音》之作，当在康熙二十八年或更早。今从二卷本前后之《重阳王次公从高少宰、唐太史游北山归……》、《闺情》二诗在路编《聊斋诗集》中分别系于康熙二十三年甲子、康熙二十四年乙丑的情况看，有理由认定此诗为康熙二十四年六月之作。

(7)第一百十三题《嘲雪灰禅师破戒》。

二卷本此题共三首(路编《聊斋诗集》四首)，排在《闺情》之后，《钟圣舆以宪副公传见示，即索诗，因赋此》之前。按路编《聊斋诗集》之系年，前后二诗分别作于康熙二十四年乙丑、康熙二十五年丙寅，故此诗作期亦当在此二年之间。

(8)第一百二十二题《哭赵晋石》。

诗在《挽毕公权》之后，《从侄阿九归自费》之前。按，前后二诗，路编《聊斋诗集》俱系康熙二十五年丙寅。然据王士禛《文学毕君子万、解元公权家传》，毕世持(字公权)卒于康熙二十六年夏六

---

① 参见袁世硕《蒲松龄早年“岁岁游学”考》，载《蒲松龄事迹著述新考》，齐鲁书社1988年版，第26～49页。

月,《挽毕公权》系康熙二十五年显误。又据张笃庆《厚斋自著年谱·康熙二十六年丁卯》:“独是在京师,闻吾乡赵月麓先生及毕公权表叔讣音,为之悒郁者累日。”赵金人字晋石,号月麓,《国朝山左诗钞》卷二十一选收其诗。由以上事实并参二卷本中诗作排列情况,《挽毕公权》、《哭赵晋石》与《从侄阿九归自费》概当为康熙二十六年丁卯诗作。

(9)第一百三十题《旅邸》。

诗在《寄怀李希梅》之后,《送别张明府》之前。按,张明府即淄川知县张嵋,据《淄川县志》,其升任巩昌府同知去淄在康熙二十八年。又据淄川张庆林藏本《聊斋诗集》,《旅邸》题作《历下旅邸》,其与《寄怀李希梅》之后的《拟畅春园较射应制十二韵》、《寿任学使》、《八垓烹羊见招,阻雪,不果往,戏作烹羊歌》、《再到济南,喜箬儿入泮》、《伤顾青霞》俱系康熙二十七年戊辰,排列于《送别张明府》之前。二卷本中此诗的排列次序可证张藏本编年不误。

(10)第一百四十一题《读〈剑南集〉有感》、第一百四十二题《示诸儿》。

二诗之前为《读书效樊堂》,之后为《子笏》诗。《读书效樊堂》诗,路编《聊斋诗集》同题二首,二卷本选收者为其二,张庆林藏本另题作《斋中》。此诗路编《聊斋诗集》与张庆林藏本俱系康熙三十年辛未。《子笏》诗张藏本系于康熙三十年,路编《聊斋诗集》系于康熙二十八年己巳,此事待考。[①]《读〈剑南集〉有感》、《示诸儿》二诗,张藏本俱系于康熙三十年,二卷本的排列次序可证其不误。

(11)第一百五十一题《灯宵前二日客稷下,与文昭夜谈率成》。

诗在《又七律》之后,《送喻方伯》之前。《又七律》(路编《聊斋

① 《子笏》一诗应系康熙三十年辛未,详见笔者《〈子笏〉诗的作期与蒲松龄诸子的生年问题——对几种〈蒲松龄年谱〉中相关讹误的订正》(载《山东图书馆学刊》2010年第3期,今收入本书)一文所作的考证。

诗集》、张藏本《聊斋诗集》题作《又二律》，共二首，二卷本选录其二）与此前的《喻廉宪命题〈梅花书屋图〉》为一时之作。以上二题，路编《聊斋诗集》系于康熙三十二年癸酉，张藏本《聊斋诗集》系于康熙三十一年壬申。按，据《山东通志》卷二十五《职官志·提刑按察使》："喻成龙，正蓝旗人。康熙三十年任。"同卷《承宣布政使》："喻成龙，正蓝旗人。荫生。康熙三十二年由本按察使升任。"与《又七律》作于同时的《喻廉宪命题〈梅花书屋图〉》既然称喻成龙为"廉宪"，是作此诗时其仍在山东按察使任上。又，《喻廉宪命题〈梅花书屋图〉》首句为"腊月梅花繁满枝"，《又二律》其一首句为"季月阳和满齐鲁"，足证诗作于康熙三十一年岁末，时在喻成龙升转山东布政使之前。如上考证可证张藏本《聊斋诗集》系诗于康熙三十一年不误。《灯宵前二日客稷下，与文昭夜谈率成》诗在二卷本与张藏本《聊斋诗集》中俱列于上一组诗后，诗题既云"灯宵"，自是已换了一个年头，张藏本系此诗于康熙三十一年，非是。此诗应为康熙三十二年正月十三日作。

(12)第一百六十二题《邹平张贞母》、一百六十六题《九日与同人登虎头石》、一百七十一题《聊斋》、一百七十四题《斋中》、一百七十五题《莱芜范邑侯太公》、一百七十六题《又绝句》、一百七十七题《舆颂恭纪俞公大老宗师德政》。

以上诸诗凡七题八首，路编《聊斋诗集》辑入"续录"部分，未编年；张庆林藏本《聊斋诗集》分别系于康熙三十六年丁丑（《邹平张贞母》）、康熙三十七年戊寅（《九日与同人登虎头石》、《聊斋》）、康熙三十八年己卯（《斋中》）、康熙三十九年庚辰（《莱芜范邑侯太公》、《又绝句》）和康熙四十年辛巳（《舆颂恭纪俞公大老宗师德政》）。

按，路编《聊斋诗集》卷三康熙三十六年至康熙四十年间的诗作，在编年上多有差误。如《赠新城郎邑侯》系于康熙三十六年，然据民国《新城县志》卷十一《职官志》："郎廷槐，汉军旗人。贡生。康熙三十七年知新城县事，在任十二年，政简刑轻，民安乐业。升四川通判。”则此诗显然应是康熙三十七年之后的作品。今路编《聊斋诗集》中，康熙三十六年丁丑诗达十七题四十六首之多，而康熙三十七年戊寅、三十八年己卯无诗，康熙三十九年庚辰仅一首，康熙四十年辛巳二题三首。细检诸诗，《自嘲》一首本见于作者手稿《聊斋草》，为康熙四十一年诗作，当因诗中有“皤然六十一衰翁”句而被移置于康熙三十九年庚辰；《俚言奉送大司寇先生假满赴阙》一首录自新城王启磊《系河饮饯图》，本不见于《聊斋诗集》；而系于康熙四十年的《辛巳冬，闻历友自湖北归，怀以二律》诗题中已自标干支，当自今系于康熙三十六年的一组诗中录出。这种情况说明，在编入路编《聊斋诗集》康熙三十六年的诗中，十有八九是包括了康熙三十六年至康熙四十年的诗作的。

张藏本以上诸诗的编年与路编《聊斋诗集》有较大不同。上举诸诗在张藏本《聊斋诗集》中已被分别系于康熙三十六年至康熙四十年的五年之中。张藏本对上举诸诗的编年证实了我们前面的推断，但其编年也有不尽可靠之处。如《挽高念东先生》一首，据王士禛《诰授通奉大夫、刑部左侍郎念东高公神道碑铭》，高珩卒于康熙三十六年十一月十一日，诗前小序云“闻讣泫然，因成长句”，诗当作于高珩卒后的数日之间，张藏本却系于康熙三十七年。又，《赠毕子韦仲》一诗张藏本系于康熙三十八年，然诗中“十八年来类弟昆”所言并非虚指，盖指作者自康熙十八年到毕家设馆以来所历岁月，当系于康熙三十六年。从现存的蒲松龄诗集手稿《聊斋草》一册自康熙四十一年壬午起，至康熙四十九年庚寅止，正与路编《聊斋诗集》卷四相合的情况推测，今路编《聊斋诗集》卷三所收的诗在作者原稿中亦当为一册。上述编年混误的情况当系诗集原稿卷三的后一部分在存传的过程中散乱所致。

由于存在以上种种情况，对上面所列的《邹平张贞母》等八首诗，今只能推其作于康熙三十六年到康熙四十年之间，具体系年尚有待于其他材料的发现。

四、辑佚与校勘价值

二卷本《聊斋诗集》是耿士伟自蒲家庄宓文德处“假得旧本若干卷，删讹去复，亲加厘正”而成的诗集选本，其价值绝不仅止于诗作编年之一端。此次考察这部诗集，一个重要的收获，就是从中发现了为路编《聊斋诗集》所不载的一首蒲氏诗作。二卷本第一百十六题《子夜歌》选录五古三首，路编《聊斋诗集》卷二康熙二十五年丙寅下同题诗作亦为三首，但其三内容各不相同。究其原因，当是路编所据的五卷本《聊斋诗集》与此二卷本同属选本，与同题的四首诗所选各不相同之故。兹将此诗抄录于下，以补路编《聊斋诗集》之缺：

荡子不顾家，空房泪沾臆。

骂语积满胸，郎来都不记。

二卷本《聊斋诗集》是路大荒先生整理聊斋诗所见到的最早的一个钞本。后来陆续发现了栾调甫藏《聊斋诗草》、《齐鲁遗书》本《聊斋诗草》、王仲衡藏《南游诗草》、王怡之藏五卷本《聊斋诗集》诸钞本，路先生复又将二卷本与诸本共有的诗作过一番校勘，并以附注的形式录在了路编《聊斋诗集》之中，如《雨后次岩庄》一诗“故园已隔万重山”句下注“园，两卷本作乡”，《早行》诗“湖中潮气水冥冥”一句下注“水，两卷本作晓”，等等。但总的说来，这种附注并不太多，二卷本中大量的异文都没有在路编《聊斋诗集》中注出。经过对勘，我发现路编《聊斋诗集》中的许多缺误，都可以据二卷本进行订正。兹分几种情况加以说明。

一是可补路编《聊斋诗集》之缺失。兹举三例以为说明：

(1)《钟圣舆以宪副公传见示，即索诗，因赋此》小引，二卷本《聊斋诗集》在“因开绿野之第，竟临白雪之楼”句下，较路编本多出二十字：

风雨不除，日见蓬蒿满径；人琴既去，惟存薏苡盈车。

（2）《忆侄畬斯》诗，路编《聊斋诗集》凡二十句，二卷本多出二句。其结句为：

悲来眼酸辛，泪下不能阁。

（3）路编《聊斋诗集》中《五月十九，移斋石隐园》诗题，二卷本在“十九”下多一“日”字，为《五月十九日，移斋石隐园》。

以上例证中，例（1）诗引中多出的文字，又见英国牛津大学图书馆所藏的《听秋声馆抄书》本《聊斋文稿》，唯“薏苡”作“苡薏”。[①]按，《后汉书·马援传》：“援在交阯，常饵薏苡实，用能轻身省欲，以胜瘴气。南方薏苡实大，援欲以为种，军还，载之一车。”此处乃用其典，作“薏苡”是。以上所举路编《聊斋诗集》之缺失，俱可依据二卷本《聊斋诗集》补足。

二是可以订正路编《聊斋诗集》中的错讹。兹举四例说明之：

（1）二卷本《用高少宰韵》诗题，路编《聊斋诗集》作《用高少宰题》。按，“题”指原诗的诗题，“韵”则指原诗的用韵，二卷本是。

（2）二卷本《捕蛹歌》，有“又不图长策，扇逐出近塍。但求离我亩，谓是已清宁”句。“亩”指田亩，路编本作“母”，误。

（3）二卷本《白雪楼》其一，有“垂杨亭榭长烟雨，近水楼台自古今”句。按，“亭榭”，亭阁台榭，与“楼台”正对。路编本“亭榭”作“庭榭”，较二卷本为不工。

（4）二卷本《老叹，简毕韦仲》，有“独有齿职司茹纳，不能因病停两餐”句。按，“司”，掌管，职掌之意，路编本作“同”，不可解，盖以形近而致讹。

以上例证可以说明，今路编《聊斋诗集》中的多处错讹，都可依据二卷本诗集来进行订正。

---

① 参见英国学者白亚仁（Allan Barr）《谈〈听秋声馆抄书〉本〈聊斋文稿〉、〈聊斋诗草〉》，载《蒲松龄研究集刊》第四辑，齐鲁书社 1984 年版，第 352～361 页。

前面说过，二卷本《聊斋诗集》的原稿在光绪十三年耿士伟“赴粤峤”时被人“见而留阅”，随即失去。今存的二卷本《聊斋诗集》传自淄川孙氏，经过长期传抄，诗中的错讹也所在多有，如前云《斋中有柑橘、菖蒲、迎春、海棠、月季、盆草、盆石、夹竹桃，又有榴树二，花大而实肥，因效徐文长作石醋醋骂座》诗题，“徐文长”误作“体文长”即其显例。但总的说来，二卷本《聊斋诗集》作为被耿士伟精心编成的一个蒲诗选本，其价值还是值得我们充分注意的。

（写于1993年，发表于《蒲松龄研究》1994年第2期）

《蒲松龄集》误收的一首诗

已故路大荒先生编订的《蒲松龄集》本《聊斋诗集》中，收录了一首题为《清水潭感赋》的诗作。路先生依据清人冯继照辑《般阳诗萃》等书的编次，把这首诗系于康熙十一年壬子之下。[①]《蒲松龄集》出版后不久，袁世硕先生即曾撰文指出其中《聊斋诗集》的编年有误。[②] 现在，据我们进一步考察，可以判定《清水潭感赋》一诗并不是蒲松龄的作品。这首诗的作者，应是蒲松龄的同邑友人，曾任江南宝应县知县的孙蕙。

《清水潭感赋》一诗，不仅见于路大荒先生所见的五卷本《聊斋诗集》、清人冯继照所辑的《般阳诗萃》，还见于清乾隆年间卢见曾编辑的《国朝山左诗钞》一书。在《国朝山左诗钞》卷二十六所收孙

---

① 参见（清）蒲松龄著，路大荒整理《蒲松龄集》，中华书局 1962 年版，第 491 页。路大荒《整理蒲松龄诗文杂著俚曲的经过》云："五六年（笔者按，即 1956 年）的夏天，又自淄川借到王怡之先生旧抄《聊斋诗集》五卷，附诗余一卷……第一卷虽没有注明年次，如以《南游诗草》推断《志异·桑生》篇记述是庚戌，以及《般阳诗萃》、《般阳诗抄》中附记，即可得其大半。"文载路大荒著《蒲松龄年谱》，齐鲁书社 1980 年版，第 129 页。今按，《般阳诗萃》卷八所收蒲松龄诗，《寄孙树百》题下有小注："以下壬子十三首。"《清水潭感赋》为其下第九首，此当即路先生系此诗于康熙十一年壬子之依据。

② 参见袁世硕《初读〈蒲松龄集〉所看到的》，载 1963 年 2 月 3 日《光明日报》。

蕙诗中，此诗也题《清水潭感赋》，除颈联首句“林间细雨生寒柝”的“柝”字在《蒲松龄集·聊斋诗集》中作古柝字外，其余字句全同。近来，我们在山东省图书馆和国家图书馆所藏孙蕙《笠山诗选》的清钞本和刻本中，分别找到了这首诗，这也就更加无误地证实了此诗不是蒲松龄的作品。

山东省图书馆藏孙蕙《笠山诗选》清钞本一册，内收以《清水潭感赋》为题的诗作两首，其一与《国朝山左诗钞》卷二十六所选同题诗相同。国家图书馆藏有孙蕙《笠山诗选》清刻本五卷二册，《清水潭感赋》见于刻本卷四。在国图藏本中，《清水潭感赋》诗为同题三首，其二被误收入《蒲松龄集·聊斋诗集》。今将国图所藏的《笠山诗选》卷四《清水潭感赋》三首抄录于下，以见《蒲松龄集》收录之误。

清水潭感赋

淮海维扬引上都，侵人风物接荒湖。
陂连万堞云高下，鹤略孤舟月有无。
旧厌飞流沉璧马，新营逋税尽茭芦。
九重正赖存宽大，预诏江南减半租。

又

废塍残坝隐湖天，民困东南已七年。
转饷漫劳农部策，持筹几废水衡钱。
林间细雨生寒柝，野外疏钟上晚烟。
力役频烦功不就，日听鼛鼓夕阳边。

又

惊闻群盗弄池潢，襆被扁舟日气黄。
瓠子涛浸渔子路，桃花春涨蓼花庄。
匡时欲就褒廉蔺，救弊垂成罪赵张。
频岁惟余村社酒，鸡豚尽日赛龙王。

《清水潭感赋》诗的作者孙蕙，字树百，号笠山，又号泰岩，长蒲松龄八岁，为其同邑友人。孙蕙于顺治十八年中进士，康熙八年选授江南宝应县知县。康熙十年，高邮州知州佟有信以大计降级去职，孙蕙曾自三月至岁杪之前兼摄高邮州印务。康熙十四年，孙蕙以大计"卓异"行取入都，次年补授户科给事中。首为《聊斋志异》作序的淄川人高珩撰有《户科给事中树百孙公墓志铭》，见高珩《栖云阁文集》。康熙九年八月至康熙十年八月，蒲松龄曾接受孙蕙之聘，在江南宝应、高邮署中任孙蕙的幕宾。蒲松龄回到淄川后，与孙蕙仍时有赠答，关系也一直较为密切。后来，由于音讯阻隔，加之地位的悬殊，特别是为人处世与爱好、兴趣的不同，两个人的关系也就渐渐淡远了。

（写于 1985 年，发表于《文献》1987 年第 1 期）

蒲松龄的《鹤轩笔札》手稿及其佚篇

蒲松龄的《鹤轩笔札》手稿二册，是目前国内所仅见的数种蒲氏手稿之一。这两册手稿，收录了蒲松龄南游江苏宝应、高邮期间，自康熙九年十月至康熙十年五月的八个月中，代其幕主孙蕙撰写的书启、公文、谕告共八十篇。对蒲松龄著作的整理、校订和蒲氏思想、生平的研究，这两册《鹤轩笔札》手稿有着不可忽视的重要价值。结合蒲松龄《聊斋文集》的校订工作，我们对其《鹤轩笔札》手稿作了一些考察。现就蒲松龄《鹤轩笔札》手稿的情况、重要价值及不见于《蒲松龄集》的佚篇等问题作一分析，供同志们参考。

一、关于《鹤轩笔札》的原稿

《鹤轩笔札》原稿共四册，今存青岛市博物馆。前面两册是蒲松龄的手稿，后面两册则是他人撰成抄录的。1956 年 10 月，王统照先生为经过装裱的蒲松龄的手稿二册写了一篇题叙，记述了这四册书稿传出与装裱的详细过程：

> 《鹤轩笔札》四册。此二册皆留仙先生手稿，另二册则笔者不止一人，想是继留仙先生任笔札者。四册必由淄川孙家散出。盖留仙先生卅许，曾为同邑孙蕙延请，在宝应、高邮署

内任书启幕故。酬答函札与较长之官谕，俱载底稿册中，虽有蒲氏印章，此二册定系孙氏留存者。今夏，大荒先生数为整理蒲氏故居，因公赴淄博市。有李君，存此四册求售。大荒返济，与余语及，乃以四十元易来。原册纸薄，岁久脆折易失。八月中，大荒去北京，遂将蒲氏起草两册，托其带去，由琉璃厂萃文斋为精工贴装，并加布函。此等工艺，京外难有。九月中旬，介绍人李君为包裹寄到，仔细甚至。述之于此，俱可深感。近三百年之草册，竟能流传，淄川人士对蒲氏之尊重，即此可见。余以衰病之身，年来得见蒲氏笔迹数种。而前三日偶去北洋书社古籍部，竟得《聊斋志异》第一次木刻本（即赵氏鲍氏共刊本，亦即青柯亭刊本，有杭州余集手书序，清乾隆三十五年刊），盖在木板上廉价书堆中，无问者。今纪此二册之由来，故附述如此。

一九五六年十月三日初寒晴日　剑三

以上是《鹤轩笔札》原稿 1956 年自淄川传出的大概过程。王统照先生的题叙共三页，夹存于《鹤轩笔札》原稿的书页之间。原稿的另外两册，一册封面题“己酉腊月望后至庚戌三月终”，一册题“甲寅正月至十一月”，与前二册笔迹迥异。己酉为康熙八年，即公元 1669 年，孙蕙于是年始任江苏宝应县知县。甲寅为康熙十三年，即公元 1674 年。据高珩《户科给事中树百孙公墓志铭》，是年孙蕙仍在宝应县任上。蒲松龄南游做孙蕙的幕宾，自康熙九年庚戌仲秋至康熙十年辛亥秋八月，时间恰好一年。因此，从时间上推断，由别人抄录的另两册原稿不是蒲松龄的作品。它们的作者，应是与蒲氏同为孙蕙幕宾的刘孔集和高坛等人。

原稿的前两册是蒲松龄手录的文字。第一册共三十三页（封面二页），收文三十七篇，正文前有已被路大荒先生收入《蒲松龄集》之《聊斋文集》卷十的对联五副，封二有蒲松龄题签：“鹤轩笔札自庚戌十月初三日起至年终止”；第二册四十四页（包括封面二页、封底一页），共收文四十三篇，封二的“鹤轩笔札辛亥正月起五月止”诸字为蒲氏题签。“鹤轩”或称“一鹤轩”，是孙蕙江南宝应县署中的书斋名。国家图书馆藏孙蕙《笠山诗选》刻本五卷，其卷四为作者任宝应县知县期间的作品，中有《仲冬一鹤轩夜集，户外垂垂欲雪，酒后率成二章》、《一鹤轩与友人话青云寺旧游，感成二绝句》诗；路编《聊斋诗集》卷一《王子雪因邀饮，摘茉莉花归浸案头，感成一绝，寄刘孔集》一诗中，有“疑在鹤轩眠未起，临床欲唤老参军”①句可证。按《左传·闵公二年》曾记“卫懿公好鹤，鹤有乘轩者”事，故“鹤轩”或“一鹤轩”乃用来形容幸得禄位，是一种为吏者的自谦之辞。以此推之，四册原稿以《鹤轩笔札》命名，当是出自孙蕙之意。在蒲松龄手稿第一册页二的右下角，钤有蒲氏方印二章：一作“松龄”，白地朱文；一作“柳泉居士”，朱地白文。虽然蒲松龄墓中出土的印章中无此二印，但与蒲氏手迹相印证，可证其确为蒲松龄生前使用过的印章。②

二、五篇佚文的情况

二册《鹤轩笔札》蒲氏手稿是经路大荒先生之手发现、装裱的，是他编订《蒲松龄集》所依据的一个重要的蒲氏手稿本。但由于编辑时工作不够细致，手稿中的《正月七日上总督麻》、《十七日上慕藩司》、《同日示》、《四月廿六日上藩司》、《同日答管粮厅》诸篇却被路先生漏过了。现在，我们将这五篇佚文加以标点整理后刊出，以补路大荒先生编订《蒲松龄集》的脱漏之误。

---

① (清)蒲松龄著，路大荒整理：《蒲松龄集》，中华书局 1963 年版，第 690 页。

② 此页右上角另有一印，印文作“渔山樵水”，其是否为蒲氏使用过的印章，今不得其详。

正月七日上总督麻

大老爷台台：一代名臣，两省福曜。辅轩夹日，郊原之草木知春；冠盖含辉，吴楚之山川胥润。群僚仰戴，万汇欢腾。卑职残疆苦吏，叨切悯幪，啼笑得伸，如依慈母。故每睹众百姓之凋残，便似困马之望长途，几消壮志；幸蒙大老爷之鼓舞，又似苦农之滴午汗，冀有秋成。教诲切于义方，片言降于华衮，真仰如日月，亲如父母，无日忘之，无时忘之。兹节序维新，区区蚁悃，极欲竭诚泥首，以叩新禧。第念连俭之后，重以酷寒，百姓流离，朝不谋夕；生者垂危，死者接踵。卑职忝司民牧，目击惨心。现在设法劝输，经营煮粥，聊以延救余息。兼之河工兴作，尤需督促，日无宁晷；地方责任，不敢擅离，惟有南望碎首，遥祝福履焉耳。大老爷之仁明下照，或原牛马苦吏于格外也。临禀，不胜瞻依悚惧之至。

十七日上慕藩司

老大人台台：峻节风清，日隆一日；仰借提携，如依山岳。前蒙怜才，热衷委署秦邮，卑职已将难于兼摄情状，呼吁而胪陈之。后谒制台，亦以卑职之言为是，已荷改允别员。不意制台意外大变，卑职闻之，惊怵悲愤，不知此局何如。岂果天道不可问耶？前抚台详允委署之后，府檄催促严切。一恐悬误地方，一恐迟撄宪责，遂于三月廿八日星驰赴任，暂守邮邑之篆务，徐俟上台之另委。半月以来，东撑西补，捉襟肘露，茹痛饮酸，苦难名状。其不可为者，则纲纪舛错，物力凋残，钦部件之繁多，众百姓之流离；其尤不可为者，则驿站倒废，旦暮不能支撑。一切苦况，业已备载详内矣。然此尚不过以苦累尽之，而情尤可以上达，势尚可以苦支；更有最不可为者，惟河工一节。以数邑之民命，数十万之金钱，当事漫不计算工程，止知各出意见，冀图别想。办料则便己私，兴工则委属下，今日曰修，明日曰止，颠倒缓急，无从奉命。自卑职署篆，意欲使舍所学而从之，无论冰蘖苦性，不善迎合。且思老大人夫子培养者何心，倘稍涉游移，将何面目以见慈颜乎？是顺之固有负于本心，拂之又重其忌怒，所谓笑啼不敢，左右两难。卑职在邮一日，终日忧危，不啻履虎尾而涉春冰，尚可以久居同城也？倘为日无多，尚可苟延以待之；近闻新官抱病，到任无期。黑海茫茫，何有底止也？且近以身在邮邑，宝事已渐觉废弛。倘再经数月，恐宝应之不可问者更多，不几两误遗咎，而大失老大人夫子培植之深心乎？且现今钦差大人发米赈济，官之贤隋[惰]勤愚，在此一举。而卑职以一人之身，谋两疲之赈厂，备两冲之供应，保其缕分而不乱，难矣。委署之事，自老大人夫子始之，还望老大人夫子终之。前日详批下县，已有改调兴化之语。伏乞速催莅任，以分重责。或于府属厅佐闲员，力委代署，庶地方不致贻误，亦即高天厚地，全苦吏于始终矣。临禀，不胜抢呼瞻驰之至。

同日(按：康熙十年辛亥四月十九日)示

圣旨剀切，兢兢致慎，无非为此垂毙残黎，延一线余生。但数万之粮有限，而被灾之民无穷。欲得人人而济，势所不能。凡入册丁口，简核务确，要使赈一人，即拯一命。恐有土棍倚强，奸胥作弊，或假鬼名以入册，或借破衣以登场，领赈一出，则饮博飞湎，不可名状，以致真正饥民，反为遗漏。以此种种奸诡，深可痛恨。本县痛念灾伤，实心奉行，务期严加体察。如遇前项等弊，必系乡约里书开报不实。一经查出，立拿处死，决不姑饶。特示。

四月廿六日上藩司

老大人老夫子台台：仁明在上，恫瘝廑忧；下情得伸，如依覆载。卑职牛马苦吏，百事维艰。苟非老大人夫子如慈母之护婴儿，则朝啼夕笑，敢琐琐向谁人耶？前蒙委署秦邮，实乃曲成至意，具有肺肠，宁日夜而忘之？第厥中苦况，万难支撑；诸艰猬集，如坐汤火。前禀已略尘［陈］清听矣。目下钦差赈济，更苦绠短汲深。顷于抚台处历为哀陈，已允另行委署，意在扬属府佐军、粮之间。面谕仍详本司，即便举行。叩乞老大人夫子曲鉴苦衷，婉加爱护，速取扬州府结。俾卑职早出难海，则高天厚地之恩，衔结当不可名言矣。临禀，何胜激楚翘望之至。

同日（按：康熙十年辛亥五月九日）答管粮厅

老大人台台：仁闻德化，与日俱隆；叨荷帡幪，真不啻瞻依乔岳也。宝邑赈事，致烦清忧；卑职以匏系秦邮，未获鹄候。台阶以备驱使，虽则此身在羁勒之中，而梦魂飞越，良无已已。且闻临厂验面，矢慎矢公，焦心劳思，极尽经画。宝民何幸，而得此福星之照也？然有尧舜之病，敢为老大人陈者：八宝以连岁灾祲，室室悬磬。去年饥册极力简核，尚不下三万余口，日复一日，则疮痍之贫病有增无减，可悬想而知矣。第宝邑原一湖荡之区，四乡窎远，荡析离居，昨以赈期迫促，故不能朝发夕至。续后数千人，踉跄而至，业已愆期不获。已而赴邮哭诉，卑职验之，果属真正饥民。较之附近城郭者之便于沾恩，其情不更有可悯恻者耶？卑职忝司民牧，不忍袖手，顷已详部院矣。伏乞老大人大广慈悲，为民请命。倘得再与印面，俾之均被皇恩，则数千口之余生，皆出老大人之明赐耳。临禀，何胜翘切之至！

下面，将这五篇佚文的情况作一简单介绍。

《正月七日上总督麻》一文，作于康熙十年辛亥正月初七日，是代孙蕙向江南江西总督麻勒吉恭贺新春之喜的贺启。麻勒吉，姓瓜尔佳氏，满洲正黄旗人，是起草康熙即皇帝位诏书的清代重臣，也是一位极为贪横跋扈的满清大吏。顺治十四年，原张献忠部下孙可望叛农民起义军降清，麻勒吉曾被任命为清廷正使前往招抚。返至顺德，麻勒吉因向直隶总督张玄锡（因避康熙皇帝讳，史书多称“张元锡”）索贿不得，倍加呵辱，致张玄锡自缢身死。麻勒吉出任两江总督，事在康熙七年十二月。在蒲松龄两年间代孙蕙所写的九十余封书启中，致麻勒吉的仅此一篇。《正月七日上总督麻》应属当时官场上的酬应文字一类。

《十七日上慕藩司》与《四月廿六日上藩司》两札，都是蒲松龄代孙蕙写给江苏布政使慕天颜的。“十七日”为康熙十年四月十七日。慕天颜，字拱极，甘肃静宁人，顺治十二年进士，授官浙江钱塘县知县，多惠政，再迁广西南宁府同知。康熙六年迁福建兴化府知府，九年升任湖广上荆南道，受福建总督刘兆麒荐，调福建兴泉道，同年擢江苏布政使司布政使。孙蕙与慕天颜关系密切，在慕氏调任江苏之前，二人即曾有过一段交往。在《鹤轩笔札》手稿第一册的《上藩司慕小启，同十月初二日》中，作者写道：“遥忆少年游冶，夜雨钱塘，真不啻隔两世也。种种渥遇，何敢须臾忘之！数月前偶接邸报，知老大人荣任南藩，不觉狂喜者累日。”正因为存在这样一种“故人”关系，慕天颜对孙蕙也就处处别加青眼了。

在蒲松龄《鹤轩笔札》二册手稿中，代孙蕙写给慕天颜的书启共五封，即《初二日贺布政司慕》、《上藩司慕小启，同十月初二日》、《二月念四日上布政司》、《十七日上慕藩司》和《四月廿六日上藩司》。其中《初二日贺布政司慕》一文，写于康熙九年庚戌十月初二日，是为慕天颜莅江苏布政使任而写的贺启，孙蕙与慕天颜在江苏一地的交往也自兹开始。在宝应任内，孙蕙是一个体恤民情、倾全力救灾的良吏，加之受到慕天颜等人的器重，孙蕙两次大计考察都称“卓异”。康熙十年，孙蕙被委署高邮州印篆，即出自诸上台对他的宠顾之意。宝应、高邮地处水陆要冲，在孙蕙任职期间一直水灾频仍。康熙八年八月，高邮决清水潭，高邮、宝应村落庐舍俱没于水；康熙十一年清水潭又决，田舍覆没如前。重灾之下，孙蕙以宝应知县兼摄高邮州印务也确非易事。《十七日上慕藩司》与《四月廿六日上藩司》二札，即是蒲松龄代孙蕙上书慕天颜，为求辞却所兼任的高邮州州务而作的。文中的“不意制台意外大变”，乃是指康熙十年四月间发生的总督麻勒吉坐罪被逮问至京事。[①] 至于孙蕙一再上书吁请的改调别员委署高邮之事，虽然督抚都曾有过改调之意，却一直没有调成。这年的秋天，蒲松龄在返里之前曾写过一首题为《秦邮官署》的诗，可见这时孙蕙的摄篆之事仍未了结。孙蕙离开高邮，大概在蒲松龄返里之后不久。据《扬州府志》记载，佟有信之后的那位高邮州知州吴良谟是在康熙十年莅任的，大概这位“新官”病愈之后，即在这年的秋冬间赴其任所了。[②]

《同日示》一文，是为发放赈粮而写的谕民公告。据康熙《宝应县志》卷三《灾祥》：“(康熙)十年，大疫。宿水洊没者不能布种，高田已种者被旱蝗。诏截留漕粮赈济。”宝应等地受灾之重与孙蕙治宝邑时为官之严正，于此示中亦可洞见一斑。

《鹤轩笔札》佚文的最后一篇为《同日答管粮厅》。粮厅是知府之下分掌督粮的机构，粮厅的长官为管粮通判，是知府的佐贰官员。这封书札当是写给康熙九年至十一年间在任的扬州府管粮通判管尽忠的。康熙《扬州府志》卷十四《秩官志·管粮通判》：“管尽忠，奉天辽阳人。荫生。(康熙)九年任。”蒲氏代写的《同日答管粮厅》是一篇为民请命的文字。管尽忠负责料理宝应县赈济之事时，曾严限赈期，将数千名远道灾民拒之于赈厂之外。宝应百姓赴高邮向孙蕙哭诉情由，孙蕙一面将此事致达上台，一面让蒲松龄写此信给管尽忠，请他发放数千名远乡受灾百姓的赈粮。《同日答管粮

① 《清史列传》卷十《麻勒吉传》：“(康熙)十年四月，京口将军李显贵、镇江府知府刘元辅为驻防兵丁讦告侵冒钱粮事，上遣侍郎勒德洪往勘得实，麻勒吉以不先举发逮问。江南百姓赴京吁留，给事中姚文然疏述以闻，并言，麻勒吉情罪轻重，尚待确讯，宜释锁系。得旨俞允。部议降二级调用。复得旨，仍回原任。”

② 见本文标点的《十七日上慕藩司》一札。

厅》一札，写得软中有硬，有礼有节，不仅表现出作者写作技巧的娴熟，而且字里行间还透露着作者“尤不能与时相俯仰”的峭直性格，是一篇反映了作者创作个性的不可多得的文字。

三、两册手稿是蒲氏由原稿誊抄的存本

蒲松龄的两册《鹤轩笔札》手稿，字迹清楚整洁，排列极为有致，没有现存的《聊斋志异》手稿中那种大量涂改的现象。从手稿中各篇的排列和两册手稿的具体情况考察，我们有理由认为，这两册手稿并不是蒲松龄最初拟写的书启原稿，而是据原稿过录抄存的稿本。

两册《鹤轩笔札》手稿基本是按写作的先后顺序编排的，但也存在不尽相同的情况。有的篇什显然作期较早，却排在晚作的书札之后。如手稿第一册，首篇为《十月初三日贺束同知启》，作期更早的《初二日贺布政司慕》即排在其后。从第十一篇《上藩司慕小启，同十月初二日》的篇题看，“初二日”并非作者误抄。类似的情况，在手稿中还可举出。如第一册第二十篇《十一月初七日与杨清河》，前二篇分别是《十一月初八日答韩吴县》、《附小札起苞兄字》，即与上举的情况如出一辙。先写的书札排在后写的之后，显然是作者日后过录的结果。如果是作者当时撰结的文字，而不是后来的存抄，就不会出现上述情况了。

对两册《鹤轩笔札》手稿作一番认真的考察，我们还会发现，两册手稿并不是作者一时抄就的。如第一册第十四叶《上藩司徐》一文，开始抄写时字迹清楚认真，到最后两行，字迹即变得潦草。而紧排于其后的《复李元鼎》一文，前半篇字迹复又十分端正。《复李元鼎》与前文抄录情况相同，前面六行是很端正的字迹，后面六行则一变而为行草。而就在同一叶上，排列于其后的《十一月初七日与淮安王克巩》一文的字迹则又变得工整了。笔者认为，这种情况

说明，这两册手稿是蒲松龄边写边抄，日积月累，最后汇集成编的。由于蒲氏代写书启的工作是时有所作，日复一日，抄存的底稿也非一时抄录而成。如果是原稿汇集成帙之后才事誊抄，前后各篇在抄写上保持了一定的连续性，也就不会出现这种前后篇字体不甚一致的情况了。

对手稿中的一些具体篇章作进一步的观察分析之后，笔者发现，这两册手稿只是蒲松龄据书札的原稿抄存的底稿，而不是最后的定稿。最后的定稿应是向外发出的信札。就性质而言，《鹤轩笔札》的两册手稿介于作者初稿和外发的信札之间，是发信之前留底备查的存抄。

在《鹤轩笔札》手稿的不少篇章中，都留下了作者斟酌修改的痕迹。如第一册第五叶上的《十月七日上清河杨求印结启》一文，手稿中原有如下文字："老年寅翁台台：卢骆齐名，龚黄著绩。"作者在抄成之后又将"卢骆"划去，用朱笔旁改"屈宋"二字。此文的后半篇在抄成之后作了更大的改动。手稿后半篇的原文如下：

因念二东之士，谁在江乡？遂为遍鵷行而屈指；忽忆四知之颂，近闻邻国，不觉拍牍案而遐心。同地而更同官，宁隔乎暮云春树？梓谊而兼谱谊，应晰夫瓜蔓藤根。不尽寸衷，聊托雁足；专兹一价，晋叩龙门。惟求肘后解来，其大如斗；但须风前飏去，厥重如山。葵藿为心，曾江河之莫罄；蘋蘩是荐，第辎亵之贻羞。近月长明，岂是八宝妆就？片芹不腆，尚希一笑河清。临禀，何胜引领瞻依之至。

经作者几处画框删添，这段文字变成了如下面目：

因于绿草江城，遍鵷行而屈指；忽忆白沙仙令，拍牍案而遐心。不尽寸衷，聊托雁足；专兹一价，晋叩龙门。惟求肘后解来，其大如斗；但须风前飏去，厥重如山。葵藿为心，曾江河之莫罄；蘋蘩是荐，第辎轩之贻羞。过略形骸，仰攀义气。临禀，何胜引领瞻依之至。

此外，在第二十五叶《十二月八日答丘九兄》一札的末尾，原有这样两行文字：

外托定皮靴三双。俱要软浓浓股儿线，委委线儿，厚实实底儿，在行样儿，出了硝的皮儿，货要针指。价定不过一笑。又启。

与此札相应，第二册第五叶《同日与丘勷宸》札末原书：

□定靴三双，不知曾未□信否？

可能作者觉得此一类在信札中言及的生活琐事写在精心撰结的书启中不甚文雅，故在抄讫之后复又用粗笔将以上两段文字划去。这种现象进一步说明，蒲松龄的《鹤轩笔札》手稿是在草拟的书札写完之后即誊抄下来的，抄写的时间在定稿的正式信札发出之前。在信札正式定稿的时候，作者又在已经抄录的手稿基础上作了进一步的删改。从以上种种情况考察，两册《鹤轩笔札》手稿并非抄于一时，而是随草拟的书启逐日抄录的情况也就愈加清楚了。

还存在这样一种情况。在《鹤轩笔札》手稿中，蒲松龄把他认为不甚合适、需要修改，但一时又找不到十分恰切的字句的地方，都用笔在旁边画了表示待斟酌的竖线。这些文字有的后来竟改了，有的则一仍其旧。如《同日答万乡绅》一文，《鹤轩笔札》手稿作：

弟乃以前身恶孽，误堕贵邑，冻馁流离，伤心惨目，自愧拯救无术。

《蒲松龄集》本《聊斋文集》作：

弟以冻馁流离，伤心惨目，自愧拯救无术。

《□日答李乐陵》，《鹤轩笔札》手稿作：

况送往迎来，则贱如声伎，婢膝奴颜，则状同伏鼠。

《蒲松龄集》本《聊斋文集》则与《鹤轩笔札》手稿字句相同。这种情况同样可以说明，《鹤轩笔札》手稿还不是最后的定稿。在初稿抄定之后，将正式信札写出并拿给幕主孙蕙过目之前，蒲松龄仍对手稿中自认为不妥之处作了进一步的修改加工。

在两册手稿中,《十月十六日与如皋令》与《二月十八日回本府》两篇,都朱题"未发"二字,当是写出之后因某种原因而没有发出的信札。因为这两册手稿是留作日后存查用的,所以未发的篇什也由作者一一抄录了。在蒲松龄任孙蕙幕宾期间,这两册《鹤轩笔札》手稿或是由作者自己收存的,但蒲松龄抄录这两册书启、文告的目的,却不是为了自己留以存照。我们认为,两册《鹤轩笔札》手稿应是蒲松龄按照孙蕙的意思,为官署中书札往来的存查而誊抄的底稿。

在两册手稿的正文之前,蒲松龄曾抄录了五副与笔札内容相关的对联。兹列其中三副于下:

睹腊雪之霏然,人以为瑞,我反以为凶。看冻柱胶舟,总散牛衣夜哭;

披春风兮蔼若,或恨其速,我尚恨其晚。愿吹梅荡柳,早燃蛀灶寒灰。

壮心尚未酬,空向金城悲绿柳;

前身得何孽,欲搔短发问青天。

为诸生时,动思立名当世,谁意一身而集万苦,可惜肺腑空存,销尽雄心羞鬓发!

读循吏传,深恨不见古人,试看隔年而告三灾,不知龚黄再起,用何长策计安全?

这些对联,若"为诸生时,动思立名当世;谁意一身而集万苦",直是孙蕙口吻。但结合蒲松龄的其他作品考察,我们有理由认为,这些对联仍是经蒲氏之手撰作而成的。下面举蒲松龄南游期间与南游初归之后诗作中的有关例句以为说明:

可叹金城柳,参差已十围!(《旅思》)

狂搔短发征云路;早发离愁到雁时。(《寒食阴雨,有怀刘

孔集》其二）

羁旅经年清兴减，消磨未尽只雄心。（《初归，觉斯、鸶斯两侄邀饮》）

在所举的蒲氏诗作中，“金城柳”、“狂搔短发”、“消磨未尽只雄心”等句，无论从用典还是从遣词所表达的意思来说，都与上举的对联存在相通之处。一个作家，由于其性格、素养、创作个性和在某段时间内对一些典故、词语的熟稔程度等原因，在作期相近的不同作品中出现相同的字句，在文学史上是一种习见的现象。在《鹤轩笔札》手稿中，蒲松龄还在上举第一副对联下联的“或恨其速”“尚恨其晚”八字旁边画上了表示还需斟酌修改的竖线。如果对联出自孙蕙之手，蒲松龄在抄存的时候自然也就不会作如是处理了。

在蒲松龄到达宝应之前，孙蕙署中已经留存了一册作于康熙八、九年间的笔札。在孙蕙与上台、同僚、乡绅等各种各类情况的交往中，这些书札是起到了录事与存查的作用的。蒲松龄抄录这两册笔札，当亦出于同样的目的。蒲松龄以“鹤轩笔札”作为手稿的题签，并在正文之前冠以这样五副对联，说明这两册手稿是孙蕙官署中的一种存照，它在当时是起到了孙蕙应付世事往来的备忘录的作用的。

四、订正《聊斋文集》错讹情况的重要依据

路大荒先生编订《蒲松龄集》的时候，曾参阅过许多重要的蒲松龄著作的旧钞本。以《聊斋文集》为例，其所见即有淄川王敬铸辑《聊斋遗文》、同治己巳六册钞本、山东省博物馆藏十册旧钞本等。但由于年代久远，又经过了他人的多次传抄，经与蒲松龄的《鹤轩笔札》手稿对校，我们发现，《蒲松龄集》本《聊斋文集》与《鹤轩笔札》在文题与内容方面都存在大量异文的情况。其中有一些属于作者的笔误，但更多的则是由于传抄中的误认和抄误造成的。

现将有关情况分别叙述如下：

1. 文题中的异歧

文题中的异歧，多因后人在传抄过程中漏字误字，或妄添妄改所致。例如：

(1)《蒲松龄集》本：《十八日答张太老师讳九徵》

《鹤轩笔札》本：《十月八日答张太老师讳九徵》

(2)《蒲松龄集》本：《十一月十七日与淮安王克巩》

《鹤轩笔札》本：《十一月初七日与淮安王克巩》

这两例属同一种情况。细按《鹤轩笔札》，《十月八日答张太老师讳九徵》前有十月初七日札，后有十月十二日、十五日诸札；《十一月初七日与淮安王克巩》后有十一月初八日书札，俱按写作先后编排，故《蒲松龄集》作“十八日”、“十一月十七日”均误。

(3)《蒲松龄集》本：《四月初四日答高邮县旧任佟》

《鹤轩笔札》本：《四月五日答高邮州旧任佟》

(4)《蒲松龄集》本：《代孙树百贺钞关周礼部郎庄启》

《鹤轩笔札》本：《四月十三日贺钞关周礼部郎》

《四月五日答高邮州旧任佟》与《四月十三日贺钞关周礼部郎》分别为寄答高邮州旧任知州佟有信和扬州钞关使者周襄绪的信札。据《高邮州志·秩官志·知州》：

> [康熙]六年，佟有信，字仲孚，奉天人。大计降级去。

又，《江南通志·秩官志·扬州钞关》：

> 德尔得，满洲人。康熙十年任。
>
> 周襄绪，山阴人，贡生。康熙十年同任。

《山阴县志·选举志·贡生》：

> 周襄绪，恩贡。礼部郎中。

佟有信为高邮州知州，康熙六年任，康熙十年以大计考语有差降级去职，言“高邮县”则误。周襄绪，顺治十一年恩贡，以礼部郎中选授江南扬州钞关使者，与德尔得为满汉二员同任。《蒲松龄集》本中“代孙树百”、“庄启”云云，当系后人妄加。

2. 文中异文情况

在《蒲松龄集》中，由于误认和抄误而出现的错讹较为常见。以蒲氏手抄的两册《鹤轩笔札》校之，有些错误是可以直接据之改正的。下面略举几例加以说明：

(1)《鹤轩笔札》本《正月廿六日迎淮阳道张》，《蒲松龄集》本作《正月二十六日迎淮阳道张》。《蒲松龄集》本：

> 本是钱谷专司，然而忧河干兼忧驿递；况切凶荒连岁，因之念国计尤念民生……庆方岳之有人，聊供山川翔舞；感君侯之生我，遥随士女讴歌……

文中“切”、“供”当是抄误，俱当据《鹤轩笔札》本改“且”、“共”方通。

(2)《鹤轩笔札》本《五月十二日上钞关周》，《蒲松龄集》本题同。《蒲松龄集》本：

> 前以一芹还贺，又复未蒙莞纳，悚息良不可似……闻新河台不日南下，欲求一话游扬……卑职在室，百事艰厄，冰蘖自甘……敢云克阐臣道？亦自分无旷天工耳。

文中“还”、“话”、“阐”诸字，俱当据《鹤轩笔札》本改为“遥”、“语”、“殚”。

还有一种情况，即路先生编订《蒲松龄集》时所依据的底本与《鹤轩笔札》手稿本有异，故在少数篇章中出现了大量异文。以《高邮驿站》为例，《蒲松龄集》本共一千一百三十二字，经与《鹤轩笔札》对校发现，两本异文多达二十九处。其中《蒲松龄集》本较明显的错处十六处，错十八字，大部分异文都可据《鹤轩笔札》本径改。

再如《同日答淮安陈台县》：

《蒲松龄集》本

> 不谒杖履，飘忽隔岁，粥煮桃花，令人遐想。蕙以残疆牛马，驰逐风尘，百世为之聋聩。去秋清恙，竟漠之不闻，疏候之

愆，惟冀邀长者之海涵耳。然而经霜逾暑，左右讯缺，晓雁晨钟，时廑怅栗，反劳殷殷下注，感愧何有极耶！既承佳贶，敢不登之以志大德。临池缕缕，不尽欲言。

《鹤轩笔札》本

不谒杖履，飘忽隔岁，粥煮桃花，令人遐想。蕙以残疆牛马，驰逐风尘，百事为之聋聩。去秋清恙，竟失修候，疏节之愆，惟冀长者之海涵耳。然经霜逾暑，左讯缺，晓雁晨钟，时廑怅栗，反劳老年尊大人殷殷下注，感愧何有已也？既承佳贶，敬登端石以铭大德。蕙蹇运一堕苦海，莫回天心，百姓流离，徒惭司牧；兼有河工之大役未竣，驿站之应付无术，关切如老年尊大人，不知留何以教我也？拙刻一册，敬求郢斧。凭颖驰切不尽。

两本中异文共九处，《鹤轩笔札》多出《蒲松龄集》本五十九字之多。这些情况，在重新编订《蒲松龄集》的时候，都是应该进行校勘并加以说明的。

笔者以为，《蒲松龄集·聊斋文集》相同篇什中出现的讹夺舛衍的情况，大部分都可以据此二册《鹤轩笔札》手稿改正。蒲松龄的《鹤轩笔札》手稿，无疑是现存诸本中最可依据的本子。路大荒先生在编订《蒲松龄集》的时候，由于没有以《鹤轩笔札》作为底本，仅仅是据之校正了其他本子中的一些篇章，故原旧钞本中较多的讹误也就没有得以进行全面、细致的校勘。这些问题，在重编蒲氏全集的时候就需要认真审慎地加以解决了。

五、对《聊斋文集》编年的重要价值

路大荒先生在编订《蒲松龄集》的时候，把蒲松龄《鹤轩笔札》手稿中的文字(本文整理发表的五篇佚文被路先生脱漏，未包括在内)按类分别收进了《聊斋文集》的卷二、卷五、卷六、卷十之中。由于路先生没有依据手稿本的编次进行编排，故给从写作年月的先后上考察这部分书启、文告造成了一定的困难。但是如果依照《鹤轩笔札》手稿的编次对《蒲松龄集》中这部分内容的排列作些相应的调整，写作的先后次序就变得十分清楚了。

前面说过，《鹤轩笔札》两册手稿的编次，基本是按写作时间的先后排列的。有几处地方，后写的篇章排在先写的前面，推想当是作者抄完当日的尺牍之后，又把前一日写完未抄的书札拿来抄录的结果。此外，还有一个需要指出的情况，即在手稿第二册中，个别地方作者在年月的标署上存在笔误。第二册第十二题《二月八日答高邮州佟》与第十三题《二月十八日回本府》中的“二月”，皆当为“三月”之误。作出这一判断的根据是：从书札的内容看，作者在写致高邮州旧任知州佟有信一札时，佟氏已因大计考语开坏被免去了知州的职务。孙蕙是在这一年的三月二十八日到达高邮的，而写此札时由孙蕙摄篆高邮一事已经由上台决定。在“邑不可一日无官”的情况下，孙蕙五十天后才至高邮赴任，于情于理皆云不合。《二月十八日回本府》一文，是孙蕙因府檄催赴高邮任事而由蒲松龄代写的回札。《十七日上慕藩司》文中所说的“前抚台详允委署之后，府檄催督严切”即指此事。手稿本在此篇文题之上另题“未发”二字，当是写成之后考虑到其他关系而没有发出的信札。在“府檄催督严切”的情况下，孙蕙既然没有发出此札请求暂缓赴任之期，也决不会把赴高邮摄篆一事拖延四十天之久。此乃理由之一。其次，蒲松龄的《鹤轩笔札》手稿二册全部按月编排。《二月八日答高邮州佟》一文，前面一篇为《三月谕文》，其后第四篇为《三月念二日复王河阳》，各篇编次分别按“八”、“十八”、“二十”、“廿一”、“念二日”的顺序排列。因为二月间写成的书札已经抄录于前，二月的作品当不会夹杂于三月的作品之内且按三月的日期排列，所以这两封书札以及其后的《二十日答陈兴化书》、《廿一日答恩令杨》，都应该是康熙十年三月的作品。

由于两册《鹤轩笔札》手稿在年月的编排上较为严格，与路编《蒲松龄集》中内容相同的篇目作一比较，《蒲松龄集》中这部分作品的写作年月也就基本可以确定了。下面将《鹤轩笔札》本与《蒲松龄集》本中相同的篇目按写作的先后次序列为对照表：

《鹤轩笔札》本	《蒲松龄集》本
(1)《初二日贺布政司慕》①	《初二日贺布政司慕启》
(2)《十月初三日贺柬同知启》	《十月初三日贺柬同知启》
(3)《初四日答兴化陈求印结启》	《初四日答兴化陈求印结启》
(4)《十月七日上清河杨求印结启》	《十月七日上清河杨求印结启》
(5)《十月八日答张太老师讳九徵》	《十八日答张太老师讳九徵》
(6)《同日与邬学师》	《同日与乌学师》
(7)《十月十二日答济南藩司施》	《十月十二日答济南藩司施》
(8)《十月十五日上赵府尊》	《十月十五日上赵府尊》
(9)《十月十六日与如皋令》	《十六日与如皋令》
(10)《十月十六日答老郎》	《十七日答老郎》
(11)《上藩司慕小启，同十月初二日》	《上藩司慕小启》
(12)《十月廿八日贺臬司陈启》	《十月二十八日贺臬司陈启》
(13)《又小启》	《又小启》
(14)《十月念九日与陈兴化书》	《十月二十九日与陈兴化书》
(15)《上藩司徐》	《上藩司徐》
(16)《复李元鼎》	《复李元鼎》
(17)《十一月初七日与淮安王克巩》	《十一月十七日与淮安王克巩》
(18)《十一月初八日答韩吴县》	《十月初八日答韩吴县》
(19)《附小札起苞兄字》	《附小札起苞兄字》
(20)《十一月初七日与杨清河》	《十一月初七日与杨清河》
(21)《答淮上陈差官》	《答淮上陈差官》

---

① 本篇为《鹤轩笔札》手稿第一册第二题，作期应在首题《十月初三日贺柬同知启》之前。

(22)《十一月二十日回府尊》	《十一月二十日回府尊》
(23)《同日上管粮厅》	《同日上管粮厅》
(24)《十一月廿一日上瓜洲丘》	《十一月二十一日上瓜洲邱》
(25)《十一月廿二日与陈兴化》	《十一月二十二日与陈兴化》
(26)《十一月廿三日贺济南太守》	《十一月二十三日贺济南太守》
(27)《十一月廿五日上瓜洲》	《上瓜洲》
(28)《十一月廿九日答济南金太守》	《十一月二十九日答济南金太守》
(29)《十二月初五日答王讳世德》	《十二月初五日答王世德》
(30)《十二月初六日贺曹太守署淮阳道印》	《十二月初六日贺曹太守署淮阳道印》
(31)《十二月八日答丘九兄》	《八日答邱九兄》
(32)《十二月初八日答王鼐旧工部》	《十二月初六日答王鼐旧工部》
(33)《十二月十九日复海丰吴进士自肃》	《十二月十九日复海丰吴进士自肃》
(34)《十二月念日劝输文》	《十二月二十日劝输文》
(35)《十二月念四日答王世德》	《答王世德》
(36)《同日答万乡绅》	《同日答万乡绅》
(37)《放生池碑》	《放生池碑记》
(38)《拟请拨补驿站》	《拟请拨补驿站上巡抚书》
(39)《正月七日上总督麻》①	(佚)
(40)《□日答李乐陵》	《答李乐陵》
(41)《十九日上赵府尊》	《十九日上赵府尊》
(42)《同日与丘勷宸》	《同日与邱勷震》
(43)《正月廿六日迎淮杨(扬)道张》	《正月二十六日迎淮阳道张》
(44)《二月九日答阮河厅》	《二月九日答河厅阮》
(45)《二月十一日答江西布政司李》	《十九日答江西布政司李》
(46)《二月念四日上布政司》	《二月念四日上布政司书》
(47)《同日答淮安陈台县》	《同日答淮安陈台县》
(48)《三月谕文》	《三月谕文》

① 《正月七日上总督麻》为《鹤轩笔札》手稿第二册之首题,此篇上题“辛亥草”。

(49)《二月八日答高邮州佟》[①]	《二月十八日答高邮县佟》
(50)《二月十八日回本府》	《回本府》
(51)《二十日答陈兴化》	《三月十九日答陈兴化》
(52)《廿一日答恩令杨》	《三月初一日答杨恩令》
(53)《三月念二日复王河阳》	《三月二十二日复王河阳》
(54)《高邮驿站》[②]	《高邮驿站》
(55)《四月五日示》[③]	《四月五日示》
(56)《又示》	《又示》
(57)《四月五日答高邮州旧任佟》	《四月初四日答高邮县旧任佟》
(58)《六日答王工部》	《四月初五日答王工部》
(59)《七日贺淮阳道寿》	《七日贺淮阳道寿启》
(60)《四月十三日贺钞关周礼部郎》	《代孙树百贺钞关周礼部郎庄启》
(61)《附小启》	《上某府尊》
(62)《四月十五日示》	《高邮县月课示》
(63)《四月十五日答王子野》	《四月十五日答王子野》
(64)《同日答瓜洲书》	《四月十五日答瓜洲》
(65)《十六日答盐城孙太翁叻》	《十八日答盐城孙太翁》
(66)《同日与郭子抑》	《同日与郭子抑》
(67)《十七日上慕藩司》	(佚)
(68)《四月十八日答万乡绅》	《四月十六日答万乡绅》
(69)《十九日上瓜洲》	《十九日上瓜洲》
(70)《同日示》	(佚)
(71)《廿日答陈兴化》	《廿日答陈兴化》
(72)《四月廿六日上藩司》	(佚)
(73)《同日答常同年河南人,福建县令》	《廿答常同年》

① 题中之"二月"为"三月"之误,下篇同此,见本文论证。

② 此篇为《鹤轩笔札》手稿第二册之最末一题,题下注"四月拟"。

③ 此篇上题"后高邮稿,三月廿八日到任"。

(74)《五月四日寄陈兴化》 《五月四日寄兴化》
(75)《五月九日答旧任张河厅》 《九日答旧任河厅张》
(76)《同日答管粮厅》 (佚)
(77)《五月十日答吴工部》 《五月十日答工部吴》
(78)《同日答赵府尊》 《同日答赵府尊》
(79)《十二日答平原张讳德伯》 《答平原张》
(80)《五月十二日上钞关周》 《五月十二日上钞关周》

文题的异文情况已见上节叙述。须指出的是,在路编《蒲松龄集》中,尚有据旧钞本收入的十篇作于南游期间的书札为《鹤轩笔札》所无。这些作品当是据蒲松龄自存的另一份手稿传出的。这十篇作品是:《十一月十四日上凤阳户部》、《九日祝章丘令寿启》、《代孙树百迎扬州府贴堂同知束启》、《二月二十二日答徐山卓书》、《三月初五日答李德迈》、《二月初七日答如皋县》、《寄胡伯平》、《回江都令年家轩辕》、《寄高念老》、《答江右督抚张》。我们以为,依据《鹤轩笔札》所提供的材料,除少数几篇外,这部分作品也大都可以系于相应的年月了。

六、有助于对蒲松龄南游情况作进一步考察

两册《鹤轩笔札》手稿的存世,还有助于我们对蒲松龄南游的情况作进一步的深入考察,从而搞清一些在前人的研究中模糊不清或难以确定的问题。例如,关于蒲松龄南下江苏宝应的具体时间,一直没有很明确的结论。人们一般都依据蒲氏作于南游旅次的《早行》、《途中》诸诗所描绘的景色,推断这次南游是在康熙九年的初秋或晚秋。《鹤轩笔札》手稿第一册第一篇为《十月初三日贺束同知启》,但不是蒲松龄到达宝应后写成的第一封信札。我们以为,除《初二日贺布政司慕》写于前一日外,《蒲松龄集》所收的《代孙树百迎扬州府贴堂同知束启》一文,应当是蒲松龄应孙蕙之聘就

任幕宾后写成的第一篇应酬文字。据《扬州府志》:

> 扬州府知府一员;清军同知一员;江防同知一员,驻瓜洲;旧设船政同知一员,驻淮安,康熙元年裁。

这位"扬州府贴堂同知束",指的是康熙九年就任扬州府清军同知的束绅其人。束氏,岁贡生出身,河南项城人。《代孙树百迎扬州府贴堂同知束启》即是为迎接束绅到任而作的。《十月初三日贺束同知启》中有"不弥月而处处歌廉,才浃旬而人人说项"云云,则此札之作,当在束绅莅任后的一月之内。由是推之,《代孙树百迎扬州府贴堂同知束启》当作于康熙九年的九月间。这也当即蒲松龄到达宝应时间的上限。①

关于蒲松龄随孙蕙由宝应抵达高邮的时间,路大荒编著的《蒲松龄年谱》仅载:"三月,孙蕙调署高邮州,二十八日到任,先生同往。"由于路先生并未列出其所依据的资料及其出处,使人对这一记载难免有一种疑似之感。依据两册《鹤轩笔札》手稿提供的材料,如第二册第十六页上题:"后高邮稿三月廿八日到任。"《十七日上慕藩司》札云:"前抚台详允委署之后,府檄催促严切。一恐悬误地方,一恐迟撄宪责,遂于三月廿八日星驰赴任,暂守邮邑之篆务,徐俟上台之另委。"有这样一些切实的记载,这一问题也就十分明了了。

两册《鹤轩笔札》手稿还有助于蒲氏南游期间某些诗作具体写作年月的确定。如《蒲松龄集·聊斋诗集》卷一辛亥年下,有《挽淮阳道》一诗。在《鹤轩笔札》手稿中,第一册第三十题为《十二月初六日贺曹太守署淮阳道印》,第两册第六题为《正月廿六日迎淮杨

---

① 此说不确。笔者后来发现,蒲松龄康熙九年在宝应作有《中秋》、《中秋无月,客出太白捉月图,因赋得把酒问青天》诸诗,故其到达宝应的时间应在八月的上中旬,详见笔者在《由〈聊斋偶存草〉所见聊斋诗的整理诸问题》一文中所作的考证。该文今收入本书。

(扬)道张》。据《江南通志》卷一百六《职官志·分巡淮扬海道》:“张万春,奉天人,监生,康熙九年任。张登选,奉天人,进士,康熙十年任。”则作于康熙十年的《正月廿六日迎淮杨(扬)道张》为迎接张登选莅任无疑。继张登选之后任分巡淮扬道一职者为黄札,康熙十四年任。换言之,在康熙十至十三年间,张登选一直担任分巡淮扬道一职。可以断言,那位在康熙九年十二月至康熙十年正月间署淮扬道印的曹太守,正是在张万春病死于任之后才临时兼理这一职务的。因此,《挽淮阳道》一诗应是为追挽康熙九年殁于任所的分巡淮扬道张万春而作的,应当系于康熙九年的十一二月间。

(写于 1983 年,发表于《蒲松龄研究集刊》第四辑)

耿士伟编《聊斋文集》与蒲松龄佚文的新发现

一、关于新发现的耿士伟编订本《聊斋文集》

蒲松龄佚文《杨嵩年为潘牧仲暖居序》等四篇（见本文第二部分），并见于国家图书馆和北京大学图书馆收藏的两部清钞本《聊斋文集》。国图藏本凡四册。首列目录八卷，实则为第一、二两册之目，其第三、四两册目录阙如。次为《〈聊斋先生文集〉序》，不署撰人，但据序文考察，知作者为山东新城（今淄博桓台）人耿士伟。又次，为松龄五世孙蒲庭橘《〈聊斋文集〉跋》，次正文。四册之末，附淄川人张元撰《柳泉蒲先生墓表》、同邑孙锡嘏撰《读〈聊斋志异〉后跋》与孙济奎撰《〈聊斋诗文集〉跋》。

北京大学图书馆的藏本凡三册，前两册亦八卷，有目，后一册无目录。细检其篇目序跋，实与国图所藏本全同。此本卷四《章邱钟公寿序》，"邱"字作"丠"，国图藏本仍之；而册末所附之孙锡嘏《读〈聊斋志异〉后跋》，全为三叶，其第二叶叶末为"即比干宝《搜神》、《山经》志怪、张华《博物》、任昉《述异》，更能翻新出奇，为雅俗所共赏。而后之效仿此者，若"，应接第三叶起首"《谐铎》、若《秋坪新语》、若《夜谈随录》、若《子不语》，各有取义，而品斯下矣”之句，此本因装订之误，错接孙济奎《〈聊斋诗文集〉跋》一文。国图藏本，因沿误为“……而后之效仿此者，若篋，乞名流序而刻之。善哉此举，非独成艺林快事，且使聊斋先生之遗笔剩墨长留天地，洵可谓摅怀旧之蓄念，发潜德之幽光者也”。国图藏本此篇之后的孙济奎《〈聊斋诗文集〉跋》，因并误为“鹤峰耿君，由内阁中书改授蜀中县令，因读礼家居，延吾弟课其子，谈及聊斋诗文未刻，鹤峰慨然自任，拟待服阕，携往行《谐铎》，若《秋坪新语》、若《夜谈随录》、若《子不语》……”两处文字俱于叶中误接。前后比勘，错处了了。由此而知，国图藏本与北大藏本实为同一种《聊斋文集》，北大藏本实乃国图藏本的祖本。

北京大学图书馆所藏的《聊斋文集》钞本，纸上有绿格，白口，上鱼尾，四周双边。其版心下镌“曲阜孔氏抄书”六字，知抄录者为曲阜孔氏。卷首之《〈聊斋先生文集〉序》云：

> ……乙酉冬，奉先君讳旋里，避家难徙居来淄。向与同年友孙星垣善。星垣居近柳泉，素称博雅，现经秉铎邹峄，遂延介弟星阶课子侄读。偶于谈次，见其案头有《聊斋文诗稿》一册，亟取视之，乃年伯东泉先生从兵燹之余历年搜辑，手订成帙者。伟因获借抄，而意有未足，又介星阶于蒙泉宓先生处假得旧本若干卷，删讹去复，亲加厘正。数月之间，居然就绪。虽于当日全豹十不获一，而先生抱才不遇，奇光瑰彩发为文字者，二百年来犹觉奕奕如新。是亦予生平快事也。近复接星垣致函，历叙此稿散亡颠末，乃益叹其迭经世变，千回百折，不绝如缕，以延及于今日者，殆有数存焉，而岂偶然之故哉！今既搜有成数，谨分为八卷，订作四册。首列拟表、律赋；次列书陈时政并文诰，与循良官箴、人世要则，见先生虽未登台阁而才勘拜飏，虽未历仕途而志蕴经济；三卷列记；四卷列序；五卷列论、跋、笺、启；六卷列铭志、行实、祭文；七卷列尺牍书；八卷

凡迹近游戏实擅才藻者，列为杂著殿焉。另编古近体诗，分为上下二编。缮庋行箧，俟延求当代巨公、文坛宿儒鉴选付梓，俾传永世。更有募疏、婚启、祭文若干篇，似涉应酬，另为裒存，用备采录。

今见北大与国图所藏两钞本前列八卷之目，与序文所叙内容正同。而后之未列于目录者，计一百一十九篇，几乎全为募疏、贺序、婚启、祭文之属，也与序文所言正合。《〈聊斋先生文集〉序》但称"伟"而不署其名，然与孙济奎《〈聊斋诗文集〉跋》并观，知此序的作者即由内阁中书改授蜀中县令的"鹤峰耿君"。又，清光绪二十年(1894 年)甲午袖珍山房石印本的《聊斋先生遗集》，于册末附有《跋》文一篇，与此《〈聊斋先生文集〉序》内容大同而小异。这篇《跋》文末署"光绪十九年癸巳榴夏乡后学耿士伟谨跋于蜀西巴县官廨"，因此可以确定这个《聊斋文集》钞本的编订者为新城耿士伟无疑。

袖珍山房石印本《聊斋先生遗集》所附的耿士伟《跋》文，对耿士伟手订的《聊斋诗文集》稿本的下落有如下交代：

> ……缮庋行箧，即于丁亥初夏，携赴粤峤。溯江至汉阳，适武峙东观察见而留阅，欲代锓行。迨由粤返，武君已解组，此稿遂流落鄂渚，屡索无从。幸壬辰春，同年孔斐轩巡莅汉黄，为极力物色，始获原本。诗稿全失，其余亦剥落非旧，而斐轩遽归道山。伟见是书隐见闪烁，殆有数在，恐愈久愈无以延其传也，爰就仅存者略加诠次，付诸剞劂。俟获诗稿，再为续刻。

是经此一劫之后，耿士伟编订的《聊斋诗集》已经失落而不在手边，而其手订的《聊斋文集》原貌也已不可复见。此石印本《聊斋先生遗集》后经国学扶轮社、世界书局等多次翻印，仅存文四十六篇，分为上、下二卷，只是耿士伟原订本的劫后余篇。

《〈聊斋诗文集〉跋》的作者孙济奎，淄川人，清同治三年(1864

年)山东乡试举人,与耿士伟同科。孙济奎于同治十三年选授山东邹县儒学训导,星垣应是他的字。在这部《聊斋文集》钞本所附的《〈聊斋诗文集〉跋》中,孙济奎曾谈到蒲松龄的诗文稿藏在家中的一座小楼上,后遇楼圮、兵灾而散失,其伯父东泉公"多方求索,极力搜罗"的情况,并云:"兹何幸,数十年所有志未逮者,竟成于吾同年友鹤峰之手乎?鹤峰耿君由内阁中书改授蜀中县令,因读礼家居,延吾弟课其子。谈及聊斋诗文未刻,鹤峰慨然自任,拟待服阕,携往行箧,乞名流序而刻之。"耿序中亦有"近复接星垣致函,历叙此稿散亡颠末"之语,因推耿士伟所接到的孙济奎致函,当即包括孙的书札与这篇跋文。被耿士伟延为塾师并助其编成《聊斋文集》的孙济泰(星阶),乃孙济奎的伯父之子。据石印本《聊斋先生遗集》所附的耿士伟跋文,士伟服阕南行的时间为光绪十三年(1887年)的夏天,而经他手订的《聊斋文集》原稿旋即在汉阳被人取去,至光绪十八年(1892年)始托人索回,然已"剥落非旧"。而翻检同一年修成的《邹县续志》,在"纂修姓氏·协修"一栏中却赫然印着孙济奎的名字,是知孙济奎此时仍在邹县儒学训导任上。推测当时的情况,耿士伟最初从孙济奎的从弟济泰那里获得了《聊斋文诗稿》,在编订文集、诗集的过程中又曾得到孙济泰的帮助①,他在服阕南下的时候也给孙氏留下了经过重新编订的《聊斋文集》和《聊斋诗集》的副本。所以,虽然经耿氏手订的原稿在流传中散失,但其留在孙家的副本则被完好地保存了下来。孙济奎在邹县任儒学训导多年,而曲阜为邹县邻邑,两处相距甚迩。那位"曲阜孔氏"大概就在这期间结识了孙济奎,并从他的手上借抄了这部《聊斋文集》,从而使这部为耿士伟等人感慨万千的钞本得以存传。

关于聊斋文的总数,蒲箬《柳泉公行述》说:"一时名公巨卿,日以文事相烦,如代渔洋先生作征诗启,唐豹岩先生属作生志,与夫

① 参见笔者在《二卷本〈聊斋诗集〉探考》一文中所作的考证。该文今收入本书。

寿屏、锦幛、叙、跋、疏、表、婚启等文，凡四百篇。”蒲松龄研究专家路大荒先生生前以数十年的时间广为搜求，被其收入《蒲松龄集·聊斋文集》的作品达到四百七十余篇。近年来，经一些研究者悉心搜求，蒲松龄的佚文屡有发现，可以确认为聊斋文的作品已达五百三十余篇。由于曲阜孔氏的抄存而流传下来的《聊斋文集》，收文达二百七十四篇，超过现存聊斋文总数之半。这部《聊斋文集》是耿士伟在孙东泉《聊斋文诗稿》的基础上益以宓蒙泉旧本“删讹去复，亲加厘正”而成的，对于今后蒲松龄著作的整理校勘具有重要价值。这部钞本的存世，无疑是蒲松龄研究中的一大幸事。

二、新见蒲松龄佚文四篇介绍

这次从耿士伟编订本《聊斋文集》中辑出的蒲松龄佚文共四篇，分别为《杨嵩年为潘牧仲暖居序》、《与某书》、《为信侯侄与韩子宣启》和《八月为螽斯侄与韩受锡启》。下面是经过标点的四篇佚文的原文：

杨嵩年为潘牧仲暖居序

同井相助，高人于以买邻；为善相关，君子因而择里。盖闾党之系于人者，重矣。若夫东阡西陌，戚里之所话言；近水遥山，童子之所游钓，庐墓萦怀，尤难已已。佛头村在白山之阳，霞起则映其楼台，云散则绕其闺闼。秀色满匡，爽气在袖，遥望之，宛然小李将军设色，山岚村树，茏葱四合。余宗人族居其东，相去里许。旧岁，余以席帽初离，从宗人上墓，益近就之，见有楼居与山光相映，问之，则潘天官之故里也。盖先生为诸生时，饘粥于斯，迨后云路腾骧，为世名臣，亦可见山林灵(此处疑脱字)之间，气非偶然矣。其长公牧仲，又复挺挺秀出，光霁宜人，知名山之钟灵，方未艾也。顾数年来寄居别业，惟春秋一临坟墓，以故乡人多罕见之。而沐余泽、思风采者，

炙耿光(下缺)

与某书

下榻连日,仆马均蒙照拂,何以报德?梦寐所难已也。别后,令公郎想已得历下名师,图南之业,日已有成。闻臬台有半载之留,亦不可谓非鄙人之幸也。前书一卷,如已发出,寄来一抄。如不曾发出,即烦杨嵩年写一手本,便中讨之。临池愧悚,琐渎无已。

为信侯与韩子宣启

鸳牒久注,青鸾衔桂阙之书;凤兆初开,赤绳系丝帏之锦。玉镜台辱投暗室,顿生蓬荜之辉光;金雀钗传视家人,喜聒帏房之笑语。承休心动,捧翰颜开。亲家台台:卓卓才人,翩翩公子。凤毛麟趾,克绍虎父先声;雾飞烟凝,能承凤楼旧绪。游神于学海,探骊业已得珠;贯勇乎词坛,处囊何难脱颖。虽则他年鹏翼,尚未抟霄;行看此日龙鳞,已堪破壁。且灵钟渥水,定生千里之驹;而种覆蓝田,当产连城之玉。盖以贤豪之后,端有奇人;故于襁褓之中,早觇英物。纵使求援求系,或兴采蘋之思;意必河鲤河鲂,乃惬食鱼之愿。不佞,簪缨失意,鬓发惊心。解组十年,已似丰林之鹿;专城数载,犹生冷釜之鱼。惟克藜藿之肠,聊且舞莱衣萱寝;如遂蟹螯之志,便当营裘于糟邱。人非王谢之风流,门玷崔卢之阀阅。矧小儿学操铅椠,笔未见夫江花;新效巢鸠,计已穷于向累。裼衣在抱,初协虺梦之占;明月投怀,讵作门楣之庆。坦腹于床,有之矣;画雀于屏,敢乎哉!承达人之旷怀,无嫌谫陋;托公子之高义,谬附昏姻。只缘累世通家,曾切同谱之幸;因而百年永好,遂忘倚玉之羞。脱非种欢喜缘于前生,何得辱秦晋好于今日?自是茑萝施于松柏,长荷幈幪;蜩莺奋于枋榆,尚求接引。惟愿佳儿佳妇,式协鱼水之欢;庶几宜子宜孙,永迸麟鸠之瑞。肃将葵藿，聊报琼瑶。

八月为蠡斯侄与韩受锡启

受锡，苏氏婿也。其人多能。善丝竹，工雕刻，尤精医道。

兔臼常圆，捣元霜于永夜；嫦娥下嫁，悬玉镜于中天。松柏垂青，石上之藤萝永系；娑娑接绿，月中之桂子长生。喜溢门阑，欢生蓬荜。恭维亲家台台：海岳名门，荆州重望。文启八代，获昌黎氏之家传；声动诸侯，得长桑君之秘授。风斤月斧，凌碧落之飞鸢；湘竹柘丝，妒紫楼之玉凤。观伯愈之为子能孝，必达身教于香闺；闻长公之少妹多才，定移心传于绣阁。雪檐柳絮，宜张丹雀之屏；雨枕藕花，堪贮黄金之屋！是必瑜珥美质，(疑脱字)鸳鸯；而蕙兰芳姿，将随鸡犬耶！弟学窥豹管，计类冰虫。缥缈云程，与星汉之波涛上下；苍茫泮水，共罗浮之烟雨沦连。笔墨不灵，空使管城误我；莺花易去，遂教邓禹逼人。山泽乃生龙蛇，培塿岂有松柏？长男尤懒惰，漫学涂鸦于案头；八岁尚娇痴，止解弄雏于膝下。总刘宴之髫，既所未能；登郗氏之床，夫复焉敢？情虽切于鲁卫，势迥隔乎云泥。然魏公闻吐哺之诗，竟合同心结豆蔻；若兰善回文之锦，敢求巧样作胡卢？青鸟飞来，伉俪无嫌齐大；赤绳议定，系援幸托周亲。盖种玉生前，肇和声于琴瑟；而丝幕外(疑脱字)，卜余庆于麒麟。敬为鱼雁之投，肃俟琼瑶之降。临启，何胜欢忭踊跃之至！

《杨嵩年为潘牧仲暖居序》见于耿士伟编《聊斋文集》卷四，卷首目录作《为潘牧仲暖居序》，当是代同邑友人杨万春而作的。《淄川县志》卷五《选举志·续举人》载："杨万春，字嵩年，同癸酉科。"癸酉为康熙三十二年(1693 年)。同卷《续进士》："杨万春，康熙甲戌(康熙三十三年，1694 年)胡任舆榜。天性孝友。贫无以葬其亲，尽鬻薄田数亩，以为营葬计。兄弟两人，怡怡如也。初任舞阳。舞地洼下，遇涝则尽成江河。一下车，亲率邑人疏浚沟浍，不数年尽成沃壤矣。……岁己丑(康熙四十八年,1709年),奉部檄行取入都,特授吏部验封司主事。升本司员外郎,署文选司员外,寻升稽勋司郎中,又调考功司郎中,转文选司郎中。凡历铨部四司,皆能矢公矢慎,洁清自守。更搜铨弊之尤甚者,条上太宰张公。太宰深相许可详明剀切,使本部著为令。岁辛丑(康熙六十年,1721年),中州督学之命下矣。至则夙夜盟心,竞业自矢,且先后分校,所得文武士最盛。……视学方竣,卒于官。"路大荒先生编订的《蒲松龄集·聊斋文集》收蒲氏致杨万春的书札二通,一为《与杨松年(万春)书,寄舞阳》,次为《复与杨松年》,并见于《聊斋文集》卷五。这两封书札,俱作于康熙四十八年之前,杨万春在河南舞阳县任知县时。《杨嵩年为潘牧仲暖居序》之详细作期今不可考,推之,当作于康熙四十八年杨万春由河南舞阳行取入都便道归里之时。

文中所云"白山",指章丘、邹平等县交界处的长白山系。隋代末年,邹平农民起义首领王薄曾据长白山起事,传有《隋大业长白山谣》;路编《聊斋诗集》卷二《和张邑侯过明水之作》八首之七,有"百脉泉生白山阳,野田早发青莲香"句,可证"白山"即"长白山"的略称。所谓"潘天官",当指清初任吏部主事的章丘人潘飏言。查《明清进士题名碑录索引》[①],淄川左近州县明清进士为潘姓者,唯潘飏言一人。据乾隆《章邱县志》卷八《选举志》、卷九《人物志》称,潘飏言字陈伏,一字虞谟,号韦庵,清顺治壬辰(顺治九年,1652年)进士,授直隶宁晋县知县,擢吏部文选司主事,诖吏议归。同书卷十《列女志》中,收潘飏言妻袁氏一条,其略云:"袁氏,吏部潘飏言妻。……时吴乱未靖,沿疆需人,飏言膺简命效用军前,所生三子方在襁褓,氏一力支持,躬操家政。年二十九而飏言殁,守贞四十余年,日以课读为事。"由此可知潘飏言生三子,潘牧仲当为其长。

---

① 朱保炯、谢沛霖:《明清进士题名碑录索引》,上海古籍出版社1979年版。

《与某书》见于耿编《聊斋文集》卷七。收信人的姓名、事迹俱不可考。信中提到欲"烦杨嵩年写一手本"事,因县志所载杨氏生平,入都后至康熙六十年辛丑之前并无丁忧、出都之事,故推此札亦当作于康熙四十八年杨万春暂归里中之时。查《山东通志·职官志》,汉军镶蓝旗人叶九思于康熙四十四年任山东按察使,至本年升转山东布政使。《与某书》云"闻臬台有半载之留",推之当作于叶九思卸任升转之前。康熙四十八年,江苏常熟人蒋陈锡莅山东巡抚任,曾命题考试山东士子,蒲松龄陪同他在西铺毕家的学生参加了这次考试,并作有《珍珠泉抚院观风》诗。《与某书》中所说的"下榻",所指当即这次陪试期间在济南居停事。赴试下榻本是因了毕家的关系,所以这位受书者当是与西铺毕家存在交谊的某人。

《为信侯与韩子宣启》与《八月为簦斯侄与韩受锡启》都是代人而写的婚启,俱见于国图藏《聊斋文集》第四册,被耿士伟列入"另为裒存,用备采录"的一类文中。前篇中所言"信侯"其人,为蒲松龄的族侄蒲瑞。《蒲松龄集·聊斋文集》卷九,收有一篇同为代蒲瑞而作的《代信侯侄祭苏若佩文》。淄川《蒲氏世谱》蒲瑞小传云:"瑞,配赵氏,子三。字信侯,号公执。顺治辛卯(顺治八年,1651年)举人,戊戌(顺治十五年,1658年)进士。任浙江省金华府汤溪县知县。……三年致仕而归。……卒年六十有八岁。"蒲瑞任汤溪县知县始自康熙七年(1668年),称廉明,有宦迹,但为人旷放,不拘小节,终以酒失降调而归。蒲松龄在这篇婚启中称受书者的先人为"贤豪"、"虎父",所指盖为淄川人韩敬止。《淄川县志》卷五《选举志·武科》记载:"韩敬止,字德渊,一字建侯,淄川北乡人也。家本世胄,幼习举子业有声。及长,翻然曰:'大丈夫会当从六郡良家子,跨铁裲裆,驭啮马,左馘盗首,右磨盾鼻,草露布,肃清海宇耳。安能嗫嚅作兔园老生为!'用是取孙、吴、穰苴诸家书及鱼丽鹅鹳、孤虚旺相法,揣摩而讲肄之。比天启丁卯(天启七年,1627年),褎然与鹰扬之宴矣。当其时,珰炎熏天,流寇西讧,蹲沓猥集,伏莽丛起，所在糜烂。枌榆社人人自危，举匿缩城中。州邑亦在在乘墉与黄巾角也。会朝廷有团练乡兵之命，邑人交推将军。将军重违桑梓意，乃摄谡[稷]门、长白苍头千百人，为画屯御之策，教以比伍卒两之令，而兰锜渠答、壁垒一新矣。两使台交题以加衔，守戎团练于邑，此明威将军所由阶也。……子煊登贤书。将军年六十七卒，于康熙五十三年祀乡贤。"这位在明末团练乡兵、捍御一邑的明威将军韩敬止，乃是蒲松龄在淄川西铺设帐栖止三十年的东家毕盛钜的岳父。可能正由于这样的关系，蒲松龄写过一篇《举韩建侯入乡贤启》，见《蒲松龄集·聊斋文集》卷五。数年之前，笔者在国家图书馆柏林寺分馆翻检到一函四册的《淄川韩氏世谱》，知韩敬止有子五人：燧、煊、燕、焞、燮。《为信侯侄与韩子宣启》中提到的这位"韩子宣"当即韩煊，"宣"与"煊"乃同音之误。婚启中说"韩子宣""游神于学海，探骊业已得珠；贾勇乎词坛，处囊何难脱颖"，与县志中韩敬止小传所载"子煊登贤书"的行事也正相合。《淄川县志》卷五《选举志·举人》有云："韩煊，字晓生，号韫斯，同壬子(康熙十一年，1672 年)科。初任东平学正，再补沂州，三补濮州。……癸未(康熙四十二年，1703 年)正月赴春官，路浸霜露，溘逝于涿鹿旅次。"《为信侯侄与韩子宣启》称蒲瑞"解组十年，已似丰林之鹿"，推其作期，应在康熙二十年左右。

《八月为螽斯侄与韩受锡启》是作者代自己的另一位族侄蒲振趾写的婚启。振趾，字螽斯。关于蒲振趾与其兄振铎(字觉斯)、父兆昌(字文璧)的行状，英国学者白亚仁先生在《关于蒲松龄的两篇同名小说〈三生〉》[①]一文中作过介绍。康熙五十一年，蒲松龄七十三岁时写过一首《忆侄螽斯》的诗，曾历数两人交往的情状：

飞光日夜去，头白齿忽豁。人生七十余，死别悲数数。阿

---

① [英]白亚仁(AllanBarr)：《关于蒲松龄的两篇同名小说〈三生〉》，载《文献》1988 年第 3 期。

咸坦白人，稚齿同戏谑。表里无榛梗，至老尚如昨。岁时登我堂，开襟慰间阔。倦鸟期飞还，拟为香山约。杖履偕游钓，酒茗共杯酌。白杨何萧萧？九原业不作！古道亦已亡，季氏良衰薄。四顾无居人，余怀将焉托？

在耿士伟编订的二卷本《聊斋诗集》中，此诗结句为“悲来眼酸辛，泪下不能阁”，比今本《蒲松龄集》多出十字。振趾之父蒲兆昌是明天启元年(1621)的举人，从这首诗所写的内容看，蒲振趾殁于康熙五十一年，其生年亦当与蒲松龄相去不远。由此推断，《八月为鱻斯侄与韩受锡启》当是蒲松龄青壮年时期的酬应之作。

(写于 1988 年，发表于《文献》1990 年第 4 期)

《聊斋俚曲》综论

一

大俗与大雅，这两种看上去如同水火，似乎全然不能相容的东西，往往会和谐统一地出现于同一位文学大师的笔下。这是真正意义上的文学大师，他们用自己的生花妙笔工描意绘、挥洒点染，往往可以把俗之趣、雅之韵抒写到文学表现的极致。

试看金庸笔下的武侠世界，那些由武林秘笈的争夺、宝刀利器的争抢、门派帮会的争斗和刀光剑影的争杀构成的故事，不可言其不俗。加之情节的峰回路转、悬念的扣人心弦、细节的引人入胜，使得每一位喜爱武侠的读者读起金庸的小说都欲罢不能，甚至拥书达旦，彻夜不眠。单从小说的故事和由此产生的这一阅读现象而言，金庸的小说可以说是通俗之至的了，它适应着一切喜爱武侠的读者(不管他具有何等文化水准，属于哪一个社会阶层)的胃口，在中国文化圈内拥有着最广大的社会读者的群体。

金庸的小说同时又体现着大雅。文化层次高一些的人读金庸的小说，不仅欣赏构成小说的一个个故事，欣赏其中的情节与悬念，他们更陶醉于小说深层那浓郁可掬的中国文化的意蕴与氛围之中。金庸笔下的武侠世界，从哲学人生到社会百态，从儒释道侠到三教九流，从琴棋书画到医药卜筮，从金戈铁马到儿女情长，从历史的真实到艺术的真实，可以说，作者以他的如椽之笔为我们描绘了一幅波澜壮阔的社会历史的长卷，一幅多棱多面的中国文化的立体的图画。也正是在这种意义上，有论者把金庸的小说与《红楼梦》相提并论。我们看到，俗与雅，这在生活中、文学作品中似乎是可以标榜不同的人生与艺术品位的相反的两极，在金庸的小说中是那样水乳交融、如胶似漆地结合在了一起。

在中外文学史上，能写出大俗大雅、俗而能雅的作品的文学家其实是为数不多的，而出现于三百多年前的蒲松龄就是这样一位文学的巨匠。他的《聊斋志异》几百年来在文人阶层的读者中流传甚广，这已经是一个客观存在的显见的事实。然而，即使是在社会下层的一般读者那里，《聊斋志异》的故事也仍然表现出了其极强的艺术生命力。笔者小时候生活在淄博农村，就曾听那些并不识字的村中长者津津乐道地讲述他们所接受的聊斋故事。时至今日，《聊斋志异》的各种印本、选本、注本、今译本、改写本层出不穷，其品种之多、数量之夥，远远地超过了另一部中国古典小说名著《红楼梦》。迄今为止，《聊斋志异》起码已经被译成了十八种不同国别的文字在世界各地广为流传，拥有着大量的异国的读者群，成为他们了解与认识中国文化和中国故事的一个艺术的宝库。

我们说，一部《聊斋志异》已经足以使蒲松龄历千载而不朽了。但作为一位杰出的文学大师，这并不是他唯一的文学成就。同《聊斋志异》一样，蒲松龄用通俗文学的形式写成的十五种《聊斋俚曲》[①]，则形成了明清以来中国俗文学发展的又一座高峰。

① (清)张元《柳泉蒲先生墓表》碑阴记为"通俗俚曲十四种"，其中"《富贵神仙》后变《磨难曲》"并为一种。按，《磨难曲》是在《富贵神仙》的基础上修改增订而成的，与《富贵神仙》各为一种。

须指出的是，长期以来，我们的教科书对俗文学或曰民间文学作品范围的界定存在一些偏颇。如郑振铎先生在《中国俗文学史》中认为俗文学具有以下六个“特质”：(一)大众的；(二)无名的集体的创作；(三)口传的；(四)新鲜的，但是粗鄙的；(五)想象力往往是很奔放的；六、勇于引进新的东西。[①] 钟敬文先生主编的《民间文学概论》同样对民间文学作了如下界定：

> 民间文学是劳动人民的口头创作，它在广大人民群众当中流传，主要反映人民大众的生活和思想感情，表现他们的审美观念和艺术情趣，具有自己的艺术特色。[②]

如果以这样一个尺度作为衡量取舍的标准，那么郑著《中国俗文学史》中所列的赵令畤《元微之崔莺莺商调蝶恋花词》、王伯成《天宝遗事诸宫调》、董解元《西厢记诸宫调》、贾凫西《木皮鼓词》等作品概当被拒之于“俗文学”之外，因为它们都是有主名的文人的创作。不仅如此，即以元杂剧而论，在整个元代，杂剧的创作与演出几乎都是在社会下层的文人与艺人之间进行的，而且绝大多数的杂剧都以“俗”为基本特征且为广大人民群众所喜闻乐见，我们绝不能因为它们不仅是“口传的”，而且有剧本被记录流传下来，不是“无名的集体的创作”，而是有了许多有主名的文人的参与而将其摒诸俗文学之外。由此看来，我们今天对俗文学、民间文学的内涵实有重新认识的必要，因为在以前的认识中不仅将其与雅文学、正统文学相区别，而且也与形成书面记载的文学、与作家文学对立起来了。

据郑著《中国俗文学史》，今所知见最早的明代俗曲为成化年间金台鲁氏刊印的《四季五更驻云飞》。而据郑先生所举的例文，可知在当时即已形成了带情节性的[驻云飞]一曲的迭唱形式。此

① 参见郑振铎《中国俗文学史》，上海书店 1984 年版，第 4～6 页。

② 钟敬文主编：《民间文学概论》，上海文艺出版社 1980 年版，第 1 页。

后,《南宫词纪》里出现了[黄莺儿曲],《摘锦奇音》里出现了[耍孩儿歌],《玉谷调簧》里有[劈破玉歌],《词林一枝》里有[罗江怨]、[急催玉]、[闹五更哭皇天]诸曲。入清以后,这种传自明代的时尚小曲更是迭出新声。清初文人刘廷玑在《在园杂志》卷三记载说:

小曲者,别于昆弋大曲也。在南则始于[挂枝儿],如贯华堂《西厢》所载……一变为[劈破玉],再变为[陈垂调],再变为[黄鹂调]。始而字少句短,今则累数百字矣。在北则始于[边关调],盖因明时远戍西边之人所唱,其辞雄迈,其调悲壮,本凉州、伊州之意……今则尽儿女之思,靡靡之音矣。再变为[呀呀优]。[呀呀优]者,[夜夜游]也,或亦声之余韵[呀呀哟]。如[倒扳桨]、[靛花开]、[跌落金钱],不一其类。①

特别值得注意的是,冯沅君先生在《中国诗史》中曾经言及,明代的文人如朱瞻基(即明宣宗)、刘效祖、赵南星、沈仕、梁辰鱼、王骥德、施绍莘等已经在模仿民间流行的俗曲进行创作。② 这种文人染指民间俗曲的情况,可以说正是蒲松龄《聊斋俚曲》创作的先声。

蒲松龄从事《聊斋俚曲》的创作,还与明代中叶以来文人重视民间文学的风气有关。明代嘉靖年间,李开先直称"真诗只在民间",并将为"士大夫所不道"的市井艳词搜集成帙。③ 万历年间,袁宏道赞誉"今闾阎妇人孺子所唱[擘破玉]、[打草竿]之类"为"真

---

① (清)刘廷玑:《在园杂志》,中华书局2005年版,第94～95页。

② 参见陆侃如、冯沅君《中国诗史》,山东大学出版社1996年版,第655～657页。按陆、冯两位先生的分工,《中国诗史》中的"近代诗史"部分由冯沅君先生撰写。

③ 参见(明)李开先《市井艳词序》,载郭绍虞主编《中国历代文论选》第3册,上海古籍出版社1980年版,第85页。李开先所辑的《市井艳词》,共收录明正德、嘉靖年间社会上广为流传的[山坡羊]、[锁南枝]两种俗曲,凡一百零三首。

人所作,故多真声”。[1] 启祯时期,冯梦龙称吴中山歌为“民间性情之响”,“为情真而不可废”[2],并编辑了俗曲集《挂枝儿》、《山歌》等,文人们推许、激赏民间时尚小曲逐渐形成了一种社会风气。蒲松龄之所以欣赏并创作出了“俚曲”这种俚俗的民间文学作品,也可以说是这样一种社会风气使然。

二

关于《聊斋俚曲》的写作年代问题,曾有学者进行过认真探考。1964 年,日本汉学家藤田祐贤教授在《聊斋俗曲考》[3]中对以下三种作品的写作年代作了推考:

(1)《琴瑟乐》

藤田先生据其内容与日本庆应义塾大学藏淄川王丰之钞本所附的高珩、李尧臣二跋,推其作于清康熙十三年(1674 年),蒲松龄三十五岁(此按中国传统的虚岁计,下同)前后。

(2)《穷汉词》

庆应义塾大学藏淄川毕子俊旧藏钞本末署“康熙十五岁次丙辰下浣”,藤田先生据以推其为康熙十五年(1676 年),蒲松龄三十七岁时作。

(3)《俊夜叉》

正文中有“康熙爷己卯年,宗亓人四十三,婆子大他一年半。住着楼房骑大马,官宦都合(和)他有往还,这几年全把人家变”一

① (明)袁宏道:《序小修诗》,载郭绍虞主编《中国历代文论选》第 3 册,上海古籍出版社 1980 年版,第 211~212 页。

② (明)冯梦龙:《序山歌》,载郭绍虞主编《中国历代文论选》第 3 册,上海古籍出版社 1980 年版,第 231 页。

③ [日]藤田祐贤著、伊藤直哉译:《聊斋俗曲考》,载《蒲松龄研究集刊》第四辑,齐鲁书社 1984 年版,第 286~303 页。

段曲词，己卯为康熙三十八年(1699 年)。藤田先生据此认为该俚曲作于是年左右，时蒲松龄六十岁上下。

1985 年，在山东淄博召开的第二次全国蒲松龄学术讨论会上，高明阁教授提交了题为《蒲松龄俗曲创作篇第考》的长篇论文。该文除对藤田祐贤先生的推考作了首肯之外，还对以下数种俚曲作品的写作年代进行了考证：

(1)《磨难曲》

据其中所写的灾情与康熙四十三年(1704 年)的淄川灾情相同，派盐正道勘灾与康熙四十七年(1708 年)派盐运使到淄川勘灾的事实相合的情况，推其作于康熙四十七年，蒲松龄六十九岁时。

(2)《禳妒咒》

据文中所写的童生进学的情况与聊斋诗《试后示篪、笏、筠》相对照，认为应作于康熙四十一年(1702 年)，蒲松龄六十三岁前后。

(3)《墙头记》

据情节与聊斋诗《老翁行》相似的情况，推其作于康熙五十年(1711 年)，蒲松龄七十二岁时或稍后。

(4)《姑妇曲》

据其"二十余年老友人，买来曚婢乐萱亲；惟编姑妇一段曲，借尔弦歌劝内宾"的开场诗及康熙四十一年为馆东毕盛钜之母八十寿辰，其时蒲松龄在毕家设馆授徒达二十三年的情况，推此曲作于康熙四十一年，蒲松龄六十三岁时。

笔者以为，以上所列七种《聊斋俚曲》的写作年代，除《琴瑟乐》一种外，都云可信。《琴瑟乐》的庆应义塾大学藏钞本末附高珩、李尧臣二跋，分署甲戌(康熙三十三年，1694 年)、乙亥(康熙三十四年，1695 年)，均与康熙十三年无涉，藤田先生的《琴瑟乐》作于康熙十三年前后之说，当是据庆应义塾大学所藏的《聊斋小曲》[①]类推而得出的结论。由于目前尚无确凿史料证实《琴瑟乐》必作于康熙十三年前后，故我们仍笼统地视其为蒲松龄青壮年时期的作品。

除上述有具体年代可考的作品外，高明阁先生还从《聊斋俚曲》中[耍孩儿]曲的运用、曲牌联套的形式、某些曲牌的定格与泛声(和声)、曲牌用字的不同、开场的繁简及作者的生活、创作情况等不同角度全面地考察了其创作的篇第(顺序)。今结合我们对《琴瑟乐》写作年代的修订将高明阁先生推定的《聊斋俚曲》创作篇第列为下表：

创作篇第	写作年代	作者年龄	有关说明
《琴瑟乐》			据其艳情内容推知作于青壮年时期
《穷汉词》	康熙十五年(1676年)	37岁	据毕子俊旧藏钞本所署的日期
《快曲》			由曲牌的写法推定
《丑俊巴》			由《快曲》联类推测
《俊夜叉》	康熙三十八年(1699年)或稍后	60岁或稍后	有曲词内证
《慈悲曲》			在《姑妇曲》之前，由形式推定
《姑妇曲》	康熙四十一年(1702年)	63岁	由开场诗及作者诗文、生平推定
《蓬莱宴》			在《富贵神仙》之前，有曲词内证
《富贵神仙》			由《蓬莱宴》联类推测
《增补幸云曲》			由开场的写法推定

① 关于日本庆应义塾大学所藏聊斋小曲的情况及相关的考证，可参见马振方辑校《聊斋遗文七种》，北京大学出版社1998年版。

续表

《寒森曲》			由《增补幸云曲》联类推测
《翻魇殃》			由曲牌用字推定
《禳妒咒》	康熙四十一年(1702 年)前后	63 岁前后	有作者诗文中的时事
《磨难曲》	康熙四十七年(1708 年)之后	69 岁之后	有作者诗文中的时事
《墙头记》	康熙五十年(1711 年)或稍后	72 岁或稍后	有作者诗文中的时事

根据以上对《聊斋俚曲》创作篇第与写作年代的考察,可以将其创作分为前后两个阶段:第一个阶段是作者运用这种通俗的民间文学形式进行创作探索的时期,时间为蒲松龄青壮年时代至六十岁以前,创作的俚曲作品有《琴瑟乐》、《穷汉词》、《快曲》、《丑俊巴》四种;第二个阶段是蒲松龄的俚曲创作走向成熟的时期,时间为作者六十余岁至七十二岁前后,创作的作品有《慈悲曲》、《姑妇曲》、《蓬莱宴》、《富贵神仙》、《增补幸云曲》、《寒森曲》、《翻魇殃》、《禳妒咒》、《磨难曲》、《墙头记》,共十种。《俊夜叉》的创作介于前后两个阶段之间,可以视其为蒲松龄的俚曲创作由不成熟走向成熟的标志。

比较一下蒲松龄前后两个阶段的俚曲创作,我们可以发现这样一个显见的事实:第一个阶段的创作还处于探索阶段,作者对俚曲只是偶有所作,它只是蒲松龄进入后一阶段创作的一个必要的准备。我们知道,蒲松龄《聊斋志异》的创作大约起始于清顺治末年至康熙初年①,至康熙十八年前后进入创作的盛期,作者的创作

① 清康熙三年(1664 年),蒲松龄的挚友张笃庆写有《和留仙韵》七律二首,中有句云:"司空博物本风流,涪水神刀不可求。君向黄初闻正始,我从邺下识应侯。"袁世硕先生考察认为,张笃庆的诗表明了一个重要的事实,即蒲松龄从二十余岁起就开始了《聊斋志异》一书的创作。(参见袁世硕《蒲松龄事迹著述新考》,齐鲁书社 1988 年版,第 17～18 页)

热情自此长期不减，一直保持了近二十年。[①] 由于在长达近四十年的时间里，蒲松龄一直专注于《聊斋志异》的创作，所以他在这一阶段虽然喜爱俚曲这种民间文学的形式并时有试笔之作，但既没有在这方面投入较多的精力，也没有将这种创作视为自己的一项使命去做。

这种状况的改变出现在康熙三十六年(1697 年)之后。实际上，创作于康熙三十八年(1699 年)前后的俚曲《俊夜叉》，既是蒲松龄俚曲创作第一个阶段的结束，同时又是其第二个阶段创作的发端。据笔者考证，在康熙三十六年的时候，蒲松龄已经完成了他的《聊斋志异》原稿十六册中前十五册的创作，他的主要创作兴趣也由《聊斋志异》转到了《聊斋俚曲》上来。[②] 考虑到在蒲松龄一生三百五十余万字的全部作品中，能够代表其文学创作最高成就的无疑是他的《聊斋志异》和《聊斋俚曲》，故我们以为，以《俊夜叉》的出现为标志，蒲松龄一生的创作活动也可以划分为前后两个时期：第一个时期是以《聊斋志异》的创作为主的时期，时间为康熙初年至康熙三十八年前后；第二个时期是《聊斋俚曲》创作的全盛期，时间为康熙三十八年前后至康熙五十年或稍后。

三

就《聊斋俚曲》所反映的作者思想而言，俚曲中的大部分作品反映的都是现实生活中的社会问题，蒲松龄通过为下层人民所喜闻乐见的俚曲的创作，对他生活的那个时代的世相世风作了毫不

---

① 参见邹宗良《初稿本〈聊斋志异〉考》，载《山东大学学报(哲学社会科学版)》1992 年第 2 期。今收入本书。

② 参见邹宗良《初稿本〈聊斋志异〉考》，载《山东大学学报(哲学社会科学版)》，1992 年第 2 期。今收入本书。

留情的社会批判。这样一种创作思想的确立发生在蒲松龄俚曲创作的第二个阶段。我们看到，在第一个阶段创作的俚曲中，《琴瑟乐》写新婚艳情，《快曲》写三国故事——表现为一种基于作者正统史观的对历史的反动，《丑俊巴》编排猪八戒与潘金莲的风流艳事，这些作品概为一时的适情任性之作，并没有形成一种统一的创作思想。早期创作的《穷汉词》写穷汉生活的困窘之状，抱怨天道天理的不公，这其中自然流露着作者对自己所经历的困苦生活的感受，但作者同样没有把反映下层劳动人民的困苦生活升华为一种文学上的自觉意识，从而对产生这一现状的社会作一番形象化的剖析。然而，从《俊夜叉》开始，《聊斋俚曲》的创作思想发生了根本性的突变，蒲松龄开始密切地关注现实生活中的社会问题，尤其是封建时代的家庭和人伦关系问题。蒲松龄的长子蒲箬后来曾这样记述其父这一时期创作思想上发生的变化：

> 如《志异》八卷，渔搜闻见，抒写襟怀，积数年而成，总以为学士大夫之针砭，而犹恨不如晨钟暮鼓，可参破村庸之谜，而大醒市媪之梦也，又演为通俗俚曲，使街衢里巷之中，见者歌，而闻者亦泣。其救世婆心，直将使男之雅者、俗者，女之悍者、妒者，尽举而匋于一编之中。呜呼，意良苦矣！①

究竟是一种什么样的“良苦”之“意”，使蒲松龄产生了文学创作上的自觉意识，毅然决然地把自己作品的接受主体由他熟悉的“学士大夫”转向了那些“村庸”“市媪”？我们循着蒲箬指示的方向，从由《聊斋志异》改编的作品入手，或可以见出其中端倪。在蒲松龄的俚曲作品中，取材于《聊斋志异》的共有七种，其对应关系为：《慈悲曲》——《张诚》

《姑妇曲》——《珊瑚》

① (清)蒲箬：《清故显考、岁进士、候选儒学训导柳泉公行述》，(清)蒲松龄著、路大荒整理《蒲松龄集》附录，上海古籍出版社 1986 年版，第 1818 页。

《富贵神仙》、《磨难曲》——《张鸿渐》
《寒森曲》——《商三官》、《席方平》
《翻魇殃》——《仇大娘》
《禳妒咒》——《江城》

这七种俚曲作品，按其创作思想可以分作两类：一是反映封建社会的家庭、人伦关系的，如《慈悲曲》写后娶的继母与"前窝"所生儿子的关系、兄弟之间的"友于"关系，《姑妇曲》写婆媳之间的关系与矛盾，《禳妒咒》写家庭生活中女性的悍妒。蒲松龄晚年写成的《墙头记》其实也可以归入此类，它反映的是封建社会中父子之间的人伦关系。在第二类作品中，《富贵神仙》、《磨难曲》写下层知识分子在黑暗社会中所遭受的人间磨难，《寒森曲》写封建社会法律制度的窳败与不公，《翻魇殃》写弱肉强食的社会给平民百姓带来的苦难，其所反映的无一不是带有强烈现实性的社会问题。尽管在这一时期的俚曲创作中也有《增补幸云曲》那样描写皇帝风流昏庸的游戏笔墨，有《蓬莱宴》那样"看破世情"的求仙入道之作，但它们毕竟不是蒲松龄俚曲创作的主流，而且即使在这样的作品之中，同样也贯穿着对封建皇权和科举制度弊端等的揭露与批判。由此而言，在蒲松龄倾其全副精力创作经营《聊斋俚曲》的这段时间里，其倡导人类文明的伦理教化，揭露社会黑暗不平的精神始终是一以贯之的。如前所述，由于《聊斋俚曲》中的优秀之作集中出现于康熙三十八年之后的这段时间里，而这一时期又是《聊斋志异》之后蒲松龄一生创作活动中相当重要的一个阶段，故我们有理由认为，这部分《聊斋俚曲》集中体现了蒲松龄晚年思想的发展与升华，就思想意识的深刻性而言，其中某些方面甚至达到了超出《聊斋志异》的高度。下面，我们就这些问题谈一点粗浅的认识。

在漫长的中国封建社会中，皇权思想始终都是封建统治阶级统治思想的基础和核心内容。历代的统治者都把"君权神授"的思想作为维护他们专制统治的重要思想基础。汉武帝时期，儒学大师董仲舒提出了“天子受命于天”的天人合一说，天命观进而成为封建统治者对人民实行精神统治的工具。降至东汉，班固纂成《白虎通义》一书，把传统经学和谶纬迷信合为一体，将董仲舒提出的“三纲五常”的伦理观念理论化、具体化，进一步神化了封建皇权。宋代以后，程朱理学家们更以客观唯心主义的“天理观”作为封建统治者绝对皇权的理论依据，“天子”、“天命”之说成为世世不易的封建统治之“天理”。直到17世纪，杰出思想家黄宗羲、唐甄等人对封建专制主义所作的尖锐批判，才如霹雳闪电，冲破了统治中国社会达一两千年之久的封建皇权的思想禁锢，真可谓有振聋发聩之功。黄宗羲明确提出了“为天下之大害者，君而已矣”的进步思想。唐甄更进一步地提出“自秦以来，凡为帝王者皆贼也”，“天子之尊，非天地大神也，皆人也”的鲜明主张，对君权神授的天理观作了彻底否定。受同时代进步思想家的影响，蒲松龄在他的《聊斋俚曲》中，以形象化的语言和形式表现出了同样的反封建皇权的思想倾向。

蒲松龄反皇权的思想，首先表现在对唯心主义“天命观”的态度上。《增补幸云曲》重在揭露封建皇帝的荒淫无耻，同时也在一定程度上否定了封建社会“真龙天子”统治天下的神权观念。在第一回里，作者说明武宗朱厚照是“上方羜火猴临凡，光好贪耍”，“武宗爷正德年，羜火猴来临凡，性情只像个猴儿变。无心料理朝纲事，只想天下去游玩，生来坐不住金銮殿”。把一个封建社会中的“九五至尊”说成是上方的“羜火猴儿”临凡，不仅否定了儒学家们宣扬的“真龙天子”的传统成说，而且实际上是把这位昏庸的帝王放在了由“异类”变成的流氓无赖的地位。蒲松龄不仅用一种玩笑笔墨与嘲讽态度写出了明武宗“贪花恋酒”、“天生下只好玩”的昏庸面目，而且借作品中人物之口对他私离京师，到山西大同嫖妓的荒淫行为作了态度鲜明的贬责。在第一回里，作者即通过奸臣江彬之口，直称朱厚照为“昏君”。第四回中，借梅岭送水的云魔女的话斥责明武宗“既读孔孟诗书字，不达周公礼半篇，涎皮涎脸把奴看”，“吃了水胡思乱想，你是个混账朝廷！”第六回借修路民工的口，道出了下层民众愤怒的心声：“北京城里浪荡皇，听说他要出来撞……这个朝廷精混账，只管他闲游闲耍，哪知道百姓遭殃！”在作品的第四回，作者更以客观的态度指出“这皇帝是个酒色之徒”，直接站出来对人物作了评价。蒲松龄笔下的正德皇帝，不是什么“至圣至明”的贤君明主，而是一位不惜江山的浪荡君王，用作品中明武宗自己的话说：“我是天下头一条好光棍。”在清初封建专制集权高度发展，对文化思想实行严酷控制的时期，蒲松龄敢于这样痛快淋漓地揭露昏庸帝王的风流话柄，并且采取了毫不含糊的批判态度，这就比元代的[般涉调·哨遍]《高祖还乡》等同类作品具有了更为深广厚重的社会批判意义。

蒲松龄对封建社会最高统治者的批判，还表现在对君主极权的认识上。《增补幸云曲》中塑造的正德皇帝，是一个把封建国家视为自己的家天下的专制君王。他与纨绔子弟王龙比较自己的富有：“把你银钱尽数拿来，河内常船、南京铺子、地土宅子、老婆孩子尽情算了，敌不上我一个庄子上的杂粮。”“我的庄子十三处，管庄的小厮都威武。个个门口树大旗，炮响三声谁不惧？吹鼓手掌罢大号，小小厮给大小厮作揖。”据明嘉靖年间的内阁首辅夏言统计，明武宗朱厚照在即位的第一个月内，就设立皇庄七处，以后又扩充到三十余处。至正德九年，朱厚照的皇庄占地已达三万七千五百余顷。[①] “终明之世……为布政使司者十三。”[②]明武宗不仅从广大农民那里兼并了大量土地作为自己的皇庄私产，并且把全国的土地都看作自己的庄子，把十三省的各级官吏都视为自己“十三处庄

① 参见（明）夏言《勘报皇庄疏》，载（明）陈子龙等著《明经世文编》卷二〇二，中华书局1962年版。

② 《明史·地理志》，中华书局1974年版。

子”上的奴仆“小厮”，这实际上是把全国的地土钱粮都当成了自己的私有财产。蒲松龄还通过朱厚照之口揭露他挥霍民财的罪状：“我虽人家不大大[①]，生平赌博不疼钱”，“就嫖上一年半载，能使[②]我几布政司银？”活画出了一个横暴专制的皇帝无赖无耻的面目。黄宗羲在揭露封建君主专制之害的时候说：“敲剥天下之骨髓，离散天下之子女，以奉我一人之淫乐，视为当然，曰：此我产业之花息也。”[③]在《增补幸云曲》中，蒲松龄对明武宗朱厚照的批判描写，在实质上已经接触到了封建社会君主极权的问题，与当时社会上最先进的思想家黄宗羲反封建专制主义的思想实有异曲同工之妙。

皇帝是封建社会最大的官。为了维护以他为首的整个统治集团的利益，封建皇帝可以随意卖官鬻爵，贪赃枉法。在《聊斋俚曲》中，蒲松龄即通过以阴骂阳的方式，对封建皇帝的徇情枉法作了批判。《磨难曲》第二十三回，作者称阎王的儿子为“太子”，并让阎王娘娘呼阎王为“万岁”，蒲松龄实是把冥界中的阎罗视为了人间的至尊。“阳间不能皆圣朝，阴间哪得尽神尧？”由于文字狱和思想统治的严酷，蒲松龄对封建皇帝的揭露也采取了这种隐晦的方式。《寒森曲》里那位权印的冥王，即人间帝王的化身。他受了城隍等一万两黄金的贿赂，不但翻了赴阴曹为父申冤的商三官之兄商礼的原告，并且油炸锯解，对前往二郎神处告状的商礼横加掠楚。作者一针见血地指出：“阴间他既为天子，也为钱财丧良心。”作者写二郎神不仅在阴司的森罗殿上惩治了人间贪赃枉法的新泰知县，并且判罚了那位作为阴间天子的冥王：“又叫阎王上去。二郎神指着便大骂：‘官既高福也长，只该求姓名香，如今全把良心丧。四季搜求州县礼，自己又受枉法赃，小官尽描你的样。斧打凿凿又入

① 不大大：山东方言，不十分大。

② 使：山东方言，用，花费。

③ （清）黄宗羲著、段志强校注：《明夷待访录·原君》，中华书局2011年版。

木，遂叫那百姓遭殃！’”“盖阴之有诸神，犹阳之有守令也。”作者笔写冥中阎王，实刺人间帝王，寓意是十分明显的。在原作《聊斋志异·席方平》篇中，作者写受到二郎神审判的只是冥王、郡司、城隍、羊某等冥界中人，到改编为《聊斋俚曲》中的《寒森曲》，则增加了二郎神惩治新泰知县，勾去山东司院、军门福寿的情节，并且指明冥王贪赃枉法的结果是使“百姓遭殃”。作者以春秋之笔合写阴间阳世，锋芒直指那些“四季搜求州县礼”的世上阎罗——封建社会的最高统治者。

值得一提的是，作者的认识，并没有停留在揭露封建统治者聚敛民财、徇私枉法等表面现象上，而是更深一层地触及了封建社会阶级剥削的实质性问题。在《聊斋志异·席方平》篇中，作者在冥王的判词中写道：“斧敲斫，斫入木，妇子之皮骨皆空；鲸吞鱼，鱼食虾，蝼蚁之微生可怜。”对统治阶级层层剥削造成的民生困苦表示了深切同情。到《寒森曲》，蒲松龄更加深切直接地写出了那位“阴间天子”对人民的剥削压迫：“斧打凿凿又入木，遂叫那百姓遭殃！”蒲松龄从他“卖文为活，废学从儿；纳税倾囊，愁贫任妇”[①]的下层生活经历和对社会现实的深刻观察中，悟出了这样一个深刻的道理：那些直接骑在人民头上施展威福、敲诈勒索的州县官吏们，不过是些在封建专制的斧头敲击之下的“入木之凿”，而那把施压力于木凿之上的“斧头”——封建社会的最高统治者和他那欲将“天生有限之物力，民间易尽之脂膏”尽归其囊的贪心，才是广大下层民众受苦受难、饥寒交迫的根本原因。蒲松龄意识到了，广大人民的穷困和苦难，是由于阶级间的剥削造成的。正是这个有着无上权力的专制统治者，把他的权力作了在阶级压迫基础上的层层分配，在全国上下形成了一张至细至密的封建统治的网，“在各地方

① (清)蒲松龄：《呈石年张县公俚谣序》，载(清)蒲松龄著、路大荒整理《蒲松龄集》，上海古籍出版社 1986 年版，第 95 页。

分设官职以掌兵、刑、钱、谷等事，并依靠地主绅士作为全部封建统治的基础”①。

马克思说：“政府当局的存在，正是通过它的官员、军队、行政机关、法官表现出来的。如果撇开政府当局的这个肉体，它就只不过是一个影子，一个想象，一个虚名。”②老大沉重的清帝国，是中国封建社会最末一个王朝。作为一种处于末世的腐败的社会制度，清政府在通过它的官员、军队、行政机关、法官等对人民实行官僚地主阶级专政方面所显露出来的腐朽、没落和反动性，就比以往的任何朝代都显得突出和明显。康熙年间的山东巡抚钱珏在莅任后下达全省官吏的《严饬守真檄》中说：“今闻山左藩臬以下，州县以上，以及佐贰杂职、幕卫教职等官，洁己自好者固多，而贪渎败检者亦复不少……倘或怙终不悛，毫无顾忌，阳奉阴违，贪庸溺职者，定当特简题参，尽法惩治。”③透过所谓的“洁己自好者固多”的遮饰之辞，钱珏的这道檄文十分真切地为我们描画出了一幅上至藩（布政使）、臬（按察使）、道、府、州、县官吏，下至佐贰、教职、卫所直至幕客等山左百官僚属的群丑图。这种官吏群体的贪黩败检，集中反映了有清一代社会政治的黑暗和吏治的窳败。在《聊斋俚曲》中，蒲松龄正是通过封建社会的“官员”和行政机关这个“肉体”，向我们展示了一幅幅清初社会黑暗腐朽的历史画卷。

封建社会中的州县官，所谓的“民之父母”，是最接近民众的下层统治者。缘此，他们对广大人民的剥削和压迫，与上层统治者相比，就显得更直接、更明显和更残酷。《聊斋俚曲》对封建政治和官场的揭露与批判，首先把矛头指向了这些骑在人民头上作威作福

① 毛泽东：《中国革命和中国共产党》，载《毛泽东选集》第2卷，人民出版社1991年版，第624页。

② 《马克思恩格斯全集》第6卷，人民出版社1961年版，第320页。

③ （清）钱珏：《严饬守真檄》，载《淄川县志》卷七《艺文志》，清乾隆四十一年（1776年）刻本。

的“食民之猱”。在《磨难曲》第十四回，作者通过作品中人物方仲起之口对这些封建社会的“牧民之官”作了如下解释：“牧是养，譬如人家喂羊，同是爱惜他，也望他孳生，也望他肥大，却也要杀他吃。那县官就合(和)那牧羊的一样，岂有全然不杀百姓的?”《磨难曲》用了大量的笔墨集中揭露卢龙知县老马对广大农民无所不用其极的敲窄剥削。卢龙县旱灾无麦，又继以蝗灾，赤地千里，颗粒无收，县官老马因自己的贪囊不足，竟不许百姓报灾。众百姓告了上官，前来勘灾的盐运使却收了老马的赃银，与县官勾结一路，“合县里四万多顷地，成了二百顷灾”。传说朝廷下了蠲免钱粮的赦书，实际是下了百姓的催命符。贪官闻信后，为了把钱粮“打起来一并上腰”，比较倍于平时，“不出一月，打死了一百多人!”“听说有赦着实打，打死了欠户四百名!”与《聊斋志异·潞令》篇中那位“莅任百日，诛五十八人”的潞令相比，横酷贪暴有过之而无不及。万般无奈，众百姓只得外出逃荒避祸。“逃在他乡就饿死俺，有善人埋在俺乱三岗，胜如打死公堂上!”这是蒲松龄代人民发出的血泪控诉：贪官比较之祸，实过于旱蝗之灾!

清代初年，由于连年战争、三藩之乱和治河等巨大耗费，统治阶级加在人民身上的赋税是十分沉重的。蒲松龄《聊斋俚曲》的深刻之处，还在于真实地揭露了封建官吏在正赋之外对人民进行的层层额外剥削。康熙时官吏征粮，要以鼠啮、雀吃为借口多征一部分“折耗”；征收银两，则以铸成整块有损耗为由，多征一部分“火耗”。实际上则是各级官吏们做了公开啄粮啮银的鼠雀。蒲松龄的友人、以古文名重山左的安丘人张杞园在给淄川致仕刑部侍郎高珩的一封信中说道：“今之守令，谁无家室？谁无使令？谁无交游？服食器用，月俸所入实不足以办。此所资者，止此羡金耳……

盖羡金其利散而人不觉。”[①]一语道破了封建官吏们致富生财的隐秘。蒲松龄笔下的这位卢龙知县，对人民的盘剥更是远远超出了正常羡金的范围。张鸿渐代众秀才写的呈状说：“具呈人阖学生，只为着贪酷情，加三火耗钱粮重。”北直按院在提审马知县时这样揭露他的贪状：“你有十万枉法赃，况且是库里又欠三万账；加二加三收大粮，拿短少的票子几千张！”在蒲松龄写作《磨难曲》的康熙四十几年，各省征银的“羡耗”明文规定的不过每两多征一钱，而这位贪酷的卢龙知县已经在“加三火耗”了。他不仅“科派众百姓”，“加二加三收大粮”，并且将库中的“正税”入了私囊。值得指出的是，这些描写并不是蒲松龄对现实生活进行的艺术夸张。“州县有司，……催科则重加火耗，支放则私自扣克。或因公科敛，杂派差役；或枉法纳贿，违例滥征。种种朘削，不可枚举。”[②]在马知县上场时，作者就借他的道白道出了封建官场做官的秘诀：“为甚人人望做官？三梆响罢面朝南。这班生意真真好，板上皆生银子钱。”蒲松龄笔下的卢龙知县，是他按照生活的本来样子塑出的一个封建社会州县贪官的典型。马知县这一封建社会中的贪官形象，有着概括整个清初封建官场的典型意义。

“天下的大害，固是那州县不肖，也是那司院贪求。”《聊斋俚曲》对封建社会黑暗吏治的揭露和批判，是通过对封建官僚机构作层层剖析的方式来实现的。蒲松龄的笔触，不仅十分真切地描绘了封建社会下层官吏的不法，而且进一步揭示了封建社会中上层官吏的贪黩。《寒森曲》写山东新泰县一个恶霸地主赵恶虎，为争霸田产打死了人，因为知县贪赃枉法，原告告到“府里、司里、院

① (清)张贞：《上高念东先生论地方利弊书》，载《渠亭山人半部藁·渠亭文集》，清刻本。

② (清)钱珏：《严饬守真檄》，载《淄川县志》卷七《艺文志》，清乾隆四十一年(1776年)刻本。

里”。但这位有钱有势、交接上下衙门的赵恶虎“差人到京,求得都察院的书信,给了军门,又送上银子三千两”,公道情理也就因之大变了。主管一省司法、刑狱的提刑按察使把一干人“一个个叫上去,问了问,又把赵家家人打了三十板”即算了事。“审完了原告叫屈,按察司全然不听。”主揽一省军政大权的山东巡抚,则只把赵家家人夹了一个。原告商礼要求断赵恶虎偿命,那“军门只是摇头,一群赶出”。通过对卢龙知县、山东司院等一个个实在的“肉体”的剖析,蒲松龄不但用他的犀笔证明了黑暗腐朽的“政府当局”这个“存在”,并且进一步对当时社会作了全面否定。当商三官的哥哥告状回来“大骂不公道的官府”,商量要上刑部告状时,作者借商三官之口表述了他对当时社会所作的评判:“告了一遭子,不过是如此,也就知道这世道了。”

由于清醒地认识到封建官府不能主持公道,为民申冤,蒲松龄在《寒森曲》中塑造了商三官和商礼两个惊天地、泣鬼神的个人反抗的典型。作者在《寒森曲》开头的[西江月]中写道:“一头撞倒九重天,直踢倒森罗宝殿!”正表现了作者想借理想人物与黑暗世道抗争的愤郁不平之气。但在强大的黑暗势力面前,个人反抗的最终理想,不过是惩杀个别豪强和贪官而已。作为一个清醒的现实主义作家,蒲松龄在后来写的《磨难曲》中进一步肯定了“官逼民反”的社会反抗。《磨难曲》写道:“明知世上无公道,本领又不如宋公明,一条棍子闸了口,满心冤屈对谁明?”在作品中,他更明确地把自己理想中的农民起义领袖任义比作上了梁山的宋江。马克思和恩格斯指出:“人们的观念、观点和概念,一句话,人们的意识,随着人们的生活条件、人们的社会关系、人们的社会存在的改变而改变。”①随着对社会现实认识的不断加深,蒲松龄由揭露整个社会的黑暗到歌颂个人的反抗,最终发展到对“官逼民反”的社会反抗

① 《马克思恩格斯选集》第1卷,人民出版社1972年版,第270页。

的肯定。《聊斋俚曲》的写作，正反映了蒲松龄的思想认识不断发展的过程。我们说，正是这些反映了蒲松龄晚年的思想变化的俚曲作品，表现出了超出《聊斋志异》的思想高度。

吏治的黑暗，带来了中国封建社会中法律制度的腐败。《聊斋志异》中那些冤狱，官绅勾结欺压百姓，不法官吏的草菅人命、贪赃枉法等描写，都是作者所处的现实社会政治生活的真实反映。而在《聊斋俚曲》中，蒲松龄更以通俗的形式和更加犀利的语言，对封建社会法律制度的腐败作了淋漓尽致的揭露。

"法律就是取得胜利，掌握国家政权的阶级意志的表现。"[①]在中国封建社会中，封建制法律的制定和实施，则集中体现了官僚地主阶级的阶级意志。在封建专制主义的长期统治下，有法不依和在虚伪的法律制度掩盖下的官僚地主阶级的横行不法，是中国封建社会法制史上一个突出的特点。顺治三年(1646 年)，清王朝向全国颁布了所谓"详译明律，参以国制"的《大清律集解附例》，这虽然是照明律依样画葫芦，但颁布之后并没有得以认真施行。看一看《聊斋志异》中那些"甲榜"出身的地方官员判案的随意、糊涂与荒唐，就可以了解当时社会不法的状况有多么严重。这样一种有法不依的法制状况，使得统治者阶层利用了被封建国家所认可的法律关系的强制力，断案可宽可严，任意而为，"完全让不法的状态代替了'法制状态'"[②]。蒲松龄的俚曲《富贵神仙》，特别是后来据同一题材写成的《磨难曲》，较为集中地反映了这种当时社会普遍存在的不法状况。贪酷暴虐的卢龙知县老马，在重灾之年重加敲诈，滥施酷刑，为追比钱粮打死了四百名欠户，并把一位已交了七分粮的生员范子廉活活打死在公堂上。在卢龙知县的淫威之下，众百姓被迫背井流离，远走他乡，却不能利用法制的力量惩治视民

① 《列宁全集》第 13 卷，人民出版社 1967 年版，第 304 页。

② 《马克思恩格斯全集》第 1 卷，人民出版社 1956 年版，第 702 页。

命如草芥的贪官污吏。作者在《磨难曲》中写了众秀才阖学公愤，央张鸿渐写了呈状，告到北直军门衙前的情节。这位“官至二品，位至八抬”，“上马管军，下马管民”的封疆大吏，对此事的是非曲直自然是心知肚明的。“卢龙知县被秀才们告他贪酷。我岂不知他贪酷？但他送了一万银子，要俺把这些人砍头充军，不得不敬从尊命。”一张呈状，不但使卢龙县的众秀才招致绞杀充配之祸，就连那位动笔写了呈状的张鸿渐也被迫躲祸而远走他乡。在封建社会的法律制度下，蚩蚩之民只有向统治阶级交赋纳税的义务，并无半点受到法律保护的反抗剥削压迫的权利。张杞园在《上高念东先生论地方利弊书》中说：“言讼狱于今日，变态可谓极矣。即覆盆向隅，多若屠羊在肆，噤不能发一声。其得自达于上台者，十才一二。”民间讼狱“自达于上台者，十才一二”，正是在当时黑暗的法律制度下广大人民有冤难诉的真实生活状况。而封建统治者为了维护他们的专制统治和对广大人民的阶级压迫，对于能够达于上官的“一二”民隐之事，也大多是采取了极其残酷的镇压手段。蒲松龄在《磨难曲》中反映的这一社会现象，正是在封建法律保护之下的封建社会阶级关系的真实反映。正如列宁所说：“如果国家政权操于这样的阶级之手，其利益与多数人的利益互相分歧，则一切对于多数人的管理，必然变为对这种多数人的欺骗或镇压。”①

18世纪法国著名的资产阶级启蒙思想家孟德斯鸠在提出立法、行政、司法三权分立说的时候，曾经说过这样一段名言：“当立法权和行政权集中在同一个人或同一机关之手，自由便不复存在了；因为人们将要害怕这个国王或议会制定暴虐的法律，并暴虐地执行这些法律。如果司法权不同立法权和行政权分立，自由也就不复存在了。如果司法权同立法权合而为一，则将对公民的生命

① 转引自《法学基础理论参考资料》第1册，北京大学出版社1981年版，第143页。

和自由施行专断的权力，因为法官就是立法者。如果司法权同行政权合而为一，法官便将握有压迫者的力量。如果同一个人或是由重要人物、贵族或平民组成的同一机关行使这三种权力，即制定法律权、执行公共决议和裁判私人犯罪或争讼权，则一切便都完了。”①在中国封建社会中，这三种权力作为封建专制主义的突出特点，被不可分离地紧密结合在一起。封建皇帝是最高的立法者，他的意志就是法律，他所发布的诏令、谕告是具有绝对权力的法律形式。封建皇帝执掌着至高无上的国家权力，并且享有最高司法审判权。在这种专制制度下，权臣势要直至各级官吏，实际上都掌握着大小不同的这样三种权力。各级官吏都可以利用手中的行政权力制定一些法律之外的成文或非成文之法。并且，由于行政和司法权集于官吏一身，司法只是行政权力的附庸，所以封建社会的官吏大多都利用手中的权力，贪酷害民，肆行无忌，超脱于封建法律的约束之外。《磨难曲》中的马知县就是这样一个典型。众秀才官衙呈告，是无法使马知县受到法律惩治的。张鸿渐的妻兄方仲起为了给被马知县收监的妹子报仇，拚命爬进了统治者阶层，但方仲起阶级地位的变化，也并不能治卢龙知县的贪酷之罪。方仲起中举之后，马知县有这样一段言语：“你虽是中了魁，管不着我马知县。待他明年，待他明年，破上登第中状元。就做了大翰林，也没有敕封的剑！”第二年，方仲起果然殿试二甲，中了进士。但仍如马知县说的，“我在卢龙做知县，方兴辖管着我什么！破着行他能把我咋？从今后咱就踢弄，一天事有我不差”。报仇无门，方仲起只好去走权臣严世蕃的关节。“我想那严公子，待杀个州县官，只像碾杀②个蚁蛘③一般，有何难哉！”结果，严世蕃只轻描淡写地说了

① [法]孟德斯鸠：《论法的精神》(上)，商务印书馆1961年版，第156～158页。

② 碾杀：山东方言，捻死。碾，“捻”的同音字。

③ 蚁蛘：山东方言，蚂蚁。

一句“可杀得很”,北直按院就仰息拟了马知县的斩罪,定为秋后处决。这里需要说明的是,蒲松龄的俚曲《磨难曲》是一部反映清初社会黑暗的杰出作品,作者把背景放在权臣严嵩父子弄权的明代嘉靖、万历年间,不过是一种反映现实的曲笔。在《聊斋志异·周生》篇中,蒲松龄曾借周生之口发过这样的议论:“邑令为朝廷官,非势家官……何至如狗之随嗾者?”在《聊斋俚曲》中,作者更进一步地向我们说明了,由于封建专制制度本身的弊病和朝廷官吏的执法不公,姑息纵容,封建国家空洞的法律条文并不能治贪官之罪,而操纵朝政的权臣势要,杀死一两个州县官吏竟比捻蚁还易。惩贪除暴、为民申冤竟也要奔走依附于权臣势要之门,封建法律制度腐败到何种程度,由此也可想而知了。

蒲松龄是一个出身于社会下层的地主阶级知识分子。他少年得志,十九岁以县、府、道三试第一补博士弟子员,但此后却屡试不第,偃蹇终生。坎坷不平的科举经历使他深切感受到了封建科举制度的腐朽和对知识分子残酷的精神戕害。作为一个站在时代前列的现实主义作家,他对科举制度所作的批判,不仅极其深刻地揭露了科举制度的种种弊端,而且直接触及科举制度本身的问题。这些内容,构成了《聊斋俚曲》对封建社会批判的一个重要方面。

科举制度的腐朽,是封建社会政治黑暗的副产品。到蒲松龄生活的时代,老大沉重的中国封建社会经过一两千年的缓慢发展和衰败,已经逐渐接近它的历史终点。金钱势力统治了社会的各级机构和各个部门,也造成了科举制度的腐朽和败落。整个清初的科场上,关节通融,嘱买纳贿,弊端层出,相习成风。顺治康熙年间的科考舞弊大案,较著名的就有顺治丁酉顺天乡试案,江南乡试案,康熙己卯、乙酉顺天乡试案,康熙辛卯江南乡试案,福建乡试案,康熙丁酉浙江乡试案等数起之多。顺治丁酉(顺治十四年,1657 年)顺天乡试案发,顺治皇帝除处斩了舞弊的考官之外,又谕示新举人二百余人于顺治十五年正月到太和门复试,开科举史上一科两试的记录。康熙辛卯(康熙五十年,1711 年),江南乡试副考官赵晋贿卖举人,士子大哗,将财神抬到了府学明伦堂上,连康熙皇帝也觉得此事"纷纷议论,京中早已知闻,可羞之极矣"①。在《聊斋俚曲》中,蒲松龄对这种认钱不认才的试官作了尖锐讽刺。《蓬莱宴》中那位本是"玉皇面前管书的童子"贬谪下界的秀才文萧,"凭着满腹文章"到了京里,进了三场,又极得意,"看着状元无有不是姓文的"。谁知那"试官糊涂,试官糊涂,银子成色认得熟,纵有好文章,也未必念开句"。放榜之日,这位谪仙文士竟然名落孙山之外。在《禳妒咒》中,作者更深刻地揭露了这伙只认钱财、不辨真才的瞎试官的根底:

> 怨不得宗师大秤也么称,他下的本钱也不轻。好营生,至少也弄个本利平。既然做生意,只望交易成。下上本谁不望利钱重?

试官们靠贿赂前任试官获取了功名,跻身统治者阶层,他们上任之后又同前任试官一样大秤收取金银,像商贾一样捞本逐利,贿买贿卖。蒲松龄深刻地认识到,黑暗的科举制度不过是一种钱财与功名的恶性循环,有了钱财,即可以获取功名;得到功名,又可以捞回更多的钱财。社会政治的黑暗促成了这种循环,循环的结果又加深了科场的黑暗。在这样的科举制度下,黄钟毁弃而瓦釜雷鸣,登科及第的多是靠钱财取中的庸碌之辈。正是这种钱财与功名的恶性循环,形成了"贿赂公行,照等定价,督学之门,竟同商贾"的恶劣风气,造成了"仕途黑暗,公道不彰,非袖金输璧,不能自达于圣明"②的黑暗局面。蒲松龄对封建科场的这些讽刺和揭露表现出了强烈的针对性和现实性。

---

① 故宫博物院明清档案部编:《李煦奏折》,中华书局 1976 年版,第 98 页朱批。

② (清)蒲松龄:《与韩刺史樾依书,寄定州》,载(清)蒲松龄著、路大荒整理《蒲松龄集》,上海古籍出版社 1986 年版,第 136 页。

在《聊斋俚曲》中，蒲松龄还写出了科举制度下读书人潦倒终生的悲惨命运，揭露出科举制度是一种摧残、坑害知识分子的制度。封建的科举制度诱使大批的知识分子走上了追求功名富贵的道路，但真正能凭才学获取功名的只是极少数侥幸的人，绝大多数的知识分子却被科举时艺耗尽了一生的精力、青春和智慧，成为科举制度下可怜而又可悲的牺牲品和殉葬品。在《禳妒咒》中，作者以同情的笔触写一位六十五岁的老童生刘太和，因为“没钱奉上大宗师”，竟一生不得进学，“熬成天下童生祖”的悲惨经历。刘太和“童生考成了白头也么翁”，因为落魄无着还常常受到小童生们的言笑戏耍；而那些爬到宝塔尖顶上的状元、会元们，正是踏着这些一生挣扎在科场底层，“八十衣巾告不中”，“到老胡须白满腮”的童生的身躯进入统治者阶层的。而在延续了上千年的封建科举制度的祭品坛上，像刘太和这样的牺牲品又何止万千！从蒲松龄的《禳妒咒》到吴敬梓的《儒林外史》、鲁迅的《孔乙己》和《白光》，在中国文学史上出现了一系列被科举制度窒息而死、赶上祭坛的下层知识分子形象，而蒲松龄笔下的刘太和，则是这类形象在文学史上的嚆矢。

有人表述过这样一种看法：蒲松龄“所揭露的只是科举制度实施中的一些弊端，至于科举制度的本身，它不只是没有贬词，而且是赞扬的”[①]。结合蒲松龄的全部作品作一考察，这种评价恐怕是偏低了。在俚曲《禳妒咒》和《磨难曲》中，作者都明确地提出八股取士制度不过是那些庸碌之辈探取进士功名的“敲门砖”。《聊斋志异·于去恶》篇对这一观点作了进一步阐发。“得志诸公，目不睹坟典，不过少年持敲门砖，猎取功名；门既开，则弃去。再司簿书十数年，即文学士，胸中尚有字耶？”蒲松龄对这一问题的见地是深刻的。被士子们当成“敲门砖”的八股制艺之文，不仅与知识分子的文化学识无涉，而且与官吏们的公务文牍无关。作者在《禳妒咒》中写道，那些

① 魏克明：《“聊斋”揭露了科举制度吗?》，载 1981 年 2 月 25 日《文汇报》。

昏庸的试官都是“使银钱把好缺也么挑,当时的文章未必高。甚操淖,敲门砖把进士唠。再做十年官,满眼尽蓬蒿,破题儿忘了怎么造。酒色养的那脾胃娇,那厌气时文也不待瞧”。这种把八股文章当成“敲门砖”情况,正是清代社会那些获取了功名的官吏中普遍存在的现象。清中叶的诗人袁子才在给一位未登甲榜的举人的信中说:“时文之病天下久矣!欲焚之者岂独吾子哉?……仆科第早,又无鉴衡之任,能决弃之,幸也。足下未成进士,不可弃时文。”[①]而在比袁枚早半个世纪的时候,蒲松龄就已经认识到科举制度是知识分子进入仕途的敲门砖,产生了八股时文“病天下”的深刻认识了。正如鲁迅先生所说:“希望做官的人,都是读《四书》和《五经》,做‘八股’,另一些人就将这些书籍和文章,统名之为‘敲门砖’。这就是说,文章考试一及第,这些东西也就同时被忘却,恰如敲门时所用的砖头一样,门一开,这砖头也就被抛掉了。”[②]“因为得到功名,就如打开了门,砖即无用。”[③]蒲松龄虽然还不能像后来的吴敬梓那样对科举制度作出否定,但这些揭露已经不仅仅是在指责其中弊端,而是深深触及科举制度本身的问题了。

与吴敬梓不同,蒲松龄没有能够在科举道路上停步,而是在封建统治阶级设下的科举之彀中陷得很深。这除了社会经济、时代的影响之外,蒲松龄自身的生活条件是一个极其重要的原因。他出身于一个农村的书香之家,从父受过极好的教育,他的热衷功名,有着保持门楣的光荣,继承先世儒业的一面,而更为重要的,还在于他一生处于贫困之中。只要停止了谋生,他一家的日常生计都难以维持。他一生中参加乡试达十数次之多,但科举场上的黑

---

① 袁枚:《答袁蕙费纕孝廉书》,转引自陈汝衡《吴敬梓传》,上海文艺出版社 1981 年版,第 132 页。

② 鲁迅:《且介亭杂文二集 · 在现在中国的孔夫子》,人民出版社 1973 年版,第 83 页。

③ 鲁迅:《准风月谈 · 吃教》,人民出版社 1973 年版,第 96～97 页。

暗现实无情地粉碎了他跻身仕途的梦想，这在他的思想上产生了深刻的矛盾。一方面，他以唐代的名臣郭子仪自期，希望像张鸿渐那样步入仕途，成为统治阶级中的一员。《富贵神仙》第一回的“楔子”和《磨难曲》最后一回“八仙庆寿”都反映了蒲松龄对富贵功名的追求和向往。但另一方面，屡困场屋的试士经历又使他深刻体察到科场的黑暗和科举制度的弊害，使他把一腔“孤愤”寄于笔端，写出了《聊斋志异》和《聊斋俚曲》中那些深刻揭露科举制度的作品。在中国文学史上，明嘉靖年间的曲家冯惟敏已经在作品中接触到科举取士这一题材。他的杂剧《不伏老》通过对梁颢一生耽于科举场中，“天福三年来应举，雍熙二载始成名”，八十二岁始得中状元的经历，反映了科举制度对知识分子的毒害。但他以《不伏老》名其剧作，赞扬这位“奔驰客路三千里，鏖战文场五十秋”的梁状元“当时若便登科早，那得芳名万古留？”表现了他对科举功名的醉心与执迷不悟。尤侗的《钧天乐》传奇也较为深刻地写出了科场的腐败与试官的昏庸贪财，但作者认为主人公沈白的沦落不偶、屡试不第是因为二十年来有五鬼缠身，“弄得他七颠八倒，九死十生”，在一定程度上削弱了批判的力量。在中国文学史上，首先把揭露的笔触指向科举制度本身的是蒲松龄。马克思主义的经典作家多次谈到评价历史人物要采用历史主义的观点，对蒲松龄在中国文学发展史上的这一贡献，我们也应当予以历史主义的肯定。

《聊斋俚曲》对封建社会的揭露和批判是广泛而深刻的。除我们上面提到的以外，蒲松龄在作品中还对因私欲的膨胀而导致的道德沦丧进行了痛斥，对封建军队的腐败及其残害人民的罪行作了揭露，对封建家庭婚姻制度对妇女的戕害作了抨击。《聊斋俚曲》写出了封建社会形态中各个方面的黑暗和腐朽。有的研究者曾分析《红楼梦》中对封建皇帝的诸多微词，如贾元春把皇帝的宫院说成是“见不得人的去处”等等，但比起《聊斋俚曲》反皇权态度的鲜明性来，总觉略逊一筹。蒲松龄不仅激烈地批判了封建社会的吏治与法律制度，并且更深一层地揭示了产生这些现象的社会原因。他对于吏治清浊的认识，并不像有些研究者说得那样，是“在于当位者品德与才能各不相同”，而是体察到了上至皇帝、下至州县官吏的整个官僚机构的彻底腐败。“斧敲凿凿又入木，遂教那百姓遭殃”，封建专制制度是社会黑暗腐败的总根源。“为甚人人望做官？……板上皆生银子钱。”像贪赃的山东臬司一样，做官的“人人都有昧心病”，贪财爱物正是封建社会大小官吏的通病。蒲松龄一生科场失意，他既没有像冯惟敏那样中举做官，对科举制度怀有一种甜蜜的依恋之情，也不像尤侗那样先穷而后达，以博学宏词科选授翰林院检讨后，科举失意的激愤之情也就随之消失。由热衷功名到失望激愤的坎坷经历，使他对科举制度弊害的认识达到了新的高度。虽然没有像吴敬梓那样直接指出“这个法却定得不好”，但蒲松龄对那些无文无行的昏庸试官的讽刺已经涉及了知识分子的“文行出处”问题。蒲松龄通过《聊斋俚曲》，全面地否定、批判了当时社会。他通过《磨难曲》中方仲起的口表明了自己的看法：“当今之世，什么公道！”“世间公道不分明，惟只钱财最有灵！”对他所处的黑暗社会的批判并不带有任何惋惜之情。他向我们展示的是一个处在封建专制的浓夜中的黑暗世界。“在这个黑暗世界里，没有神圣，没有纯洁，也没有真理；统治着这个世界的是野蛮的、疯狂的、偏执的专横顽固，它把一切正直的和公正的意识都从这个世界里驱逐出去了。”[①]蒲松龄为我们描绘的是一幅“一切都烂透了，动摇了，眼看就要坍塌了，简直没有一线好转的希望”[②]的中国封建社会腐败没落的形象历史画面。用马克思的话说，他是有意识地“让受现实压迫的人意识到压迫”，从而使受压迫者感到

① ［俄］杜勃罗留波夫著、辛未艾译：《黑暗的王国》，载《杜勃罗留波夫选集》第1卷，上海译文出版社1983年版，第288页。

② 《马克思恩格斯全集》第2卷，人民出版社1957年版，第634页。

“现实的压迫更加沉重”[1]。正是在这一点上，蒲松龄超出了同时代的作家，达到了与当时的进步思想家齐观的思想高度。

四

有评论者发现，武侠小说家古龙对刀有一种偏爱。他笔下的侠客，用的兵器多是各种各样的刀。古龙对此有自己的解释，他说：“剑是优雅的，是属于贵族的；刀却是普遍化的，平民化的。”“剑有时候是一种华丽的装饰，有时候是一种身份和地位的象征。在某一时候，剑甚至是权力和威严的象征。刀不是。”[2]

打一个比喻，《聊斋志异》和《聊斋俚曲》，那便是文学大师蒲松龄铸就的剑与刀。我们知道，《聊斋志异》使用的是极考究的文言，它是一种典雅的、面向“学士大夫”的文学。对于平头百姓来说，它是贵族化、文人化的。对于封建时代的正统文学而言，正是《聊斋志异》使得蒲松龄名闻海内外，由它建构而成的文学大厦使得蒲松龄跻身于中国古代最优秀的小说家之列。《聊斋志异》，从蒲松龄在世的时候起就被视为他的创作的实绩，多少年来它一直是蒲松龄的作家身份和文学地位的象征。然而《聊斋俚曲》不是。《聊斋俚曲》是蒲松龄立意为俗、面向平民大众的作品，它也是“普遍化的，平民化的”。因为它俚俗不文，入不得大雅之堂，过去时代的文人们唯恐从这里沾染了“俗气”，所以对它视而不见，或者根本就不把它当成所谓的“文学”。多少年来，《聊斋俚曲》一直是属于平民百姓的，它是社会下层的平民百姓的文学。

如前所述，《聊斋俚曲》中的优秀作品，都完成于《聊斋志异》基

---

① 《马克思恩格斯全集》第1卷，人民出版社1956年版，第4页。

② 古龙：《关于飞刀》，转引自曹正文《武侠世界的怪才：古龙小说艺术谈》，学林出版社1995年版，第143页。

本写成之后。对蒲松龄来说，他是先铸剑而后打刀。作为同一创作主体，从典雅的《聊斋志异》到通俗的《聊斋俚曲》，蒲松龄的创作经历了一个由雅而俗、逐渐过渡的过程。

在《聊斋俚曲》创作的最初阶段，立意为俗的俚曲作品其实是难以尽脱雅气的，这其中最典型的作品是《琴瑟乐》。试举藤田祐贤先生在《聊斋俗曲考》中曾经引录过的一段曲词为例：

> 把俺温存，把俺温存，灯下看的十分真。冤家甚风流，与奴真相近。搂定奴身，搂定奴身，低声不住的叫亲亲。他仔[①]叫一声，我就浑身麻一阵。

藤田先生称这是一种"颇有蒲式风味的闺房描写，洋溢着浓艳而娇痴的聊斋风味"，这可以视为对其艺术风格的归纳。这里，我们借用清人俞樾对《聊斋志异》的评价，赠其"古艳"二字，《琴瑟乐》庶可当之。这样一种颇具"古艳"风味的讲唱作品，如果置诸文人的案头，供他们于晴窗雨夜闲时展读，或者不乏称赏赞叹者，但若是拿到场圃之间面对大众去讲唱，则其俚俗性似还不够。我们注意到，在《聊斋俚曲》创作的过程中，由雅而俗是一个渐变的过程。同属第一阶段的作品，《穷汉词》、《快曲》的语言便觉比《琴瑟乐》更为通俗。再让我们看一看下面《俊夜叉》中的这段说白：

> 三姐凑凑腆起脸，骂声强人你瞎了眼！这番劝你是好意，你倒反把粗气喘。我说道你不敢，给你把钢刀也嗺不着俺！

这可以说已经是十分地道的百姓话语了，不过比日常的口语更为精练集中，更富生活气息。

大部分的《聊斋俚曲》在语言的运用上都具有通俗化、大众化的特点。蒲松龄一生生活在山东农村，熟悉山东方言和民间的俗语、谚语、歇后语、歌谣、酒令、笑话、民间故事等等，他把这样一些民间语言和民间生活内容经加工提炼运用在俚曲作品之中，形成

---

① 仔：山东方言，只。

了《聊斋俚曲》精准生动、活泼风趣、充溢着生活气息的语言特色。这可以说是《聊斋俚曲》通俗性的一个重要成因。

十五种《聊斋俚曲》中，除历史或神话题材的《快曲》、《丑俊巴》、《蓬莱宴》和《增补幸云曲》外，其所反映的生活无一不是民间大众生活的写照。这里的民间色彩、乡村气氛是十分真实而浓郁的：有新婚“过门”的礼仪程序，有乡村中穷汉的自嘲自叹，有婆媳之间、夫妻之间的争吵打斗，也有乡邻之间、亲朋之间的数说议论。即使是历史的或神话的题材，在蒲松龄的笔下也已经全然民间化了，我们不说《增补幸云曲》中那位打柴的周元用母鸡换媳妇的故事是怎样地迎合着百姓大众的欣赏趣味，且看一看《快曲》中那位稳坐樊城的刘皇叔吧：因为曹操被张飞杀死除却了心头大患，刘备大喜过望，竟至乐得醉倒在地，爬不起身来，这情景难道不绝像一位因多收了五谷而乐得颠三倒四的富家村翁？因为笔者也有着在山东淄博农村生活的一段经历，故而对《聊斋俚曲》中洋溢着的农村风情感受殊深。有人称蒲松龄为“农民作家”，笔者是深有同感的。我甚至觉得，《聊斋俚曲》中的许多人物，他们似乎就生活在数百年前我们祖辈的身边。

如果仍以刀作为喻象，刀，这种由史前初民使用的砍砸器、刮削器演进而来的工具、兵器，实用性自然是其最基本的特性，但仅仅具有实用性，再应手的刀也难以进入艺术品之列。对于通俗文学而言，通俗性、民间色彩是其最基本的艺术特点，唯其如此，它才能自然无饰地反映人民大众的生活和思想感情，适应普通大众的欣赏习惯，为广大群众喜闻乐见并能在他们中间广为流传。然而，对于那些可置之于文学艺术珍品之林而毫无愧色的通俗作品而言，仅有通俗性和民间色彩便远远不够了。除了通俗性和民间色彩，它还应具备一些其他的艺术特质，就像宝刀不仅实用，而且可以供人们欣赏，有它自身的价值一样。

历来的武生宗匠，成功的秘诀不在于打斗的精彩绝伦，而在于武戏文唱。鲁迅所说的铁头老生连翻多少个跟斗一类的表演,那是初出道的武生都可以做到的,真正的武生宗匠并不一味地蛮打缠斗。戏剧表演艺术家盖叫天有"活武松"之誉,他在舞台上塑造的武松,一举手,一投足,都呈现出一种造型的美,他的表演注重的是人物性格的刻画和精神世界的展现。《聊斋俚曲》以俗为本,却又能在俗中见雅,可以说,俗而能雅,出入于雅俗之间是其艺术上最大的成功之处。

俗文学作品,由于多出自民间艺术家之口、之手,情节的紧张动人为其所擅长,但描画人物的性格与内心世界往往流于粗率。蒲松龄有深厚的文学艺术修养,又有多年从事《聊斋志异》创作的成功经验,故而他在不失俚曲之"俗"的前提下,能把作品中人物的性格和内心世界刻画得呼之欲出,鲜明如见。如《禳妒咒》第九回写长命与江城新婚之后在闺中下棋的场景:

[跌落金钱]拂拂灰尘放下槃,四下里将棋子安。江城说:呀!咱可就把高低见。还让奴家一着先,不敢占腹只争边。长命呀,你这意思极不善,辘轳却打到明年,你虽没眼到相连。江城呀,这一着就把你行来断。江城唱:满槃只是这一递间,他的活了我的难,长命呀,这一个子儿俺不算。

江城说:"我不依你下这个子。"公子又只是安上,说:"在我,你怎么不依的?"江城红了脸,说:"我只是不依!"公子说:"就让你。"又下几着,数了数:"一五,一十,十五……江城你赖了块,还输二十着,你支过钱来罢。"江城说:"再一槃着。"

长命长命你过来,侥幸一槃就卖乖。长命呀,我合你两槃分胜败。长命唱:公平休得要拿歪,我赢的你吊了红绣鞋。江城呀,咱可赌赢不赌赖。江城唱:屎棋屎棋不成才,一着跑倒在尘埃。长命呀,你看我杀你这一块!长命唱:不用踌躇不用猜,我这个子儿妙哉(又)妙哉!江城唱:一递打你全局坏。

江城看了看,把棋推了推说:"我心绪不佳,不下了。"公子说:"好赖好赖!既不下了,拿钱来。"江城说:"没有钱给你。"公子说:"好小家子!"江城恼了,说:"你既嫌我小家子,就不该合俺做亲!"

这里写的是闺房中的游戏,一双小儿女的可哂情态毕露无遗。通过人物的言语、动作、表情、心理的展示,长命的自负、忍让,江城的悔棋、虚荣和小家碧玉涵养不深、要小性儿的性格俱明白如见。

戏剧家武戏文唱,最怕的是"瘟"。所谓"瘟",即表演的文戏沉闷而无生气,不仅文唱倒人的胃口,武戏的特点也因之尽失。而《聊斋俚曲》的俗中见雅,却能达到雅而不瘟的艺术效果。这是因为,在经历了走向大众、返璞归真的大俗之后,这里的雅已变为对作品通俗特色的一种艺术的升华,而不再是徒具文人作品特征的华赡典丽。如上面所说的长命和江城下棋的描写,人物的性格随着情节的发展自然而然地得到展示,而充分生活化的情节不唯让人觉得无丝毫瘟气,反而感到情趣盎然。《慈悲曲》第一段中,惧内的张炳之做生意回到家中,看到五六岁的儿子张讷被后妻李氏折磨得瘦骨伶仃、堪堪待死的样子,饭也没吃就倒头睡了。他在炕上长吁短叹,千思万想,想出了一条让张讷去他姑姑家逃生的路,却又怕李氏嗔怒,不敢明白地去做。颇费了一番苦心之后,"把张讷叫了那无人处,说:'你知道您[①]姑家么?'张讷说:'我知道他那庄,他是路东里头一个瓦门楼。'又问他:'能自家去么?'张讷说:'我能自家去。待叫我做嗄的?'他老说:'我看你待会子再死了,你上那里逃生的吧。'那孩子点了点头,扑簌簌掉下泪来"。此处描写张炳之内心情感的变化,悔恨、自责、心疼、无奈、为难,种种复杂的感情俱一时出之。由于作者紧紧围绕着张讷的命运来写张炳之的心理变化,融雅入俗,文而不瘟。这是俗文学中的大手笔,因而也使俗文学的创作别开了生面。

① 您:山东方言,你。

俗文学作品流传于民间，往往夹杂一些恶谑。有时作品多有可称之处，甚至不乏动人心旌、感人至深的神来之笔，但恶谑的存在却使其难登大雅之堂。《聊斋俚曲》的整体风格是以幽默风趣为主的，这与一般的俗文学作品并无多大差别。但蒲松龄即使在开玩笑的时候也总能掌握一个艺术的“度”，这使得他的俚曲作品通俗耐读但绝不流于粗俗。蒲松龄一生最恨的是为虎作伥的衙役，他在《寒森曲》的第四回就写到这样一群衙役，他们奉新泰知县的差遣去抬商三官的棺材，却被沉重的棺材压折了腰。蒲松龄写道：

都说道吃横亏，一个个哐哼成堆，快头先行又被屁骨[股]坠。蜗蜗凉凉都乱动，好似夹了一群贼，又像当的锅腰子会。人都说黄河干了，爬出来一群乌龟。

作者对那些狐假虎威、鱼肉乡里的衙役的恨是发自内心的恨，但他对衙役的这番丑化却极有分寸感，所谓嬉笑怒骂皆成文章，因而能俗中见雅。举一个不雅的例子，臧克家先生回忆他的童年生活时，谈到家乡诸城的集市“吕标集”，集上有一个说书艺人娄小苇说书。一次娄小苇说“武松醉打蒋门神”的段子道：“不叫你姓蒋你偏姓蒋，你再姓蒋我日你娘。”[①]结果被一个姓蒋的人砸了书场。笔者以为，这里所反映的正是旧时代一般民间俗文学的一个突出的特点。因粗骂而堕入恶趣，清新的泥土之香也就沾染了粪壤之气，变得不再那么沁人心脾。这种俗，散发的是一种粗俗的气味，这样的作品与《聊斋俚曲》的雅俗共赏是不可同日而语的。

《聊斋俚曲》是一把刀，它是蒲松龄向中国文学珍品库献上的一把宝刀。

(1999 年 6 月改定，原载笔者校注的《聊斋俚曲集》卷首，国际文化出版公司 1999 年版)

① 臧克家：《皓首忆稚年》，载《乡土情深》，山东大学出版社 1985 年版，第 425 页。

初稿本《聊斋志异》考

蒲松龄的半部《聊斋志异》手稿于1950年的冬天在辽宁省西丰县发现①，这是中国文化史上的一大幸事。1955年，北京的文学古籍刊行社将这半部手稿影印出版，终于使国内外的研究者和广大读者得以睹见未经通行的青柯亭本改窜的小半部《聊斋志异》的本来面目。但使人感到遗憾的是，对于这半部手稿的性质，影印本在其《出版说明》中并没有给出确切的说明。此后，虽也有研究者提出了现存的《聊斋志异》手稿是作者的"清稿"、"定稿"的认识②，却没有就这一问题作深入思考，即应该从作者在创作过程中逐渐积累成册的初稿、原稿出发来考察《聊斋志异》一书的创作面貌。由于对《聊斋志异》原作的册次、编次、写作年代等问题的研究多以现存的半部手稿作为起点，因而有不少问题存疑或存在争论，一直难以得其究竟。本文的研究，旨在通过考察勾勒出今存手稿本之

---

① 一说发现于1948年（参见杨仁恺《聊斋志异原稿研究》，辽宁人民出版社1958年版）。此据孙仁奎《〈聊斋志异〉原稿在辽宁流传始末》一文所作的订正，见《蒲松龄研究集刊》第三辑，齐鲁书社1982年版，第284～287页。

② 参见杨仁恺《聊斋志异原稿研究》，辽宁人民出版社1958年版，第4页；[英]白亚仁(AllanBarr)《〈聊斋志异〉版本的演变》，载《明清小说研究》第五辑，中国文联出版公司1987年版；王枝忠《关于〈聊斋志异〉的成书年代》，载《齐鲁学刊》1987年第5期。

前的《聊斋志异》初稿本的大致情况，以为上述问题的研究提供一个符合历史事实的依据。

一、八册本《聊斋志异》手稿并非作者初稿

现存的《聊斋志异》手稿，共收录作品二百三十七篇，近于全书之半。1955 年，文学古籍刊行社影印此书时厘为四册，知其全帙八册。一般认为，此即是《聊斋志异》唯一的作者手稿本。

《聊斋志异》原稿为八卷或八册之说，始于蒲松龄的长子蒲箬。在蒲松龄辞世的当年——清康熙五十四年(1715 年)，蒲箬等《祭父文》即称：

> 暮年著《聊斋志异》八卷，每卷各数万言，高司寇、唐太史两先生序传于首，渔洋先生评跋于后，大抵皆愤抑无聊，借以抒劝善惩恶之心，非仅为谈谐调笑而已。[①]

蒲箬《清故显考、岁进士、候选儒学训导柳泉公行述》云："如《志异》八卷，渔搜闻见，抒写襟怀，积数年而成……"[②]十年之后，同邑后学张元撰写的《柳泉蒲先生墓表》，仍言"所著《文集》四卷，《诗集》六卷，《聊斋志异》八卷"[③]。蒲箬等《祭父文》叙《聊斋志异》每卷字数、序跋与内容诸事甚详，显然作者是见过八卷本的《聊斋志异》手稿的。从今存四册手稿的情况看，仅仅在第一册首篇《考城隍》之前有"聊斋志异一卷"六字，第四册第二十三篇《阿纤》之前有"卷之"二字，是作者生前确曾有过分卷之想，但出于种种原因，

---

① (清)蒲松龄著，路大荒整理:《蒲松龄集·附录》，上海古籍出版社 1986 年版，第 1821 页。

② (清)蒲松龄著，路大荒整理:《蒲松龄集·附录》，上海古籍出版社 1986 年版，第 1818 页。

③ (清)蒲松龄著，路大荒整理:《蒲松龄集·附录》，上海古籍出版社 1986 年版，第 1815 页。

后来并未对《聊斋志异》一书作最后分卷。因为"《聊斋志异》八卷"之说自蒲松龄辞世之时即开始流传,故有的研究者结合今存半部手稿厘为四册的情况考虑,推"八卷"即是八册。但蒲箬等人所说的"《聊斋志异》八卷"是否即是今存半部的八册本手稿?这在目前尚是一个须加以辨明的问题。

这一问题的存在,关键在于今存的《聊斋志异》手稿全帙为八册之说是否成立。从目前的研究来看,对今存手稿全帙是否八册的疑问主要来自以下事实:

(1)1950 年冬天手稿被发现时各册的装订线已被拆开,手稿在当时是散页置放的。①

(2)文学古籍刊行社影印本将现存手稿析为四册,仅仅是按前后文的连贯情况而定,缺少其他依据。而且在其编次的过程中,还存在"实在无法确定次第的就参照钞本(笔者按,指历城张希杰铸雪斋钞本)和青柯亭本目次加以编列"②的情况。

(3)刘滋桂在《〈聊斋志异逸编〉序》中,有"同治己巳(同治八年,1869 年),先君需次教职,携桂至沈读书。有淄川蒲留仙七世孙价人硕庵氏,精日者术,出其家藏《聊斋志异》原稿二十余册,卷皮摩损"③的记载,知在清同治年间,今存手稿本并非八册装订。

(4)松龄长孙蒲立德作于清乾隆五年(1740 年)的《〈聊斋志异〉跋》,有"《志异》十六卷"④之说,亦与原稿为八卷或八册之说不合。

---

① 孙仁奎《〈聊斋志异〉原稿在辽宁流传始末》引述当事人卞和之的回忆说:"当时,原稿是散的(已拆开装订线,据说原准备每家分若干页),一页页按顺序排叠。"

② 《出版说明》,《聊斋志异》手稿影印本卷首,文学古籍刊行社 1955 年版。

③ 转引自杨仁恺《聊斋志异原稿研究》,辽宁人民出版社 1958 年版,第 25 页。按,松龄七世族孙蒲价人,即将现存《聊斋志异》手稿由山东携至沈阳者。(详见蒲文珊《关于聊斋志异原稿》,载 1956 年 11 月 27 日《人民日报》)

④ (清)蒲立德:《〈聊斋志异〉跋》,《聊斋志异》青柯亭本卷首。

对于以上种种疑问，杨仁恺先生曾作如下推测："原稿在蒲氏生前析为八卷……到了乾隆时期，从蒲氏长孙立德的跋语中，知道已分为十六卷了。过此不久，便析为二十四卷，最后又照原样改为八卷。"①显然，这仅仅是一种假定性的推测。现存的《聊斋志异》手稿中并不见后人分卷之标识，蒲立德所说的"《志异》十六卷"是否是对今存手稿本而言的？刘滋桂所说的"《聊斋志异》原稿二十余册"，又是否可以准确判定为是将此手稿"析为二十四卷"？今存手稿的全帙又是不是由二十四卷"改为八卷"的？在目前缺少其他依据的情况下，应该说手稿册数的流变情况仍属难以确知的问题。

现存《聊斋志异》手稿在蒲松龄身后有过册数变更情况的说法使得问题的讨论更趋于复杂化。在这里，我们想暂且撇开流变的问题不论，直接来讨论今存手稿的全帙在作者生前是否是以八册分装的问题。对此，我的看法是肯定的，且述其理由如下：今存手稿以《云萝公主》起首的一册，前有作者手订的半页残目，征以正文中各篇前后衔接的情况，可证此实为作者手订的一册；《考城隍》至《猪婆龙》与《鸦头》至《阎罗》的两册，前者前有高珩《序》、唐梦赉《聊斋志异序》和作者的《聊斋自志》，首篇《考城隍》题前有"聊斋志异一卷"六字，自是一册起首；后者首篇《鸦头》题前有"聊斋志异"四字，是为作者生前分册之标识，可证《鸦头》为此册首篇。而据山东省博物馆收藏的《聊斋志异》康熙间钞本②，卷一篇目与手稿本

---

① 杨仁恺：《聊斋志异原稿研究》，辽宁人民出版社1958年版，第24页。

② 即山东省博物馆藏711号《聊斋志异》钞本和703号《聊斋志异》钞本残卷。两个钞本包括四卷又两个残卷（据青柯亭本补钞的另一小册应排除在此本之外），其开本、格式、字迹俱同，任笃行先生称之为"合本"，并断为康熙四十七年（1708年）之后的旧钞。（见任笃行《一函不同寻常的〈聊斋志异〉旧抄》，载《蒲松龄研究集刊》第一辑，齐鲁书社1980年版，第174～182页）袁世硕先生续有《〈聊斋志异〉康熙钞本补说》（见袁世硕《蒲松龄事迹著述新考》，齐鲁书社1988年版，第353～374页）。今仍其例称"康熙间钞本"。

《考城隍》起首的一册几乎全同，卷次不明的一册起于《酒虫》，终于《考弊司》，除较手稿本《鸦头》起首的一册缺《鸦头》、《孝子》、《阎罗》三篇外，余皆全同。手稿本中这三篇作品，《鸦头》置于一册之首，结尾部分与下篇《酒虫》在页中衔接，《阎罗》在此册之末，起首与上篇《考弊司》在页中衔接，《孝子》为册中第十四篇，首尾俱与上下篇在页中衔接，俱非自别册混入者。以康熙间钞本证之，今存手稿《考城隍》至《猪婆龙》、《鸦头》至《阎罗》的部分，正是原本的两册。所余的《刘海石》至《秦生》一册，其末载无名氏评语四则：

《罗刹海市》最为第一，逼似唐人小说矣。

《续黄粱》或云太酷。鸥亭云："正是唤醒他。"元微之云："千恩万(谢)唤魇人，向使无君终不寤。"

《狐谐》似注意孙姓，但不知何人为翁所恶耳。

《念秧》再一省净尤佳。

此册收作品六十二篇，其中《罗刹海市》为第二十篇，《续黄粱》为第三十八篇，《狐谐》为第三十三篇，《念秧》为第五十篇。观《罗刹海市》之前各篇，率以短文为多，文实无出《罗刹海市》之右者；而上引的无名氏评语书写于今订册末的半页空白之处，其统摄此一册之意极为明了。《刘海石》题前有"聊斋志异"四字，与前二册所见者同为作者生前分册之标识。由于上述三册篇目之起讫俱已凿然无疑，由以上理由并参另三册分册之例，《刘海石》至上引无名氏评处自当别为一册。我们退一步想，依照此册无名氏评所列作品的次序，《狐谐》与《续黄粱》等篇，甚至《罗刹海市》与前此的数篇在篇次上或有前后颠倒的情况，但他们同处一册之中则是毋庸置疑的事实。是知，今存手稿厘为四册实符作者原意，此其一。今存的康熙间钞本，目录俱列于各卷正文之前，有两卷篇目与今存手稿本基本相同，特别是卷一《王六郎》篇，书眉录有王士禛评，其行款、位置俱与手稿本同。由是观之，康熙间钞本当是据作者八册本手稿过录而成的，而两本篇次的偶有不同似可说明钞本过录的时间在作者最后改定手稿之前。与作者手稿本的这种关系,使得康熙间钞本在今天具有特别重要的意义,即康熙间钞本目前所存的部分,实可补今存手稿本不全的缺失。康熙间钞本今存四卷又两个残卷,其中两卷并两个残卷的内容为今存手稿本所无。试将今存手稿本与源出这一稿本的康熙间钞本合并为一,则我们所得此一稿本系统的全帙恰为八册。这一情况可以说明,两本都是以八册的形式分装的,此理由之二。既然今存手稿全帙八册为作者所手订,而其序、评、每册字数又无一不与蒲箬等《祭父文》的记载相合,则今存半部的八册本手稿实即蒲箬等所说的"《聊斋志异》八卷",其事也甚明。

这里,我们要着重指出一个与此相关的重要事实,即八册本《聊斋志异》手稿不是作者的初稿,它是作者晚年在初稿的基础上改抄而成的定稿本。为说明这一问题,缕述一下袁世硕先生对蒲松龄的友人朱缃借抄《聊斋志异》的情况所作的考证是十分必要的。[①]

广州中山大学图书馆藏有《聊斋诗文集》旧钞本,中有"寄聊斋"书札四通,未署名。其第一、二两札透出了作者向蒲松龄借抄《聊斋志异》的消息。袁先生考定书札的作者为济南朱缃,其第一札作于康熙三十六年(1697 年),第二札作于康熙四十一年(1702 年)秋。

在朱缃第一札中,有"《志异》七册前已赵上,想蒙照入矣。尚有八册,弟未经览者。既得窥豹文之一斑,冀阅虬龙之全甲。祈即付"数语。是知至康熙三十六年,《聊斋志异》的创作已达十五册之巨,然仍未辍笔,因为朱缃的第二札有云:"《志异》书有未经弟抄录者,祈付去手。录毕即驰上,断不浮沉也。"由第二札可知,朱缃至

① 参见袁世硕《蒲松龄与朱缃》,载《蒲松龄研究集刊》第三辑,齐鲁书社 1982 年版,第 211～228 页。

康熙四十一年仍在索阅其尚未得见的篇章。因为上云“八册”成书已久，不可能在要求借抄五年之后才到朱缃的手上，故此次索阅的作品应是康熙三十六年已经写成的十五册之外的部分了。

我们似乎可以肯定地说，康熙三十六年朱缃向蒲松龄借抄的十五册《聊斋志异》，应是作者在创作过程中逐渐积累成册的最初稿本。此时作者的创作仍在继续，不可能存在因友人的借抄而把累累巨册的《聊斋志异》初稿重抄录副的情况，而朱缃在康熙四十一年索抄的是作者康熙三十六年之后陆续写成的部分，更是作者的初稿无疑。既然康熙三十六年作者完成的《聊斋志异》初稿已达十五册，就其册数而言，已经远远超过了现存手稿全帙八册之数，故八册本《聊斋志异》手稿非作者最初稿本可知。

蒲箬在《祭父文》中称其父“暮年著《聊斋志异》八卷”，但从《聊斋志异》的创作情况和某些篇章所反映的时序来看，“暮年著《聊斋志异》”一说显然与事实不符。今存的《聊斋志异》手稿中留下了别人代抄和作者反复修改的痕迹。从这些情况考察，蒲箬的“暮年著《聊斋志异》”之说，所指当为作者晚年对《聊斋志异》初稿进行了改订，从而形成了今存四册的八册本《聊斋志异》手稿。

二、《聊斋志异》初稿本为十六册说

既然八册本的《聊斋志异》手稿并非作者最初的稿本，我们有必要进一步考察作者初稿本的分册情况，以求得见其从事《聊斋志异》创作的大致面貌。

因为为朱缃所借抄的《聊斋志异》原本有十五册完成于康熙三十六年之前，故我们考察的内容，应是康熙三十六年之后至创作终止时蒲松龄所创作的《聊斋志异》原稿的册数。

关于《聊斋志异》创作终止的时间，有不少学者进行了探考。在《蒲松龄与朱缃》一文中，袁世硕先生考得朱缃致蒲松龄的第四札作于康熙四十五年(1706 年)。札中只云欲借《聊斋志异》更正钞本中的“鱼鲁之讹”而不言继续借抄。又,朱缃题《聊斋志异》的诗署“丙戌橡村居士题于济上”,当作于其抄成《聊斋志异》之后。丙戌即康熙四十五年。合书札与题诗并观,是此时《聊斋志异》的创作已基本停止。我们从作者作于晚年的篇章来看,《夏雪》篇记康熙四十六年(1707 年)七月事,《化男》篇排在《夏雪》之后,云“亦丁亥(康熙四十六年)间事”,可知至早在康熙四十六年七月,《聊斋志异》一书仍然时有所作。而张笃庆的题诗末署“戊子昆仑外史张笃庆题”,“戊子”为康熙四十七年。关于张笃庆题诗的时间,袁世硕先生曾据张笃庆《昆仑山房诗集》的编年,断为康熙二十一年(1682 年)[①],其言甚是。但笔者以为不否认存在这样一种可能:张笃庆既为作者一生的挚友,与作者交往至老无间,那么在《聊斋志异》的创作最后完成的时候,作者将书示友以求品评,而张笃庆落时款而题旧诗,却也并无不自然之处。此说如云不谬,张笃庆题诗中的“戊子”自可作为一个断限来看,它意味着《聊斋志异》一书的创作已经最后完成,作者从此完全终止了该书的创作。

据以上推论,从康熙三十七年到康熙四十七年,在初稿本十五册完成之后,作者仍有十年的时间继续进行着《聊斋志异》一书的创作。

为了说明《聊斋志异》最后十年的创作情况,我们有必要对作者与《聊斋志异》的创作关系甚大的一首诗作的写作年代进行考订。

路编《聊斋诗集》中有一首题为《抄书成,适家送故袍至,作此寄诸儿》的诗,收在未编年的“续录”部分。诗有“衣烦爱惜身为用,书到集成梦始安”句,赵俪生先生认为,这标志着《聊斋志异》一书

① 参见袁世硕《〈聊斋志异〉康熙钞本补说》,载《蒲松龄事迹著述新考》,齐鲁书社 1988 年版,第 353～374 页。

创作的定稿完成。[①] 以《聊斋诗集》中"途穷书未著"(《独坐怀人》)、"淫雨销魂检旧书"(《呈孙树百》)的"书"字概指《聊斋志异》的情况推之,说"书到集成梦始安"的诗句标志着《聊斋志异》的创作某种程度的完成是正确的,但赵先生指称此诗作于康熙四十五年(1706 年),则不知何据。笔者曾翻检过国家图书馆收藏的一个《聊斋诗集》钞本,这部诗集显系据几个旧钞本汇钞而成的,偶有重出的现象。将路大荒先生编订的《蒲松龄集》中已编年的诗作与此钞本对照可以发现,如果把这个汇钞本诗集分成几个作期不同的部分,每一部分的内部排列都基本保持了编年诗作的先后顺序。《抄书成,适家送故袍至,作此寄诸儿》一诗为钞本《聊斋诗集》第一百七十四题,其上第五题为《稷门客邸》,其下有《九月晦日东归》、《家居》、《十月五日西行》、《斋中与希梅薄饮》诸诗,俱为《蒲松龄集》中康熙三十六年丁丑诗作。以此为据,说《抄书成,适家送故袍至,作此寄诸儿》诗作于康熙三十六年秋日当云不谬。

此诗作期的考订对我们讨论的问题有着较为重要的意义。诗题中的"抄书成"当是指作者把此时已经写成的《聊斋志异》初稿全部钞汇成册;而从"书到集成梦始安"的诗句看,早在康熙三十六年秋天的时候,蒲松龄就已经有把《聊斋志异》的创作作一结束的想法了。

朱缃借抄《聊斋志异》的第二札作于康熙四十一年的秋天。时隔五年,但札中只说"《志异》书有未经弟抄录者,祈付去手",而不再以借钞"几册"为求。这同样可以说明这样一个事实:康熙三十六年之后《聊斋志异》的创作速度已经明显放慢,慢到已不好用"几册"的文字来计数的程度了。

对作者康熙三十六年之后所创作的《聊斋志异》初稿册数的考

---

① 参见赵俪生《论蒲松龄的诗及其与〈聊斋志异〉的关系》,载《蒲松龄研究集刊》第三辑,齐鲁书社 1982 年版,第 158～166 页。

订,作者长孙蒲立德的《〈聊斋志异〉跋》与赵起杲《刻〈聊斋志异〉例言》的记载是至为重要的。蒲立德在《〈聊斋志异〉跋》中有"《志异》十六卷"一说。这篇《跋》文虽载于赵起杲所刻的青柯亭本,但蒲立德生于康熙二十二年(1683 年),至乾隆改元时已经五十四岁,恐怕他既不能得闻青柯亭本刻印的消息,更不会见到青本的流传。据英国学者白亚仁先生考察,淄川知县唐秉彝曾向蒲立德借抄其家藏的《聊斋志异》,而蒲立德则因为《聊斋志异》原稿存在文字讹误,且有触犯朝廷时忌之处,因此拿给唐秉彝一个收文一百一十篇,却析为十六卷的选本来应命。蒲立德的这一钞本虽已亡佚,但作者为此而撰写的《跋》文却流传下来并附在了青柯亭本之后。[①]据《淄川县志》,唐秉彝任淄川知县始于雍正十二年(1734 年),终于乾隆四年(1739 年)。但青柯亭本所载的蒲立德《〈聊斋志异〉跋》署"大清乾隆五年岁次庚申(1740 年)春日",其是否为呈送唐秉彝的《聊斋志异》选本而作则值得怀疑。

这里存在这样一个疑问,即蒲立德何以竟不认同其父在《祭父文》、《柳泉公行述》等处提出的"《聊斋志异》八卷"之说,而偏要以"十六卷"的说法来标新立异?此事值得深思。又,赵起杲《刻〈聊斋志异〉例言》中有"原本凡十六卷。初但选其尤雅者,厘为十二卷。刊既竣,再阅其余,复爱莫能舍,遂续刻之,卷目一如其旧云"之语,知青柯亭本打乱了原本编次,刻者并不隐讳,但青本分作十六卷刊出,却使得"卷目一如其旧"。很明显,赵起杲刻书所依据的底本,即郑方坤(荔芗)藏本,也是一种"十六卷"的钞本。赵起杲在青柯亭本的《弁言》中还曾谈到,郑方坤藏本乃是郑在山东做官时"得于其家者",那么据此似可以认定,在蒲氏身后曾有一种十六册装的《聊斋志异》藏于其家,而蒲立德的《跋》也当是为这部《聊斋志

① 参见[英]白亚仁(Allan Barr)《〈聊斋志异〉版本的演变》,载《明清小说研究》第五辑,中国文联出版公司 1987 年版。

异》而写的。这种十六册装的《聊斋志异》是否即是作者的最初稿本，我们目前尚难以认定，但以下两种可能大概都是有的：一是蒲氏家藏的十六册本即是作者的初稿本，乾隆五年，蒲立德为此一稿本写下了“《志异》十六卷”的《跋》语；二是蒲立德清楚地知道八册本手稿是由十六册的初稿本改订而成的，出于某种考虑，他依据八册本中原有的分册标志重新分册，将八册本恢复了初稿十六册的基本面目。不管哪一种可能存在，从作者的子孙仅有“八卷”、“十六卷”二说而原作并未分卷的情况来看，《聊斋志异》手稿曾以十六册和八册两种形式存在过则是不谬之事实。八册本的存在已由现存的手稿予以证实，而合蒲立德、赵起杲的原本“十六卷”之说及朱缃在康熙三十六年已在借抄作者初稿本第十五册，此后《聊斋志异》的创作速度明显放慢的情况考察，我们有理由认为，十六册装的《聊斋志异》即是作者在创作过程中逐渐积累而成的最初稿本。

推定《聊斋志异》初稿本为十六册，随之出现的问题是，从康熙三十七年到康熙四十七年，作者在十余年的时间里仅仅完成了十六册中的最后一册，这与作者创作的实际情况是否相符？

根据我们的考察，上述情况的出现，主要是康熙三十六年之后作者的创作兴趣发生了明显转移的结果。有研究者指出，自康熙三十七年到康熙四十七年的十年中，蒲松龄共创作了《俊夜叉》、《慈悲曲》、《姑妇曲》、《蓬莱宴》、《富贵神仙》、《增补幸云曲》、《翻魇殃》、《禳妒咒》、《磨难曲》十种俚曲作品。[①] 这十种通俗俚曲，占到蒲松龄全部俚曲作品的三分之二，粗略统计为四十万字左右，即使与《聊斋志异》相比，也占到其近五分之四的篇幅。这其中，从《聊斋志异》中取材的有七篇作品，可见在这十年之中，作者的主要创作兴趣已经由《聊斋志异》的创作转到了对《聊斋志异》作品的改编

① 参见高明阁《蒲松龄俗曲创作篇第考》，全国第二次蒲松龄学术讨论会论文，1985 年，淄博。

和其他俚曲的创作上来。蒲箬在《柳泉公行述》中所说的“如《志异》八卷……总以为学士大夫之针砭，而又恨不如晨钟暮鼓，可参破村庸之谜，而大醒市媪之梦也，又演为通俗杂曲，使街衢里巷之中，见者歌，而闻者亦泣，其救世婆心，直将使男之雅者、俗者，女之悍者，妒者，尽举而匋于一编之中”[①]，正是其父此一时期创作情况的真实写照。除俚曲而外，有写作年代可考的三种杂著，即《日用俗字》(康熙四十三年，1704 年)、《农桑经》(康熙四十四年，1705 年)、《药祟书》(康熙四十五年，1706 年)，也是这一时期的创作。

从这十年中创作了大量其他作品的情况来看，在这一时间段中蒲松龄实在已经抽不出多少精力来从事《聊斋志异》的创作。其实，我们从《聊斋志异》创作的实际情况考虑，作者自康熙十八年(1679 年)前后进入创作的盛期，至康熙三十六年其创作的兴致已保持了近二十年，至此发生兴趣的转移去经营其他作品，这也可以说是一件十分自然而易于理解的事情吧。

三、高序、唐序与两种手稿本的关系

在八册本手稿的卷首，收有蒲松龄的乡前辈高珩、唐梦赉为《聊斋志异》撰作的两篇序文。其中高珩的序末署“康熙己未春日谷旦”，与蒲松龄的《聊斋自志》为一时之作；唐梦赉序署作“康熙壬戌中秋既望”，距高序之作已历三年有余。我们以为，这两篇序文的作期，与初稿本《聊斋志异》第一、二两册的成书是存在直接关系的。搞清了这一情况，对于有关今存《聊斋志异》手稿的编次和写作年代问题上的一些歧异看法，也可以给出一个切近实际的答案了。

---

① (清)蒲箬:《清故显考、岁进士、候选儒学训导柳泉公行述》，载(清)蒲松龄著、路大荒整理《蒲松龄集·附录》，上海古籍出版社 1986 年版，第 1818 页。

蒲松龄的《聊斋志异》在康熙十八年的春天曾经有过一次编订，这因为有作者的《聊斋自志》和高珩《序》所署的年月为证，论者一般对此并无异辞。但对于唐梦赉《〈聊斋志异〉序》中的这样一段话“留仙蒲子……于制艺举业之暇，凡所见闻，辄为笔记，大要多鬼狐怪异之事。向得其一卷，辄为同人取去；今再得其一卷阅之。凡为余所习知者，十之三四”，却存在理解与阐释的歧义。章培恒先生考得今存手稿的第一册已记及康熙二十一年事(《祝翁》)，而以《鸦头》起首的一册记及康熙二十一年腊月事(《狐梦》)，从作者原稿八册的认识出发，章先生认为唐梦赉《〈聊斋志异〉序》所云“向得其一卷”，自是作者于康熙十八年至康熙二十一年秋间的作品重汇而成的“一卷”，即今存手稿本的第一册，并由此而产生出唐梦赉为这重编的“一卷”而写的《〈聊斋志异〉序》。但依据这一说法，在康熙二十一年秋日汇成的今存手稿第一册中，康熙十八年前的作品仅仅占到“十之三四”的篇幅，显然不是前编“一卷”的全部。那么，这部分被作者置诸编外的作品如何处理？章先生的看法，是康熙二十一年重编的时候，作者对初编“一卷”中若干写得不够好的篇什作了删除。[①] 但从《聊斋志异》后来所收的作品看，康熙十八年之后作者陆续写了不少每篇仅几十字的志异文字，如有年月可考的《水灾》、《瓜异》、《产龙》、《头滚》、《外国人》、《化男》等篇，思想与艺术都不见得多么高明，何以这些作品得以保存，而作者竟自删减康熙十八年之前写成的有可能比此更为优秀的篇章？可见删除一说，自有一些问题难以解释得十分圆满。

王枝忠先生对删除说提出了异议，认为唐梦赉《〈聊斋志异〉序》中所谓“再得”的“一卷”，乃是作者自康熙十八年春至康熙二十一年秋天写成的部分，而“凡为余所习知者，十之三四”，则是指在

---

① 参见章培恒《〈聊斋志异〉写作年代考》，载《蒲松龄研究集刊》第一辑，齐鲁书社1980年版，第183～197页。

唐梦赉先后两次得到的作品中，有“十之三四”的篇章所写的故事内容为唐所“习知”。对唐《序》的有关内容作如上理解，亦即说在康熙十八年的春天与康熙二十一年的秋天，作者各将写于此前的作品汇成了内容并无重复的“两卷”。且王枝忠进一步认为，唐《序》所说的“一卷”未必就等于现存手稿本全帙八册中的一册，而是比现存手稿本一册的篇幅要少一些。[①]

依据上文得出的《聊斋志异》初稿本为十六册的结论，我们有理由认为，唐梦赉《〈聊斋志异〉序》所提到的两个“一卷”，正是初稿本十六册中的第一、二两册。初稿本的第一册（即唐《序》所言“向得”之“一卷”）成书于康熙十八年的春日，作者为此写了《聊斋自志》，并请高珩弁《序》于前；到康熙二十一年的秋天，作者结束了初稿本第二册（即唐《序》所言“再得”之“一卷”）的写作，又呈请唐梦赉在这册作品之前写了《〈聊斋志异〉序》。因为高、唐所序的作品在初稿本中本是分开的两册，所以在当时并不存在重编的问题，也不存在作者删减前作的情况。如前所云，作者在其“暮年”曾将《聊斋志异》重新编订一过，把十六册的初稿、原稿改订成了今存四册而全帙八册的清稿、定稿，就连原在初稿本第二册之前的唐梦赉《〈聊斋志异〉序》也发生了位置的变动，被移到了定稿本第一册之前。经此一役之后，唐《序》实际上已经被“张冠李戴”，这就无怪乎我们长期对这一问题难于索解了。

我们推《聊斋志异》的初稿本为十六册，今存手稿的全帙是在十六册初稿的基础上改订而成的，那么就前后两种手稿的关系而言，在《聊斋志异》的研究中也就出现了一些应予重新考虑的情况。比如就册次而言，初稿本十六册与改订本八册的对应关系如何？改订本是不是按原本各册的次序合为八册的？有没有册次被打乱

① 参见王枝忠《〈聊斋志异〉是按写作先后编次的吗：与章培恒先生商榷》，载《宁夏大学学报》1984 年第 2 期。

的情况？在作者最后修改定稿的过程中，初稿本各册内部的先后次序有没有被打乱？究竟被打乱至何种程度？有没有可能恢复或大致恢复初稿本原来的内部编次？如果这些问题或者其中的一些关键问题不能解决，则我们就无法进一步探讨《聊斋志异》原稿的每一册和全书各篇的写作年代问题，也无法通过写作的先后顺序全面考察《聊斋志异》各个不同时期的创作。我们在此将这些问题提出讨论，希望能唤起海内外方家的注意。

（1991 年国际聊斋学讨论会论文，发表于《山东大学学报》1992 年第 2 期，人大复印报刊资料《中国古代近代文学研究》1992 年第 10 期转载）

第三辑

《醒世姻缘传》康熙年间成书说驳议

——兼论蒲松龄不是该书的作者

《醒世姻缘传》是《金瓶梅》之后又一部用山东方言写成的长篇世情小说，在中国世情小说发展史上占有特出的地位。就世情小说的发展而言，《金瓶梅》、《玉娇丽》和《续金瓶梅》等小说的存在，乃是一个由存在前代背景的传统题材型作品向无所依傍的个人独立创作发展的历史性过渡，而《醒世姻缘传》的出现，则标志着世情小说中真正独立的个人创作的开始。从这种意义上说，《醒世姻缘传》在整个中国世情小说的发展史上无疑是一部里程碑式的重要作品。[①]

使人感到遗憾的是，自 1933 年胡适之发表其小说考证的代表作《〈醒世姻缘传〉考证》[②]和孙楷第《一封考证〈醒世姻缘〉的信》[③]以来，关于《醒世姻缘传》的写作年代问题迄今未得出一致的结论。到目前为止，对这一问题的研究先后形成了成书于明末崇祯、清初

---

① 详见邹宗良《〈醒世姻缘传〉与世情小说的发展》，载《山东大学学报（哲学社会科学版）》1994 年第 3 期。

② 胡适：《醒世姻缘传考证》，载《醒世姻缘传》卷首，亚东图书馆 1933 年版。

③ 孙楷第：《一封考证〈醒世姻缘〉的信》，载《醒世姻缘传》卷首，亚东图书馆 1933 年版。

顺治和清代康熙年间三种成说。笔者的观点是《醒世姻缘传》自明末崇祯年间开始创作，至清初顺治年间成书，此有另文详论。[①] 在这里，我们仅对《醒世姻缘传》成书于清代康熙年间一说进行讨论，以期澄清一些在该书写作年代的研究中被模糊了的事实。

《醒世姻缘传》康熙年间成书说肇始于胡适之《〈醒世姻缘传〉考证》和孙楷第《一封考证〈醒世姻缘〉的信》。此后，朱燕静、李永祥先生曾先后著书、撰文，提出新的证据对这一观点进行补充、支持。[②] 今细加归纳，可以寻绎出此说五条最基本的证据：

（一）孙楷第先生把道光《济南府志》和章丘、淄川两县志所列灾异，与《醒世姻缘传》所记叙的灾情进行比较，认为《醒世姻缘传》之"事实人物，系捏合成化后至康熙中叶二百年间事为之。但所叙种种情节，实是章邱、淄川事"，"由错杂之事实人物细意推求之，知作者时代在崇祯、康熙之间"。孙先生将《济南府志》、《淄川县志》、《章邱县志》中自明代成化至清代康熙间的灾异列成年表，并从中总结出与《醒世姻缘传》相关的七种事实。其中，与康熙成书说直接相关者为以下四种：

(1)《醒世姻缘传》第二十九回写绣江县明水镇辛亥年大雨引发洪水，淹没房屋，溺死人畜，云与康熙七年戊申章邱(丘)事、康熙二十一年壬戌淄川事同。

(2)《醒世姻缘传》第三十一回写辛亥年大水之后，至壬子苦旱，癸丑、甲寅、丙辰、丁巳连年荒去，云与康熙十年壬子(笔者按，康熙十年为辛亥，十一年为壬子)至康熙二十一年壬戌淄川事为近。

---

① 参见邹宗良《〈醒世姻缘传〉的历史地位与写作年代上下限的推考》，载袁世硕、邹宗良校注《醒世姻缘传》附录，(台湾)三民书局 2000 年版，第 1359～1380 页。

② 朱燕静撰有《〈醒世姻缘传〉研究》一书，1978 年撰者自印于台北，承蒙新加坡国立大学辜美高博士复印寄赠；李永祥撰有《蒲松龄与〈醒世姻缘传〉》一文，载《中华文史论丛》1984 年第 1 辑。

(3)小说同一回写荒旱之后，人食尸肉，以至于父子、兄弟、夫妻相食，云与崇祯十三年庚辰章邱(丘)、淄川事，康熙四十三年甲申淄川事同。

(4)小说同一回写久灾之后乍得新麦，饥民饱食以致伤生，云与《淄川县志》所载康熙二十二年癸亥“三春雨旸时若，二麦大有，但凶年之后，人多疠疫也”之语相合。

(二)胡适之先生在《〈醒世姻缘传〉考证》中提出了此书作者是蒲松龄的说法，并认为其成书时间应在《聊斋志异》之后。在孙楷第考证的基础上，胡适之先生引《聊斋文集》中《康熙四十三年纪灾前篇》所记的康熙四十二年淄川灾情，云与小说第九十回所叙成化十四年灾情相合，从而推论《醒世姻缘传》一书到康熙四十二、四十三年间尚未完成。

(三)孙楷第先生在《一封考证〈醒世姻缘〉的信》中考得，小说第三十一回所叙的“守道副使李粹然”实有其人，台湾朱燕静女士因据《济南府志》，云李粹然至康熙四年尚在山东任监察御史，故《醒世姻缘传》的成书必在康熙四年之后。又，小说卷首的环碧主人《弁语》署“辛丑清和望后午夜醉中书”，在康熙四年至日本《舶载书目》已经著录《醒世姻缘传》的雍正六年[①]之间，只有康熙六十年为辛丑年，故朱燕静女士以为环碧主人的《弁语》当作于康熙六十年辛丑。

(四)《醒世姻缘传》第八十六回，写到了庙居淮安的河神“金龙四大王”，朱燕静女士据《清史·圣祖本纪》中“金龙四大王”封于康

① 孙楷第先生《中国通俗小说书目》(人民文学出版社 1982 年版)载：“日本享保十三年(清雍正六年)《舶载书目》有《醒世姻缘传》，所记序跋凡例与今通行本同。”刘世德先生在《〈《醒世姻缘传》研究〉序》中进一步指出：“日本的《商舶载来书目》(日本国会图书馆藏)著录了享保十三年(即雍正六年，1728)进入日本的书籍，其中有《醒世姻缘传》‘一部十八本’。”(转引自夏薇《〈醒世姻缘传〉研究》卷首，中华书局 2007 年版，第 6 页)

熙四十年辛巳的记载得出结论,云《醒世姻缘传》的创作至康熙四十年尚未完成。

(五)小说第五十回写薛教授劝女婿狄希陈捐纳,先讨了“廪增”的名色,再捐为“廪监”。李永祥先生据《清史稿》卷一百十二《选举七》中“顺治十二年,开廪生捐银准贡例,从御史杨义请也。十七年,礼部以亢旱日久,请暂开准贡,令士民纳银赈济,允之”等记载,认为薛教授所说的“新开了准贡的恩例”与狄希陈纳贡,为顺治晚年情形;又,小说第三十七、三十八回写到济南趵突泉西侧有行院人家,而趵突泉迤西在明代为乡宦殷氏府第,附近当不容青楼娼家卜居操业,而至“清初数十年间”殷氏式微,居第数易其主,故青楼操业也成为可能之事。据此,李永祥先生云《醒世姻缘传》“必成于清初康熙年间”。

以上所列,是自20世纪30年代以来《醒世姻缘传》成书于康熙间说的主要证据。笔者以为,这五条大证都难说是《醒世姻缘传》成书于康熙年间的凿然之据。下面次第而辨析之。

孙楷第先生的《醒世姻缘传》研究,方法是通过地方志乘所载的史料来推求小说所写的地理、事实和人物的。他经过考证证实小说中的李粹然实有其人,其任济南道在明崇祯七年以前,小说所写的绣江县实为山东章丘县等,都是重要的贡献。然而,由于一个古代作家一生所历或不止于一朝一地,如无十分把握,这样一种以一府数县的史事来求证一部作品所写内容的做法是难免强合之嫌的。从《醒世姻缘传》的叙述描写看,作者当到过北京、通州、临清、济南、济宁、淮安、河南、山西等地,他完全可能把自己在各地的所见所闻写入小说,而不必拘泥于济南府属的章丘、淄川二县。举一个时地俱存的例子,《醒世姻缘传》第四十三回、第五十一回写到山东武城县刑房书手张瑞风在囚妇施珍哥监房中奸宿,后来珍哥趁狱中失火借尸脱囚,被张瑞风匿于家中为妾。作者说“珍哥这事传了开去,做了山东的一件奇闻”,实则这一奇闻并非出于山东武城,而是发生在别省他县。谈迁《枣林杂俎》和集《借尸脱囚》条记载：

崇祯五年，高平典史张口口，悦囚妇许氏，借丐妇尸为许氏，阴匿于官舍。秩满还富平，隶人发其事。逮张至，抵死。[①]

此事实即《醒世姻缘传》第四十三回、第五十一回之所本。这件事在当时可以说是天下奇闻，但发生的地点则为山西省高平县，与山东省武城县相去甚远。孙楷第先生自己也曾指出，《醒世姻缘传》所写的李粹然岁祲办赈"殆是崇祯十三年任冀南道时事，以之属济南，亦非"。

《醒世姻缘传》所叙时事既如此，则小说所写种种灾异也实难断然定为明成化至清康熙间的章丘、淄川两县事。细按起来，即孙楷第先生所举两县志书的事实，与《醒世姻缘传》比较也并不尽合。具体而言，《淄川县志》云康熙二十二年"凶年之后，人多疠疫"，当是指由于旱潦之灾而生的流行性传染病，与《醒世姻缘传》所说的饥民在久饿之后"骤然吃饱，壅塞住了胃口"而出现的人为的死伤情况不同；小说第三十一回写绣江县明水一带地方自辛亥年七月初十日大雨之后"一点雨也不下，直旱到壬子，整整一年。癸丑、甲寅、丙辰、丁巳连年荒去"，终于酿成凶灾，出现吃死人尸骸，以至父子、兄弟、夫妻相食的惨状。孙先生言此与康熙十年至康熙二十一年淄川事为近，而据《淄川县志》，康熙十年辛亥淄川并无灾情，更没有大雨成灾的情况。此后直至康熙二十一年的十年间，淄川虽然屡见灾荒，但却不止是如小说所说的七年荒旱，更没有出现小说所写的人食尸肉以至骨肉相食的情景。孙先生既言小说所写的辛亥大水为康熙二十一年淄川事，又言其为康熙七年章丘事，且云作者"说当时事，不便质言，故徜徨迷离其词，以康熙七年大水下移三年，以属之辛亥"；既认定《醒世姻缘传》中岁凶、人相食的情况为崇

① (清)谈迁:《枣林杂俎》，载《笔记小说大观》第 32 册，江苏广陵古籍刻印社 1983 年版，第 194 页。

祯十三年章丘、淄川事，又云为康熙四十三年淄川事，且言“崇祯庚辰（十三年）及康熙甲申（四十三年）之灾，至为惨酷，为作者所亲历，故亦联带叙入”。平心而论，这不过是一种缺乏严格事实根据的推测之语。即以章丘、淄川“人相食”的情况而论，从崇祯十三年庚辰（1640 年）到康熙四十三年甲申（1704 年），前后相隔的时间长达六十五年之久，在历史上恐怕很难找到这样一位作者，既亲身经历了逾一花甲的两次奇灾，又能把两次灾变的感受和经历捏合起来写进自己的小说。

就实际情况而论，即使是这种“人相食”和大水溺死人畜的奇灾，在封建时代也多是一种时常出现的社会共相，并不独发生在章丘、淄川两县。朱燕静女士在讨论《醒世姻缘传》的地理背景时谈道：“其实水灾旱灾、天灾人祸，皆是各地的共相，历代不绝于书。披阅史书方志灾祥之章，不难发现随时随处天地间都重复着这些悲剧。单就山东各地大水饥荒，或竟至‘父子相食，行人断绝’①，亦是普遍现象，非仅于淄川而已……就拿崇祯至康熙年间所谓‘山东大水’、‘山东大旱’、‘山东人相食’，似乎是屡见不鲜②。以此普遍的共相，来套入淄川的灾祥，犹如于大集合中找部分集合，当然可以找到交集。”③笔者以为，对孙楷第先生的观点，这样的认识是比较客观的。《醒世姻缘传》保存了大量作者生活时代的历史事实，包括许多水旱灾荒，这反映了小说作者生活阅历的丰富，也是

① 朱燕静原注：“《济南府志》卷二十：崇祯十四年‘六月大旱蝗，德州斗米千钱，父子相食，行人断绝’。”

② 朱燕静原注：“灾异史不绝书，犹以山东大水、荒旱、人相食更为常见，不胜枚举。兹略举数则为例：《明史·庄烈帝本纪》崇祯十三年：‘是年两畿、山东、河南、山陕旱蝗，人相食’等；《山东通志》：‘世祖顺治四年丁亥四月，济南、青州二府大水……五年夏，济南大水’等；《济南府志》：‘崇祯十三年五月，大旱，饥。树皮皆尽，发瘗肉以食……’；‘康熙四十二年春，大水，饥。免田赋……’”

③ 朱燕静：《醒世姻缘传研究》，撰者 1978 年自印（台北），第 15～16 页。

小说创作不拘泥于一时一地的结果。

胡适之先生在《〈醒世姻缘传〉考证》中认为该书至康熙四十二三年还没有完成，主要是将蒲松龄的《康熙四十三年纪灾前篇》与小说第九十所记明成化十四年的灾情比较而得出的结论。但细加考索，则两处记载所言事实并不相合。今将两段相关的文字移录于下：

> 谁知到了四月二十前后，麦有七八分将熟的光景，可可的甲子日下起雨来。整日的无夜无明，倾盆如注，一连七八日不住点。刚得住，住不多一时，从新又下。……只因淫雨不晴，将四乡的麦子连稭带穗弄得稀烂，臭不可当；秫秫、棉花、黍、稷、谷、稻之类，着水浸得如浮萍蕰草。夏麦不收，秋禾绝望。①

以上是《醒世姻缘传》第九十回所描述的灾情。下面再看胡适之先生引以对照的蒲松龄《康熙四十三年纪灾前篇》：

> 癸未（康熙四十二年）四月，天雨丹，二麦歉收。五月二十四日甲子，风雨竟日。自此霪霖不休，垅中清流瀌瀌出焉。农苦不得耨，草迷疆界，与稼争雄长。六月十九日始大晴，遂不复雨。低田水没胫，久晴不涸，经烈日，汤若煮，禾以尽槁。高田差耐潦，然多蜚……禾被嚁以枯、以秕，藷尽臭，牛马不食。②

胡适之先生的考证，是由以上两段记载“推想《醒世姻缘传》第九十回记的灾情，是康熙四十二三年的淄川灾情”的。但我们却发现，两处记载一为四月二十日前后之甲子日，一为五月二十四日甲子，时令实有月余之差；一云“将四乡的麦子连秸带穗弄得稀烂”，“夏麦不收”，一则明言“二麦歉收”，是夏粮有已收未收之别；一说

---

① （清）西周生辑著，袁世硕、邹宗良校注：《醒世姻缘传》，（台湾）三民书局 2000 年版，第 1207～1208 页。

② （清）蒲松龄著，盛伟编校：《蒲松龄全集》，学林出版社 1998 年版，第 1023 页。

由于"淫雨不晴",未收割的麦子被雨淋烂,䅟秫、棉花、黍、稷、谷、稻之类也"着水浸得如浮萍薀草",一则因为"久晴不涸",上曝下蒸,使得低田"禾以尽槁",而高田则转生蜚害,是为灾之状也并不相同。适之先生的考证只注意到两处皆言"甲子日"开始下雨的事实,却忽略了以上三点明显的不同灾情。其实,甲为天干之首,子为地支之始,古人以干支纪日,常特书之以醒人之目,故这两处"甲子"虽皆为两位作者下笔时特为标出的日期,但其中并不寓有此即是彼的微言隐义。

孙楷第先生谈到,在《醒世姻缘传》"许多不可靠的名字中,却有一人籍贯、仕履、科分,无一不合,则三十一回所谓李粹然是"。小说写绣江县救荒的"守道副使李粹然,是河南怀庆府河内县人,丙辰进士",孙先生则据《河内县志》、《淄川县志》、《滋阳县志》与《济南府志》、《嘉兴府志》、《潞安府志》诸志乘,考得河南怀庆府河内县人李政修,字粹然,明万历丙辰(万历四十四年)进士,授介休知县,丁艰,起补淄川知县,迁滋阳知县,擢礼部郎中,迁济南道、嘉湖道,再迁济南道,未任乞休,顷起冀南道。清初,荐补天津道,升淮海道,卒于官。据以上履历,孙先生指出其任济南道当在明崇祯七年以前。朱燕静女士的《醒世姻缘传研究》进一步考证说:"在《醒世姻缘传》第三十一回,作者所颂扬的那位'不必说他洁己爱民、忘家为国的好处,单只说他那救荒的善政的守道副使李粹然,于《济南府志》确载有其人:'李粹然,山西绛州人,进士,康熙四年任监察御史。'①由此实人实事,不难推出作者必耳闻或目睹李粹然实行善政,可见作者著书必不得早于此时。"

① 朱燕静原注:"《山东方志》之一《济南府志》卷二十九《秩官七》康熙朝李粹然条。胡适引孙楷第说法指出:'救荒好官李粹然是实有的人物,书中说他是河南河内人,丙辰进士,都是事实。'实则为'山西绛州人',不知此系胡适引述之误或孙氏原证之谬,特此订正。"笔者按,朱燕静女士所举的李粹然与《醒世姻缘传》所云并非一人。朱燕静于此有失考之误,见本文论证。

显然,由于没有见到孙楷第先生考证的原文,朱燕静女士误将山西绛州人李粹然认作了《醒世姻缘传》写到的河南河内县名政修的李粹然。但既然翻检了道光《济南府志·秩官志》,则朱燕静女士在此一问题上实有失考之疏。如果细检《济南府志·秩官志》,则可以发现其中不仅有李政修任明天启间淄川知县、崇祯间按察使司佥事的有关记载,而且明言其"字粹然",从而会对两位同在山东任职的李粹然实非一人之事作出正确判断。

清康熙四年任监察御史的山西绛州人李粹然与明崇祯间任"守道副使"的李粹然[①]既非一人,《醒世姻缘传》至康熙四年仍在写作之说自然无所依凭。而依此推出的环碧主人《弁语》之"辛丑"为康熙六十年辛丑之说也就同样难以成立了。

朱燕静女士康熙年间成书说的另一直接证据是《醒世姻缘传》写到了淮安的金龙四大王庙,而《清史·圣祖本纪》记载:"康熙四十年辛巳,春正月辛亥,以河伯效灵,封金龙四大王。"《醒世姻缘传》第八十六回既然写到金龙四大王之事,其写作时间亦当在康熙四十年之后。

朱燕静女士引据的《清史》,为台湾国防研究院清史编纂委员会编,笔者曾见到台北成文出版有限公司1971年10月的初版本。按《清史稿·圣祖本纪》中有相同的记载。如果"金龙四大王"之封始于康熙四十年,这可以说是《醒世姻缘传》成书于康熙年间的最有力的证据。然而据笔者考察,情况同样并非如此。

清代所祀河神,非止金龙四大王一人。宗力、刘群辑录的《中国民间诸神》[②]一书收录了金龙四大王与黄大王,而据其他史料可

① 孙楷第《一封考证〈醒世姻缘〉的信》:"守道副使之言,亦有小小错误:一、府志明谓政修以佥事任济南道,非副使(《淄川志》云副使,亦误。实则副使佥事仅四品五品不同)。二、明时巡道以按察司副使佥事任之,守道以布政司参政参议任之,无副使任守道之事也。"其说甚是。

② 宗力、刘群辑录:《中国民间诸神》,河北人民出版社1986年版。

知，在清代并祀为河神的尚有朱大王。三位河神中，朱大王、黄大王俱为清代新封，而金龙四大王则袭明封之旧。《中国民间诸神》于“金龙四大王”条下，曾引录《续文献通考·群祀考》、《古今图书集成·神异典》、《清朝文献通考·群祀考》及翟灏《通俗编》、赵翼《陔馀丛考》、俞樾《茶香室丛钞》、姚福均《铸鼎馀闻》、李干忱《破除迷信全书》中的有关史料。此外，笔者发现明佚名《如梦录》，朱国祯《涌幢小品》，谈迁《北游录》、《枣林杂俎》，施闰章《矩斋杂记》，雷琳等《渔矶漫钞》及陈济生编《天启崇祯两朝遗诗》卷三、卓尔堪辑《明末四百家遗民诗》卷六、《元明事类钞》卷二十、光绪《祥符县志》卷十二等处，俱有与金龙四大王相关的记载，明代文人徐渭、陈继儒曾为金龙四大王立传。合以上种种记载，可知金龙四大王本南宋会稽诸生，姓谢名绪，行四，为谢太后之侄。居钱塘安溪，读书于金龙山之望云亭。宋亡，谢绪赴苕溪死，葬于金龙山麓。元至正二十七年，吴王朱元璋部下大将傅友德与元将蛮子海牙战于徐州吕梁洪，传有金甲神人于空中助战，元师败绩。朱元璋梦神人为谢绪，因于次年诏封其为金龙四大王。至隆庆、天启及清顺治年间又屡有加封。明末清初人谈迁在《北游录·纪程》中记载：

> 癸巳八月丙寅（清顺治十年八月初三日）：……甘罗城西，数百武曰清口。金龙四大王庙最著灵，无舟不祷，优唱灌耳……天启丙寅，加封护国济运金龙四大王。①

可见在明末清初，民间对金龙四大王的崇祀已极为普遍。《清史·圣祖本纪》所载金龙四大王之封事，实不能作为《醒世姻缘传》写成于康熙四十年之后的证据使用。

最后谈谈李永祥先生的证据。李先生证《醒世姻缘传》“必成于清初康熙年间”共举了三条证据。一条是关于明清典史职掌的。

① （明）谈迁：《北游录》，载沈云龙辑《明清史料汇编》第七辑第六十七册，台湾文海出版有限公司 1971 年版，第 19 页。

李先生说，县之典史在明代本“典文移出纳”，入清则“掌稽察狱囚”。据笔者考察，典史在明代天启、崇祯年间已负“稽察狱囚”之责，入清亦然。因此事非康熙年间所特有，因置不辩。另两条证据，一即狄希陈由“廪增”捐为“廪监”之事。李先生据《明会通·选举》云，明崇祯五年曾有诏停止援纳，故明末并无“新开准贡”之例，而明末廪生纳贡之例，《明史》中也并无记载。按准贡纳监之例，始于明万历年间（参见沈德符《万历野获编》卷十一所载），至崇祯五年十二月，确曾有“不得再行援纳”的诏书下颁，但开纳事例却并未就此停止。今录史学家谈迁《国榷》崇祯五年之后的相关记载如下：

乙亥崇祯八年五月辛亥，谕户部：条议援纳，有旨停止，原为吏涂纷杂，名器混淆。今所议殊悉，且于铨法无碍，姑暂开以济亟需。

丁丑崇祯十年正月丙辰，工部尚书刘遵宪因培筑京城，上加派输纳事例。

辛巳崇祯十四年五月丙子，巡按山西御史李□□请止纳贡，杜幸门，不允。[①]

是知崇祯五年诏停援纳之后，至崇祯八年又曾“暂开”，崇祯十年又开援纳之例，而直到崇祯十四年尚仍行纳贡之事。明末廪膳生员纳贡之例虽不载于《明史·选举志》，但明末人的笔记中却有记载。王守义先生在《〈醒世姻缘〉的成书年代》[②]一文中曾节引杨士聪《玉堂荟记》卷下一段文字，今全引如下：

援纳之复，部议不论廪、增、附，一概以二百七十金为额。久之，惟附学纳银，而廪、增裹足不至，乃复照旧例。其意以为

---

① （明）谈迁著，张宗祥点校：《国榷》，中华书局 1958 年版，第 5703、5780、5895 页。

② 王守义：《〈醒世姻缘〉的成书年代》，载 1961 年 5 月 28 日《光明日报》。

增广多冒称也，乃并廪例而加之。及不可行，而冒称乃如故矣。[①]

据杨士聪自序，《玉堂荟记》所记载的正为崇祯时事。王守义先生曾推断《玉堂荟记》所言为崇祯八年以后事，今以《国榷》证之甚是。《醒世姻缘传》第五十回，掌案先生黄桂吾说："廪膳纳贡，比附学省银一百三十两，科举一次免银十两……近来纳监的都求了分上，借那廪增名色的甚多。"此正为崇祯八年恢复援纳之后"复照旧例"，而增广、附学生员"冒称仍如故"的具体情形。李先生又云，清制有了贡生与监生之别，《醒世姻缘传》中晁源纳监为"沿明纳粟例"，系由平民捐纳，故称"晁监生"；狄希陈则以"廪增生员"的名色纳监，是为"例贡"，故称"狄贡生"。但细按其说，《醒世姻缘传》第六回写晁源纳监，却是"部里递了援例呈子，弄神弄鬼，做了个附学名色"，并非如小说第四十二回所写的俊秀（平民）纳监之"事例"。而小说中的回目，第五十回为"狄贡士换钱遇旧"，第六十八回则为"狄监生自控妻驴"，是"狄贡生"仍可称为"狄监生"。证以《国榷》与《玉堂荟记》的记载，可知狄希陈纳贡正为明崇祯八年重开援纳之例以后事，而非顺治晚年情景。由以上所论，可知小说中的狄希陈纳监一事并不能证明《醒世姻缘传》成书于清代康熙年间。

李永祥先生举出的另一证据，是济南趵突泉西侧原为明大学士殷士儋之"通乐园"，而士澹之子孙俱有宦迹，终明之世，宦第附近当不容青楼娼家卜居操业。按，殷氏通乐园，即《聊斋志异·狐嫁女》篇所说的"历城殷天官"府第，清代著名诗人王苹对此地的沧桑有较为详尽的记述。《济南府志》卷六十六《艺文二》载王苹《王氏南园记》，其略云：

王氏南园者，明殷相国士儋之通乐园也。在趵突泉西，即《齐乘》所载之万竹园。望水、登州两泉在其内。后归姚秀才，

---

① （明）杨士聪：《玉堂荟记》，1915 年刻本。

垦为菜圃。未几,转鬻于王氏,垂三十年矣。王氏无子,只一老孀妇,赖是园以活。余年十九,移家园侧,距今十五年,而老孀妇于今春忽鬻于邢上舍。犹言王氏南园者,从予之始知是园名之也……余今年三十有四,每念移家于此已十五年,其所成就,无加于昔。听彼舍之泉声,对邻园之树色,方重自愧。因书之以为记。壬申四月二十三日。

壬申为康熙三十一年(1692 年)。王苹《二十四泉草堂集》卷末附于熙学《刻〈二十四泉草堂集〉缘起》,云王苹"年十八称诗,为岁丙辰(康熙十五年,1676 年)",推之知其生于清顺治十六年己亥(1659 年),与《王氏南园记》之自述正同。由《王氏南园记》可知,至清康熙年间,殷氏通乐园已数易其主,其间且有废为菜圃诸事发生。《济南府志》同卷又有王苹《二十四泉草堂图记》一篇,其文云:

元于钦《齐乘》,载金源七十二名泉碑,云历下名泉,有……曰望水。余居望水之上二十年,因取金碑所列水之次第,以名吾堂为二十四泉草堂。于钦释碑,谓望水在万竹园内。《历城志》谓明殷文庄公通乐园即元之万竹,而土人至今谓余所居之地为殷家亭子,则余居所临之泉其为望水,信然矣。园自文庄后数易其主,废为菜圃已六七十年,而泉流如故……壬戌之夏,山水暴涨,吾堂以圮。其后再筑再圮,而不能复筑者十余年,而园忽为富人所有。平沟塍,斩乔木,埋山石,耕之以为田,而泉亦竭矣……去年客江宁,乃述其大概,属吾宗安节为图。

王苹之《二十四泉草堂集》,今存康熙五十六年(1717 年)其受业门人文登于熙学刻本。其卷三所收,为作者康熙三十二年癸酉至康熙三十四年乙亥间的诗作。其中《甲戌春日独游历下亭》之后第三题为《江宁留别吾宗安节》,因知王苹"客江宁……属吾宗安节为图"为康熙三十三年甲戌事,其《二十四泉草堂图记》则作于康熙三十四年乙亥。文云"园自文庄后数易其主,废为菜圃已六七十年”，由此逆推，是其“废为菜圃”始于明天启末至崇祯初年。《二十四泉草堂图记》云“《历城志》谓明殷文庄公通乐园即元之万竹，而土人至今谓余所居之地为殷家亭子”，《醒世姻缘传》第三十七回则写狄希陈“走到趵突泉西边一所花园前，扯开裤小解，谁知那亭子栏干前站着一个十六七岁的磬头闺女……(狄希陈)赶上薛如下等说道：‘您也不等我一等，刚才差一点儿没惹下了祸！一个大磬头闺女在那西边亭子上……’”其地相合，景物又同，妓者孙兰姬所居处的有亭子的花园，当即“废为菜圃”之后的殷氏通乐园旧址。以上考证可以说明，济南趵突泉西侧出现行院人家，实不可断言其必在“清初数十间”，而是明代天启、崇祯以至清初皆有可能。

以上我们考察分析了 20 世纪 30 年代迄今《醒世姻缘传》成书于清代康熙年间说的各种论据。诸种论据俱不合于《醒世姻缘传》所反映的历史事实。由于自胡适之先生以来《醒世姻缘传》成书于清代康熙年间的诸种证据皆不能成立，因此笔者认为，这部小说写作的下限应该定在清代康熙朝以前。

胡适之先生的《〈醒世姻缘传〉考证》，在断言该小说至康熙四十二三年尚未完成之后，得出了其作者即《聊斋志异》作者蒲松龄的结论。适之先生说：“我在四五年前提出的一个大胆的假设，说《醒世姻缘传》的作者也许就是蒲松龄，也许是他的朋友。几年来的证据都帮助我证明这书是蒲松龄作的。”众所周知，适之先生的考证方法，他自己概括为十个字，即“大胆的假设，小心的求证”，或者简言之为“大胆假设，小心求证”，这也即适之先生晚年在台湾讲学时提到的“要把金针度与人”的所谓的“金针”。适之先生认为，他的《〈醒世姻缘传〉考证》是学习小说考证方法的一个十分优秀的实实在在的范例，所以晚年讲到他的考证方法，他都以《〈醒世姻缘传〉考证》为具体例证来进行说明。但笔者认为，恰恰是适之先生这篇最为得意的考证文字，暴露出了其考证方法存在的一个大缺陷，那就是他的考证方法缺少了一个最基本的逻辑起点，很容易把人引入歧途。

因为适之先生所说的“大胆假设”，是先假设出一种考证的结果，再围绕着这个假设去搜集相关的论证材料来支持已有的假设，这样一来，在搜集材料的过程中有了一个先入之见，即仅仅是为了证明这个假设而去搜集材料的，这样就有可能对更为重要的，确能解决问题的，但却是和原来的假设无关的材料视而不见。也就是说，按照这样一个“大胆的假设”去搜集材料，很容易误入了一个先入为主的歧途。头脑中先有了一种既定的假设，再围绕着这个假设去搜集材料，这样也就限制了自己的研究视野，往往看不到出现其他结果的可能性，忽略了在自己的假设之外可能存在的其他结果。而有些时候，正确的结论恰恰就在自己的假设之外，大胆地假设一种可能的结果，往往就忽略了其他的结果。

就《醒世姻缘传》时代与作者问题的考证而言，适之先生所作的假设并没有建立在一个正确的逻辑起点之上。适之先生假设“《醒世姻缘》的作者也许就是《聊斋》的作者蒲松龄，也许是他的朋友”，他“假设”的这种可能性是存在的，但不是必然如此。不能说《聊斋志异》中的《江城》篇和《醒世姻缘传》在情节上有某些相似之处，《醒世姻缘传》就一定是蒲松龄写的，或者是他的朋友写的。因为这些情节上的相同或者相似，从逻辑上判断，它所提供的是这样三种可能：第一种可能，是《醒世姻缘传》和《聊斋志异》成书于同一时代，它们有可能都出自蒲松龄之手，或者出自和蒲松龄关系密切的朋友之手，也就是胡适之先生“假设”的情况；第二种可能，是《醒世姻缘传》的成书年代可能早于《聊斋志异》，这两部作品不是同一个人写成的，或者说不是生活在同一个年代的人写成的，但《聊斋志异》的创作受到了《醒世姻缘传》的影响，所以出现了某些情节的相似；第三种可能，是《醒世姻缘传》比《聊斋志异》成书的时间要晚，其作者在创作的过程中受到了《聊斋志异》一书的影响。笔者认为，仅仅是从《醒世姻缘传》和《聊斋志异》中的《江城》篇情节相似的情况出发考虑问题，以上三种可能都是存在的。

胡适之先生的考证方法及具体运用这种方法而产生的《〈醒世姻缘传〉考证》，由于忽视了黑格尔告诫我们的“逻辑的方法”，从考证开始就走上了一条歧途。举一个《醒世姻缘传》文本中的“内证”为例，小说第六回、五十四回、五十五回、五十六回、七十回、七十一回、七十五回、七十七回、七十八回、七十九回、八十回、八十一回、八十二回、八十三回、八十四回都写到了北京，其中还有这样一些详细的描述：

到了北京，进了沙窝门，在一庙中暂住，以便找寻下处。寻到国子监东边路北里一个所在，进去……（五十四回）

问了几家古老街坊，才知……见在翰林院门口西去第五六家路南居住，门口有个卖枣儿火烧的铺子，便是他家。狄周谢了那说信的邻翁，复上了头口，竟往翰林院门口奔来。走到那西边第六门卖火烧的铺子，正待要问……（七十五回）

素姐进了顺城门，一直走到锦衣卫后洪井胡同狄希陈下处，敲开门。（七十七回）

以上种种不经意的描述，说明《醒世姻缘传》的作者曾经去过北京，对北京的许多街道还比较熟悉。但蒲松龄却从来没有到过北京，对北京的街道、环境并不了解，如果《醒世姻缘传》是蒲松龄写的，小说中就不可能有对北京街道的这样一些细部的描写。但由于适之先生的考证先入为主，认定了作者是蒲松龄或者他的朋友，因此他对小说本身存在的这些可以说明作者生平经历的内证也就视而不见，从而导致了他的研究结论的错误。

《醒世姻缘传》的成书年代不是蒲松龄从事创作的清代康熙年间，它的作者自然也就不会是蒲松龄其人，这便是本文所作的结论。

（写于1988年，发表于《社会科学》1989年第6期）

"姑奶奶"、"关圣帝君"与"金龙四大王"

——再论《醒世姻缘传》康熙年间成书说之不能成立

《醒世姻缘传》的成书年代一直是研究者颇为关注的问题,长期以来,先后形成了"崇祯说"、"顺治说"、"康熙说"乃至"乾隆说"等多种不同说法。其中"乾隆说"首见于林辰先生《论明末清初小说的历史地位》、《清初小说略论》诸文①,后来夏薇女士在《〈醒世姻缘传〉研究》一书中又进一步提出雍正四年(1726 年)至乾隆五十七年(1792 年)成书说。② 但"乾隆说"的根本缺陷是与日本享保十三年(清雍正六年,1728 年)的《商舶载来书目》已著录该书的历

① 林辰:《论明末清初小说的历史地位》,载《社会科学辑刊》1982 年第 5 期;《清初小说略论》,载《社会科学辑刊》1985 年第 2 期。

② 参见夏薇《〈醒世姻缘传〉研究》,中华书局 2007 年出版。

史事实相矛盾[①],所以并不为研究者所取。"康熙说"则首见于胡适之先生的《醒世姻缘传考证》[②],支持者先有与胡适之同时的孙楷第先生[③],后有山东学者徐北文[④]、李永祥[⑤]和台湾的朱燕静女士[⑥],笔者曾撰有《〈醒世姻缘传〉康熙成书说驳议》一文,对胡适之及其支持者提出的种种证据进行驳论[⑦]。此文发表以后,《醒世姻缘传》康熙年间成书说已经极少再有人坚持。

近读友人蒲泽先生的《〈醒世姻缘传〉非一人著考辨:〈醒世姻缘传〉作者及成书年代考辨之一》一文[⑧],发现蒲泽先生在论述《醒世姻缘传》非成于一人之手的同时,也对该书的成书年代问题进行了考察。蒲先生从"辫子"和"姑奶奶"的称谓、秦良玉入清尚在人世、李粹然入清仍在做官、关羽在入清至顺治九年之前北京无庙祀、"金龙四大王"的加封六个方面,论证《醒世姻缘传》成书于清康熙四十年至康熙六十年之间,可以说是为胡适之先生首倡的"康熙

① 孙楷第先生《中国通俗小说书目》(人民文学出版社 1982 年版)载:"日本享保十三年(清雍正六年)《舶载书目》有《醒世姻缘传》,所记序跋凡例与今通行本同。"刘世德先生在《〈《醒世姻缘传》研究〉序》中进一步指出:"日本的《商舶载来书目》(日本国会图书馆藏)著录了享保十三年(即雍正六年,1728 年)进入日本的书籍,其中有《醒世姻缘传》'一部十八本'。"(见夏薇《〈醒世姻缘传〉研究》卷首,中华书局 2007 年版,第 6 页)刘先生在《序》中还说,这与他的学生夏薇所判断的该书成书年代的上限(雍正四年,1726 年)只差两年,"它们毫无矛盾可言"。客观地说,既然《醒世姻缘传》在雍正六年就已经版行,夏薇女士关于该书写作下限为乾隆五十七年的说法自然也就失去了意义。

② 胡适:《醒世姻缘传考证》,《醒世姻缘传》卷首,亚东图书馆 1933 年版。

③ 孙楷第:《孙楷第文集:沧州后集》,中华书局 2009 年版,第 139～158 页。

④ 徐北文:《〈醒世姻缘传〉简论》,《醒世姻缘传》卷首,齐鲁书社 1980 年版,第 1～12 页。

⑤ 李永祥:《蒲松龄与〈醒世姻缘传〉》,载《中华文史论丛》1984 年第 1 辑。

⑥ 朱燕静:《醒世姻缘传研究》,撰者 1978 年自印。

⑦ 参见邹宗良《〈醒世姻缘传〉康熙成书说驳议:〈醒世姻缘传〉写作年代考之一》,载《社会科学》1989 年第 6 期。今修订后收入本书。

⑧ 蒲泽:《〈醒世姻缘传〉非一人著考辨:〈醒世姻缘传〉作者及成书年代考辨之一》,载《蒲松龄研究》2010 年第 1、2 期。

说"提供了一些新的支持性证据。

笔者以为,小说中出现的男性"打着辫子"的描述,可以看做是该书写成于入清之后的一条证据,却不能说明《醒世姻缘传》必写成于康熙四十年之后。至于小说中出现的秦良玉、李粹然入清之后仍在人世的问题,蒲泽先生从历史人物"生不入志"的习俗推测,认为小说应写成于顺治以后。对此,笔者的看法有所不同。众所周知,明代中叶的传奇《鸣凤记》已经开了"当朝人写当朝事"的先例,剧作演出时仍有剧中人物活在世上。后来孔尚任创作传奇《桃花扇》,剧作搬演时剧中人物也有在世者。就说部而言,晚清政治历史小说《孽海花》影射了当时许多政治人物,包括慈禧太后、同治皇帝、光绪皇帝,大臣中的奕䜣、僧格林沁、李鸿章、荣禄、袁世凯,改良派中的康有为、梁启超、谭嗣同、黄遵宪,革命派中的孙中山等人,小说发表时书中人物在世者也甚多。可见,文学作品的创作并不存在什么"生不入志"的禁忌,这与史志著作中的人物传记性质并不相同。清人杨复吉的《梦阑琐笔》说:"鲍以文云:留仙尚有《醒世姻缘》小说,盖实有所指。书成,为其家所讦,至褫其衿。"我们且不必考虑鲍廷博(以文)提出的"《醒世姻缘传》作者为蒲松龄说"是否真实可靠,仅从这段话里就可以看出活在世上的人可以被写入小说的时代观念。

蒲泽先生所重申的《醒世姻缘传》成书于康熙四十年之后的说法能不能成立,关键在于他所举出的各项证据是不是符合当时的历史事实。下面我们从"姑奶奶"的称谓、"关圣帝君"的封号与清初的庙祀、"金龙四大王"是不是指"金家的兀术四太子"三个方面对蒲泽先生的新证据进行驳议,以说明《醒世姻缘传》康熙年间成书说之不能成立。

一、"姑奶奶"及其所指的不同含义

蒲泽先生认为"姑奶奶"是"清代的称谓"。他说:"娘家方面的人称出嫁的女儿叫姑奶奶,也是满俗,清人入关之后才逐步在汉人中流行开来。"蒲先生并举出《红楼梦》第十六回赖大禀贾母的话作为例证:"后来夏太监出来道喜,说咱们家大姑奶奶封为凤藻宫尚书。"

按满族礼俗中"姑奶奶"的称谓虽然也可指称已经出嫁的女儿,但主要是用来指称未嫁女子,这在阐释满族文化现象的文章中说得十分清楚:

> 未字姑娘享受尊宠,地位较高。无论是"女儿"的身份还是"小姑"的身份,在娘家都会受到父母兄嫂格外的宠爱和尊待……"旗俗,家庭之间礼节最繁重,而未字之小姑,其尊位亚于姑。宴居会食,翁姑上坐,小姑侧坐,媳妇则侍立于旁,进盘匜奉巾栉惟谨,如仆媪焉。"这段文字生动地描述了满族家庭中三个角色不同女性的家庭地位:婆婆的地位最高,和公公坐于上座;未字小姑的地位次之,坐在婆婆的侧位;而儿媳只能站在一旁,侍候大家进食,突出地反映了小姑在家庭中的主人地位。[①]

作为一种身份称谓,满族文化背景下的"姑奶奶"这一称呼出现相对较晚。从语源的角度看,"姑奶奶"的称谓并非源于满语,而是出自汉语方言。在近代汉语中,"姑奶奶"首先是一个方言词,它的意思本是来指祖父的姐妹、父亲的姑母,相当于汉语某些方言中的"老姑"称谓。今济南、徐州、南京、西宁、银川、哈尔滨、乌鲁木齐

① 李晶:《文化与自我:清代满族女性家庭地位特点的人类学阐释》,载《大连民族学院学报》2004年第6期。

等地的方言中,仍然保留了“姑奶奶”这一方言称谓和它所表示的“祖父的姐妹、父亲的姑母”的意义。

在近代汉语中,“姑奶奶”的另一个义项是可以用来尊称“姑娘”,即现代汉语中的姑姑、姑母。这一称谓现象也出现在清人入主中原之前。明万历本《金瓶梅词话》第七回叙述的是西门庆娶孟玉楼为妾的事,孟玉楼亡夫的姑母杨氏为其再嫁出面做主,西门庆和街坊邻居称她“姑娘”,说媒的薛嫂儿则尊称杨氏为“姑奶奶”。《汉语大词典》在释“姑奶奶”为“祖父的姐妹”时举出的就是《金瓶梅词话》第七回的一个例句:“我说一家只姑奶奶是大。”这句话出自媒婆薛嫂儿之口,但这里的“姑奶奶”指的不是祖父的姐妹、父亲的姑母,而是对“姑娘、姑母”的尊称,与“祖父的姐妹”差了一个辈分,《汉语大词典》释义有误。

《醒世姻缘传》第七十五回、第八十四回中,说媒的周嫂儿、马嫂儿,骆家的小厮林莺儿称童奶奶为“姑奶奶”,同样是对童奶奶作为骆家女儿所具有的“姑娘”身份的敬称。这种称呼源于汉语的称谓语而非出自“满族礼俗”。第八十四回两个媒婆说道:“俺们住锦衣卫骆爷房子的,这是骆爷的妹子,俺们叫‘姑奶奶’哩。”两个媒婆的话正是她们称锦衣卫骆校尉的妹妹童奶奶为“姑奶奶”的注脚。

笔者注意到,汉语的亲属称谓中有一种“从他称谓”现象。胡士云先生指出:“从他称谓是指在称呼亲属时,不按照自己与被称呼人的关系来称呼,而依从他人与被称呼人的关系来称呼的现象……常见的从他称谓有从父称谓、从母称谓、从子称谓、从夫称谓和从妻称谓等。”[①]《醒世姻缘传》第五十五回、第八十四回骆校尉背称妹妹童奶奶为“姑奶奶”,第八十四回又面称童奶奶为“姑娘”,都是从子称谓的表现。笔者认为,正因为在“姑奶奶”的称谓中存在这样一种从子称谓现象,“姑奶奶”一词的所指才由“姑娘、姑母”

① 胡士云:《汉语亲属称谓研究》,商务印书馆2007年版,第28页。

逐渐扩大到了"姑娘、儿辈的姑母"。从《金瓶梅词话》到《醒世姻缘传》中"姑奶奶"一词的使用情况,正可以看出随着尊敬意味的增强,该词在指称"姑娘"的意义上使用范围的扩大。

《醒世姻缘传》中骆校尉背称自己的妹妹为"姑奶奶"而面称"姑娘",遵从的是汉语中从子称谓的称呼习惯,这是汉语的"姑奶奶"一词在使用过程中词义扩大的表现,而不是后来才出现的满俗称谓的表现。如果是遵从满俗,骆校尉对妹妹的面称也应该是"姑奶奶"而不是"姑娘"。小说中的周嫂儿、马嫂儿、林莺儿称童奶奶"姑奶奶",则是缘于他们是自己的房东或主人骆爷的妹子。同一称谓,由于使用者身份地位的不同,其含义也是不同的:骆校尉所称的"姑奶奶",义同"孩子他姑",与"姑娘"同义;而两个媒婆和小厮叫出的同一称呼,则具有自低身份尊称"姑姑"的含义,这同样不是后来出现的满俗称谓的表现。

比较来看,"在满族的亲属称谓中……'姑奶奶'这一称谓并不只限于晚辈使用,凡是与姑奶奶本人同辈的兄嫂,长辈亲属或是其他任何人,都可以用这一称谓来表达他们的敬意"[①]。这是满族社会尊宠未嫁女性的文化与汉族人使用的"姑奶奶"一词发生融合并使词义进一步扩展的结果。清徐珂编撰《清稗类钞 · 风俗类》"旗俗重小姑"条曾这样记述晚清北京的一种特殊世相:

> 京师有谚语曰:"鸡不啼,狗不咬,十八岁大姑娘满街跑。"盖即指小姑也。小姑之在家庭,虽其父母兄嫂,亦皆尊称之为姑奶奶。因此之故,而所谓姑奶奶者,颇得不规则之自由。南城外之茶楼、酒馆、戏园、球房,罔不有姑奶奶。[②]

这种北京未嫁女性普遍被尊称为"姑奶奶"并享受"不规则之自由"

---

① 李晶:《文化与自我:清代满族女性家庭地位特点的人类学阐释》,载《大连民族学院学报》2004 年第 6 期。

② (清)徐珂编撰:《清稗类钞 · 风俗类》,中华书局 1984 年版,第 2212 页。

的社会状况，既是入清以后满族重小姑的习俗影响北京文化的结果，也使得“姑奶奶”的所指由亲属称谓扩大成了一种约定俗成的身份称谓。

“姑奶奶”一词不是入清以后才出现的称谓，更不是满族特有的称谓。《醒世姻缘传》中“姑奶奶”称谓的使用，与满族文化背景之下不分辈分、不论亲疏一律称“未字之小姑”为“姑奶奶”的情况并不相同，因此不能作为该书写成于顺治年间之后的证据使用。

二、“关圣帝君”的封号与清初的庙祀

已故的徐北文先生在为齐鲁书社 1980 年版的《醒世姻缘传》所写的《〈醒世姻缘传〉简论》中写道：“第二十八回称关羽为‘关圣帝君’。按追封关羽为‘忠义神武大帝’在清顺治年间(以前仅称关王)，可见此书是清以后所著。”[①]蒲泽先生在此基础上进一步援引 1986 年版《辞源》“关羽”条的说法，云追封关羽为“忠义神武关圣大帝”是顺治九年的事，“当时各地皆有关帝庙，独京师例外”，但《醒世姻缘传》第七十五回却提到了京城前门外的“关老爷庙”，这证明该书的成书必在顺治朝以后。

按《醒世姻缘传》第二十八回，在写了绣江县明水镇的败类严列星夫妻被关圣庙里的关老爷泥胎斩杀的情节之后，作者有这样一番议论：

> 若不是新近湖广蕲州城隍庙内的泥身鬼判白日青天都跑到街上行走，上在通报，天下皆知的事，这关圣帝君显灵，与那闻见不广的说，他也不肯相信。

如果在清顺治九年之前关羽并无“关圣帝君”这样一个封号，徐北

① 徐北文：《〈醒世姻缘传〉简论》，《醒世姻缘传》卷首，齐鲁书社 1980 年版，第6页。

文先生的说法是可以作为《醒世姻缘传》成书于顺治九年之后的一条证据使用的，但实际情况却并非如此。

对关羽的崇祀最初起于民间，但到了宋、明两代，他却一再受到统治者的加封，由公而王而帝，老爷庙、关圣庙、关王庙、关帝庙遍及中国城乡的各个角落，关圣帝君也因此成为中国社会家喻户晓、妇孺皆知的神灵。清代史学家赵翼《陔余丛考》卷三十五“关壮缪”条记载：

鬼神之享血食，其盛衰久暂，亦若有运数而不可意料者。凡人之殁而为神，大概初殁之数百年则灵著显赫，久则渐替。独关壮缪，在三国、六朝、唐、宋皆未有禋祀。考之史志，宋徽宗始封为忠惠公，大观二年加封武安王，高宗建炎二年加壮缪武安王，孝宗淳熙十四年加英济王，祭于荆门当阳之庙。元文宗天历元年，加封显灵威勇武安英济王。明洪武中复侯原封。万历二十二年，因道士张通元之请，进爵为帝，庙曰英烈。四十二年，又敕封三界伏魔大帝神威远镇天尊关圣帝君，又封夫人为九灵懿德武肃英皇后，子平为竭忠王，兴为显忠王，周仓为威灵惠勇公……刘若愚《芜史》云：太监林朝所请也。继又崇为武庙，与孔庙并祀。本朝顺治九年，加封忠义神武关圣大帝。今且南极岭表，北极塞垣，凡儿童妇女，无有不震其威灵者，香火之盛，将与天地同不朽。①

如赵翼所言，既然关羽在明万历二十二年（1594 年）就已经“进爵为帝”，万历四十二年（1614 年）又被皇帝诏封为“三界伏魔大帝神威远镇天尊关圣帝君”，则他在清顺治九年受封为“忠义神武关圣大帝”之前就不是“仅称关王”，而是可称“关圣帝君”。换言之，由于明万历皇帝的加封，关羽在万历二十二年就可以称为“关帝”，在万历四十二年就可以称“关圣帝君”。这里不妨举出几条在

① （清）赵翼：《陔余丛考》，中华书局 1963 年版，第 756～757 页。

顺治九年之前关羽已称“关帝”的证据：明崇祯八年(1635年)刊刻的刘侗、于奕正撰《帝京景物略》，总目卷三中有“关王庙”一条，正文中则写作“关帝庙”，可见对于关羽其人，在崇祯年间即有“关王”与“关帝”两种称呼。又同书卷二“春场”条：“五月……十三日，进刀马于关帝庙。”①由于这样一些历史事实的存在，关羽在清顺治九年再次受封“关圣大帝”一事，自然也就不能成为判断《醒世姻缘传》成书年代的可靠依据。

至于蒲泽先生引据1986年版《辞源》“关羽”条提出的清初北京无关帝庙的说法，笔者读后甚感诧异。对于《辞源》所说的“每年五月十三日遣太常致祭，除京师，各地皆有关帝庙”这句话，笔者认为正确的理解应该是：京师的关帝庙，每年的五月十三日(笔者按，五月十三日传为关羽生日)要由朝廷派太常寺的官员前往致祭，此外，各地也都建有供百姓祭祀的关帝庙。这完全不同于蒲泽先生所说的“当时各地皆有关帝庙，独京师例外”的说法。从清代初年庙祀关羽的历史事实看，可以确认是蒲泽先生错会了《辞源》的原意。

按明清两代，对关羽的庙祀遍及天下，北京的关庙同样数量众多。明万历时人沈榜著有《宛署杂记》一书，笔者据其卷十九所载的“关王庙”条统计，明万历年间北京城内共有关庙二十处，城外有三十一处。② 京城诸多关庙中，最著者为地安门以西的白马关帝庙与正阳门关帝庙，后者即《醒世姻缘传》第七十五回所说的“前门关老爷庙”。

关于白马关帝庙，由清乾隆皇帝钦定、于敏中等编纂的《日下旧闻考》卷四十四《城市·内城中城二》云：“白马关帝庙在地安门西，朱彝尊原引《春明梦馀录》‘在地安门东’，误也……再考商辂碑

---

① (明)刘侗、于奕正：《帝京景物略》，北京古籍出版社1983年版，第1、97、68页。

② 参见(明)沈榜《宛署杂记》，北京古籍出版社1983年版，第232～234页。

云,庙建于洪武年间,成化十三年重修。”[①]白马关帝庙建于明代,是不是在清人入主中原之后曾经庙毁无存?《日下旧闻考》卷四十四载《世宗宪皇帝御制关帝庙后殿崇祀三代碑文》云:

> 本朝崇奉,典礼綦隆。我世祖章皇帝顺治九年,敕封神为忠义神武关圣大帝,较往代封号尤尊且正。京师白马关帝庙为奉神之所,岁遣大臣将事惟谨。[②]

《清史稿》卷八十四《礼三·关圣帝君》也说:

> 清初都盛京,建庙地载门外,赐额“义高千古”。世祖入关,复建庙地安门外,岁以五月十三日致祭……雍正三年,追封三代公爵,曾祖曰光昭,祖曰裕昌,父曰成忠,供后殿。增春秋二祭。[③]

既然清人入关以前即在盛京(今沈阳)地载门外建庙崇祀关帝,入关以后断无毁庙罢祭之理。白马关帝庙之所以重要,是因为在清雍正三年以前有五月十三日举行的国家祭祀(笔者按,明代五月十三日的祭祀在正阳门关帝庙,见下引《帝京景物略》),雍正三年又“增春秋二祭”,此即国家祀典之地。蒲泽先生认为入清之后至顺治九年之前京城无关帝庙,这种说法并不符合历史事实。

又《醒世姻缘传》第七十五回童奶奶说道:“咱等你兄弟来家,合他商议商议,再叫他往前门关老爷庙里求支签再看看。”蒲泽先生把这里的“前门关老爷庙”理解为“前门外也有‘关老爷庙’”,其实也是一种误解。按,前门即今北京天安门广场南侧的正阳门,是明清两代北京内城的正门,为“京师九门”之首。因其位于紫禁城的正前方,所以又有“前门”之称。“前门关老爷庙”不在前门之外

---

① (清)于敏中等编纂:《日下旧闻考》,北京古籍出版社 1981 年版,第 697～698 页。

② (清)于敏中等编纂:《日下旧闻考》,北京古籍出版社 1981 年版,第 699 页。

③ 《清史稿》,中华书局 1977 年版,第 2541 页。

的某地,而是建在正阳门城楼与箭楼之间的瓮城之内,即城楼前的一侧。明清时期北京内城的九门,每座城门的瓮城之内都有一座关帝庙,唯正阳门瓮城之内有两座庙,东为观音庙,西为关帝庙。《日下旧闻考》卷四十三《城市·内城中城一》载:

关帝庙在正阳门月城之右……九门月城俱有关帝庙,而士民香火之盛,以正阳门为首。至春秋祀典,在地安门庙内。①

正阳门关帝庙俗称"老爷庙",《帝京景物略》卷三《关帝庙》条记载此庙说:

关庙自古今,遍华夷。其祠于京畿也,鼓钟接闻,又岁有增焉,又月有增焉。而独著正阳门庙者,以门于宸居近,左宗庙、右社稷之间,朝廷岁一命祀。万国朝者退必谒,辐辏者至必祈祢也。祀典:岁五月十三日,祭汉前将军关某。先十日,太常寺题,遣本寺堂上官行礼。凡国有大灾,祭告之。万历四十二年十月十一日,司礼监太监李恩赍捧九旒冠、玉带、龙袍、金牌,牌书敕封三界伏魔大帝神威远震天尊关圣帝君,于正阳门祠建醮三日,颁知天下。然太常祭祀,则仍旧称。史官焦竑曰:称汉前将军,侯志也。天启四年七月,礼部覆题得旨,祭始称帝。先是成祖北征本雅失理,经阔滦海,至斡难河,击败阿鲁台。军前每见沙濛雾霭中有神前我军驱,其巾袍刀仗,貌色髯影,果然关公也,独所跨马白。凯还,燕市先传,车驾北发日,一居民所畜白马,晨出立庭中,不动不食,晡则喘汗,定乃食,回跸则止。事闻,乃敕崇祀。祠有修撰焦竑碑,庶吉士董其昌书之……祠签,跪而摇、报而顿首谢者,恒数人;旁跪而代者,恒数人;挨挤而俟者,恒数十人,日无虚刻。签语答一如其

① (清)于敏中等编纂:《日下旧闻考》,北京古籍出版社 1981 年版,第 672 页。

来事，各惕然去。休咎后无爽者。[①]

《帝京景物略》记载了明末正阳门关帝庙的求签之俗与“休咎后无爽者”的灵验，这正是童奶奶让儿子为他的姐姐出嫁一事前往求签的缘由。

笔者检得，明清之际的史学家谈迁在《国榷》卷一百一有这样一条记载：

> 甲申崇祯十七年……五月……庚子(初八日)……吴三桂至正阳门关圣庙焚香，各商求庇。三桂曰：尔等见把笃王。于是各商醵金币，谒英王，王饮劳之。自后岁节以为常。[②]

按，明崇祯十七年(1644年)即清顺治元年。是年五月初二日，清摄政王多尔衮率清军进入北京，吴三桂随多尔衮入京，并于本月受封平西王。因此，《国榷》的这一记载可以说是正阳门关帝庙在明清鼎革之后仍享官民拜祭的证据。直到20世纪60年代因道路展宽被拆除时，“前门关老爷庙”里的塑像仍为明朝故物，可见此庙由明代一直延续到了现代，入清之后并未被拆毁。如今，正阳门的城楼和箭楼已被辟为正阳门博物馆，其展品中即有依据历史照片复原的“前门关老爷庙”的缩微景观。

北京城内最著名的地安门外白马关帝庙和正阳门关帝庙，都是自明代延续至当代的。因此，《醒世姻缘传》写到的去“前门关老爷庙”求签的事，在明末至清顺治九年以前皆有可能。上举的历史事实可以说明，小说中的去“前门关老爷庙”求签一事既不能肯定为“顺治九年以大后的事”，更不能以此为据说《醒世姻缘传》“成书必在顺治朝以后”。

---

① (明)刘侗、于奕正：《帝京景物略》，北京古籍出版社1983年版，第97～98页。

② (明)谈迁著，张宗祥点校：《国榷》，中华书局1958年版，第6066、6081、6098页。

三、“金龙四大王”并非“金家的兀术四太子”

《醒世姻缘传》第八十六回写到了淮安“金龙四大王庙”中演戏娱神的场面。1978 年,台湾的朱燕静女士在她的硕士论文《醒世姻缘传研究》中,以台湾国防研究院清史编纂委员会编纂的《清史·圣祖本纪》中“康熙四十年辛巳,春正月辛亥,以河伯效灵,封金龙四大王”的记载为据,为胡适之先生首倡的“康熙说”增添新证,支持《醒世姻缘传》成书于清康熙四十年以后之说。对于朱燕静女士提出的新证,笔者翻检了若干史料,说明南宋谢太后之侄谢绪,于明洪武元年被封为“金龙四大王”,明代隆庆、天启乃至清代顺治年间又屡有加封。因为对金龙四大王的崇祀在康熙朝以前就已经极为普遍,《清史·圣祖本纪》的记载并不能证明《醒世姻缘传》成书于康熙四十年之后。①

由于小说第八十六回有“再说这河神的出处。居中坐的那一位,正是金龙四大王,传说原是金家的兀术四太子”一段文字,蒲泽先生于是认为“民间所祀的金龙四大王并非一个”,“金人是满族的先祖,兀术曾陈兵淮河多年,康熙四十年清帝诏封兀术为金龙四大王,让他做淮河的河神,在淮安建庙,也顺理成章”。蒲先生因此认为,“淮安的金龙四大王是康熙四十年所封,而决非邹宗良先生所说的那位金龙四大王。由此,可以证明朱燕静先生提出的《姻缘》的成书必定在康熙四十年之后的论断是正确的”。

淮安祭祀的金龙四大王是不是“金家的兀术四太子”?历史上真的有两位并称为“金龙四大王”的河神存在吗?此事牵涉到笔者所推翻的《醒世姻缘传》“康熙说”的一条“铁证”是否真“铁”的问

① 参见邹宗良《〈醒世姻缘传〉康熙成书说驳议:〈醒世姻缘传〉写作年代考之一》,载《社会科学》1989 年第 6 期。今修订后收入本书。

题，故颇有一辨之必要。

金龙四大王崇拜是明清时期黄河下游地区和运河流域十分普遍的河神崇拜现象。近年来，有不少人关注这一文化现象，先后发表了数篇相关论文。[①] 由多家对金龙四大王崇拜现象的探讨，可以确知金龙四大王是谢绪而不是其他什么人的封号，其所指是十分明确的。南宋人谢绪为什么会被封为河神，而且号称“金龙四大王”？清人俞樾《茶香室丛钞》卷十五“金龙四大王”条记载：

世知金龙四大王为宋谢绪，然莫知金龙之所以得名。国朝施闰章《矩斋杂记》云：谢氏兄弟四人，纪、纲、统、绪。绪最少，为诸生，隐钱唐之金龙山。宋亡，赴水死。后明太祖与蛮子海牙战于吕梁，云中有天将挥戈，驱河逆流，元兵大败。帝梦儒生素服前谒曰：“臣谢绪也，上帝命为河伯，今助真人破敌。”次日称为金龙四大王。据此知，金龙者，其所隐之山名，四则其行第也。[②]

很明显，“金龙四大王”封号中的“金龙”指金龙山，是谢绪的隐居读书之所和其死后的葬处，“四”是因为谢绪行四，而封其为“大王”，一则是因其赴水而死，二是他在朱元璋的梦中称自己是上帝任命的“河伯”（俗称“河神”），三是有在徐州吕梁洪“驱河逆流”帮助朱元璋的军队战胜元军的功绩。虽然这一造神的过程存在许多迷信的因素，但“金龙四大王”的封号是统治者为谢绪其人量身定做的一副冠冕，是一个专有名词，则是十分明确的，这样的封号并不是

① 参见王云《明清时期山东运河区域的金龙四大王崇拜》，载《民俗研究》2005年第2期；向福贞《济宁商帮与金龙四大王崇拜》，载《聊城大学学报（社会科学版）》2007年第2期；申浩载《近世金龙四大王考：官民互动中的民间信仰现象》，载《社会科学》2008年第4期；王元林、褚福楼《国家祭祀视野下的金龙四大王信仰》，载《暨南学报（哲学社会科学版）》2009年第2期。

② （清）俞樾撰，贞凡、顾馨、徐敏霞点校：《茶香室丛钞》，中华书局1995年版，第336页。

其他什么人都可以对号入座的。

那么康熙四十年正月诏封河神为“金龙四大王”之事，是在前代诏封的基础上对河神谢绪的又一次加封呢，还是如蒲泽先生所说，是清代的康熙皇帝仅仅使用了“金龙四大王”这样一个名号，抛开谢绪其人而“诏封兀术为金龙四大王”？请看《大清圣祖仁皇帝实录》卷二百三对此事的记载：

康熙四十年辛巳春正月……甲寅（二十六日）……礼部议覆：河道总督张鹏翮疏言：见今海口疏通，黄淮二水交会，济运神速，皆河伯效灵所致，请加赐河神封号。应如所请。得旨：著封为显佑通济昭灵效顺金龙四大王。[①]

《清实录》是编修《清史》所依据的基本史料，《大清圣祖仁皇帝实录》的记载则明白道出了此次加封的来龙去脉：不是在原有的河神谢绪之外另封什么人来做金龙四大王，而是对谢绪河神名号的进一步加封。按，清代首封河神谢绪在顺治二年，《清史稿》卷一百二十六《河渠一》云：“（顺治）二年……是年孟县海子村至渡口村河清二百，诏封河神为显佑通济金龙四大王。”[②]我们注意到，顺治二年首封谢绪，其封号只有“显佑通济”四个字；康熙四十年的加封，则在“显佑通济”之后又增加了“昭灵效顺”四字。据清仲学辂《金龙四大王祠墓录》记载，从顺治二年的加封开始，至光绪五年的加封为止，清朝统治者对金龙四大王的加封前后达十八次之多，其封号也由顺治二年的四个字增加到了光绪朝的四十四字。[③] 至此，事实可以说已经十分清楚，康熙四十年对河神的加封不过是清代皇帝十八次加封中的一次而已，哪里是什么“民间所祀的金龙四大王

① 《清圣祖实录》，台湾华文书局1970年影印本，第2726页。

② 《清史稿》，中华书局1977年版，第3716页。

③ （清）仲学辂：《金龙四大王祠墓录》，载《丛书集成续编》第59册，上海书店1994年影印本。

并非一个”,是“康熙四十年清帝诏封兀术为金龙四大王”?

所谓“金家的兀术四太子”,指的是金太祖完颜阿骨打的第四个儿子、金代大将完颜宗弼。由于兀术是金人,同样是行四,又曾受封沈王、越国王,民间传说把金龙四大王附会为“金家的兀术四太子”并不足为奇。《醒世姻缘传》的作者不是民俗学家,也无意去探究淮安金龙四大王庙中祭祀的河神究竟为谁人,他不过是随手记载了有关“河神的出处”的一条民间传说。但我们是在考证与《醒世姻缘传》的成书年代密切相关的历史事实,那就应该依据逻辑与历史相统一的方法和原则,弄清事实与传说的区别,搞清事情的来龙去脉,还历史以本来面目。明确了历史上的金龙四大王只有一个,是河神谢绪而非“金家的兀术四太子”,康熙四十年对河神的加封不过是明清两代皇帝对金龙四大王屡次加封中的一次,那么蒲泽先生所举出的证据,自然也就不能成为《醒世姻缘传》康熙成书说的证据了。

以上我们主要从“姑奶奶”、“关圣帝君”和“金龙四大王”三个方面,考析了蒲泽先生提出的《醒世姻缘传》成书于清康熙四十年之后的新证据。我们的结论是,蒲泽先生提出的新证据无一能够证实该书成书于康熙四十年之后,原因是这些“新证据”其实都不能作为《醒世姻缘传》康熙成书说的证据来使用。俗话说,理越辩越明。我们期待着通过正常的学术辩难使《醒世姻缘传》的成书年代问题早日得以解决。

(写于 2010 年 9 月,连载于《蒲松龄研究》2010 年第 4 期、2011 年第 1 期)

《醒梦骈言》与吴方言

——兼论蒲松龄不是该书的作者

《蒲松龄研究》2005年第4期发表了徐文军先生的《守朴翁是不是蒲松龄:〈醒梦骈言〉作者初探》一文,对短篇白话拟话本小说集《醒梦骈言》(一名《醒世奇言》)的作者问题提出新见,认为此书的作者"守朴翁"即是《聊斋志异》的作者蒲松龄,是蒲松龄自己改编《聊斋志异》中的十二篇文言小说,写成了这部共十二回,每回叙一个故事的白话拟话本小说。文军先生的新说,论据之一便是《醒梦骈言》小说使用了山东方言,他由此认为《醒梦骈言》的作者是籍贯山东的蒲松龄本人。笔者从方言学的角度对《醒梦骈言》进行了一番考察,认为此书所使用的语言不能认定为山东方言,它的作者不可能是山东人,更不可能是写出了《醒梦骈言》所借以取材的《聊斋志异》一书的蒲松龄本人。下面缕述我的看法,兼向徐文军先生和方家请教。

一、《醒梦骈言》中的"山东方言"辨误

文军先生在文中谈道:"《醒梦骈言》所用的语言,是当时说书艺人讲唱故事所通用的'官话'。但从中也不难发现山东方言土语

痕迹，并且不是少量。”他举出了《醒梦骈言》第七回中庄媪和黄氏的一段对话，又分别从第二回、第七回、第十回、第十一回中择出一些语言材料，用来说明他的这一考论。从对徐文军先生举出的例文所作的统计看，徐文举出的方言语词为以下19个：

替你的力；横不是，竖不是；酸的咸的，香的臭的；物事；鼻涕眼泪的催促；透湿；住点；爹爹；生活；可不；惯家；牲口；打料；亏；个把；活计；没工夫；骨董的一声；瞎七瞎八

凭这样一些语词是不是就可以认定小说使用了“不是少量”的山东方言呢？答案应该是否定的。

我们知道，方言是民族共同语的变体，又分为社会方言和地域方言两种情况。其中社会方言是依据使用同一地点方言的人的职业、阶层、年龄、性别、语用环境、个人风格等来进行划分的，所以我们一般说的方言都是指地域方言而言的。任何一种地域方言都有自己完整的语音、词汇和语法的系统，在方言和共同语、方言和方言之间，语音、语法方面的差别要远远超过词汇。而且方言又是分为许多层级的，即以山东所在的北方方言区而论，北到东北，南到云贵，中国有二十多个省份属于北方方言区，山东方言只是北方方言下面的华北次方言的一个组成部分。即使是山东方言内部，也还可以划分为不同的区域，如李荣等先生按古代入声字在今天山东方言中的演变把山东方言分为中原官话区、冀鲁官话区和胶辽官话区；钱曾怡等先生则按照普通话卷舌音声母在山东是否分为两类和是否分尖团音，把山东方言分为东西两大区，其中西区又分为西齐区和西鲁区，东区又分为东莱区和东潍区。现代方言学家对一种地域方言所作的描述，既包括对方言语音的记录和分析，也包括对方言词汇、方言句法的记录和研究，此外还有方言与方言之间的比较和分类研究等等。

可不可以以方言的语词为材料来研究某一方言的词汇特征，从而发现不同的方言词汇之间的歧义和某一方言的语词特色，进

而确定这些语词归属于某一方言系统呢？回答应该是肯定的。但需要指出的是，问题的关键不在于能不能进行这样一种比较与归类性质的研究，而在于所进行的归类研究是否真正抓住了某一地域的方言语词所具有的方言特质。就词汇而论，每一种方言中都有着数不清的语词，这些语词总是或多或少地表现出与另一种方言语词的不同特色，从而显示出它所归属的方言系统的词汇特色来。然而我们也要清楚，与语音、语法特色比较起来，方言词汇的特色往往并不是那么突出；拿北方方言来说，大部分的方言语词在北方方言中都具有很强的通用性，我们可以较为容易地确定它们属于北方方言，却很难说这些语词是北方方言下属的某一次方言所独有的。究其原因，从方言系属中低层级的腔到土语，再到次方言、方言，甚至一个民族的共同语，一种方言中那些独具表现力的语词总是不断地被它的上一层级所吸收、融会，从而形成它的博大精深、长久不衰的生命力的。也正因为如此，要正确分辨、判定某些语词属于共同语还是方言，是方言的话又属于方言的哪一层级，其实是颇不容易的一件事。

我们欣喜地看到，有些方言学者对这一问题作了较为深入的思考，李如龙先生所倡导的汉语方言特征词的研究已经取得了一批重要成果。所谓“方言特征词”，可以界定为“不同方言之间的词汇上的区别特征”，它们是“一定批量的，在本区方言中普遍存在，在外区比较少见的方言词”。[①] 按照这样的界定，籍贯山东潍坊的李焱先生发表了《山东方言特征词初探》一文[②]，从多种方言词典所收录的山东方言词汇中选取了40个词作为山东方言的特征词。现将这40个词抄录如下：

① 李如龙：《论汉语方言的特征》，载《中国语言学报》第10期(2001年4月)。

② 李焱：《山东方言特征词初探》，载李如龙主编《汉语方言特征词研究》，厦门大学出版社2001年版，第62～82页。

招，冻冻，劚心，踡，撮，蹴，葫弄，趄，缕缡，恶膺，愱，拇量，张，除，将，埝，恣，埣，擢，支生，漱，貔，蚁蛘，蚂蚍，擸，白文儿，风掀，铑锹，白蝈，揞，影，使，胀饱，着，舒，逼，漫，燍熘，扎古（扎挂，扎裹）

如李焱先生所说，山东方言的特征词并不止上述40个，还有为数更多的方言特征词需要进一步考证挖掘。但使人感到遗憾的是，徐文军先生所举出的“山东方言土语”不仅无一符合列入“山东方言特征词”的基本条件，而且有不少实际上并不是山东方言词，而是应归属于吴方言的语词，例如：

(1)替你的力

语意为“都代你做了，不用你费力”。“替你的力”是由“替力”一词发展而来的，“替力”多次出现在冯梦龙、凌濛初等吴方言区籍作家的笔下，见于《明清吴语词典》。山东方言中则并无“替力”或“替你的力”这样的说法。

(2)物事

吴方言特征词，说见第二节。

(3)打料

“打料”有打量、打算两个义项。笔者从《醒梦骈言》中搜检到的四个例词都作“打算”解。山东方言中并无“打料”一词，更没有用“打料”表示“打算”的说法。

(4)个把

“个把”是量词加后缀组成的附加式合成词。宋开玉先生在《明清山东方言词缀研究》[①]一书中，通过64条例证详细考察了明清时期“巴”（含“把”字）附加在名词性、动词性、形容词性词根之后，构成名词、动词、形容词的情况，但唯独没有发现山东方言中存在“巴（把）”字用作量词后缀的语例。“把”字用作量词的后缀其实

① 宋开玉：《明清山东方言词缀研究》，齐鲁书社2008年版。

是吴方言的语法特征之一，说见第二节。

(5)瞎七瞎八

有胡乱、盲目和胡说八道两个义项。笔者在《醒梦骈言》中检得三例，都用其第一个义项。现代吴方言也作“瞎七搭八”，与“瞎七瞎八”并行，见于《吴方言词典》、《明清吴语词典》。“瞎七瞎八”是吴方言中的常用词。山东方言中有“胡乱、不着头、不着调”等近似的说法，但没有“瞎七瞎八”一词。

如此看来，说《醒梦骈言》中有较多的山东方言土语并不符合这部小说语言使用的实际状况。徐文军先生说《醒梦骈言》是用官话体写成的，这一判断大致是不错的。虽然作者有意识地使用当时的官话来进行写作，但官话和作为作者母语的方言之间并没有一个明确的界限，不可能截然分开，划分得一清二楚。也就是说，即便是在社会语言学家所说的“双重语言现象”①存在的前提下，用官话写作的作品中也会不自觉地保留较多的属于作者母语的方言成分。笔者考察认为，由于作者的母语为吴方言，这就使得《醒梦骈言》这部小说保留了大量的吴方言的内容，给我们提供了不可多得的清代吴方言的语言材料。

二、《醒梦骈言》与吴方言

如何判定《醒梦骈言》使用了较多的吴方言？下面试从词汇和语法两个方面加以讨论。

(一)词汇

1.已知的吴方言特征词的使用

通过词语的搜检和分析考察一部作品使用方言的状况，最好的办法便是在作品中找出上文所说的方言特征词。好在已有学者

---

① 即“双语现象”，人们在不同的场合分别使用两种语言的现象。

做过一些吴方言特征词的研究，如钱乃荣先生即撰有《北部吴语的特征词》一文[①]。虽然文中涉及的吴语仅限于太湖、台州两个方言片，但对我们的研究而言仍不失为一个重要的参照系。

钱乃荣先生把北部吴语的特征词分为三级：一是在本地区普遍通行，区域外较少见的，最具有识别意义的特征词；二是通行于多数地区，也较多通行于南部吴语地区，而在其他方言地区较为少见的方言词；三是通行于本区域中心地带，或使用不够普遍，或与其他方言地区交叉互见的特征词。下面试进行比较：

(1)拨

“拨”，给、给予。钱文列为北部吴语一级特征词。

“拨”是现代吴语词，它的意思相当于明清时期的“把”字。[②]例如：

这一些生活你都不情愿，装出许多苦来，叫儿子把气我受么？（醒 7/91）[③]

睦姑因没得钱财经手，只搜索旧时存下的些散碎银子，约有四十多两，都把与他母亲。（醒 12/164）

(2)掇

“掇”，用双手端、搬。钱文列为北部吴语一级特征词。例如：

一日，蕙兰不在面前，俞大成叫孙氏掇大奶奶的马子去倒。（醒 4/54）

戾姑一年里头没有三四回到婆婆房里，偶然到了，黄氏连

---

① 钱乃荣：《北部吴语的特征词》，载李如龙主编《汉语方言特征词研究》，厦门大学出版社 2001 年版，第 100～129 页。

② 戴昭铭《弱化、促化、虚化和语法化：吴方言中一种重要的演变现象》：“动词‘把’本义为‘握、执’，后来逐渐引申出动词‘给予’的意义。‘付给’义的‘把’，现代吴方言中普遍说成‘拨’。”（见《汉语学报》2004 年第 2 期）

③ 本文的引例俱出自王秀梅点校的《豆棚闲话 · 醒梦骈言》，中华书局 2000 年版。例句出处用简称，斜线前面的数字为回数，斜线后面为页码。

忙叫丫鬟掇凳揩台，乱个不住。（醒 7/91）

众人见他仍旧和颜悦色的接陪，都道前番说不在家是真的，并非怀恨他们，便越发掇臀放屁，做出许多殷勤。（醒 12/159）

“用双手端或搬动”这样一个动作，明清山东方言著作中也曾出现，董遵章先生《元明清白话著作中山东方言例释》曾引《水浒传》、《金瓶梅》、《醒世姻缘传》例句 5 例。① 笔者认为《水浒传》等作品使用的是官话体，杂有较多的山东方言，这与蒲松龄用地道的山东方言写成的《聊斋俚曲集》性质并不是相同的。前人曾论及《水浒传》、《金瓶梅》等作品中杂有吴方言的成分，对此须认真加以辨析，不能一概认作是山东方言。

(3)掼

“掼”，摔，扔。钱文列为北部吴语一级特征词。例如：

黄氏接来，连杯子劈面掼去。（醒 7/87）

(4)尴尬

“尴尬”，不自然，处境窘困，遇事难以处理。钱文列为北部吴语一级特征词。例如：

这色象尴尬，须请个医家来，与他候一候脉看才好。（醒/3/36）

(5)窠

“窠”，窝。钱文列为北部吴语一级特征词。例如：

只见那些人就像打下了窠的蜂儿一般，向着东边乱走，只恨少生了两只脚。（醒 11/138）

谁知说了钱就无缘，也都愁出一窠水来，没得赍发。（醒/12/156）

---

① 参见董遵章《元明清白话著作中山东方言例释》，山东教育出版社 1985 年版，第 130 页。

“窠”在吴方言中作“窝”义使用时多指小窝而言，如“鸡窠”、“蜂窠”、“老鼠窠”。山东方言的同义词为“窝”、“窝儿”、“窝子”，不用“窠”。

(6)镬

“镬”，锅。钱文列为北部吴语二级特征词。例如：

> 周亲家母着了忙，望那大镬灶内一钻，上半截身子进去了，那下半截却还在外边。(醒 5/60)

“镬”为吴方言区的常用词，但使用地区不够周遍。山东方言的同义词为“锅”，不用“镬”。

(7)㔶

“㔶”，俗写作“掮”。用肩扛。钱文列为北部吴语三级特征词。例如：

> 这件事百无一成，掮那木屑儿去，却不要被刘家啐杀。(醒 3/32)

“㔶”(掮)为吴方言区的常用词，但使用地区不够周遍。山东方言的同义词为“扛”，不用“㔶”(掮)。

(8)物事

“物事”，东西、物件。钱文列为北部吴语三级特征词。例如：

> 却得俞家族中不依，止收拾了些手头的东西，约来有千金物事，携归母家。(醒 4/53)

> 我在这里落难，指望他送些银子我用，却把这物事来，难道叫我做绫子客人么！(醒 6/84)

> 却还喜得陈仲文那里时常遣人寄物事来，都是知心着意的东西，虽不十分值钱，也亏他体贴得周到。(醒 11/146)

“物事”是东西的意思，是由吴方言吸收入明清官话著作的，现吴方言区大部分地区仍在使用，见于《简明吴方言词典》、《吴方言词典》、《明清吴语词典》。

2. 小说中的吴方言典型词及其与山东方言的比较

上面所选的八个例词都是现代北部吴语中仍在使用的、具有典型意义的吴语方言特征词。这些方言特征词的使用从一定意义上反映了《醒梦骈言》语言的吴方言特征。由于方言的词汇发展和演变具有历时性的特点，一个词的词义不可避免地会有扩大、缩小、转移或消亡，明清时期的方言特征词不会与现代的方言特征词完全重合一致。为说明问题，下面再从可以确认的《醒梦骈言》的吴方言词汇中选取 16 个典型词，与山东方言词作进一步比较：

(1)搬场

远远望去，西北上有好些人，连连络络，就像搬场的蚂蚁一般。(醒 9/118)

“搬场”意为搬家，移动东西的位置。见于《简明吴方言词典》、《吴方言词典》、《明清吴语词典》。山东方言的同义词为“搬家”，不用“搬场”。

(2)扳谈

妈妈来了好几日，我忙了些，竟未曾来和妈妈扳谈。(醒 12/163)

“扳谈”意为攀谈。见于《简明吴方言词典》、《吴方言词典》、《明清吴语词典》。山东方言无同义词，相同的意思应表示为“说说话”。

(3)板杀数

从古到今，只有讲女人的说道从一而终，却不曾听见说做男人的也板杀数只该守着一个婆子到老。(醒 4/44)

“板杀数”形容一定如此，没有疑问，又写作“板煞数”。见于《简明吴方言词典》、《吴方言词典》、《明清吴语词典》。山东方言无同义词，相同的意思应表示为“一定得这样”。

(4)甏

从来外婆见了外孙来家，说话最多，他家有几个菜瓶，几个酱甏，也要问到的。(醒 1/2)

“甏”,瓮,小口的陶制坛子,见于《简明吴方言词典》、《吴方言词典》、《明清吴语词典》。《吴方言词典》引清人胡文英《吴下方言考》说:“甏,唐李倬云:‘智永禅师,有秃笔头数十甏。’案甏,瓻也,吴中亦谓之甏。”[①]山东方言不说“甏”,说“瓮”、“坛子”。

(5)壁脚

方口禾便取了个火,和母亲妻子再到那空房子里去,却见张管师袖回来那些砖头瓦块都是银子,摊在壁脚下。(醒12/158)

“壁脚”,《明清吴语词典》释为“墙根,墙脚”。从上面的例句来看,这样的解释是不错的,因为同一回前面说到“张管师每日从外面回来,袖子里袖着些砖头瓦片,到那没人住的空房子里去,抛在墙脚下”。但笔者注意到,褚半农先生在《明清吴语小说难词例解》[②]一文中举出了《海上繁华梦》中的几个例句之后,“墙根,墙脚”的解释就难以说通了。褚半农先生解释说:“吴地的房子与北方的房子……有许多不同之处,尤其是吴地房子有它自己特有的结构和样式,各个建筑部件都有其特有的名称。一般来说,吴地房子屋面都用七根梁(也有五根梁、九根梁的),用来架梁的是相对应的七根柱子所组成的‘贴’,柱子与柱子之间约为一米左右。两根柱子之间,用砖头单列向上砌成的就是‘壁脚’。……可以这么说,凡建房时要用到柱子的,这柱子与柱子之间砌的必是‘壁脚’。”正因为如此,褚半农先生编著的《上海西南方言词典》给出的解释是:“(柱子之间)砖头竖放或横放后单列向上砌的‘墙’,又称‘单壁’,以区别于‘墙头’。”[③]

褚先生指出,在20世纪70年代农村建造“农民新村”和城市

① 吴连生等:《吴方言词典》,汉语大词典出版社1995年版,第575页。

② 褚半农:《明清吴语小说难词例解》,载《明清小说研究》2008年第1期。

③ 褚半农:《上海西南方言词典》,上海人民出版社2006年版,第240页。

中大规模的拆旧建新之前，吴语区域内尚存在大量的带“壁脚”的房屋。可见“壁脚”是吴语区域旧建筑中存在的一种特有的事物，“壁脚”一词属于吴方言区特有事物的特定名称。山东方言区建房时一般没有在墙体中使用柱子的习惯(笔者只是在过去官宦人家的房屋中观察到墙体中有使用柱子的，但除前墙外，其他三面的墙体远较吴地为厚)，建造的房屋极少有壁脚这样的单壁墙体，自然也就不会出现“壁脚”这样称呼特有事物的特定方言词。

(6)传头

这弟兄四人也学了上辈的传头，立德和立言做一路，立功和立行做一路，终年在家吵闹。(醒5/66)

人家晓得你是名医之后，定有传头，自然一做就行，不到得这般穷了。(醒6/74)

“传头”指祖传的知识、技艺、习惯等等，见于《明清吴语词典》。山东方言的同义词称作“传授、传手”。

(7)大宽转

不好意思再从前日那店主人门首经过，大宽转到一个地方，搭了船回温州去。(醒6/79)

王子函见他不来同读，好生没趣，每日到学堂去，便大宽转从曹家门首经过。(醒10/126)

“大宽转”是绕远路、兜一个圈子的意思，见于《明清吴语词典》。山东方言同样的意思叫“走远道”。

(8)脰颈

只说要净手，出房去到厨下，拿了那把厨刀。回进房来，走到床边，黑暗里伸左手去摸那李十三脰颈，李十三还捧住了那条胳膊，道声“好嫩滑”，早被辛娘照着项上用力切下。(醒11/141)

“脰颈”，即头颈、脖子。《醒梦骈言》中又有“脰颈骨”一词，指头颈骨、颈椎，见于《明清吴语词典》。山东方言的同义词为“脖罗颈”、

“脖拉颈”、“脖罗颈子”、“脖罗梗子”、“脖子颈”、“疙拉绷”。“脰颈骨”的同义词为“脖腔骨”。

(9)回头

总要除了服做的事，却何苦多今日这番周折？母亲还是回头的是。(醒 1/7)

倘然孩儿今日峨冠博带，乘着高车驷马前去，就要借千把银子也未必回头出来。(醒 12/156)

“回头”是回绝、不答应的意思，见于《简明吴方言词典》、《吴方言词典》、《明清吴语词典》。山东方言无同义词，同样的意思往往说成“回了他说不行”。

(10)净桶

却是这孩子不该死，蕙兰正要出房，忽然小肚子里十分作起急来，便去开了净桶解手，却见那小孩子倒竖在净桶内。(醒 4/48)

“净桶”，即马桶，中国南方地区大小便用的有盖的桶。山东地区没有使用马桶大小便的生活习惯，故方言中无此词。

(11)苦皮

看他时，手上苦皮已破，将次流出血来。(醒 2/22)

他何曾肯自己勒死，不过怕我淘气，割破了一些儿苦皮来捣鬼。(醒 2/26)

“苦皮”，皮肤的最外层、表皮，见于《简明吴方言词典》、《明清吴语词典》。山东方言的同义词为“油皮儿”、“哧皮”、“皮”，不说“苦皮”。

(12)马子

一日，蕙兰不在面前，俞大成叫孙氏掇大奶奶的马子去倒。(醒 4/54)

“马子”即马桶、净桶，见于《简明吴方言词典》、《吴方言词典》。吴方言区使用此称，但不够普遍。山东地区没有使用马桶大小便的生活习惯，故方言中无此词。

(13)泥

一日，见他卧床底下的泥不住掀动，掘开看时，都是五十两一锭的金元宝，共有二百锭。(醒 4/51)

黄氏便赶去看，果然只是些砖头石块，一堆儿在泥里，便走了转来。(醒 7/96)

珍姑又哭了几声，和王子函扒拢些泥来，将就与他掩埋了，方才坐上牲口再行。(醒 10/134)

“泥”，土，见于《上海市区方言志》。山东方言称土为“土”，“泥”指的是“和着水的土”，二者区别分明。

(14)牵头皮

要娶尼姑做老婆，可不羞死！这样牵头皮的不肖，不如没有，快与我死了吧！(醒 1/12)

他性情迂阔，动不动引出先贤古圣来，那孔夫子的头皮也不知道被他牵了多少。(醒 3/30)

两个小兄弟有一毫不如他意，便登门大骂，把张夫人的头皮都日常牵动。(醒 5/65)

“牵头皮”在现代吴语中有两个义项：一是不体面的、丢人的意思，见本词条引文首例；二是数落、揭老底、把以前的事拿出来议论，此义项见引文二、三两例。词见《简明吴方言词典》、《吴方言词典》、《明清吴语词典》。山东方言无此词，前一义项可用“丢人现眼”表示，后一义项可说成“絮叨、数说”。

(15)说话

外孙，我有好些说话要问你，却一时想不出。(醒 1/2)

张恒若未免有句把说话，他就毒打这四五岁的小孩子来出气。(醒 2/20)

虽是如此，梦寐中的说话，何足为凭？(醒 6/79)

“说话”的意思就是话，见于《简明吴方言词典》、《吴方言词典》、《明清吴语词典》。山东方言的同义词为"话",没有"说话"的说法。

(16)夜来

日里抱他在学堂内,夜来自己领了他睡。(醒/2/20)

再过两日,张维城夜来又得一梦,梦见他父亲张士先回来。(醒/6/73)

每日清晨,天色还没大明,便梳好了头,打扮得端端整整的到婆婆处,问夜来可好睡。(醒/7/86)

"夜来"是晚上、夜间的意思,见于《简明吴方言词典》、《明清吴语词典》。山东方言同样的意思不说夜来,说黑下、黑夜、黑家、黑天、黑日、后晌。"夜来"在山东方言中另有所指,即表示"昨天",这是吴方言词"夜来"所没有的义项。

方言词汇的特征性主要表现在两个方面:一是本地区特有事物的特定词语;二是对各地区共有事物的方言的不同说法。从上面所举的方言特征词、典型词来看,"壁脚"、"净桶"、"马子"属于吴语地区特有事物的特定词语,其他为各地区共有事物、动作、现象等在吴语地区的不同说法。这两个方面的例证都可以说明,《醒梦骈言》中的许多词语都具有吴方言的词汇特征,从性质上说它们属于吴方言词,而不是山东方言词。

(二)语法

石汝杰先生在《明清小说和吴语的历史语法》[①]一文中指出,对于具有吴方言特征的小说,如果小说的作者佚名,其籍贯不详,我们同样可以通过对小说作品中的吴语语法的鉴别和分析"来帮助辨别作者的身份,判断其母方言是不是吴语"。下面我们就通过具体的例证来探讨《醒梦骈言》所显示出来的吴语语法特征,借以对其作者的籍贯和母语作一个判断。

---

① 石汝杰:《明清小说和吴语的历史语法》,载《语言研究》1995年第2期。

1. 句式

(1)不要

“不要”,也作“不要是”,用在句首,表示推测、估计,相当于“大概,可能”。例如:

张恒若一路看去,不要妻子也在那个数内,却只不见。(醒 2/18)

据我看来,这病不要是出了魂。(醒 3/37)

若是避乱他方,贼兵退去已久,也可回了。不要倒是从贼的说话不错。(醒 10/127)

方口禾又想起五六岁时,和张叔叔在旧时住的大房子里埋下那些石子,不要都是银子!(醒 12/158)

“不要”一词,《明清吴语词典》列出了两个义项:①用于“V 得不要 V 了”的格式,表示情况发展到了极限;②表测度,预测说话人并不希望发生的情况。从例证二、三看,应当是符合“预测说话人并不希望发生的情况”的;但例证一、四则正好相反,预测的恰恰正是说话人希望发生的情况。由此看来,义项②所概括的“不要”一词的语法意义是不够全面的,需要作进一步的修订和例句的补充。

(2)不道

“不道”,用在句首,表转折语气,相当于“不料,没想到”。例如:

孙氏见了他一向的丈夫,已自没放那脸处,却不道到里面看时,那大奶奶却又就是蕙兰,越发羞得没地孔钻。(醒 4/54)

弟子偶然愚见,不道便犯神怒。(醒 6/81)

捞得两个老人,一男一女,都是死的。宋大中也疑心是他父母,忙走出去看,不道果然,哭倒在地。(醒 11/142)

(3)A 不过

“A 不过”,用在形容词之后,表示程度很高,相当于“太……”、“……极了”。例如：

难得你这等青年，便人人慕你才学，我听了也快活不过。(醒 1/4)

我初时不许，后因求不过，也就应承了。(醒 3/37)

那时王元尚夫妻因亡失了女儿，广东客人来追身价，已经用去大半，受逼不过，卖去身底下房子，才得还清。(醒 12/160)

2. 语序

(1)动＋宾＋不＋补语

吴语的否定形式，与官话不同的是宾语置于动词之后、“不”之前：

外孙，你半日在那里？却令人寻你不见。(醒 1/3)

我那羊氏妻不知他死活存亡，料今生见面不成的了。(醒 2/19)

我肚里饥了，竖头不起，略睡一睡就要走起的。(醒 2/22)

奈他是个瘦弱后生，没有什么气力，这一下斧，砍虎不倒。(醒 2/23)

俞大成拗他们不过，只得定了续娶之局。(醒 4/45)

(2)动＋得＋宾＋补语

吴语的肯定形式，与官话的区别在于将宾语置于“得”和补语之间：

我亲戚多有为官做宰，弄得你这老狗死哩！(醒 1/13)

江氏虽都知道，那里挡得他住！(醒 8/101)

(3)没/有＋动＋处

官话的语序是“没/有＋处＋动”，如“有处借”、“没处寻”。吴语与官话的显著区别在于将动词置于“没/有”和“处”之间：

思量要回家一转再去，却没寻处路，不知这都是魂做的

事。(醒 3/37)

戾姑没用处他的毒手,便日日把丈夫和那丫头们来打骂。(醒 7/95)

你好不达时务,些些柴米还没借处,这般狮子大开口起来。(醒 10/132)

王元尚等到天明报了官,差快役去捉,却那里有捉处?(醒 12/157)

3. 比较句

北方官话里"一天比一天好"这样的比较句,在吴方言中另有一种较为固定的形式,说成"一日……一日",与北方话明显不同,例如:

那孙寅日夜是这般胡思乱想,看看病势一日沉重一日了。(醒 3/38)

张管师去后,方口禾和母亲在家一日穷一日。(醒 12/153)

"一日……一日"也可以省略为"日……一日"的形式,例如:

张恒若做人原是极古道的,尽心教导,家家都赞先生的好,因此学徒日多一日。(醒 2/19)

4. 语缀

(1)前缀"浅"、"准"

用在数词之前,表示大致接近这个数字。例如:

山西太原府地方有个秀才,姓俞名有德,号大成,家中也有浅万金事业。(醒 4/44)

试读一遍,只觉眼前一亮,就如准千万粗丑妇女里头撞见了个吴宫西子,骤然间倒一句也赞不出。(醒 9/114)

但听得芦滩上风声,船底下水声,心中悲切,又不敢哭,那夜泪足足下了准万滴。(醒 11/140)

相同的意思,现代吴语一般说"毛"、"靠",是较为晚近的说法。

(2)后缀"把"

用在量词之后,具有"量不多"的含义。例如:

我有好些说话要问你,却一时想不出。你且在这里歇下半个把月,才放你回去。(醒 1/2)

众人乱了三四日,才见他神思略有些清醒,说得出句把话来。(醒 4/51)

王子函见他这般说,不敢再求亲,只是闭了门对坐,做个把灯谜来猜,猜得着算赢,猜不着算输。(醒 10/132)

有了一万多银子,不到得饿死就罢了,又发起这大想头来,到先把半把赎了没花息的货,岂不可惜?(醒 12/158)

(3)后缀"头"

"头"在官话中主要是用作名词的后缀,如"地头"、"前头"、"北头"等等。吴语中用"头"作后缀,则产生了许多特殊的用法:

①用在数量词之后,表示这个数量是一个整体。例如:

就是日常用的银钱,打从曾乾吉在日便是庄夫人一人经手,因此连这五十两头,要曾学深拿出来也觉费力。(醒 1/6)

孙寅没奈何,只得收了这二两头。(醒 3/32)

有时在赌场内替人家看色子、穿铜钱做赌奴,拾得两文头便又赌一回。(醒 6/82)

月英终是女流之见,见他罚了咒,道是真的了,便把父亲与他五百两头对丈夫说知。(醒 6/83)

相同的意义,用在计数打板子的数量时作"头号",例如:

太爷大怒,抛下一把签来,叫把他们每人重责四十头号再讲。(醒 5/61)

县太爷便出签拘捉那些人来,每人重责四十头号,才放回家。(醒 8/103)

②用在时间性名词词根之后,构成表示时间的新词。例如:

只因春头月华回家送嫁,月英向他夸张(夸耀)那汪家来

取笑了兴儿。(醒 6/80)

守到九月初头揭晓时,脚上那疖也已平愈,便自己去看榜。(醒 6/79)

有时也作"头里",例如:

初丧头里,死的还未曾入殡,平衣和两个同母兄弟在间壁轩里饮酒,豁拳行令,欢呼达旦,脚迹也不蹩到灵座前来。(醒 5/63)

③用在动词或形容词词根之后,表示抽象的事物或态度。例如:

总要除了服做的事,却何苦多今日这番周折?母亲还是回头(回绝)的是。(醒 1/7)

原来那时建文皇帝听了齐泰、黄子澄一班的议头,要裁抑众藩王。(醒 2/18)

却骗我受了那般疼痛,又说要除什么呆气,我却何曾呆来?总是他不肯嫁我的推头。(醒 3/35)

人家晓得你是名医之后,定有传头,自然一做就行,不到得这般穷了。(醒 6/74)

翠云满肚狐疑,只管向夫人讨个亮头。(醒 1/15)

平白见他并无一些松头,便又垂泪满面哀告。(醒 5/62)

(4)后缀"相"

"相"在官话中常用作名词后缀,但在吴语中则可用于形容词之后表示某种倾向,石汝杰先生指其为"北部吴语有特色的后缀"。例如:

我多这一个指头,实在不雅相。(醒 3/34)

5. 进行、持续体

表示动作的进行和持续,吴语和官话的区别十分明显,使用的是"勒海"系列的虚词。这一类虚词在白话小说中往往被译成"在这里、在那里",依其所在位置的不同分别表示进行和持续。

(1)在这里/在那里+V

表示动作正在进行。例如:

他在赌场里赌输了,欠了钱没得还,正被人扭住在那里打,不能够脱身来。(醒6/84)

官军着了炮,今日还在那里神号鬼哭。(醒10/134)

"在那里"也可以写作"在那厢",例如:

这里正是哭哭啼啼的时候,他两个倒在那厢吹唱,好没道理!(醒5/63)

(2)V+在这里/在那里

表示动作的持续和性质状态的保持。例如:

侄儿你不晓得,我做伯伯的犹如赤日头里蚂蚁一般在这里,那里等得到你父亲吃完了酒慢慢地回来?(醒5/67)

翠云在观音庵里和白、梁两个妖尼同住,想他度日如年在那里,我怎的作早弄他出来方好。(醒1/6)

今日这死,他心下也是话不尽这种悲伤在那里,你何苦再去寻气?(醒5/59)

王家两个老畜生近来怎样在那里?(醒12/163)

《醒梦骈言》中的吴方言语法特征还可以举出许多的现象和例证来,因篇幅关系,我们只举出以上诸要项,其他从略。

上面我们从词汇和语法两个方面来讨论,不论是方言特征词、典型词的使用,还是小说所显露的多种吴方言的特殊语法现象,它们共同说明了一个无可置辩的事实,那就是《醒梦骈言》具有十分鲜明的吴方言特征。作为一部吴地人改编《聊斋志异》的十二篇作品而成的白话拟话本小说或云官话小说,作者虽然是有意识地使用官话来从事写作的,但其生活中日常习得的吴方言母语却又无时无刻不在影响着作者,从而在作者不自觉的情形之下形成了这部小说虽不纯粹但较为显著的吴方言特色。

三、《醒梦骈言》非蒲松龄所作

任何一个以某一地域方言为母语的小说作者都不可能尽脱自己的方言习俗,更不可能使用自己并不熟悉的另一区域的方言来从事自己的创作。我们在上文中列出的多个吴方言的特征词、典型词,未曾在吴方言区生活过的蒲松龄(康熙九年到康熙十年,蒲松龄曾在江苏宝应、高邮做其同乡孙蕙的幕宾一年,但宝应、高邮所在的扬州府地处长江以北,不属于吴方言区)不可能熟悉、使用;《醒梦骈言》叙事中使用的许多吴方言的语法,蒲松龄更是难以说出、写出。所以,上文的论述,实际上已经从方言的角度否定了《醒梦骈言》为蒲松龄所作的说法。

下面我们再从语言社会学的角度,即从《醒梦骈言》的文本所反映的言语习俗、生活环境和作者地域观念的角度来看这部小说并非蒲松龄所作。

据考察,《醒梦骈言》是依据青柯亭本的《聊斋志异》改编而成的。经与《聊斋志异》对读,我们发现改编者在改编的过程中对小说人物的生活环境作了许多改变,把不少故事的发生地由全国各地移植到了改编者所熟悉的东南地区。例如:第三回《呆秀才志诚求偶,俏佳人感激许身》改编自《聊斋志异》中的《阿宝》篇,故事的发生地原为粤西(广西),改编者改为苏州吴县;第六回《违父命孽由己作,代姐嫁福自天来》改编自《姊妹易嫁》篇,故事的发生地原为山东掖县,改编者改为浙江温州府;第七回《遇贤媳虺蛇难犯,遭悍妇狼狈堪怜》,改编自《珊瑚》篇,故事地点原为重庆,改编者改为湖广长沙府;第八回《施鬼蜮随地生波,仗神灵转灾为福》改编自《仇大娘》篇,故事发生在晋地(山西省),改编者改为广东广州府番禺县,等等。地域的改变并非无意为之,一个重要的目的即是便于改编者利用自己的生活经验来写自己熟悉的生活环境。

第三回把故事地点移植到苏州吴县，说主人公孙寅（原型为《阿宝》中的孙子楚）“住在虎丘山塘上”，刘珠姐（原型为《阿宝》中的阿宝）家在苏州“侍其巷”内，孙寅与一班朋友“先在虎丘前后走了一回，众人又相约到灵岩去”；第十一回写辛娘（原型为《聊斋志异·庚娘》中的庚娘）随李十三到了南京，“李十三家在城中钞库街上，便雇只小船，进了水西门”，“前门正临着秦淮湖”，辛娘死后，被“抬去葬在钟山脚下”，辛娘的丈夫宋大中（原型为《庚娘》中的金大用）和王氏到南京祭奠辛娘之后回淮安，“那船行到扬子江头，正要往江北港口，回头望南岸时，见金山矗立在大江上面，十分秀异”，“一日，从淮安到镇江，在扬州城外泊船”；在在都说明了改编者对江南一带山水风物的熟悉程度。

特别值得注意的是小说第七回生活环境的改变。这一回的故事虽然被蒲松龄安排在西南的重庆地区，但小说所写的生活环境仍然是蒲松龄所熟悉的北方农村。到了《醒梦骈言》，小说的生活环境却发生了巨大的改变。珊瑚被休被逐离开安家，《聊斋志异》的原文是这样写的：

> 遂出珊瑚，使老媪送诸其家。方出里门，珊瑚泣曰：“为女子不能作妇，归何以见双亲？不如死！”袖中出剪刀刺喉。急救之，血溢沾衿。扶归生族婶家。①

但在《醒梦骈言》中，同一情节的细节却出现了重大改动：

> 顺儿（原型为《珊瑚》中的珊瑚）没奈何，只得同了张妈妈出门。他母家在湘潭，离长沙有一百里路，张妈妈去叫了一只认得的小船，扶顺儿下船去。顺儿在船里哭道：“我做媳妇不能奉事得婆婆快活，那里还有面目去见爹娘？倒不如死了吧。”走出舱来，便要跳下水去。张妈妈慌忙扶住……张妈妈

---

① （清）蒲松龄著，任笃行辑校：《全校会注集评聊斋志异》，齐鲁书社 2000 年版，第 2044 页。

想一想道："不如送你到上水洲去住几时吧。"原来李成大(原型为《珊瑚》中的安大成)有个族中的婶母住在上水洲……当下便分付船家投上水洲去。那地方只离得长沙二十里，不多时就到了。(醒7/87,88)

珊瑚用剪刀刺喉的细节，经过改编者改编之后变成了顺儿上船之后打算跳水自尽。我们说，蒲松龄对江南水乡的生活并不熟悉，写出了这种水乡环境下的自尽方法的应该不是蒲松龄本人。

对于这一判断，我们还可以举出下面的例证。同样是《珊瑚》中的这一段情节，蒲松龄自己也进行了改编，那便是据《珊瑚》改编的聊斋俚曲《姑妇曲》：

珊瑚待走，安大成叫住房子的老王婆子，拿着那休书去送他……老王才待问他要往那里去，还没问出来，只见他抽出那剪子来，"嗤"的声照脖子一攮，就倒在地下。老王唬极了，说："俺娘呵！这是怎么说！"才给他拔出那剪子来，那血往外直冒。

……那庄东头有安大成异姓的大娘，姓何。老王跑到他家里，拿了块布子来给他扎了。看了看，幸得刚搽着那气嗓头边儿。何大娘……合(和)老王扶到他家，着他卧了，说："老王你回去吧，着他且在这里吧。"[①]

且不说在《姑妇曲》中安大成、陈珊瑚仍用《聊斋志异·珊瑚》中人物的原名，与《醒梦骈言》的改编者故意改变人名、地名以含混、遮掩其故事来源的情况不同[②]，蒲松龄自己的改编不但仍然保

---

① (清)蒲松龄著，蒲先明整理，邹宗良校注：《聊斋俚曲集》，国际文化出版公司1999年版，第58～59页。

② 在《醒梦骈言》卷首的《闲情老人漫笔》中，只说"集逸事如干卷，颜曰《醒梦骈言》"，不言其改编之所据；正文中也只是说"如今说一件事"、"如今说一个不贤之妇……与列位看"、"如今说一桩异母兄弟……与列位看"、"如今说件幽婚故事……"、"待在下敷衍那故事与列位看"云云，并不提及故事乃依据《聊斋志异》改编一事。

留了《聊斋志异·珊瑚》中用剪刀刺喉的细节，而且把这五十五字的情节敷衍成了五百余字的一大段故事，可见这是蒲松龄的得意之笔。而《醒梦骈言》让那位顺儿所投靠的丈夫同族的寡婶住在二十里之外的上水洲，要坐了船家的船才能前往。这样的情况在实际生活中虽说不是绝无仅有，但毕竟不如《珊瑚》中投靠同村的寡婶或《姑妇曲》中投靠异姓的大娘更为妥帖自然。而且，经过了改编者的一番改编之后，虽然水乡风物尽显，但失却了《珊瑚》和《姑妇曲》中那种浓郁的北方农村的生活韵味。

《醒梦骈言》的作者在改编中不仅写自己熟悉的生活环境，而且写自己熟悉的生活事物。如小说的第一回写道："庄夫人要净手，那妇人便陪了到他房中。"到置放在房间里的马桶上去净手，这在其原作《聊斋志异·陈云栖》中是没有的。由于改编者是按自己的生活经验来写这一类的细节的，所以有时竟忘记了南北方生活习俗方面存在的明显差异，从而产生了某些细节上的失误。小说的第四回《妒妇巧偿苦厄，淑姬大享荣华》改编自《聊斋志异·大男》篇，蒲松龄安排的故事地点本是四川成都，《醒梦骈言》改为山西太原府。下面是其中的两个情节：

> 一日，蕙兰在院子里晒衣服，回到房中，床上不见了那孩子。心中着急，就要走到外面去问，看是何人抱去。却是这孩子不该死，惠兰正要出房，忽然小肚子里十分作起急来，便去开了净桶解手，却见那小孩子倒竖在净桶内。蕙兰一见，吓得魂飞魄散，慌忙抱起来，却也气都没了。直待呕出了那些臭水，方才哭得出声。（醒 4/48）

> 一日，蕙兰不在面前，俞大成叫孙氏掇大奶奶的马子去倒。孙氏正待上前，被旁边鸦头（丫头）们大家笑起来。他怕羞，缩住了手。俞大成手里正托着一盏沸滚的茶，便要照他脸上浇过去。孙氏慌忙道："我掇去倒就是了。"（醒 4/54）

两处情节皆为改编者所增入。前一情节发生的地点是俞大成的祖居地山西太原府，后一处在他们的客居地河南省内。净桶、马子都是马桶的别称，见上文例词的说明。试问在山西、河南一带，如何会有吴语区那样普遍使用马桶的生活习俗？这些《醒梦骈言》的作者不小心留下的破绽，却也正从语言社会学的角度透露出了它的作者不是山东人，更不是在山东地区生活了一生的蒲松龄本人的明确信息。

《醒梦骈言》的作者不是北方人，他身为南方人的地域意识在小说的字里行间也偶见表露。且看小说第二回《遭乱世咫尺抛鸾侣，成家庆天涯聚雁行》中的一段文字：

> 却说北路上有一种叫"走无常"，原是个活人，或五日或十日忽然死去，到冥中走些差使。或一日或二日活转来，仍然是好好一个人。（醒2/24）

"北路上"是哪里？无府无县，并无确指的意义，但却是北方的泛指，说得确切一些，是南方人述北方事时所使用的语气口吻，其中暗含了南方人的地域意识。"北路上"在这里是一个方位词，是南方人在"以此说彼"的语境中使用的。《汉语大词典》立了"北路"一目，例证是广东南海人吴沃尧的《二十年目睹之怪现状》中的句子，同样是在南方人述北方事的语境中使用的。按照《汉语大词典》的编例，同一个义项下可举出三条例证，而"北路"一词的"泛指北方地区"这一义项仅举一例，上文的句子正可作为其例证的补充。

同一回中，张恒若的结发妻子羊氏叙述当年夫妻离散的情景时说道："我到你家三年，适值燕兵来打山东，我和你父亲一同逃难，不料被马兵冲散。我被一个唐指挥虏去，在北地半年。"（醒2/28）这里用的仍然是南方人述北方事的口吻。羊氏是山东东昌府棠邑县人，按道理说她的自述不该称北方为"北地"，但因为《醒梦骈言》出自一位南方人之手，他的头脑里先有了南北风物不同的观念意识，所以在小说中留下了这样一处破绽。

下面总括一下本文的意思：《醒梦骈言》中未见山东方言特征

词，不能说它是一部使用山东方言写成的小说。相反，小说中使用了较多的吴方言的特征词、典型词和吴语语法，是一部属于官话系统但却保存了较多的吴语特征的白话小说作品。它的作者不是蒲松龄，而是一个以吴方言为母语且在吴方言区生活多年的南方人。

（写于2009年2月，连载于《蒲松龄研究》2009年第2、3期）

路大荒先生对蒲松龄研究的贡献

路大荒先生是蒲松龄研究的前辈学人，可以称得上是蒲松龄研究的现代拓荒者。笔者忝为后学，所生也晚，虽未得与路先生晤面，但因多年从事蒲松龄生平与著作的研究，与大荒先生可谓神交已久。值山东省图书馆发起对王献唐、屈万里和路大荒先生的纪念活动，因特撰此文，从三个方面略述路大荒先生对于蒲松龄研究所作的贡献。不妥之处，敬请方家指正。

一、蒲松龄著作的流传与路大荒先生整理的贡献

蒲松龄一生著作宏富。清雍正三年(1725 年)，淄川后学张元所撰《柳泉蒲先生墓表》云："所著《文集》四卷、《诗集》六卷、《聊斋志异》八卷。"《墓表》碑阴又附列《杂著》五册、《戏》三出、《通俗俚曲》十四种[①]，以补《柳泉蒲先生墓表》所未言。除《聊斋志异》外，

① 蒲松龄墓表碑阴所列"通俗俚曲十四种"中，"《富贵神仙》后变《磨难曲》"并为一种。按，《磨难曲》是在《富贵神仙》的基础上增订而成的，应与《富贵神仙》各计为一种，蒲松龄的《聊斋俚曲》，总数应计为十五种。

蒲松龄尚有《聊斋文集》、《聊斋诗集》、《聊斋词集》、《聊斋俚曲》、《聊斋杂著》等多种作品传世，其全部著作达一百八十余万字。在蒲松龄生前，其著作并无刻本流传，仅有手稿藏于其家。蒲松龄逝世之后，其长孙蒲立德在《与益都王孝廉禹臣》一札中说：

> 今来使下临，仅搜得存文稿三册、诗稿五册、词稿一册，共九册奉览。外有文二册，拣翻书簏未获，俟异日奉上。兹有恳者：先稿皆出手录，寒舍别无副本，希善藏勿他传为祷。①

王禹臣，名洪谋，号枣村，益都颜神镇（今淄博博山）人，为《柳泉居士行略》的作者。由蒲立德此札，知当时蒲氏家藏的其祖著作全为蒲松龄的手稿。这种情况，至蒲松龄的五世孙庭橘始有所改变。蒲庭橘字美南，府学增广生员，生活于乾隆、嘉庆年间，为蒲立德次子一涵之子。庭橘撰有《〈聊斋文集〉志》，其略云：

> 敬读《柳泉公行略》，见上载《聊斋文集》共计四百余篇，诸体皆备。及细为查阅，而志传绝不多见，岂所作者本少与？抑后来之散佚乃尔也？今所存者，只有贺序一册、序疏碑文一册、婚启一册、祭文一册，皆先曾祖所手订。其余则散见于别卷，及余所搜罗诸亲友者也。余故浼同人逐一缮写，照旧分类，订为是集。极欲速为板行，以公同好，奈家贫无力，实难授梓，不得不藏之书笥，以俟将来。倘后有能刻是书，使先人之名播诸海内，固为令子；即不能刻是书，而递相抄录，珍而藏之，以不失传家旧物，亦是佳孙。②

蒲庭橘将其先高祖的著作搜集整理，录为别本，以供后人抄录存传或刊刻行世，足见其用心之良苦。但蒲松龄著作的手稿和钞本由其后裔藏于家中，历时既久，很难保证无虞。淄川人孙济奎的

---

① （清）蒲立德：《与益都王孝廉禹臣》，载《东谷文集》，清钞本，山东省博物馆藏。

② （清）蒲庭橘：《〈聊斋文集〉志》，载（清）蒲松龄著、路大荒整理《蒲松龄集》，上海古籍出版社 1986 年版，第 428～429 页。

《〈聊斋诗文集〉跋》即云：

闻先生所作藏于其家一小楼，后阴雨楼圮，遂多损坏。及咸丰壬戌，捻匪突至，复罹兵燹，焚毁无节。①

由此可知，清同治元年壬戌（1862年，孙《跋》误作咸丰年号）捻军入淄川前后，蒲氏家藏的蒲松龄著作已非全璧。在此前及以后，淄川一带收藏蒲氏著作者除了蒲松龄的后人，还有孙锡嘏、孙济奎伯侄与宓文德等人。据孙济奎《〈聊斋诗文集〉跋》，知其伯父孙锡嘏在清同治元年"捻乱"之前即曾钞录蒲松龄"诗二卷、散行与骈体文各四卷"。"捻乱"后这些钞本化为乌有，孙锡嘏又"多方求索，极力搜罗，所得者仅十之二三，用以缮写成帙"，成"《聊斋文诗稿》一册"。宓文德，据袁世硕先生考察为蒲家庄蒲松龄后人的近邻，生活年代约在19世纪中叶到20世纪初。宓文德收藏过较多的蒲松龄著作的旧钞本，20世纪60年代发现的蒲氏诗集《聊斋偶存草》，是一个钞成于康熙末年或雍正年间的重要钞本，就是宓文德原藏钞本之一种。②

说到蒲松龄著作的收藏与整理，不能不提到新城（今淄博桓台）人耿士伟的贡献。耿士伟是清同治三年（1864年）甲子科的举人，曾任内阁中书、四川成都等县知县。据笔者考察，耿士伟于清光绪十一年乙酉（1885年）丁父忧回到新城，在居丧期间从孙济奎、宓文德等人那里借得旧本若干卷，"删讹去复，亲加厘正"，先后编成《聊斋文集》八卷四册、《聊斋诗集》二卷二册，今分藏于北京大

① （清）孙济奎：《〈聊斋诗文集〉跋》，（清）耿士伟编订《聊斋文集》钞本后附，国家图书馆藏。

② 参见袁世硕、马瑞芳、郝浚《对〈聊斋偶存草〉的考察》，载《蒲松龄研究集刊》第一辑，齐鲁书社1980年版，第229～248页。

学图书馆、国家图书馆和山东省博物馆。[①] 可以说，如果没有耿士伟的这一番整理之功，蒲氏著作中的许多篇章我们可能已经无缘得见了。

耿士伟之后，搜集整理蒲氏著作者尚有李秉衡、王敬铸等人，而用力之勤、用心之专者，殆非路大荒先生莫属。李士钊先生曾言，大荒先生从二十余岁即开始搜集蒲松龄的著作。[②] 他搜集的《聊斋志异外书磨难曲》1936 年由东京文求堂书店出版[③]，所整理的蒲氏著作第一次结集也在同一年，即上海世界书局 1936 年 10 月初版印行的《聊斋全集》。《全集》凡四册，内容包括《聊斋文集》、《聊斋诗集》、《聊斋词集》、《聊斋鼓词集》、《聊斋俚曲集》、《聊斋志异》和《醒世姻缘传》，卷首有大荒先生编撰的《蒲柳泉先生年谱》和《淄川土语辞典》。如大荒先生后来所说，这部《全集》由世界书局的编辑赵苕狂增入了部分不能确认为蒲松龄著作的内容，但作为蒲松龄别集的第一次排印本，它为当时的学人提供了许多研究的方便，《全集》的印行还是有其价值和意义的。

此后，大荒先生数十年如一日，继续搜集蒲松龄著作勤苦不辍，他所编订整理的《蒲松龄集》终在 1962 年 8 月由中华书局上海编辑所（即上海古籍出版社的前身）编辑，中华书局出版。《蒲松龄集》剔除了《聊斋全集》中那些非蒲松龄的著作，更重要的是经过大荒先生积年的搜集整理之后，蒲松龄的作品有了大幅度的增加。

---

① 参见邹宗良《耿士伟编〈聊斋文集〉与蒲松龄佚文的新发现》，载《文献》1990 年第 4 期；邹宗良《二卷本〈聊斋诗集〉探考》，载《蒲松龄研究》1994 年第 2 期。二文今收入本书。

② 参见李士钊《〈蒲松龄集〉与路大荒》，路大荒《蒲松龄年谱·附录》，齐鲁书社 1980 年版，第 179 页。

③ 此原刊本未见。此说据藤田祐贤、八木章好编《聊斋研究文献要览》（东方书店株式会社 1985 年版），孟鸿声先生撰《路大荒先生年谱》（载《山东图书馆学刊》2009 年第 3 期）云路编《聊斋志异外书磨难曲》于 1933 年出版，又报刊文章云 1935 年出版，此事待考。

就路先生对其中《聊斋文集》的整理而言，其所购藏或寓目的蒲氏手稿或钞本计有：蒲松龄手稿《聊斋文集》一册（即《祭文》一册，山东省图书馆藏）、蒲松龄手稿《鹤轩笔札》二册（青岛市博物馆藏）、康雍间旧钞本《聊斋文集》四册、耿士伟编订《聊斋文集》钞本八卷四册（国家图书馆藏）、旧钞本《聊斋文集》十卷十册（山东省博物馆藏）、旧钞本《聊斋诗文集》一册（中山大学图书馆藏）、清光绪十九年癸巳（1893 年）石印本《聊斋先生遗集》、清王敬铸辑《聊斋遗文》钞本十二卷、清同治八年己巳（1869 年）钞本《聊斋文集》六册并附《聊斋四六文集》一册等。路先生汇集众本，去其重复，共得聊斋文四百五十八篇。据笔者统计，此前收录较全的耿士伟编订本《聊斋文集》，收文共二百七十五篇，路先生的整理本较其多出一百八十三篇。后人在此基础上继续搜求辑佚，今得聊斋文已在五百三十篇上下，而这一成果是建立在路先生编订整理的基础之上的。

关于《聊斋诗集》的整理，路先生购藏或寓目的钞本有：高翰生齐鲁遗书本《聊斋诗草》钞本一册，耿士伟编订、栾调甫藏《聊斋诗集》钞本二卷，栾调甫藏《聊斋诗草》钞本一册，王怡之藏《聊斋诗集》钞本五卷，王仲衡藏《南游诗草》钞本一册，中山大学图书馆藏《聊斋诗文集》旧钞本一册，蒲松龄纪念馆藏《聊斋诗草》钞本一册，国家图书馆藏《聊斋诗集》钞本、国家图书馆藏《留仙吟坛留迹》钞本，淄川孙氏藏《蒲柳泉先生诗抄》钞本等。路先生并从王士禛《系河饮饯图》中辑录蒲氏诗作一首，自《淄川西关赵氏家谱》辑录六首，自《历亭诗文汇编》辑录一首。《蒲松龄集》初版之后，路先生又据后来发现的宓文德原藏《聊斋偶存草》康雍间旧钞本一册（蒲松龄纪念馆藏），补录近八十首于 1963 年 10 月第二次印刷本中，其所得聊斋诗前后超过一千首，远远超过了耿士伟编订本的三百五十五首之数。[①]

关于路先生整理《聊斋词集》、《聊斋杂著》、《聊斋俚曲》等的情况，此处不再赘言。总之，《蒲松龄集》作为一部集蒲氏著作之大成的别集，搜罗较为全备，代表了当时蒲氏著作整理的最高水平。特别是经过后来的"文革"之祸，路先生当年使用过的部分钞本今已不可得见，这些佚本中的蒲氏作品靠了《蒲松龄集》的出版而得以存传，这种对祖国文化遗产的保存整理之功可以说是至大至伟的。

二、路大荒先生对蒲松龄生平著作研究的贡献

现代意义上的蒲松龄研究，以鲁迅先生的《中国小说史略》为发端。但鲁迅先生使用的《聊斋文集》是一个坊间刊本，其所附的张元《柳泉蒲先生墓表》文字多有错讹，致鲁迅定蒲松龄生于1630年，卒于1715年，年八十六岁；其所云蒲松龄"以诸生授徒于家"，亦未确考[②]。1931年，胡适之先生写了《辨伪举例——蒲松龄的生年考》，论定蒲松龄生于明崇祯十三年(1640年)，得年七十六岁。[③]适之先生后来在《〈醒世姻缘传〉考证》附录二《跋张元的〈柳泉蒲先生墓表〉》中，谈到了路大荒先生对他的帮助：

> 去年淄川的路大荒先生在蒲松龄的墓上寻得此碑，拓了一份寄给我，我拿来细校各种传本，知道路先生的拓本每行底下缺四个字，大概是埋在泥土中了。所以我请他把泥土挖开，

① 清人耿士伟编订本《聊斋诗集》，即1936年世界书局版《聊斋全集》所收的《聊斋诗集》(详见笔者《二卷本〈聊斋诗集〉探考》一文，载《蒲松龄研究》1994年第2期)。今收入本书。

② 参见鲁迅《中国小说史略》，人民文学出版社1976年版。

③ 胡适：《辨伪举例——蒲松龄的生年考》，载《胡适论学近著》第一辑卷三，山东人民出版社1998年版，第251～257页。

再拓一份。路先生接到我的信,正当十二月寒冷的天气,他冒大风去挖土拓碑,"水可结冰,蜡墨都不能用;往返四次,才勉强拓成"。他的热心使我们今日得读此碑的全文,得知蒲松龄的事实,得解决许多校勘和考据的疑难,这是我最感激的。[①]

此文最初发表于《益世报》,适之先生特寄路先生一份,以为纪念。适之先生所说的"去年"是指 1931 年。在胡适之先生写《〈醒世姻缘传〉考证》的同一年,即 1932 年,路大荒先生开始撰写《蒲柳泉先生年谱》。这部最早的蒲松龄的年谱完成于 1936 年,并刊载于当年上海世界书局出版的《聊斋全集》的卷首,凡四十五页。此时学术界对于蒲松龄生平的研究,尚局限于对蒲松龄生卒年的一场辩论上,路先生撰作的《蒲柳泉先生年谱》则勾勒出了蒲松龄一生事迹的大致面貌,这对于蒲松龄生平的研究而言,应该说是一个拓荒性的贡献。

路先生《蒲柳泉先生年谱》的增订本,于 1962 年 8 月作为《蒲松龄集》的附录出版。增订后的《蒲柳泉先生年谱》篇幅扩展到四万余字,在此后较长的时间里一直是人们了解蒲松龄生平经历的必读书。20 世纪 80 年代以后,蒲松龄生平的研究取得了一批新的重要成果,时至今日,蒲松龄的年谱在"路谱"之后已先后出版四种[②],但大荒先生撰作《蒲柳泉先生年谱》的首创之功则是不可埋没的。

除蒲松龄生平的研究之外,路先生还对蒲松龄的著作进行了多方面的研究考订。1934 年 7 月 30 日发表于天津《国闻周报》的

---

① 胡适:《〈醒世姻缘传〉考证·跋张元的〈柳泉蒲先生墓表〉》,载《胡适论学近著》第一辑卷三,山东人民出版社 1998 年版,第 304 页。

② 这四种年谱分别为:张景樵《蒲松龄年谱》,台湾商务印书馆 1970 年版;刘阶平《蒲留仙松龄先生年谱》,台湾中华书局股份有限公司 1985 年初版;盛伟《蒲松龄年谱》,盛伟编校《蒲松龄全集·附录》,学林出版社 1998 年版;罗敬之《蒲松龄年谱》,台湾国立编译馆 2000 年初版。

《蒲松龄先生遗著补考》，对刘阶平先生的《蒲留仙先生的全部遗著》一文进行了重要补充，补充的蒲松龄遗著计有《省身语录》、《家政内编》、《家政外编》、《时宪文》、《婚嫁全书》、《药祟书》、《小学节要》等等。1955 年 5 月 4 日发表于《光明日报》的《聊斋全集中的〈醒世姻缘〉与〈鼓词集〉的作者问题》，考证了世界书局版《聊斋全集》收录的七种鼓词的作者：《问天词》、《东郭外传》、《孔夫子鼓儿词》各有撰人，不能算作蒲松龄的作品；《逃学传》、《学究自嘲》、《除日祭穷神文》、《穷神答文》四篇不见于相关史料的著录，尚不能确认为蒲松龄的作品。对于《醒世姻缘传》一书，路先生则从四个方面否定了适之先生提出的作者是蒲松龄或者他的朋友的考证结论。笔者后来有《〈醒世姻缘传〉康熙成书说驳议》一文，对适之先生及海峡两岸的支持者提出的《醒世姻缘传》成书于康熙年间的各项证据逐一分析考证，认为这些证据无一可证此书写成于康熙年间，《醒世姻缘传》的作者不是在康熙年间从事创作的蒲松龄，而是另有其人。[①] 笔者以为，路先生的考订是符合事实的，也是值得首肯的。

大荒先生的《谈谈济南朱氏本〈聊斋志异〉》[②]一文，据殿春亭主人的《跋》语和相关诗文，指出铸雪斋钞本《聊斋志异》的祖本为济南朱氏钞本，而殿春亭主人即为济南朱氏，这是路先生的一个发现。后来袁世硕先生写成《铸雪斋和铸雪斋钞本〈聊斋志异〉》[③]，对铸雪斋钞本和抄录者张希杰其人的情况进行了全面考察，并指出殿春亭主人为朱缃之子宾理、翊典兄弟之署名，就是在路先生研

① 参见邹宗良《〈醒世姻缘传〉康熙成书说驳议：〈醒世姻缘传〉写作年代考之一》，载《社会科学》1989 年第 6 期。今修订后收入本书。

② 路大荒：《谈谈济南朱氏本〈聊斋志异〉》，载《蒲松龄年谱》，齐鲁书社 1980 年版，第 153～156 页。

③ 袁世硕：《铸雪斋和铸雪斋钞本〈聊斋志异〉》，载《蒲松龄研究集刊》第一辑，齐鲁书社 1980 年 8 月第 1 版，第 132～156 页。

究的基础上进一步考察的结果。

三、路大荒先生筹建蒲松龄故居与聊斋文物庋藏的贡献

新中国成立以后，大荒先生先后担任山东省图书馆副馆长、省文物管理委员会委员等职。1953年2月，陶钝和路先生受山东省文联和省文管会委派，前往蒲松龄的家乡淄川蒲家庄进行有关文物的调查工作，在调查中发现了朱湘麟所绘的蒲松龄画像。这幅画像先是由蒲氏族中公推蒲氏后裔蒲文琪保管，后即交由新成立的蒲松龄故居管理委员会收藏。后来，蒲松龄故居（淄博市蒲松龄纪念馆的前身）的管理干部蒲玉水先生专程去北京故宫博物院请专家装裱，并复制了专供展出的画像副本，使这一珍贵文物得以妥善保存。

1953年夏，山东省文化局拨出专款对破败已久的蒲松龄故居和墓地进行修复。此项工程于1954年实施，大荒先生亲躬其事，鸠工庀材，历时凡三阅，主持修复了聊斋正房、东西厢房和当时出入的东大门，并为蒲松龄墓碑修建了保护性碑亭。1956年，大荒先生又与张彦青先生数赴淄川，筹划安排蒲松龄故居的陈列布置工作。两位先生在淄博驻达数月，召开过几次文物征集调查会，了解了一些蒲松龄遗著和相关文物的收藏线索，并征集到了许多与蒲松龄有关的珍贵文物，如蒲松龄设馆执教的西铺村毕氏的“绰然堂”匾额、蒲松龄使用过的端砚、题咏过的毕氏石隐园中的蛙鸣石等等。

1956年，有淄川李姓持《鹤轩笔札》稿本四册求售。“鹤轩”或称“一鹤轩”，是蒲松龄的同邑友人孙蕙任江南宝应县知县时的书斋名。康熙九年（1670年）至康熙十年（1671年），蒲松龄曾应孙蕙之邀至其宝应县署中任幕宾一年，《鹤轩笔札》的前两册即蒲松龄

在宝应署中所作书札、文告的抄存本手稿。大荒先生与时任省文化局局长的王统照先生商议之后即将此稿本买下，并由北京琉璃厂的萃文斋装裱。这两册珍贵的蒲松龄手稿后由青岛市博物馆收藏。20世纪80年代，时为山大中文系助教的笔者去青岛市博物馆翻检了这两册蒲氏手稿，撰文对其性质和校勘、文集编年、辑佚等多方面的价值进行了考察。[①] 后人能利用这些珍贵文献从事研究工作，这首先要感谢大荒先生的发现与保护之功。

早在1936年，大荒先生得知有人出售《聊斋文集》中"祭文"一册的蒲氏手稿，他不顾生活的拮据，出洋数十元将其买下。1963年，大荒先生将这部珍贵的蒲氏手稿捐赠给了山东省图书馆。后来，大荒先生之子路士湘先生，又向蒲松龄纪念馆捐献了包括王敬铸《聊斋文集续辑》钞本、《志异外书闺艳秦声》等在内的文物史料。由这样的义举，尤可以见出大荒先生及其后人不计名利、唯愿祖国的珍贵文献得其所哉的高风亮节。

（写于2009年5月，发表于《山东图书馆学刊》2009年第3期）

① 参见邹宗良《蒲松龄的〈鹤轩笔札〉手稿及其佚篇》，载《蒲松龄研究集刊》第四辑，齐鲁书社1984年版，第327～348页。今收入本书。

蒲松龄研究的重要收获

——评《蒲松龄事迹著述新考》

齐鲁书社1988年1月出版的《蒲松龄事迹著述新考》一书，是山东大学教授袁世硕先生自1979年以来撰写的蒲松龄与《聊斋志异》研究的论文结集。书分上下两编，十八篇，三十余万字。这部论著，集中体现了作者在蒲松龄的生平、交游、创作活动，《聊斋志异》的版本及其他著作研究方面的探索与开拓，在不少问题上填补了研究中的空白，可以说是近年来蒲松龄研究中的重要收获，也是一部资料翔实、论证严谨、创获颇丰的力作。

在众多的中国古典文学名著中，蒲松龄的《聊斋志异》一直受到广泛的喜爱。新中国成立以来，《聊斋志异》的各种印本、选本、评注本、白话译本、改写本层出不穷，其印数之多、售量之夥，超过了另一部古典文学名著《红楼梦》。但一个不容忽视的事实是，对这部著作本身的研究，不但远没有如“红学”研究那般热闹，那样引人注目，甚至也不能同《三国演义》、《水浒传》等书的研究相提并论。至于此书的作者，所受的关注自然也就更少。20世纪30年代以来，已故的路大荒先生和台湾学者张景樵、刘阶平先后有过蒲松龄的年谱之作，但毋庸讳言，前人的研究只是勾勒出了一个蒲松龄生平的大致轮廓，在其生平经历和生活与创作的关系方面仍有大量空白需要填补。而今,我们欣喜地发现,袁世硕先生的《蒲松龄事迹著述新考》(以下简称《新考》)一书卓有成就地填补了这一缺憾。

这部论著一个突出的特点,是以交游为纲,通过蒲松龄与其往来较多的师友之间的各种联系考察蒲松龄本人的事迹、行踪、品行诸方面的情况。上编所收的十二篇论文,重在通过史料的考订,钩稽蒲松龄一生中许多颇为重要又鲜为人知的事迹行状。在详尽占有材料的基础上,作者从蒲松龄的交游情况入手,先后考察了蒲松龄与张笃庆、孙蕙、高珩、唐梦赉、袁藩、朱缃、王士禛及西铺毕氏、鸾桥王氏诸人的关系,从而理清了蒲松龄生平经历中许多被前人忽略了的重要事实。譬如,蒲松龄除一度短暂的江南游幕之外,一生中有三分之二的时间在淄川乡间谋馆执教。但长期以来,除了在西铺毕家设馆一事为人们所熟知外,对其教馆的其他情况则一直不甚了了。经过认真细致的推考分析,袁世硕先生指出蒲松龄除在西铺毕氏、鸾桥王氏之家设过教馆外,还曾先后在沈天祥、王永印、高珩、唐梦赉家中设馆。再如,通过对蒲松龄与孙蕙、王士禛等人交往情况的考察,较为细致地勾勒出蒲松龄秉性耿直、不附权贵、自重自爱、敢于为民请命的品行特征,使我们对这位著名文学家为人处世的情况有了更为透彻的了解。这些考察建立在事实材料的基础之上,信而有征,把对蒲松龄生平的研究大大向前推进了一步,为进一步撰写翔实具体的蒲松龄年谱和传记打下了坚实可靠的基础。

《新考》一书另一个突出的特点,是在注重考察蒲松龄生平事迹的同时,把与《聊斋志异》的创作有关的内容作为考察的重点。由于把蒲松龄的生活和创作情况结合起来进行考察,问题的探讨也就深入到了《聊斋志异》的创作领域。《聊斋志异》一书的创作究竟始于何时?此一问题争议已久。在考察蒲松龄和张笃庆的关系时,作者注意到了张氏作于康熙三年(1664 年)的《答蒲柳泉来韵》

和《和留仙韵》两首诗作。结合张笃庆对友人创作《聊斋志异》的一贯态度，袁先生指出，张笃庆的这两首诗说明了一个重要的历史事实，即蒲松龄自二十余岁起就开始了《聊斋志异》一书的创作。如今，这一论断已得到众多研究者的首肯。

蒲松龄的一生中仅有一次离开山东故里赴江南做幕的远游，幕主是他的同邑友人，在江苏宝应县任知县又曾兼署过高邮州印务的孙蕙。袁先生在考察蒲松龄与孙蕙关系的同时，还对孙蕙在宝应娶的一位侍妾——顾青霞与蒲氏交往的情况作了勾勒。作者指出，顾青霞是与蒲松龄熟识且建立了友情的女性，这位女性在蒲松龄的情感经历中留下了深刻印迹，她与《聊斋志异》的《连琐》等篇所写到的那些喜吟善诵的少女形象直接相关。这样一些考察，令人信服地说明了蒲松龄塑造连琐、白秋练一类能吟善诵的女性形象的生活基础。

《新考》一书的下编，着重考察的是《聊斋志异》的版本和蒲松龄的诗词杂著。《聊斋志异》在蒲松龄生前即被"人竞传写，远迩借求"，出现了多种钞本，后来又被多次付梓，形成了众多版本。在《聊斋志异》的手稿本仅存半部的情况下，对这些不同钞本和印本进行考察，以求恢复《聊斋志异》原貌的工作具有重要意义。收入《新考》的三篇《聊斋志异》版本研究的论文，集中体现了作者在这一问题上所作的探索。《铸雪斋和〈铸雪斋钞本聊斋志异〉》一文，不仅考察了铸雪斋其人其事，铸雪斋钞本的祖本钞者殿春亭主人的情况，证实了铸本确是依据殿春亭朱氏钞本过录的，而且对铸雪斋钞本的缺文、分卷、编次、目次与篇次不一致等复杂的版本现象作出了令人信服的说明，并通过手稿本、铸雪斋钞本和后来发现的二十四卷钞本合校所见的差异说明了铸本和二十四卷钞本同出一源的事实。《〈聊斋志异〉康熙钞本补说》则在前人研究的基础上订补说明了该钞本的钞写时间、钞本确是直接依据蒲氏手稿本过录、可以补《聊斋志异》手稿本之阙失诸问题，并在深入思考的基础上，提出了“手稿本存留的部分,基本依手稿本,只校正其中的笔误;手稿本不存的部分,基本依此康熙钞本和二十四卷钞本,只参照铸雪斋钞本和青柯亭本校正其中的笔误和明显不通之处;至于分卷、编次,那自然应依据手稿本八册的格局,参照铸雪斋钞本的总目次来排定各册的编次”,以补救 20 世纪 60 年代出版的《聊斋志异会校会注会评本》的缺陷,整理出一部最接近蒲氏手稿本、比三会本更为完善的《聊斋志异》整理本的设想。这对于《聊斋志异》的进一步整理而言,应该说是一种发前人所未发的真知灼见。

蒲松龄的诗词杂著,是以往的研究者一直较少涉足的领域。在这样的情况下,《新考》对聊斋诗词和杂著所作的系统考察,可以说是填补了这方面的研究空白与不足。

1983 年,袁先生与殷孟伦先生合作,注释出版了《聊斋诗词选》,《蒲松龄诗词简说》即是对聊斋诗词作了全面考察之后得出的研究成果。作者不仅详细分析了聊斋诗词的基本特征,而且具体揭示了蒲松龄的诗歌真实地记述农民的苦难和农村的灾难,敢于揭露现实政治的黑暗,指刺封建官吏,对科举制度的合理性表示怀疑等可贵之处;同时,作者还揭示了蒲松龄的诗词创作与《聊斋志异》、聊斋俚曲的种种内在联系,体现了作者精审独到的思考和深刻周详的论证特色。

《新考》一书体现了作者多方面的探索与开拓,在不少问题的探讨中都显示出作者治学的严谨态度和科学精神。如蒲松龄与王士禛的交往情况,长期以来被一些传闻俗说所掩盖,作者不仅纠正了这些传闻之讹,而且客观地阐述了王士禛对《聊斋志异》的赏识、褒奖及王氏的支持、评点对蒲松龄创作《聊斋志异》和此书流传的巨大影响。铸雪斋钞本《聊斋志异》卷十《张贡士》之后,录有“高西园云”一段附则,为了弄清附则是否为蒲松龄原文,作者先后考察了高凤翰(西园)与蒲松龄、张在辛、张元诸人交往的情况,不仅查明了“高西园云”出现于铸雪斋钞本的原委,而且指出了铸本卷后所附的"南村题跋"之由来。当然,在某些问题上,《新考》也不免存在可商榷之处。如作者从康熙钞本的钞写时间与朱缃借钞《聊斋志异》的时间基本一致,迄今所知当时借到《聊斋志异》全稿又全部钞成的只有朱缃一家等情况考虑,推测今存的《聊斋志异》康熙钞本有可能即是朱缃钞本的残本。如果我们考虑到朱缃借钞的《聊斋志异》手稿总册数在十五册以上,极有可能是十六册的情况,可以想见朱缃的钞本与今存的康熙钞本在总的册数和每册的篇数上都还是存在差别的。要搞清这一问题,似乎还应对《聊斋志异》最初稿本和朱缃钞本的具体情况作进一步的探考。

袁世硕先生从事蒲松龄和《聊斋志异》研究多年,锲而不舍,用力甚勤。收入《新考》的论文有些曾在结集前单独发表,其中有些观点已得到研究者的称引和首肯,也有不少见解受到国内外研究者的多方关注。从蒲松龄生平著述研究的历史和现状来看,这部《蒲松龄事迹著述新考》不仅是他个人近十年的耕耘所得,它同样也是近年来这一领域的研究深入发展的一个重要标志,代表了中国学者蒲松龄生平著述研究的最新水平。我们期盼着袁世硕先生在这块辛勤耕耘的园地上结出新的果实。

(写于1988年,发表于《东岳论丛》1989年第6期)

后记

正如我的导师袁世硕教授在赐本书的《序》中所说，我最初从事蒲松龄研究，盖出自乡人情结。我的故里淄博市张店区沣水镇昌城村，为战国时期乐毅伐齐之后的封地，昌国故城的遗址，现为山东省省级文物保护单位。这里旧属淄川县丰泉乡，上世纪60年代始由淄博市淄川区划归张店区。从这个意义上说，我与蒲松龄是淄川同乡。受家乡人爱读蒲松龄著述的影响，我小学时代就囫囵吞枣地读过半部青柯亭本的《聊斋志异》。另一个重要的原因是，我走上蒲学研究这条路，与导师袁世硕先生的耳提面命在在相关，可以说是先生一步步引导我走上研究之路的。

记得在1980年的春天，我读大学二年级的时候，袁先生应邀给我们年级做怎样从事古典文学研究的学术讲座。那时由于高考制度改革，学校招生人数增加，原有的教室不敷使用，我们在山大新校北门西侧车队的车库里上课。就在这简陋的车库里，先生以他正在进行的蒲松龄研究课题为例，讲了如何从最基本的史料入手，打好研究基础等问题。身为蒲松龄同乡的我听得悠然神往。此后，我便时时注意蒲松龄研究资料的搜集、阅读与积累，并做了《蒲松龄与〈聊斋志异〉研究论文资料目录索引》、《〈聊斋志异〉篇名和人名索引》、《〈蒲松龄集〉人名索引》等数种索引。1980年恰好是蒲松龄诞生340周年，首届全国蒲松龄学术讨论会在我的家乡淄博市召开，袁先生主编的《蒲松龄研究集刊》第一辑也由齐鲁书社出版。当我读到《集刊》发表的《蒲松龄和陈淑卿》一文的时候，对文章考论的蒲松龄与陈淑卿的爱情关系一事产生了很深的疑问，于是尝试着搜集论证材料，用近一个月的课余时间写成了我的第一篇蒲学研究论文——《对〈蒲松龄和陈淑卿〉一文的几点质疑》。

我把论文抄写得工工整整，怀着忐忑的心情上门请袁先生指教。先生当时已是著名的蒲学专家，他十分认真地把我的论文细阅一过，告诉我写得不错，言之成理，并决定在以后出版的《蒲松龄研究集刊》发表。先生的鼓励和奖掖使我想到了蒲松龄的《偶感》诗，生出了一种"青眼忽逢涕欲来"的感激与兴奋。在读本科期间，我先后写过四篇蒲学研究的论文。之所以能够在蒲学研究的道路上走下去，先生的指引和影响是起了重要作用的。

我因从事蒲学研究而成为袁先生的学生，先生也着意地把我作为后学来培养。在本科期间，先生就交给我一项为山东大学蒲松龄研究室搜集蒲松龄研究资料的任务，我也因此成为图书馆线装书库的常客。这项工作持续了数年，直到我本科毕业之后。毕业时先生询问我日后的打算，让我留校做了他的助教。在那几年的时间里，我遍览了当时所能看到的与蒲松龄相关的古籍，辑录了十数万字的资料卡片。这项搜集资料的工作，为我日后从事蒲松龄研究打下了较为深厚的基础。

1985年，我又考为先生的研究生，在他的悉心指导下学习三年。只是毕业之后去了学校其他部门，后又到出版社从事编辑工作十年，由于工作性质的原因，在蒲学研究方面时有撂荒之叹。静夜长思，颇感有负先生的教诲和期望。在先生的关心和帮助下，我在2004年重回山大文学院任教，再度把时间和精力集中到蒲学研究上来。收入本书的二十七篇文章，有过半的篇幅都是在回到文学院之后写成的。

本书所收的文章分为三辑。

第一辑收录论文十三篇，内容为蒲松龄家世、生平、交游诸问题的考辨。

《蒲槃生平考辨》一文，是对蒲先慧先生关于蒲松龄之父蒲槃的生年、卒年，蒲槃主持诸子"析箸"的具体时间等问题的商榷与考证。蒲槃的生年和卒年，长期以来一直存在歧说。其主持诸子"析箸"的时间问题，更关系到蒲松龄"初馆"即初次设馆执教时间的认定。我不认同先慧先生此前发表的论文的观点，于是便产生了这篇文章。

《蒲松龄生平二考》写于上世纪 80 年代，是就蒲松龄初馆的问题和康熙十一年蒲松龄是否在同邑西铺毕家设馆一事所作的考证。前一个问题，研究者持有不同观点，我打算作进一步考辨；后一问题，经过本文的论证，我以为已经不存在疑义了。

在这篇文章寄出之后，袁先生已有考察蒲松龄在淄川王永印家设馆内容的论文发表(《蒲松龄早年"岁岁游学"考》，收入袁世硕著《蒲松龄事迹著述新考》，齐鲁书社 1988 年 1月出版)。我曾因此致信当时《蒲松龄研究》的主编盛伟先生，请他在发表时删去论文的前半部分，并将文章改题为《蒲松龄西铺设馆问题新考》。后来发表时标题已经改动，但内容依旧。考虑到我和袁先生所论蒲氏在王永印家设馆一事，考证内容有所不同，今收入全文，并恢复《蒲松龄生平二考》原题。

《蒲松龄的崂山之行》是考察蒲松龄康熙十一年(1672)去崂山情况的一篇短文，写于大学读书期间。此文发表后，袁先生进一步著文指出，与蒲松龄一同去崂山的，除唐梦赉、张绂之外还有高珩。他们此次出游，除崂山之外还去了诸城(《蒲松龄与唐梦赉》，收入袁世硕著《蒲松龄事迹著述新考》)。兰州大学张崇琛教授也在《蒲松龄与诸城遗民集团》(发表于《蒲松龄研究》第三辑，1989 年出版)文中探讨了蒲松龄的诸城之行。经过大家的努力,可以说蒲松龄康熙十一年东游的情况已经十分清晰了。

《蒲松龄与淄西沈氏》一文,是与淄博师专聊斋文化研究中心的刘艳玲教授合写的文章。2009 年到 2010 年,刘艳玲教授作为访问学者,曾在山东大学访学一年。淄博师专地处淄川西部,坐落在出现过山市奇观的奂山南麓,对访察了解蒲松龄长期执教的淄西一带的情况,颇得地利之便。经刘教授联系,我们两赴淄川区岭子镇沈家河村访察,于是有了这篇文章。

《蒲松龄与韩逢庥》,考察的是蒲氏与同邑友人韩逢庥之间的交游关系。这篇文章理清了淄川萌水韩氏与同邑西铺毕氏、益都颜神镇孙氏、新城王氏诸家族之间的一些错综关系,明确了蒲松龄一些相关作品的写作背景。此文与下面的数篇,同属蒲松龄研究中考释今典的工作。

赵金人与蒲松龄为族甥舅关系,又是"郢中社"社友。两人交往较为密切,但研究中存在一些不易索解的问题。《蒲松龄与赵金人》、《蒲松龄与西关赵氏交游补考》二文,就是为探究这些问题而写的。在去淄川沈家河访察期间,我结识了淄川区岭子镇王家村的友人王一千先生。一千先生是淄川地方文献的热心搜集者,其不辞辛劳访求文献的精神令我感动。他为《蒲松龄与西关赵氏交游补考》的撰写提供了《淄川西关赵氏家谱》等相关文献资料,所以此文是我和一千先生共同的研究成果。

《蒲松龄与王甡交游补考》,是对李汉举先生《蒲松龄与王鹿瞻》(发表于《山东理工大学学报(社会科学版)》2008 年第 3 期)一文的订补性考察。王甡号鹿瞻,是蒲松龄早年交往较多的友人。汉举先生据近年发现的《王氏家传·世系·族谱》考察了其家世、与蒲松龄的交往以及《聊斋志异》中《马介甫》篇的人物本事。此文则对王甡的名、字、号作了辨析,对王甡的生平事迹和他与蒲松龄的交往关系作了若干补充。

蒲松龄与湖上笠翁李渔的交往，是一个盛传已久的美丽的传说。这个传说出自研究者之口，所以须认真辨误，以免贻误后来的研究者。《蒲松龄与李渔交往辨误》一文，从事实和文献两个方面辨此事为子虚乌有，其结果或如袁先生赐《序》所说，此文的"判断没有留下或可商榷的馀意，此后不会有人信从那种不实之说了"。

前面说过，《对〈蒲松龄和陈淑卿〉一文的几点质疑》是我从事蒲松龄研究的处女作。此文写于1980年的秋天，发表于《蒲松龄研究集刊》第三辑，时为1982年7月。此文发表之前，王枝忠先生也写了《对〈蒲松龄和陈淑卿〉的几点商榷》，发表于《宁夏大学学报（人文社科版）》1981年第3期。我和枝忠先生的文章，以不同的思路辨析同一问题，引发了研究者的兴趣与关注，促进了此问题后来的解决。

《〈《陈淑卿小像题辞》考辨〉订补》，是对北京大学马振方教授《〈陈淑卿小像题辞〉考辨》（发表于《文学遗产》1985年第1期）一文所作的订补。此事说来有一段故实。

1985年春天，我在山东大学中文系古典文学教研室任教。当时山大的校庆日是3月15日。因为1951年3月15日是地处青岛的山东大学和解放区迁来的华东大学合校的日子，后来遂把此日定为校庆日。到上世纪90年代发现了山东巡抚袁世凯关于创办山东大学堂的奏折，才把山大的校庆日由3月15日改为10月15日。1985年3月校庆期间，我作为青年教师在中文系的校庆报告会上宣读过一篇论文，题目为《蒲松龄〈陈淑卿小像题辞〉本事考》。我依据新见的文献资料，发现这位引起研究者较大关注的陈淑卿其人，其实是蒲松龄的友人王敏入的妻子。王敏入善画，他画过般阳（淄川的旧称）二十四景图，也画了自己亡妻的肖像，并请蒲松龄为这幅肖像写了题词。这次报告会之后不久，我看到了1985年第1期《文学遗产》（当时为季刊，3月25日出版）刊载的马振方先生的论文。马先生的论文与我未发表的论文内容大致相同，结论也一致。因为同一个问题，马先生已经做出结论，所以我就不再谋求这篇论文的发表。只是我觉得，马先生的论文在史实的考辨上还存在一些可商榷之处，论及蒲松龄与王敏入的交游关系也有史料待补，所以我又写了这篇订正与补充的文章，发表在《文学遗产》1986 年第 3 期上。

《〈子笏〉诗的作期与蒲松龄诸子的生年问题》一文，是为订正蒲氏《子笏》诗的编年之误和由此产生的对蒲松龄诸子生年的认知错误而写的。此文写成的时间较早，置之箧底有年。此次收入本书的是 2010 年发表的修订稿。

《谈〈蒲松龄设馆教书时间的考证〉中的几个问题》，也是我大学期间写成的论文之一，订正的是一位研究者论文中一些较为重要的史实错误。这次编集，不免敝帚自珍，也把此文收在了书中。

第二辑收录的是关于蒲松龄著作的研究论文，共九篇，内容包括蒲氏的诗、文、俚曲和《聊斋志异》。

对于聊斋诗，我多年来一直关注《聊斋诗集》的整理问题，特别是诗作系年的问题。

蒲松龄的《聊斋诗集》，至今已有三种整理本出现。但就全面整理而言，仍有不少问题没有得以解决，特别是诗作的系年问题。

种种迹象表明，蒲松龄晚年手订的《聊斋草》五册，后四册为编年诗，第一册因据早期诗集编成，仍其旧貌而没有编年。《聊斋草》属于聊斋诗的定稿本系统，其全帙已不可复见。路大荒先生整理《聊斋诗集》时，所用底本只是一个聊斋诗的选钞本（存诗五百三十三首），许多在其他钞本中出现的诗作难以归位，被整理者认为不能系年。

解决这一问题，首先需要在全面考察版本的基础上，厘定一个包括全部聊斋诗在内的写作顺序。而据我考察，《聊斋诗集》的钞本，在定稿本系统之外还存在一个初稿本系统。定稿本删除、改订初稿本原诗，将数题合为一题、一题分为多题的情况所在多有。整理者未能从版本的角度弄清这些问题，所以在整理本中也就出现了大量的系年错置和可以系年而未能系年的不审之误。

订正整理本《聊斋诗集》中的系年错误，并将前人未能系年的聊斋诗准确系年，关键是要在认真考察版本的基础上，依据现存的《聊斋诗集》钞本整理出定稿本系统和初稿本系统两种不同的写作顺序，再把初稿本系统的诗作顺序视作者改订的情况分别纳入定稿本系统的顺序之中。这一工作十分繁复细致，需要从版本考察和具体诗作写作时间考证两个方面下足功夫。收入本书的五篇考察聊斋诗的文章，在这方面做了一些探索和尝试。

《由〈聊斋偶存草〉所见聊斋诗的整理诸问题》一文，是对蒲松龄纪念馆收藏的《聊斋偶存草》钞本所作的考察。这篇文字，揭出了聊斋诗存在初稿本系统的重要事实，并对整理本《聊斋诗集》存在的诗作前后重出、分合失当，以及《聊斋偶存草》所反映的诗作编年问题进行了探讨。

路大荒先生对原未编年的《聊斋诗集》卷一进行编年，依据之一是《般阳诗萃》所收蒲松龄诗标注的两处干支。《〈般阳诗萃〉中的蒲松龄诗与聊斋诗的编年问题》一文，即是对这两处干支的标示是否准确无误、能否以此作为聊斋诗编年的可靠依据等问题所作的考察。须要说明的是，此文的题目，原是我为所指导的山大文学院学生孙文文选定的毕业论文题目。这篇文章即是在孙文文毕业论文的基础上经过进一步思考与探讨，重新改写而成的。因此，此文应属我与孙文文同学合作的成果。

日本庆应义塾大学聊斋文库，收藏有传说为蒲松龄儿孙所抄的两种《聊斋诗草》钞本。上世纪80年代，日本友人八木章好教授就对这两种钞本进行过细致的校勘，并从中辑出路编《聊斋诗集》失收的佚诗二题三首。他的《蒲松龄儿孙钞本〈聊斋诗草〉校勘记》，发表于庆应义塾大学出版的《艺文研究》第46号(1984年)。鉴于国内研究者对这两种重要钞本的情况知之甚少，钞本对聊斋诗的整理又具有重要价值，所以撰写了《对传为蒲松龄儿孙钞本的两种〈聊斋诗草〉的考察》一文，对这两种《聊斋诗草》钞本的抄写年代、性质以及其中传为蒲松龄儿孙钞本甲本对聊斋诗编年的价值进行了探考。

《二卷本〈聊斋诗集〉探考》，考察的是另一个重要的《聊斋诗集》钞本。二卷本《聊斋诗集》的原收藏者栾调甫教授、抄录者路大荒先生，对这个钞本的编者和编辑情况认识有误，路先生在编订整理《蒲松龄集》本《聊斋诗集》的过程中，也未能对这个钞本多方面的价值进行考察和利用。此文考察了钞本的编者与时代，钞本的性质，对聊斋诗编年、校勘等方面的重要价值，厘清了聊斋诗整理过程中存在的一些问题，并从中辑出《蒲松龄集》本《聊斋诗集》失收的佚诗一首。

《〈蒲松龄集〉误收的一首诗》是一篇短文。此文依据我所目睹的孙蕙《笠山诗选》钞本一册和刻本五卷二册，说明《蒲松龄集》本《聊斋诗集》收录的《清水潭感赋》一诗不是蒲松龄的作品，而是其南游做幕的幕主、同乡友人孙蕙的诗作。

《蒲松龄的〈鹤轩笔札〉手稿及其佚篇》一文，是对今存青岛市博物馆的蒲松龄手稿《鹤轩笔札》所作的考察。此文探讨了《鹤轩笔札》手稿的性质、其对《聊斋文集》的校勘与编年、对蒲松龄南游情况的了解等多方面的价值，并从中辑出《蒲松龄集》本《聊斋文集》失收的佚文五篇。

《耿士伟编〈聊斋文集〉与蒲松龄佚文的新发现》，考察的是北京大学图书馆和国家图书馆收藏的两部《聊斋文集》钞本。此文确认了这两种钞本的渊源关系，其编订者为新城人耿士伟，并从中辑出《蒲松龄集》本《聊斋文集》失收的佚文四篇。

《〈聊斋俚曲〉综论》，本是我为国际文化出版公司出版的《聊斋俚曲集》撰写的《前言》。上世纪 90 年代，淄川蒲家庄的蒲氏后裔蒲先明先生收集所见聊斋俚曲的旧钞本，用工楷过录并寻求出版。

经出版社提议，先明先生约我对此书进行点校注释。于是，我用先明先生提供的数种旧钞本和当时所能见到的多种版本进行点校，并着重从山东方言、典章制度和用典几个方面作了较为详尽的注释。该书付印之前，我参考此前发表的我的本科毕业论文(《聊斋俚曲对封建社会的批判》，发表于《蒲松龄研究》1993 年第 3、4 期合刊)，写下了这篇数万字的《前言》。此文论及聊斋俚曲的创作过程与分期、思想阐释和艺术成就等方面，其中不少观点受到俚曲研究者的首肯和引用，这次作为对聊斋俚曲的研究收入本书。

《初稿本〈聊斋志异〉考》，是为参加 1991 年召开的"首届国际聊斋学讨论会"撰写的论文。此前，有研究者以现存的半部手稿为起点探讨《聊斋志异》原作的册次、编次、写作年代等问题，因为解释不够圆满周详，引起了大家的关注与商榷。这篇文章论证了八册本的《聊斋志异》手稿并非作者初稿，作者的初稿为十六册本，《聊斋志异》的高序和唐序分别是为初稿本第一册和第二册而作，现存的《聊斋志异》手稿打乱了写作的先后次序等相关事实，为《聊斋志异》册次、编次、写作年代等问题的研究建立了一个新的基点。

第三辑收录论文五篇。前三篇为《醒世姻缘传》与《醒梦骈言》二书作者并非蒲松龄的考辨，后两篇为对路大荒、袁世硕两位重要的蒲松龄研究专家蒲学研究情况的评述。

《醒世姻缘传》一书，自 20 世纪 30 年代胡适之先生在《〈醒世姻缘传〉考证》中提出其成书在康熙四十三年(1704)以后、作者为蒲松龄的观点以来，后世不乏支持其说者，支持者并为适之先生的考证增补了不少新的证据。《〈醒世姻缘传〉康熙年间成书说驳议》一文，就是对胡适之、孙楷第以及山东、台湾的学者所坚持的这一成说的驳论。我为考辨这一问题搜检了相关的文献资料，以新证据驳旧证据，辨析前贤举出的《醒世姻缘传》成书于清代康熙年间的证据皆不能成立，该书并非蒲松龄创作的小说。多年以后，友人蒲泽先生认为我的驳论有些证据存在问题，写了文章与我商榷。

《“姑奶奶”、“关圣帝君”与“金龙四大王”》一文，即是我对蒲泽先生观点和论据的再商榷。不同观点的文章俱在，相信读者读过之后，会对事实真相有一个正确认识的。

《〈醒梦骈言〉与吴方言》一文，是从方言学的角度对该书的方言归属和作者问题所作的考辨。《醒梦骈言》是改编《聊斋志异》中十二篇作品写成的一部白话拟话本小说集，有研究者认为该书使用的是山东方言，其作者是蒲松龄本人。我从方言词汇和方言语法两个方面论证小说使用的是吴方言，进而指出其作者是以吴方言为母语、且在吴方言区生活多年的南方人，而不是未曾在吴语区生活过也不懂吴语的山东人蒲松龄。文章发表之后，多年从事吴语研究的方言学者褚半农先生写了《亦谈〈醒梦骈言〉与吴方言》（发表于《蒲松龄研究》2010 年第 3 期）一文，首肯我的观点并进一步论证其作者应是吴地苏南人，或者是曾长期生活在苏南地区的人。经过这样一番讨论，《醒梦骈言》的方言性质和作者籍贯问题，应该是可以定论了。

已故的路大荒先生是蒲松龄研究的前辈学人，蒲松龄研究的现代拓荒者。我本人多年来一直在从事《蒲松龄集》的整理工作，其中一个重要内容，就是探讨和追寻路先生整理《蒲松龄集》的过程与踪迹，以见前人编订整理之得失。因此，身为晚辈的我与路大荒先生虽素未谋面，但可谓神交已久。2009 年，山东省图书馆为追缅曾在馆中工作的前辈学者，举办了“王献唐屈万里路大荒学术研讨会”，我有幸受邀参加，并在会上主持路大荒先生专题的讨论。因得此便，向会议提交了《路大荒先生对蒲松龄研究的贡献》一文，从路先生对蒲松龄著作的整理、对蒲松龄生平与著作的研究、筹建蒲松龄故居与聊斋文物庋藏几个方面，缕述路先生蒲学研究的成就和功绩，并以此作为对路大荒前辈的纪念。

袁世硕先生是山东大学终身教授，也是路先生之后在蒲松龄研究领域作出了突出贡献的权威学者。他的蒲学研究成果，较为集中地体现在《蒲松龄事迹著述新考》一书中。《蒲松龄研究的重要收获》一文，即是我为袁先生此书写的书评文字。此文在论述袁先生蒲学研究成就的同时，也尝试对先生研治蒲学的特点进行一下归纳。咦，渺予小子，学浅识陋，敢自议其师乎哉？曰：得先生之耳提面命而同治蒲学，其幸何如之，何如之哉！以此之故，敢言知吾师蒲学造诣之深者，亦予小子也哉。故不揣简陋，尝试言之。

感谢我的导师、著名文学史研究专家袁世硕先生，我的学友、著名文献学家杜泽逊教授为本书慨赐《序》言。

感谢对本书论文的写作提供过支持与帮助的山东大学文学院马瑞芳教授，美国波摩纳学院白亚仁（Allan Barr）教授，日本庆应义塾大学藤田祐贤教授、八木章好教授、池田麻希子女士，淄博市蒲松龄纪念馆杨海儒研究馆员，淄博师专聊斋文化研究中心刘艳玲教授，淄博市文联副主席兼市戏剧家协会主席巩武威先生，淄博市科协秘书长蒲泽先生，淄博市淄川区洪山镇蒲家庄蒲先明先生，淄博市周村区王村镇西铺村毕淑德先生，淄博市淄川区岭子镇王家村王一千先生，岭子镇沈家河村沈滋胜先生，北京师范大学文学院中国古典文献学专业硕士研究生孙文文同学。

感谢《望岳文库》编委会和山东大学出版社的责任编辑武迎新女士。前者为本书的出版提供了资助，后者在出版过程中付出了诸多辛劳。

在这里，我要特别感谢我的亡妻张蔚女士。本书最初辑稿的时候，多篇早期发表的论文都是张蔚在键盘上一字一字敲出来的，她为帮我打字而掌握了五笔字型。在与我结为伉俪的二十年间，张蔚对我所从事的研究工作给予了不遗余力的支持。本书的辑成，是倾注了她的许多心血的。

把多年来陆续写成的蒲松龄研究论文汇辑出版，是我蒲学研究之路上的一个小结。如袁先生在赐本书《序》中所期望的，我的《蒲松龄年谱会考》置箧中有年，近年将进一步充实完成。《蒲松龄集校注》已准备并进行多年，我将努力完成这一工作，为蒲松龄著作的整理献上自己的一份绵薄。

2011 年 7 月，初稿于济南

山东大学五宿舍之望云轩，11 月改定